자치경찰론

신현기

法文社

이 저서는 2017년 정부(교육부)의 재원으로 한국연구재단의 지원을 받아
수행된 연구임(NRF-2017S1A6A4A01018927).

Municipal Police

by

Prof. Dr. Hyun Ki Shin

2023

Bobmunsa

Pajubookcity, Korea

This work was supported by the National Research Foundation of Korea Grant funded by the Korean Government(NRF-2017S1A6A4A01018927).

Mein ganz besonderer Dank gilt meinem verehrten Doktorvater Herrn Prof. Dr. Peter J. Opitz, der nicht nur zu meiner Doktorarbeit anregte, sondern sie mit fachlichem Rat unterstützte und mich außerdem mit viel Verständnis und Geduld betreute.

1999년 2월 저자에게 철학박사 학위(Dr. phil. / 정책학 전공 / 사회학, 일본학 부전공)를 수여해 주시고 오늘날 경찰학계에서 학문의 길을 걸어갈 수 있도록 항상 염려를 아끼지 않으시는 독일 바이에른(Bayern)주립 루드비히 막스밀리안스 뮌헨대학교(Ludwig-Maximilians-Universität München)의 페터 요하임 오피츠(Prof. Dr. Peter J. Opitz) 지도교수님에게 본 저서를 드립니다.

Am 27 Juli 2016(Dienstag) im Untersuchungsbüro von Herrn Prof. Dr. Peter J. Opitz an der Universität München in Deutschland/Germany

머 리 말

　　노무현 정부인 2006년 7월 1일을 기해 국내에서 유일하게 제주특별자치도에서 제주도지사 산하에 자치경찰제를 도입하여 오늘에 이르고 있다. 2023년 7월 1일 기준으로 벌써 17년째다. 문재인 정부는 2021년 7월 1일을 기해 전국 17개 광역시도 지사 산하에 독립 합의제행정기관으로 총 18개의 자치경찰위원회(경기도 남북부 2개)를 출범시켰다. 본 위원회는 경찰법에서 자치경찰사무로 분류된 생활안전과, 여성청소년과, 교통과에 대한 시책을 발굴하여 시도경찰청장을 지휘·감독하는 방식을 통해 예산과 함께 지원한다. 본 위원회는 자치경찰사무에 대해 반드시 시도경찰청장만을 지휘할 수 있도록 했다. 즉 위 3개 과와 관련된 자치경찰 시책에 대해서만 감독할 수 있도록 했다. 각 시도경찰청장은 자치경찰위원회의 시책사업을 받아서 자기 산하의 일선 경찰서장을 통해 집행해 나가는 방식으로 설계된 것이다. 사실 자치경찰은 만들어졌지만 정작 자치경찰공무원이 없으며 다만 자치경찰사무를 기존의 국가경찰이 담당해 주는 이른바 일원화 자치경찰제로 운영하게 된 것이다.

　　이 때문에 2021년 7월 1일 우리나라에 자치경찰제가 시행되었지만 진정한 의미의 자치경찰제라고 보기 어렵다는 비판이 적지 않다. 실제로 현장에서도 이전 그대로의 국가경찰관이 동일한 순찰차와 동일한 유니폼, 동일한 매뉴얼 방식에 따라 분리된 자치경찰 사무를 수행하다 보니 시·도민들은 2021년 7월 1일 자치경찰제도가 만들어졌는지에 대한 내용을 많은 홍보에도 불구하고 거의가 감지하지 못하고 있는 실정이다. 물론 자치경찰위원회는 합의제 행정기관으로 심의의결기관으로 만들어졌기 때문으로 보인다. 하지만 문제는 자치경찰위원회가 심의의결만 하는 것이 아니라 시도 관할 구역 내 시·도민들의 치안 안전을 위한 시책사업도 함께 발굴해 시도경찰청장을 지휘 감독해야 하는 의무도 부여받고 있다. 특히 지방자치법에조차도 자치경찰 관련 법조문이 연계되어 있지 않을 뿐만 아니라 심지어는 현행 자치경찰제가 국가사무인지 아니면 지방이양사무인지에 대한 논쟁에도 직면해 있어 향후 법제도적 차원에서 많은 보완작업이 필요한 실정이다. 코로나19의 세계적 대유행으로 국가적 예산의 부족과 국가경찰공무원들의 일부 반발 등 여러 가지 복합적인 난제들로 인해 충분한 제도적 보완이 이루어지지 않은 상황에서 급하게 일원화 자치경찰제 모델로 출범한 탓도 있다. 그럼에도 불구하고 지방분권 시대에 맞게 자치경찰제를 도입했다는 것은 그 자체만으로도 크나큰 의미를 지니게 되었다. 2021년 7월 우리나라 전국시도의 자치경찰제 도입은 1945년 10월 미군정하에서 국가경찰이 창설된 지 꼭 76년 만이었다. 세계적 지방자치제 의미에서 볼 때, 모름지기 지방자치제는 중앙에서 지방으로 권한이 이양되어 시민의 삶이 편해지도록 해야 한다. 지방자치의 이념 차원에서 볼 때, 교육자치, 소방자치, 경찰자치는 시민의 생활안전을 위해 반드시 실현되어야 할 필수요건이다. 마침내 위 3가지 필수조건 중 마지막 남았던 자치경찰제가 실현되었고 비로소 우리나라 지방자치의 기본 틀이 마지막으로 갖추어졌다는 데서 큰 의미를 찾을 수 있게 되었다.

본 저서는 이러한 배경하에서 제1편에서 우리나라 자치경찰제가 시작된 제주도자치경찰제의 창설을 살펴보았다. 제2편에서는 국가경찰과 자치경찰제 관련 법률을 그리고 제3편에서는 전국시도자치경찰위원회의 과거와 현재 및 미래 발전 방향의 탐색에 대해 살펴보았으며 총 13장으로 구성되었다.

본 저서가 심층 연구되어 한 권의 학술연구서로서 세상의 빛을 볼 수 있도록 지난 3년간 재정적 지원을 아끼지 않았던 교육부 산하 한국연구재단(2017-2020)에 이 자리를 빌려 다시 한번 진심으로 감사와 경의를 표한다.

그리고 1999년 2월 저자에게 철학박사 학위(Dr. phil. / 정책학 전공 / 사회학 부전공)를 수여해 주시고 오늘날 경찰학계에서 학문의 길을 걸어갈 수 있도록 항상 염려를 아끼지 않으시는 독일 바이에른(Bayern)주립 루드비히 막스밀리안스 뮌헨대학교(Ludwig-Maximilians-Universität München)의 페터 요하임 오피츠(Prof. Dr. Peter J. Opitz) 지도교수(Doktorvater)님에게 감사를 전한다.

또한 2009년 3월 저자가 주도하여 경찰학 박사과정을 개설하고 모집하여 96명의 경찰학 박사들을 배출하였다. 훌륭한 그들이 미래의 학문 세계를 묵묵히 개척해 나가는데 있어서 무궁한 발전이 함께 하길 진심으로 기원한다. 코로나19라는 어려움 속에서도 2023년 2월 묵묵히 박사학위를 취득한 배근석 박사에게도 축하를 보낸다.

또한 2023~2026년에 걸쳐 경찰학 박사학위 취득을 목표로 논문을 작성 중인 허준호, 류정원, 곽나현, 조수아, 곽윤기, 강윤석, 정광웅, 김균근, 안영준, 김승관

Dr. cand.에게도 어려움 없이 박사학위 취득이라는 큰 열매가 맺어지기를 기원한다. 또한 이미 경찰학 박사학위를 취득하고 학문을 불태우고 있는 96명의 경찰학 박사들에게도 힘찬 응원을 보내며 미래에 그들의 학문 세계가 광활하게 펼쳐지기를 기원한다.

특히 본 저서가 완성되는데 있어서 귀중한 자료를 보내주시고 응원을 아끼지 않으신 제주자치경찰단의 제6대 고창경 단장님(자치경무관)과 고정근 과장님, 김충신 경감님에게도 심심한 감사를 전한다. 그리고 오래전인 2003년 노무현 정부 때부터 자치경찰제를 함께 연구하며 토론해 온 박억종 교수님, 이종복 교수님, 곽태석 교수님, 이영남 교수님, 안영훈 교수님, 조성택 교수님, 이상열 교수님, 박동균 교수님, 이정덕 교수님, 김택 교수님, 이상훈 교수님(대전대), 남재성 교수님, 황문규 교수님, 황명선 전 논산시장님, 안성률 박사님, 심익섭 교수님, 고기철 박사님(전 제주경찰청장), 박준휘 실장님, 양영철 교수님, 이종복 교수님, 최선웅 교수님과 미국 메릴랜드대학교의 최진욱 교수님에게도 감사드린다. 향후에도 자치경찰제 토론의 장을 더 활발하게 펼쳐 나가기를 기원한다.

그리고 본 저자가 2021년 7월 1일 경기도북부자치경찰위원회 위원장을 맡은 후 3년간 동고동락하며 경기북부지역 자치경찰제의 기초 토대를 함께 구축하고 계신 정용환 상임위원(사무국장)님, 이현숙 위원님, 최성진 위원님, 박선영 위원님, 김두연 위원님을 비롯해 전 강현석 기획조정과장님, 전 허영길 기획조정과장님, 현 김헌민 기획조정과장님, 전 류경숙, 김평일, 이재성 자치경찰협력과장님(총경), 그리고 현 김영진 자치경찰협력과장님(총경)께 감사를 전한다. 그리고 자치경찰 실상을 매일 토론해 준 이성욱 총무팀장님, 박혜란 기획예산팀장님, 김영옥 평가팀장님, 박규식 인사팀장님, 전 양종길 평가팀장님, 전 강현석 팀장님(경정), 현 김정환 자치협력팀장님(경정)에게도 고마움을 전한다. 그리고 자치경찰 관련 좋은 자료들을 찾아 준 최지현 경감님과 조아영 주무관님에게도 감사한다. 또한 경기도북부자치경찰위원회를 함께 사랑하며 함께 고민한 이무영 주무관님, 이우재 주무관님, 서동훈 주무관님을 비롯해 현재 머리를 맞대고 더 나은 자치경찰제 구축을 위해 토론 중인 차수환 주무관님, 유해란 주무관님, 홍석원 주무관님, 변성욱 주무관님, 김새암 주무관님, 손다솜 주무관님, 최수연 주무관님, 권오수 주무관님, 김현석 주무관님, 박동명 주무관님, 안원균 주무관님, 김동균 주무관님, 강일원 주무관님, 김영표 경감님, 윤석용 경감님, 고범수 경위님, 이정훈 경위님, 임민영 경사님에게도 감사한다.

    그리고 늘 사무국 가족들의 복지를 위해 수고가 많은 채소라 선생님에게도 고마움을 전한다. 끝으로 본 저서가 어려운 여건에도 불구하고 세상의 빛을 볼 수 있도록 흔쾌히 출판을 허락해 준 법문사 사장님께도 심심한 감사를 표한다. 또한 본서의 출판에 있어서 수고를 아끼지 않고 큰 힘을 보태주신 편집부 김제원 이사님과 영업부 정해찬 과장님에게도 이 자리를 빌려 진심으로 감사를 표한다.

2023년 7월
신산본 한세대학교에서
신 현 기

차   례

제 1 편

제주특별자치도 자치경찰제의 창설

제 5 장   제주자치경찰의 활동 성과 분석 ┄┄┄┄┄┄┄┄┄┄┄┄ 141

제 **3** 편

전국시도자치경찰위원회의 과거와 현재 및
미래 발전 방향의 탐색

제주특별자치도
자치경찰제의 창설

제1장

국가경찰 및 자치경찰제도의 이론적 배경

제1절 국가경찰과 자치경찰의 개념 정립과 모형

본 저술작업의 목적을 달성하기 위해 우선 학문적으로 정립되어 나온 국가경찰제와 자치경찰제의 개념과 모형에 대해 살펴보는 것은 매우 주요한 의미를 지닌다.

어느 나라를 막론하고 대부분의 국가들은 자국의 역사, 문화, 전통, 법, 행정 및 정치적인 상황과 특성에 따라서 국가경찰제나 자치경찰제 또는 절충형(혹은 종속형)[1] 경찰제도를 도입하여 운영하고 있다.

위에서 소개한 3가지 경찰제도의 모형 중 어느 경찰제도를 막론하고 각기 고유한 장점과 단점을 동시에 지니고 있다. 이러한 차원에서 볼 때, 지구상에 존재하는 경찰제도들 중에 어느 것이 절대적으로 우수한 경찰제도라고 정의하는 것은 큰 의미가 없다고 본다. 그 근본적인 이유는 어느 국가이든지 자기 국가의 실정에 맞게 적합한 경찰제도를 발전시키고 활용해 왔기 때문이다.

아래에서는 위에서 소개한 3가지 경찰제도의 모형들을 심층 분석하였다. 3가지 모형인데, 즉 첫째, 종속적 지방경찰제이다. 둘째, 대등적 자치경찰제(절충형 또는 혼합형)이다. 셋째, 독립적 자치경찰제가 바로 그것이다.[2] 특히 국가경찰과 자치경찰 간 권한 관계에 따른 자치경찰유형은 자치경찰의 활동에 있어 국가경찰이 관여하는 정도를 적용하여 분류하는 것을 의미하는데, 이것을 하나의 표로 정리하면 다음과 같다.

---

1) 여기서 일본의 경찰모형을 이야기 할 때, 종속형이라는 용어는 위에는 국가경찰이고 하부는 지방자치경찰이기 때문에 나올 수 있는 주장이다. 그러나 아직까지 경찰학계에서 이 용어가 공인되거나 합의된 것은 아니다.

2) 행정안전부 자치경찰제실무추진단, 「2004-2007 자치경찰제 추진 중간보고서」, 2008, p. 27.

〈표 1-1〉 국가경찰과 자치경찰 간 권한관계를 기준으로 한 유형

구분	내용
종속적 자치경찰	• 권한구조: 국가경찰 독점 • 상호관계: 국가경찰에 대한 자치경찰의 종속 • 사례국가: 일본
대등적 자치경찰	• 권한구조: 양자간 부분 분점 • 상호관계: 양자간 병렬관계(국가위임사무는 종속관계 형성) • 사례국가: 이탈리아, 스페인
독립적 자치경찰	• 권한구조: 양자간 완전 분점 • 상호관계: 양자간 독립관계 • 사례국가: 미국

출처: 금창호·권오철·하동현. (2012). "제주자치경찰제도의 정책평가와 개선과제", 『연구보고서』, 한국지방행정연구원, p. 12.

1. 종속적 지방경찰제(실질적 국가경찰제)

본 종속적 지방경찰제(실질적 국가경찰제)는 중앙정부가 경찰에 관한 일체의 권한을 전적으로 행사하는 모형이다. 다시 말해 중앙정부가 경찰에 대해 책임지고 운영하면서 경찰의 모든 활동에서 나타나는 결과들에 대해 총체적인 책임을 전적으로 지게 되는 경찰제도이다. 결국 이 모형은 모든 경찰권을 국가라고 하는 중앙정부가 행사하는 체제인 만큼 중앙경찰이 지방경찰에 대해서도 지시와 통제를 함께 행사하게 된다. 이처럼 본 모형은 국가경찰의 지시를 받게 되는 지방경찰은 자신들이 행사하고 있는 경찰권에 있어서 상당히 제약을 받을 수밖에 없는 구조다. 이 때문에 물론 경찰활동이 지방자치단체별로 이루어질 여지는 거의 없게 된다. 결국 지방경찰은 국가경찰의 체제 속에 온전히 놓여 있는 관계로, 이러한 상태에 놓인 지방경찰은 중앙경찰에 소속되어 자치적 요소라고는 있을 수 없다. 결론적으로 말하면 이러한 종속적 지방경찰제를 흔히 국가경찰제라고 부르기도 한다. 전 세계적으로 이러한 경찰체제를 유지하는 대표적인 국가들은 바로 한국을 비롯하여 북유럽에 위치한 핀란드, 스웨덴, 덴마크 등이다.[3] 본 모형에 대한 학술적 이해를 돕기 위해 그림으로 나타내면 다음과 같다.

---

3) 신현기, 『자치경찰론(제6판)』(부평: 진영사, 2021), p. 30; 신현기, 『자치경찰론(제5판)』(부평: 진영사, 2017), p. 26.

[그림 1-1] 종속적 지역경찰제의 모형

출처: 신현기, 『자치경찰─제주자치경찰제도의 체계적 접근─』(파주: 법문사, 2021), p. 29.

2. 대등적 자치경찰제(절충형 또는 혼합형)

흔히 대등적 자치경찰제란 다른 용어로 절충형 혹은 혼합형이라고 불리어지기도 한다. 이 모형은 국가경찰과 자치경찰이 상호 병존한 상태로 운영되어지는 경찰체제로 이해할 수 있다. 이 경찰체제 모형은 흔히 경찰사무의 영역을 기준으로 해서 구분되어지고 있다고 이해하면 된다. 다시 말해 국가경찰은 경찰사무 중 국가경찰사무로 분류된 것을 스스로 국가경찰이 담당하는 경우이다. 그리고 이와 반대로 지방경찰은 자치경찰사무로 이루어진 과제들을 스스로 자기들이 수행해 나가는 것이다. 물론 예외적이기는 하지만 경우에 따라서는 국가경찰이 일련의 경찰업무들을 자치경찰에게 위임하여 그 해당 경찰업무가 자연스럽게 이루어지도록 하는 경우도 있다. 이 경우에 국가경찰은 지방경찰에 대해 경찰사무의 내용에 대한 그 관리와 책임을 직접 지시하고 감독할 수 있는 일련의 통제권을 전적으로 소유하게 된다.

이러한 경찰모형은 위에서 언급한 특성들로 인해 국가경찰과 자치경찰 간 관계의 경우 결국 국가위임 사무만을 제외할 경우 종속적이거나 상하적인 관계가 성립되지 않음은 물론 양자 간에 분명하고 명확한 대등적 관계를 유지할 수 있다. 하지만 이 경찰모형은 자신이 가지고 있는 이론적 특성에도 불구하고 실제에서는 국가경찰이 자치경찰을 어느 정도는 지배하는 구조를 형성할 가능성이 비교적 높다는 것이 일반적인 통설이다. 즉 이 경찰모형에서는 자치경찰이 국가경찰의 영향권을 완전히 벗어나기가 쉽지 않다는 데에 기인하고 있다. 또한 이 경찰모형은 제도적이라기보다는 경찰업무의 성격상, 경찰문화적 전통상 또는 관행 등에 따라 형성된 것으로 이해할 필요가 있다. 지금까지 살펴 본 위와 같은 절충형 혹은 혼

[그림 1-2] 대등적 자치경찰제의 모형

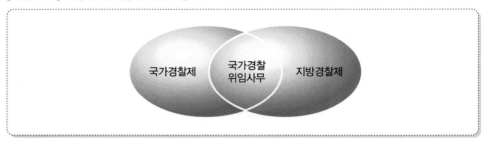

출처: 신현기, 『자치경찰론(제6판)』(부평: 진영사, 2021), p. 31.

합형 경찰제를 도입 및 시행하는 국가는 일본이 대표적인 케이스이다.[4]

3. 독립적 자치경찰제

본 경찰모형이 가지고 있는 특징은 국가경찰과 자치경찰이 서로 완전하게 분리되어 운영되는 경찰체제라는 점이다. 이러한 모형을 가진 경찰체제하에서 국가경찰은 당연히 중앙정부에 소속되어 스스로 국가경찰 고유의 사무에 관해 경찰권한을 행사한다. 하지만 이러한 경찰모형 하에서 국가경찰은 자치경찰 사무에 관해 어떠한 영향력 행사도 허용되지 않는다는 특징을 지니고 있다.

한편 이러한 독립적 자치경찰제 하에서 자치경찰공무원들은 지방정부 산하에 속해 있으면서 스스로 자치경찰에 관한 제반 경찰업무를 고유권한 하에서 독자적으로 수행한다고 볼 수 있다. 따라서 이 경우 국가경찰은 자치경찰에 대해 어떠한 영향력도 행사할 수 없다. 바로 이것이 고유 의미를 지닌 자치경찰제 모형인데, 이 경찰모형은 국가의 경찰 기능 중 거의 대부분이 사실상 자치경찰로 이관

---

4) 하지만 엄밀한 의미에서 볼 때, 일본의 경찰제도는 또 다른 시각에서 종속형이라고도 부르는 학자도 있다. 일본의 경찰제도는 국가경찰(약 7,800명)과 도도부현 광역단위의 지방경찰(약 300,000명)로 이루어져 있는데, 국가경찰이 일본 전역을 7개 관구지역으로 나누어 지방경찰을 관리하는 시스템이다. 국가경찰 산하에 전국 도도부현 광역자치단체에 경찰권을 넘겨주고 각 광역자치단체들이 지방경찰로 치안질서를 유지하는 모형이다. 이 때문에 일본 경찰은 지방경찰 중에서 한국의 총경급으로 승진하는 경찰을 지방경무관이라고 부르는데, 즉 지방경무관으로 승진하면 그 신분이 지방공무원에서 국가공무원으로 바뀐다. 한국의 경찰제도를 가지고 예를 들어 보면 2018년 1월 현재 한국 경찰은 국가경찰제도를 시행하고 있는데, 지방 고유의 치안사무를 모두 17개 광역시도지사에게 지방경찰권을 이관해 주고 국가경찰이 담당해야만 하는 고유의 국가경찰권(외사, 정보, 보안, 사이버, 광역권 수사 등)만 유지하는 경우를 상정해 볼 수 있다.

[그림 1-3] 독립적 자치경찰제의 모형

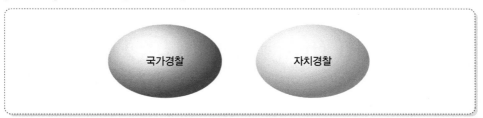

출처: 행정안전부 자치경찰제실무추진단, 「2004-2007 자치경찰제 추진 중간보고서」, 2008, p. 28.

된 경우에 해당된다. 여기서 주목할 것은 자치경찰의 설치를 위한 위치를 독립된 기관으로 운영할 것이냐 혹은 지방정부의 직속기관으로 운영해 나갈 것이냐에 대한 결정에 따라서 근본적인 차이가 날 수 있다는 특징을 지니고 있다.[5]

한편 자치경찰제를 도입하는 목적은 무엇인가? 그 목적은 일반적으로 다음과 같은 목적에 기초를 두고 있음을 알 수 있다. 그리고 한국의 경우는 지역실정에 알맞은 치안행정의 제공이라는 목적 이외에 중앙정부로부터 권한을 지방으로 이양하는 이른바 분권화를 완결하고자 한다는 목적이 역대 정부마다 제시되어 나왔다.

〈표 1-2〉 자치경찰제의 도입 목적

구분	내용
일반적 목적	• 치안서비스의 탄력적 공급 • 지방행정의 실효성 확보 • 자치경찰의 정치적 중립성 확보 • 지방자치단체와 경찰간 마찰해소 • 주민과 협조적 치안수요 대응 • 지역실정에 부합한 자치경찰 조직운영 • 주민통제로 경찰부패 방지
한국형 목적	• 지방분권의 완결

출처: 금창호·권오철·하동현. (2012). "제주자치경찰제도의 정책평가와 개선과제", 「연구보고서」, 한국지방행정연구원, p. 13.

---

5) 행정안전부 자치경찰제실무추진단, 「2004-2007 자치경찰제 추진 중간보고서」, 2008, p. 28.

제 2 절 대륙법계 국가의 국가경찰제와
영미법계 국가의 자치경찰제

흔히 법체계를 이야기할 때, 대륙법계는 독일, 프랑스, 네덜란드, 스페인, 이탈리아 등 주로 서유럽 국가들을 지칭한다. 이에 반해 영미법계 법체계를 유지하고 발전시켜 온 국가들은 바로 영어를 사용하는 영국, 미국, 캐나다, 호주, 뉴질랜드 등이 대표적으로 꼽히고 있다. 따라서 이와 같은 법체계를 중심으로 각 국가들은 자기 고유의 경찰제도들을 정착시키고 발전시켜 나왔다. 과거뿐만 아니라 오늘날 세계 각국은 자기 나라만의 고유 전통과 문화 및 역사에 따라 고유의 경찰제도를 발전시켜 왔다. 특히 각 국가들은 자국 경찰제도의 바람직한 발전과정 내에서 모든 경찰업무를 국가의 이익 및 지방적 이익과 관련되는 영역으로 구분해 왔다. 이것이 의미하는 것은 바로 경찰을 운용하는 주체가 누구냐를 기준으로 삼은 것을 뜻한다. 말하자면 경찰을 운용하는 그 주체가 국가이며 국가경찰제로 분류하고, 역시 경찰운용을 지방자치단체가 주관해 나갈 경우는 바로 자치경찰이 되는 것이다. 이처럼 지금까지 지구상의 거의 모든 국가들은 경찰의 운용 주체가 누구냐를 기준으로 국가경찰체제와 자치경찰체제로 양분해 정착시켜 나왔다.[6]

여기서 그 나라 경찰의 주체가 국가냐? 아니면 지방자치단체냐? 하는 것은 바로 그 나라의 지방자치이념이나 법체계와 정치 및 행정제도가 어떠냐 하는 기준에 의존하는 것이 통례이지만, 최종적으로는 각 해당 국가들마다 자신들의 역사적 전통, 문화, 사상, 정치적 환경변화, 치안상태 및 경찰의 발전방향에 따라서 끝임 없이 변천되고 발전되어 나왔다.

그동안 학문적으로 분류되어 온 기준들을 중심으로 살펴보면 대체적으로 독일·프랑스·스페인·이탈리아·태국·제2차 세계대전 시의 일본 및 한국 등과 같은 대륙법계국가들에서는 국가가 바로 경찰의 주체였다. 그러나 영국·미국·캐나다·호주·뉴질랜드 등으로 대변되는 이른바 영·미법계 국가들에서는 지방자치단체가 곧 경찰운용상의 핵심 주체인 자치경찰제를 정착시키고 발전시켜 나왔다. 이 밖에도 1980~1990년대를 지나면서 서유럽 국가 중 벨기에의 경우는 프

---

6) 신현기, 『경찰조직관리론』(파주: 법문사, 2018), p. 40; 이영남·신현기, 『경찰조직관리론』(서울: 법문사, 2003), p. 280.

랑스의 경우처럼 국가경찰, 국가군인경찰, 자치경찰제도 등을 운용해 오다가 경찰개혁을 전면적으로 단행하였다. 즉 벨기에는 1986년 2월 기초자치단체법과 1992년 7월 경찰기능법에 의해 자치경찰제로 전격 통폐합 및 개편하는 결과를 보여주었다. 추가로 벨기에 정부는 위 3가지 종류의 경찰조직 체계를 1998년 12월 기존 2원구조의 통합경찰조직법 및 2001년 국가군인경찰, 기초자치경찰, 사법경찰에 관한 법령의 폐지를 왕령을 통해 과거 경찰조직 및 기능에 관한 관련 법령들을 폐기하는 경찰개혁을 단행하였다. 이에 따라 벨기에 경찰의 경우도 오늘날 자치경찰제로 모든 경찰조직이 개편되어 운용되는 큰 변화를 보여주었다.

멕시코의 경우도 지속적으로 자치경찰제를 운영하면서 발전시키는 대표적인 국가로 분류해 볼 수 있다. 그리고 비록 영미법계에서 운용하고 있는 자치경찰제 모형에 밀접하게 접근할 수는 없지만 또다른 형태의 자치경찰제를 시행하는 국가 중 대표적인 나라는 전장에서 간략히 소개한 바 있는 프랑스, 스페인 및 이탈리아이다. 이들 국가들은 전통과 역사, 문화 및 치안 안정과 관련된 정치적인 판단이나 필요성에 의해 강력한 국가경찰제를 중심으로 운영하고 있다. 동시에 지방정부들이 원하는 경우는 각각 시군구 기초자치단체장들이 스스로 결정하여 별도로 자치경찰제를 운영할 수 있도록 제도적인 법적 장치를 마련해 놓고 있다. 이러한 제도는 국가경찰이냐 아니면 자치경찰제냐를 떠나서 또다른 국민치안을 위한 새로운 제도로서 독특성을 보여주고 있다.[7]

한편 대륙법계 국가들의 경찰제도는 그 기능면에서 볼 때, 광의의 경찰개념을 채택하고 있는 특징을 강하게 보여준다. 이에 반해 영·미법계 국가들의 자치경찰제는 협의의 경찰개념과 특징을 강하게 고집하고 있다. 역사적인 맥락에서 볼 때, 각 국가마다 경찰 활동의 기원은 오래전 원시사회에서 자율적 활동 상황과 특징들을 통해 어렵지 않게 찾아 볼 수 있다. 원시 인류가 사회생활을 영위하며 생존을 도모하는데 있어서 가장 중요한 일은 외적의 침입에 적극적으로 대비하는 동시에 공공사회의 질서를 유지하는 일이 주요 관건이었다. 하지만 원시사회가 현대사회로 점차 진보하고 변화되면서 이러한 기능들이 끝임 없이 분화되었다. 이와 같이 진보, 변화, 분화 및 발전들에 따라 이른바 자위제도(自衛制度)를 대신

---

7) 2006년 7월 제주특별자치도가 시행한 자치경찰제도는 바로 이들 프랑스, 스페인, 이탈리아 국가의 시군구 단위에서 운용하고 있는 자치경찰제에서 벤치마킹을 시도한 것이었다. 특히 그 중에서도 제주자치경찰제는 프랑스 시군구 단위에서 시행 중인 자치경찰제 모형에 가장 가깝다고 평가된다.

하는 또 다른 제도들이 탄생하게 되었는데, 예를 들어 사람들은 전문적 직업인을 채용해 그들에게 생명과 신체 및 재산의 보호를 비롯해 사회질서의 유지에 관한 임무를 맡기게 된 것이다. 이것이 개인경호, 국가경찰제도, 자치경찰제도, 민간경비업제도 등으로 발전되었다고 추정해 볼 수 있다.

한편 영·미법계 국가에서 경찰관념은 위에서 살펴본 관점에 기초를 두고 있다. 영미법계 국가들의 경찰조직은 역시 지방분권을 매우 중요시하고 있어 자치체경찰제도를 정착 발전시켜 나왔다. 이에 반해 대륙법계 국가들은 조금 다른 시각을 가지고 있다. 이들은 경찰을 이야기 할 때, 개인의 생명·신체·재산의 보호뿐만 아니라 더 나아가서 국가의 정책을 촉진시키기 위해 필요한 행정분야까지도 경찰개념 속에 포함시키고 있다. 그리고 대륙법계 국가들에서 국가경찰은 곧 국가경찰로서 중앙집권적 조직을 갖게 되었다. 그러나 경찰제도상 양대 체제의 주체는 물론이고 이것에 상응하는 기능에 있어서 광의와 협의(광협)의 여부는 원칙적으로 그렇다는 의미일 뿐이다. 이것이 대륙법계 국가에서는 오직 국가경찰제만 존재해야만 하는 것은 절대로 아니며 같은 맥락에서 그 기능도 또한 광의(廣義)의 경찰제만을 취해야 한다는 것도 아니다.

영·미법계 국가라고 해서 반드시 자치경찰만이 존재하는 것은 결코 아니다. 그리고 그 기능도 반드시 협의의 경찰을 취한다는 것은 아니다. 말하자면 후술하는 바와 같이 국가경찰제의 대표적인 표본이라고 알려져 있는 독일(獨逸)의 경우도 자치경찰제도가 가미되고 있다. 州 중심의 지방경찰제로 정착시킨 독일의 경찰제도에서 최근에는 하부단위에 자치경찰제적 요소를 가미한 새로운 제도를 발전시키고 있는데, 프랑크푸르트(Frankfurt)시 도시경찰(City Police)이 성공적으로 정착되었는데, 이는 바로 그 좋은 하나의 예가될 수 있다.[8] 자치경찰제의 발상지이며 종주국이라고 일컬어지는 영국(英國)의 경우도 수도 런던(London)에는 국가기관인 수도경찰청이 설치되는 등 국가경찰과 자치경찰과의 절충조직(折衷組織)이 유지되기도 했다. 그러다가 영국의 수도경찰청은 수도라는 특수성으로 인해 국가경찰제를 취하고 있었지만 2000년대 초반에 시민투표를 통해 자치경찰제로 전격 개편되었다. 이에 반해 현재 영국의 식민지인 북아일랜드 경우는 오늘날까지도 여전히 국가경찰체제를 유지하고 있다. 또한 현행 일본(日本)의 경찰도 이러한 절

---

8) 신현기, "프랑크푸르트시 도시경찰제와 서울시 자치경찰제 도입에 관한 실태 분석", 한국치안행정학회, 「한국치안행정논집」, 2017, 3(4): 1-25.

충식 경찰조직형태를 취하고 있다. 일본은 국가공안위원회 산하에서 국가경찰이 활동하고 47개 광역단위인 도도부현 소속의 지방경찰은 도도부현공안위원회 산하에서 지방경찰－자치경찰이 활동하고 있다.

이처럼 각 국가들은 대륙법계 국가이든 영미법계 국가이든 각기 장점을 살린 경찰제도를 가미하여 성공적으로 발전시켜 오고 있음을 인식할 수 있다.

1. 대륙법계 국가의 국가경찰제

전장에서 살펴본 바와 같이 대륙법계 국가에서는 대부분 국가경찰제도를 취하고 있다. 이것은 경찰권이 해당 국가의 중앙정부에 귀속되어 행사되고 있으며, 경찰관은 국가의 중앙집권적인 행정조직에 의해 소극적 행정의 기능 이외에 일부 적극적 행정의 기능도 수행하는 제도라는 특징도 지니고 있다. 이러한 제도 하에서는 국가가 바로 경찰의 직접적인 주체가 되는 것이며, 그 인사·조직 및 운영이 직접 중앙정부의 의지에 따라서 처리되는 것이다.

2. 영미법계 국가의 자치경찰제

영·미법계에 속하는 대부분의 국가에서 경찰제도는 대륙법계 국가에서의 경찰제도와는 달리 지방자치경찰제도를 유지 및 발전시켜 나왔다. 전장에서도 언급했던 바와 같이 지방자치경찰제도라 함은 지방분권이라는 정치사상에 따라서 지방자치단체에 온전한 자치권을 인정하여 경찰의 설치와 운영의 책임을 자치단체에 완전하게 위임하는 제도이다. 따라서 경찰의 주체는 국가가 아니라 바로 지방자치단체인 것이다. 이뿐만 아니라 그 기능은 경찰의 기본업무를 핵심으로 하는 소극 행정을 수행함을 원칙으로 한다. 그러나 영·미법계 국가에서도 전적으로 자치경찰제만을 운영하는 것은 아니며, 그 나라의 국가적 목적에 따라서 국가경찰제를 가미하여 행하는 경우들도 적지 않다. 영국 식민지인 북아일랜드가 대표적이다.

제3절 국가경찰제와 자치경찰제의 장점과 단점

1. 국가경찰제의 장·단점

어느 나라를 막론하고 자국의 역사, 전통, 문화, 그리고 정치적 영향에 따라서 각기 자국에 유리한 경찰제도를 도입과 운용 및 바람직한 방향으로 발전시켜 나가는데 집중하고 있다. 국가경찰제든 자치경찰제든 본 경찰제도들은 각각 장점과 단점을 지니고 있기 때문에 어느 경찰제가 더 좋은 제도라고 단정하는 것은 대단히 무의미한 주장이다. 왜냐하면 그 국가가 처한 역사, 문화, 전통 및 현 상황에 따라서 모두 다를 수밖에 없기 때문이다.

먼저 국가경찰제의 장점과 단점을 분석하면 다음과 같다.

1) 장 점

그동안 비교경찰제도적 차원에서 학문적으로 정의되어 지고 있는 국가경찰제의 장점들 중 대표적인 몇 가지만 살펴보면 다음과 같다.[9]

첫째, 경찰은 그 본래의 경찰 성질상 사회적 질서유지에 있어서 해악이 되는 원인을 제거하기 위한 실력 행사로 이해되어지곤 한다. 국가경찰제는 국가라는 강력한 권력기관의 권한을 막강하게 행사할 수 있기 때문에 지방자치단체보다는 보다 강한 국가권력에 바탕을 두고 폭넓고 광범위한 집행력을 행사하게 된다.

둘째, 앞에서 언급한 바와 같이 국가경찰은 중앙정부의 신속한 지원 하에 자신들의 경찰조직이 전국적일 뿐 아니라 통일성을 보유하고 있는 만큼 비상시에 경찰청의 수뇌부를 정점으로 일사분란하게 산하의 각 경찰기관들이 상호간 밀접한 협력이 이루어지고 있다. 이처럼 중앙정부의 명령에 의한 통일적 운영을 바탕으로 어떠한 비상 치안상황에서도 신속하며 전면적인 대처가 매우 용이하다는 장점을 지니고 있다.

셋째, 국가경찰은 전국적으로 공통적인 법령을 갖게 된다. 따라서 각기 지역마다 색다른 법령을 갖추게 되는 자치경찰제에 비해 경찰업무의 추진이 비교적 신속히 이루어질 수 있다. 이뿐만 아니라 국민들 입장에서도 자율적인 민주성 및

---

9) 신현기, 『경찰학개론』(파주: 법문사, 2015), p. 15.

서비스 제공차원에서도 편리한 점이 적지 않다는 장점을 지니고 있다.

넷째, 국가경찰제라는 체제하에서 경찰관들은 일반사법경찰로서 지역적인 제한 없이 전국지역을 업무영역으로 하고 있기 때문에 어느 곳이든 지역적 제한 없이 비교적 폭넓고 자유롭게 활동을 펼칠 수 있다. 이러한 이유로 인해 지역적 및 전국적 범죄수사상 유리하다는 장점을 지니고 있다.

다섯째, 국가경찰조직은 전국적이고 공통이기 때문에 중앙정부의 인적 및 재정적 지원 하에 경찰관의 수가 많은 편이다. 또한 경찰공무원의 교육·훈련 등에 다액의 예산을 필요로 하는 특수시설을 설치하기가 상당히 용이하다. 그리고 국가경찰은 인사행정상 적재적소의 배치와 유능한 경찰관의 승진에 대한 융통성이 자치경찰제에 비해 많다는 장점을 지니고 있다.

여섯째, 국가경찰은 지방정치가들로부터 경찰공무원의 인사와 운용에 대한 직접적인 간섭을 직접 배제할 수 있게 된다. 이에 따라 경찰의 기강이 유지됨은 물론, 경찰조직의 내부질서가 확립되어 일관된 경찰정책을 수행할 수 있다는 장점을 지니고 있다.

2) 단 점

위에서 살펴본 바와 같이 아무리 완벽한 경찰제도를 추구하려고 노력하는 국가경찰이라고 하더라도 원래부터 지니고 있는 단점에서 완벽하게 벗어나는 일은 쉽지 않다. 국가경찰이 지니고 있는 단점을 정리해 보면 다음과 같다.

첫째, 국가경찰은 국민의 생명·신체·재산의 보호를 비롯해 사회적 위해(危害)를 우선적으로 방지하는 경찰의 본래 임무를 경우에 따라서는 경시하기도 한다. 다시 말해 국가경찰제하에서 경찰은 타 일반행정에 수반되는 특수경찰로 이용될 가능성이 비교적 높다는 단점을 지니고 있다. 이뿐만 아니라 국가경찰은 중앙정부에서 관리하기 때문에 중앙정부의 의지 및 의도에 따라 얼마든지 특수한 정책수행에 주력하는 것이 비교적 자유롭다. 이러한 문제 때문에 국가경찰은 경찰정책에서 자못 방향이 빗나갈 경우 이른바 정치경찰로 전락하게 될 위험에 노출되기 쉽다. 또한 국가경찰의 단점 중에 하나는 경찰의 관료화를 조장하게 될 가능성이 높다는 점이다. 경우에 따라서 국가경찰은 국민에게 위압감을 주기도 하고 스스로 부당한 직무집행을 수행하기도 하는데, 이런 경우 별로 책임을 느끼는데 있어서 무감각할 가능성도 적지 않다는 점이 지적되기도 한다.

둘째, 국가경찰의 경우 대부분의 법령이 전국에 통일적으로 적용된다. 그동안 경찰학계에서 적지 않게 지적되어 온 것 중 하나가 바로 국가경찰제 하에서 국가경찰은 국가경찰 중심의 치안정책을 기획하다보니 지방치안실정에 맞지 않는 치안정책이 수립되고 집행될 가능성이 매우 높다는 점이다. 특히 국가경찰은 중앙정부의 정치적 영향력으로부터 자유롭지 않은 특수성 때문에 시민과의 접점에 놓여있는 지역경찰(지구대/파출소)을 위한 경찰정책이 제대로 세워지지 않는 경우가 생길 수 있다는 것이다. 그리고 국가경찰은 경찰 관련 법률들에 대해서 그 개정의 절차가 매우 복잡하기 때문에 임기응변적 조치가 비교적 곤란하다는 점도 그동안 학계로부터 꾸준히 지적된 사항이다.

셋째, 우리나라 국가경찰의 경우 경정 이상은 국가경찰청에서 직접 전보를 시행한다. 이처럼 중앙에서 실시하는 간부의 인사이동이 매년 빈번하게 발생하다보니, 이들 해당자들이 지방으로 내려간 경우, 그곳 지방실정에 맞는 임무수행에 전념하기보다는 중앙에 더 신경을 쓰는 폐단이 농후하다는 점이 오래전부터 지적되어 왔다. 이들 중간 간부급 이상의 경찰관들이 대부분 지방으로 전보되었다가 복귀해야 하기 때문에, 이런 경우 해당자들은 특히 가족을 떠나 멀리 지방으로 내려가 근무하게 된다. 결국 해당자는 낯선 지역에 배치됨으로써 상황에 따라 사기가 저하될 가능성이 적지 않다는 것이다. 오늘날에는 문제가 크지 않겠으나, 이전에는 이러한 상황이 잘못된 문제를 야기시키는 경우도 소개되곤 했다. 즉 해당자들이 중앙이나 수도권 지역으로 가급적 빨리 되돌아가기 위해 인사청탁을 하는 경우도 발생할 수 있다는 지적이 이전에 경찰학계의 연구에서 자주 논의되기도 했었다.

넷째, 국가경찰은 전국의 지역실정이 모두 다른데도 불구하고 전국경찰을 위한 경찰의 설비를 갖추는 데 있어서 일괄적으로 설계할 수 있다는 점이 지적된다. 즉 전국을 동일하게 일관된 관점에서 계획하게 되면 지방실정에 적합한 경찰설비를 제대로 갖추기가 쉽지 않다는 단점을 지니고 있다. 이는 결국 지방경찰기관에 소속된 경찰관들에게 있어 경우에 따라서는 공복관념의 결여 문제와 직결될 수도 있다. 또한 이러한 단점은 자못 경찰과 해당 지방주민과의 관계에서 지역사회경찰활동을 추진해 나갈 때, 치안협력이 효율적으로 이루어지지 못할 가능성도 있다. 따라서 궁극적으로는 지역주민으로 하여금 경찰기관과 경찰공무원들에 대한 친근감 내지는 친밀감을 표출하기보다는 오히려 반감을 느끼는 역기능에 노출될 가능성도 있다는 단점을 가지고 있다.

2. 자치경찰제의 장·단점

전장에서 살펴본 바와 같이 대륙법계 국가경찰제도 처럼 영·미법계에서 발달해 나온 자치경찰제 역시 독특한 장·단점을 지니고 있다. 자치경찰제의 장단점은 위에서 분석해 본 대륙법계에서 발전해 나온 국가경찰제의 장·단점을 역으로 바꾸어 이해하면 어려움이 없을 것이다. 우리나라의 경우 2017년 5월 출범한 문재인 정부에서 국가경찰제를 유지한 채, 별도로 17개 광역시도 차원에서 이른바 국민을 위한 자치경찰제를 도입한다고 선언했다. 이같이 정부가 선언한 만큼 크든 작든 간에 그리고 어떠한 형태로든 변화가 있을 것으로 심층 기대된다. 이러한 의미에서 자치경찰제가 본래 지니고 있는 속성을 들여다보는 것이 어느 정도 가능한 장·단점을 살펴보는 것도 큰 의미가 있다고 본다.[10]

1) 장 점

자치경찰제가 지닌 장점을 몇 가지 살펴보면 다음과 같다.

첫째, 원래 지방자치단체는 작은 지역에 집중된 행정조직이라는 특징을 가지고 있다. 이러한 특징과 함께 각 지방자치단체들은 주민의 경제상태나 지역문화 속에서 지역별로 각기 색다른 지방색을 유지하고 있다.[11] 이뿐만 아니라 지방은 도시와 비교해서 각종 범죄나 교통 등 지역적 특수성뿐만 아니라 경찰상의 제반 문제들 내에서도 상당히 다른 특색을 보여준다. 따라서 자치경찰제는 이러한 지역적 특색에 따라 각종 치안문제에 신속하게 대응할 수 있는 유리한 조건을 지니고 있다. 이것이 하나의 중요한 장점으로 평가되고 있다.

둘째, 경찰제에서 경찰공무원들은 지방자치단체 소속의 지방공무원이라는 신분을 유지한다. 이들은 중앙정부에서 내려간 국가공무원이 아니라 대부분 그 해당 지역에서 선발되어 임용된 자기 지역 출신들이 경찰관으로 임용된 것이다. 자치경찰은 이러한 특수성으로 인해 자기 지역의 치안유지에 대한 책임감이 상당히 강할 수 있다. 또한 이들은 토착생활을 영위하려는 경향이 비교적 높기 때문에 공복으로서 자기지역 주민(시민)에 대해 친절함은 물론 무책임한 행동을 하기보다는 오히려 강한 책임의식을 보여줄 수 있다는 기대가 가능하다. 동시에 주민(시

---

10) 신현기, 『경찰학개론』(파주: 법문사, 2015), pp. 283-284.
11) 서울특별시, 「서울시 특별사법경찰 10년, 자치경찰제로의 전환을 위한 발전 방안 연구」, 최종 보고서, 2017, p. 13.

민)도 자기 지역 출신들이 경찰공무원에 임용되어 직무를 수행하고 있기 때문에 경찰관들에 대한 큰 호감을 가지고 경찰관의 제반 비행문제를 억제시키면서 자발적으로 협력할 수 있다는 것이다. 이는 최근 중요시되고 있는 지역사회경찰활동의 활성화에도 큰 도움이 될 수 있다는 기대가 가능하다. 또한 자치경찰제 하에서 지역주민들은 경찰조직 및 경찰시설의 결함에 대해서도 보다 적극적으로 개선하려는 노력과 관심도 보여준다. 다시 말해 실제로 자치경찰제 하에서 이러한 문제들을 어느 정도 개선하려고 노력한다는 장점을 비교적 강하게 지니고 있다고 분석된다.[12]

셋째, 자치경찰제의 대상이 되는 지방자치단체들은 비교적 작은 지역의 독립된 조직들이므로 필요한 경우 조직운영의 개혁 또한 용이한 편이다. 무엇보다 인접뿐 아니라 같은 동급에 해당하는 지방자치단체와의 경쟁심 차원에서도 개혁이 더욱 촉구되는 경우가 많다는 점도 하나의 장점으로 꼽히고 있다.

넷째, 자치경찰제 하에서는 지역상황에 적합한 인선이 수월하다는 장점을 지니고 있다. 이와 같은 토대 위에서 경찰인사행정이 안정될 수 있다는 점이다. 더 나아가서 지방자치단체에 소속된 자치경찰공무원들은 같은 지역과 위치 및 지위에 비교적 오래 있을 수 있으며, 때에 따라서는 상당히 우수한 치안실적을 높일 수 있는 기회가 많을 수 있다는 장점도 지니고 있다.

2) 단 점

위에서 살펴본 바와 같이 자치경찰제는 많은 장점을 지니고 있음에도 불구하고 동시에 적지 않은 단점들을 포함하고 있다.

첫째, 자치경찰제는 어떤 의미에서 보면 경찰공무원이 일반행정에 소속된 부속기구로서 비쳐질 수 있다는 단점을 가지고 있다. 이러한 원인은 지방자치단체장이 바로 자치경찰의 장이라는 점에 기인한다. 일반적으로 자치경찰이란 지방자치단체 내에서 집행력이 강한 동시에 비교적 작은 분립 지역 내에서 독립된 경찰이라는 특징을 지니고 있다. 이러한 특징으로 인해 지방자치단체 내에서 경찰기관 간의 상호협력이라든가 혹은 상호간 응원이 상대적으로 약할 수밖에 없다. 그리고 자치단체 내부에서 예산이 충분하지 않을 수 있고 경찰력의 확보 또한 경우

---

12) 서울특별시, 「서울시 특별사법경찰 10년, 자치경찰제로의 전환을 위한 발전 방안 연구」, 최종 보고서, 2017, p. 13.

에 따라서는 용이치 않을 가능성도 내포하고 있다는 단점이 지적된다. 이로 인해 궁극적으로는 경찰운용상 매우 중요시되는 기동성이 떨어질 수 있다는 것이다.

둘째, 자치경찰은 관할구역의 한정으로 인해 경찰기능을 최대한 발휘해야 한다는 차원에서 일정한 한계가 있다는 것이다. 오늘날에는 급속한 산업화로 인해 교통통신이 놀라울 정도로 발전하고 있다. 수도권과 지방이 초고속열차나 자가용을 이용해 일일생활권으로 정착되었다. 또한 전 세계적으로 인공지능(AI)을 응용한 4차 산업혁명도 급격하게 진행되고 있다. 모든 가정의 모든 기기들에 인공지능을 접목시켜 활용하게 되는 인공지능 시대가 본격 도래하고 있다. 이러한 급속한 일련의 발전 과정 속에서 자치경찰제는 형식적인 행정구획에 대해 철저히 무시하고 불가분의 일체를 이루는 경향이 나타날 수 있다. 이러한 현상들은 범죄수사나 교통단속상의 차원에서 볼 때, 통일된 경찰활동을 요구하게 되는 경향이 나타날 수 있다. 특히 조그만 관할지역에 극히 한정된 자치경찰은 경찰기능을 최대한 발휘해야만 한다는 차원에서 볼 때 매우 불편할 수밖에 없다. 그리고 경우에 따라서는 치명적인 결함으로 나타날 수 있다. 이뿐만 아니라 대도시의 경우 경찰은 그때그때마다 상황과 필요에 적극 대응하여 발달하는 특징을 보여준다. 하지만 소도시의 경찰은 이러한 입장과 어느 정도 거리가 있을 수 있다. 무엇보다 순수 농촌지역의 경우에서 경찰은 근대화되어 있지 못한 이유 때문에 자치단체 내에서 일련의 경찰활동들이 적지 않은 지장을 받기도 한다.

셋째, 자치경찰제하에서 중요한 단점으로 지적되는 것 중의 하나는 바로 지방 토호세력들로부터 간섭이 어느 정도 혹은 필연적으로 나타날 수도 있을 것으로 예측해 볼 수 있다. 그리고 경우에 따라서는 선거에 의해 지방자치단체의 수뇌부가 경질될 수도 있다. 이러한 상황이 나타날 경우에는 경찰간부의 이동도 나타날 수 있게 되어 장기근무가 곤란에 처할 수도 있다. 이뿐만 아니라 자치행정이 부패하는 경우가 발생한다면 이와 비례하여 경찰의 부패가 나타날 수도 있으며 더 나아가서 악정을 초래할 위험에도 노출될 가능성도 있다.

넷째, 자치경찰제하에서는 자못 경찰공무원 인사에 대한 정치가들의 여러 가지 간섭들은 물론이고 더 나아가서 경찰간부들의 자기 소속직원에 대한 각종 통제력이 충분하게 미치지 않을 경우 해당 경찰간부의 위신이 서지 않고 필요한 관리와 감독 및 이상적이며 적정한 배치를 제대로 할 수 없게 될 수도 있다. 이렇게 되면 결국 경찰조직의 기강문란과 경찰정신의 이완을 초래할 수도 있다. 그 결과 경우에 따라서는 전면적으로 붕괴될 수 있는 상태에까지 도달할 수도 있는 위험성이 어제든지 존재할 위험성도 있다는 단점을 지니고 있다.

다섯째, 자치단체가 작고 조직인원이 적은 경우에는 경찰공무원이 고정되어 있기 때문에 유능한 경찰인재들이 승진할 수 있는 기회를 얻기가 곤란하다는 지적이 상존한다. 나아가서 경찰공무원을 적재적소에 배치하기가 어렵다는 것이다. 또한 교양훈련을 위한 특별시설도 만들려면 비용이 많이 발생하게 되고, 유능한 형사(刑事)들을 언제든지 필요한데도 불구하고 어려움이 상존한다는 점이다. 즉 특수훈련과 경험이 필요한 전문 형사 및 수사관들을 확보하기가 비교적 어렵고 곤란할 수 있다는 문제점에 직면하게 될 수 있다는 점도 큰 단점 중에 하나다.

여섯째, 자치경찰제 하에서는 경찰의 임무가 원칙상 소극적인 성격을 지니고 있다는 점도 하나의 단점이 될 수 있다. 따라서 경비절약 측면에서 적지 않은 희생문제들이 발생할 수 있으며, 자치단체의 규모가 작으며 재정이 열악한 경우에는 이러한 문제에 직면하게 됨으로써 적지 않은 어려움에 처할 수도 있다.

3. 소 결

지금까지 대륙법계 국가의 국가경찰제와 영미법계 국가의 자치경찰제를 정확하게 이해할 수 있는 개념 정립과 함께 본 제도들이 가지고 있는 장점과 단점에 대해 살펴보았다. 이 양자 간에는 상호 밀접한 관계가 존재하고 있는데, 대륙법계 국가경찰제도의 장점이 영미법계 국가의 자치경찰제 단점으로 작용하는 동시에, 반대로 국가경찰제의 단점이 자치경찰제의 장점으로 작용하는 등 이들 양자 간에는 서로 다른 장단점을 지니고 있는 특징을 보여주고 있다. 따라서 오늘날 지구상에 존재하는 수많은 국가들은 오래전에 대부분이 영미법계 자치경찰제 아니면 대륙법계 국가경찰제 중 하나를 도입 및 발전시켜 나왔다. 하지만 오늘날에는 대부분의 국가들이 양자 간의 장점들만을 모아서 운용하는 방향으로 나아가고 있음을 인식할 수 있다. 이러한 실상과 관련해 그 좋은 예를 들어보면 다음과 같다.

첫째, 영국의 경우이다. 즉 영국의 경우는 자치경찰제의 종주국이면서 전국 52개 지방경찰청들은 내무부장관으로부터 경찰예산 중 60~70%를 보조금으로 지원받고 있다. 자치경찰제 개념을 보면 지방자치단체 스스로가 자치경찰 운영 예산을 자기 스스로 세수를 확보하여 해결하는 것을 원칙으로 했다. 시간이 흐르면서 조금씩 변화도 나타났다. 즉 지방자치단체들이 자치경찰제를 시행하면서 이러한 이념에 충실했었다.

둘째, 벨기에의 경찰개혁이다. 즉 벨기에의 경우는 국가경찰, 국가군인경찰, 그리고 벨기에는 자치체경찰에서 국가경찰 영역과 자치경찰 영역으로 대폭 재편하는 경찰개혁을 단행하여 그들만의 장점을 최대한 살려낸 성과를 보여주었다. 벨기에의 지도를 놓고 가운데를 중심으로 나누어 볼 경우 위쪽은 네덜란드계가 주류이고 아래쪽은 프랑스계 민족이 주류를 차지한다. 이에 따라 이전에는 프랑스의 영향으로 국가경찰 이외에 국가군인경찰제까지도 활용해 왔었는데, 이를 통합하여 자치경찰제로 전격 개편하는 경찰 대개혁을 성공시킨 것으로 평가된다.

셋째, 북유럽 국가들의 경우이다. 비록 시기적인 차이는 다양하지만 스웨덴, 노르웨이, 핀란드의 경우는 제2차 세계대전을 전후하여 각기 기존의 자치경찰제에서 국가경찰제로 회귀하는 모습도 보여주었다. 이는 경찰제도 운용상에서 장점을 살려내고 보다 강력한 질서유지의 필요성이 대두되었고 이에 따라 강력한 국가경찰제로 전격 개편하였다. 그럼에도 불구하고 국가경찰제로 변경한 이후 이전의 자치경찰제가 사라진 것이 아니고 여전히 경찰제도 속에 깊숙이 녹아서 기능하고 있는 특징을 보여주고 있다.

넷째, 프랑스, 스페인, 이탈리아는 같은 라틴민족으로서 국가경찰과 국가군인경찰제로 탄탄하게 정착되어 운영되어 나오다가 각각 필요에 의해 3국 모두가 추가로 시군구 기초자치단체 차원에서 부분적으로 자치경찰제를 도입하게 되었다. 즉 국가경찰, 국가군인경찰, 자치경찰이라는 3자가 혼용된 치안질서유지를 위한 경찰체제를 잘 정착시켜 나가고 있다. 정리해보면 프랑스, 스페인, 이탈리아는 국가경찰과 국가군인경찰을 중심으로 하고 있고, 더 나아가서 프랑스는 비교적 부유한 시들만 자치경찰을 별도로 운용하는 특색을 보여준다. 스페인도 마찬가지인데 일정 지방자치단체들에서 자치경찰을 운용하고 있다. 이탈리아는 독특해서 국가경찰제와 국가군인경찰 이외에 추가로 주에는 주자치경찰, 도에는 도자치경찰, 시에는 시자치경찰제가 활용되고 있다.

다섯째, 영국의 연방인 캐나다는 영국인들이 이주하여 국가를 창설했으면서도 모국이었던 영국에서 경찰제도와는 확연히 다른 경찰모형을 만들어 냈다. 즉 캐나다는 광활한 국토(10개 주와 3개의 준주)지만 인구가 약 3,500만명 정도에 그침으로써 연방경찰(RCMP)이 지방자치단체들과 협약을 맺고 어느 정도의 경찰운영비를 받으며 경찰관을 파견해 치안유지를 대행해 주는 형태로 발전시켜 나왔다.

물론 캐나다 주 중에서 인구수가 비교적 많고 재정자립도가 상당히 확보된 동시에 주로 프랑스계가 살고 있는 퀘벡(Quebec)주 및 온타리오(Ontario)주는 자체적으로 주경찰을 운용하고 있다. 그러나 나머지 8개 주정부는 빈약한 재정문제 때문에 자치경찰을 가지지 못하고 연방경찰에 의존하고 있다. 즉 캐나다 연방경찰은 전국 180여개의 기초자치단체와 계약하고 치안질서를 유지해 주고 있다. 캐나다 토론토 같은 시의 경우는 기초자치단체별로 경찰관서를 별도로 구성하여 운영하기도 한다.

여섯째, 미국경찰은 연방경찰(국가경찰), 주경찰(State Police), 군(County)경찰, 시경찰(City Police) 등 매우 다양한 종류의 경찰시스템을 운용하고 있다.

일곱째, 멕시코에서도 국가경찰과 자치경찰제가 혼용되고 있다. 이러한 예들은 바로 그 국가의 여러 가지 정치, 행정, 문화, 역사, 전통을 살려야 하는 필요성에 의해 생겨난 산물로서의 경찰제도가 발달된 것이다.

여덟째, 오스트레일리아와 뉴질랜드의 경우도 역시 영국의 연방이다. 그럼에도 불구하고 오스트레일리아는 연방에 국가경찰이 기능하고 동시에 각 주에는 주경찰 중심으로 기능하고 있는 경찰제이다. 이에 반해 뉴질랜드의 경우는 역시 영국의 연방국가인데도 불구하고 자국이 가지고 있는 역사, 문화, 전통 그리고 현재 처한 상황의 필요성에 따라서 자치경찰제가 아니라 국가경찰제로 운용되는 특징을 보여주고 있다.

아홉째, 일본의 경찰제는 국가경찰이 국가공안위원회를 중심으로 그 산하에 7,800여명의 국가경찰공무원들이 전국을 7개의 관구로 나누어 광역자치단체인 도도부현 47개에 속한 약 30여만명의 지방자치경찰관들을 관리 감독하는 시스템이다. 물론 국가경찰이 직접 관리 감독하는 시스템은 아니고 47개 광역자치단체의 30여만명의 지방경찰은 도도부현공안위원회가 관리 감독하고 있다. 국가경찰에서는 도도부현지방경찰본부에 경무부장, 경비부장, 수사부장, 형사부장 등 4명만 파견하여 근무하도록 하고 있을 뿐이지만 핵심요직에 국가경찰을 내려보내 지방경찰을 관리 감독한다는 차원에서 볼 때 100% 자치경찰제라고 볼 수도 없다. 이는 국가경찰 산하 지방경찰이 종속경찰제 혹은 혼합형경찰제로 유지되는 시스템이라고 불리어진다. 위에서 분석 및 제시한 각 국가들의 경찰제도를 종합해 보면 각 국가들이 자국의 경찰제도에서 좋은 장점들을 수집하여 체계적으로 재정립한 경찰형태라는 것을 어렵지 않게 찾아 볼 수 있다.

제2장

유럽형 자치경찰제도의 분석

본 장에서는 유럽국가들 중 국가경찰을 중심으로 운영하면서 동시에 자치경찰제를 함께 시행하고 있는 프랑스, 스페인, 이탈리아의 정치체계와 경찰조직체계의 개요, 국가경찰제도, 자치경찰제도 및 관련 사례를 중심으로 간략하게 분석해보고 이들의 제도가 제주자치경찰제 도입에 있어서 어떤 참고가 되었는지에 대해 심층 분석한다.[1) 이들은 라틴민족 계열로서 경찰제도상에서 많은 공통점을 지니고 있다. 이들 국가는 국가일반경찰, 국가군인경찰, 자치경찰제를 모두 공통적으로 운용하고 있다는 점에서 매우 큰 의미를 지니고 있기도 하다.[2) 다음의 분석을 통해 알 수 있는 바와 같이 프랑스, 스페인, 이탈리아의 자치경찰제도는 2006년 7월 1일 노무현 정부가 제주특별자치도에 한정하여 자치경찰제를 도입할 때, 상당히 많이 벤치마킹했다. 이 때문에 제주자치경찰제도의 기본 구조, 업무 분야, 권한 등 여러 가지 면에서 비슷한 점을 많이 찾아볼 수 있다. 따라서 제주자치경찰제를 연구하는 데 있어서 먼저 프랑스, 스페인, 이탈리아의 자치경찰제도를 살펴보는 것은 의미가 크다고 보고 정치행정체제와 경찰조직체계, 국가경찰제도, 자치경찰제도, 자치경찰 사례에 대해 간략하게 정리하기로 한다. 그리고 이들 국가들의 자치경찰제 관련 핵심 내용들을 자세히 살펴보는 동시에 시사점도 함께 찾아보았다.

---

1) 일본의 경찰제는 국가경찰과 자치경찰이 혼합되어 있어서 혼합형 경찰제라고도 불리어지고 있고, 또한 국가경찰과 광역자치단체에 해당하는 47개 광역 도도부현경찰로 운영되기 때문에 이를 국가경찰에 종속되어 지방자치경찰제가 운용되기 때문에 종속형 경찰제라고도 불리어지고 있다.
2) 참고로 미국을 비롯해 캐나다, 오스트레일리아 및 뉴질랜드 국가를 창설한 사람들로써 같은 영국 민족임에도 불구하고 각 국가마다 완전히 다른 형태의 경찰제로 발전시켜 나왔다.

제 1 절 프랑스의 자치경찰제도

1. 정치행정체제와 경찰조직체계

1) 프랑스의 정치와 행정체제

(1) 프랑스의 통치체제

서유럽에서 가장 큰 면적(543,965㎢)을 가진 프랑스는 약 65,227,142명(2020년 추계)의 인구를 가졌으며 파리가 수도이다. 화폐는 유로화를 사용하며 국가수반은 대통령이다. 정부수반은 수상으로 이루어진 국가로 대통령제와 내각책임제의 혼합형이다. 대통령과 수상이 권력을 분점하는 이원적 정부제로 대통령은 수상 임명권과 수상의 제청에 따라 장관 임면권을 가진다. 프랑스 유권자가 직접 선출하는 하원 577명은 5년 임기제이고 상원은 319명으로 9년 임기제로서 매우 긴 편이다. 그리고 행정부 관할 행정재판과 사법부 관할 사법재판 등 이원화를 이룬다.[3]

(2) 프랑스 지방자치제도

프랑스는 1982년에 신지방분권법(꼬뮨/기초정부, 데빠르뜨망/도정부, 지역정부인 레지용의 권리와 자유에 관한 법률)이 통과되어 실질적인 지방자치가 본격화되었다. 이에 근거해서 데빠르뜨망인 도와 꼬뮨(시읍면)은 자치정부 지위를 갖게 되고 그 수가 무려 36,722개로 광범위하게 확대되는 특징을 보여주게 되었다.

〈표 2-1〉 프랑스 지방자치 계층구조

지방정부
꼬뮨(기초자치정부)
데빠르뜨망(도자치정부)
레지용 지역/ (광역도) 자치정부
해외영토지방자치정부
해외특별지방자치정부

출처: 치안정책연구소(안영훈), 「유럽형 자치경찰제도 모델분석」, 2005-12, p. 4.

---

3) https://100.daum.net/encyclopedia/view/b23p4344b(검색일: 2020. 9. 20.); 치안정책연구소(안영훈), 「유럽형 자치경찰제도 모델분석」, 2005-12, p. 3.

① 레지용 지역자치정부

프랑스의 레지용은 전국을 22개 지역으로 나눈 것이다. 1982년 자치정부 법인격을 취득했고 1986년 지방선거를 통해 자치정부를 구성했다. 의원정수는 지역(광역도)자치정부로서 31~209명 정도의 의원정수를 가지고 있다.[4]

② 데빠르뜨망(도자치정부)

이는 1982년 신지방자치법에 따라 기초자치정부와 지역자치정부의 중간계층인 도자치정부로서 지위를 얻었다. 도자치정부의 행정수반은 민선도지사가 맡게 된다. 그의 권한은 자치정부 의회의장을 겸하며 그와 함께 도의 예산편성과 지출권을 가진다. 특히 이 민선도지사는 행정권한으로 교통분야의 특별경찰권과 도관할 재산의 관리권을 지닌다. 그리고 도자치정부의 행정구역 관할 경찰권도 가진다.

③ 꼬뮨 기초자치정부

기초자치정부의 구성은 기초의회가 구성된 다음 1순위 대표가 다수당 지방의원의 과반수 선거에 따라 시장으로 선출되어 기초자치단체를 이끌고 있다. 시장은 국가의 보통지방행정기관의 지위를 가지며 동시에 시장의 고유권한인 기초정부의 최고행정책임자로서 예산권과 정책집행권 등을 행사한다. 프랑스 기초자치단체 시장은 경찰행정권을 가진다. 각종 시민보호를 위한 예방차원에서 일반행정경찰권을 가지며 더 나아가서 도로교통, 관광보호와 관련되는 특별경찰행정권도 동시에 행사한다.[5]

2) 프랑스 경찰조직체계

(1) 프랑스 경찰 역사

① 자치경찰을 거쳐 국가경찰로 변화

프랑스의 경우 원래 경찰권과 경찰력은 지방 중심이었으나 시간이 흐르면서 국가경찰화로 흘러 1934년 자치경찰에서 국가경찰조직을 갖췄다. 특히 오늘날 프랑스의 국가군인경찰은 전쟁이 많았던 당시에 지방의 치안 문란을 잡기 위해 지방 주둔 군인들이 치안을 담당해 온 것이 오늘날까지 국가군인경찰로 발전 및 정착된 것이다. 1941년 8월 당시 지방정부에서 오랫동안 유지되어 오던 자치경찰이

---

4) 치안정책연구소(안영훈), 「유럽형 자치경찰제도 모델분석」, 2005-12, p. 4.
5) 치안정책연구소(안영훈), 「유럽형 자치경찰제도 모델분석」, 2005-12, p. 7.

국가 각 도의 임명도지사에 귀속되면서 국가경찰로 일괄 통합되는 전철을 밟았다. 특히 파리경찰도청의 특수성을 고려해 자치경찰과 국가경찰이 1966년 7월 통합되었으며 계속해서 전국적으로 국가경찰화를 완성했다. 특히 프랑스 국가군인경찰은 기존에 국방부 장관이 지휘하다가 2002년부터 평시에는 내무부장관으로 그 지휘체계가 일원화되었고 마침내 국가경찰체제의 통합적 운영이 이루어졌다.[6]

② 지방자치 실시와 자치경찰제 부활

1982년 지방자치제를 실시한 프랑스는 1995년 국가경찰 개혁도 단행하고 1999년 자치경찰법을 제정하여 지방정부의 자율적 경찰재정도 어느 정도 확보하게 되었다.

(2) 프랑스 경찰의 종류

① 국가군인경찰과 국가일반경찰

프랑스 내무부 소속의 국가경찰총국 내 국가일반경찰과 국방부 소속 군인공무원인 국가군인경찰이 국가경찰체제의 기둥이라고 해도 과언이 아니다. 프랑스에는 국가경찰과 자치경찰이 존재하고 있지만 어디까지나 국가경찰인 국가일반경찰과 국가군인경찰이 경찰력의 핵심역할을 수행한다.

② 프랑스 자치경찰

프랑스 자치경찰은 국가경찰보다 역사가 오래되었으며 기초자치정부의 시장이 지휘한다. 당연히 지방공무원 신분이며 1999년 지방자치법 통과와 함께 자치경찰의 숫자가 점차적으로 증가하고 있으며 3가지 자치경찰 종류가 있는데 기초정부의 자치경찰, 국가경찰로 자치경찰을 대신하는 경우, 농촌지역의 자치경찰 등이 바로 그것이다.

③ 한국의 특별사법경찰 같은 일반공무원

프랑스에서도 세무공무원, 산림공무원들 처럼 특별한 경찰권을 가진 공무원들도 있는데 예를 들어 소방구조센터의 소방공무원도 시장이나 임명도지사의 지휘하에 각기 제한된 경찰권을 가진다.

(3) 프랑스 경찰의 재정

프랑스에서 국가경찰은 국고에서 재정을 지원하는 반면, 자치경찰인건비는 자

---

6) 치안정책연구소(안영훈), 「유럽형 자치경찰제도 모델분석」, 2005-12, p. 10.

치정부가 일반예산에서 경상비로 충당한다. 자치정부에 재정적 곤란문제는 추가적으로 국고보조를 통해 충당하기도 한다.

2. 국가경찰제도

1) 프랑스 경찰조직의 법적 토대

프랑스는 1996년 9월 정부령인 국가일반경찰과 국가군인경찰 간의 권한 배분 및 협력체제의 조직에 관한 정부령에서 대국민 안전서비스와 안보에 관한 국가일반경찰과 국가군인경찰의 권한 배분 근거를 제정하여 오늘에 이르고 있다.[7]

2) 국가일반경찰

(1) 국가일반경찰의 지위와 권한 및 임무

① 지위

프랑스의 국가일반경찰 공무원은 특수직렬의 국가공무원으로서 보수의 경우 일반공무원과 약간 다르다. 위험수당 및 특별연금제도 역시 우대하는 체제를 유지하고 있다.[8]

[그림 2-1] 프랑스 국가일반경찰의 모습

출처: 신현기ⓒ, 2004. 5. 15 촬영.

---

7) 치안정책연구소(안영훈), 「유럽형 자치경찰제도 모델분석」, 2005-12, p. 14.
8) 신현기, 『자치경찰론(개정5판)』(부평: 진영사, 2017), p. 100.

② 프랑스 경찰의 권한과 임무

프랑스 국가경찰은 다른 나라에서처럼 국가안전을 위해 정보, 정치, 경제, 사회 등 치안 관련 자료를 모아 행정부에 제공하는 등 국가체제가 유지되도록 돕는다.

③ 국가일반경찰조직

국가일반경찰은 내무부 소속의 국가경찰총국(경찰청)이 총괄하는데 물론 내무부장관의 지휘를 받는다. 경찰청장인 국가경찰총국장은 대부분 임명도지사 직군에서 임명되고 있는데, 그는 경찰의 최고행정을 책임진다.

[그림 2-2] 프랑스의 경찰조직체계도

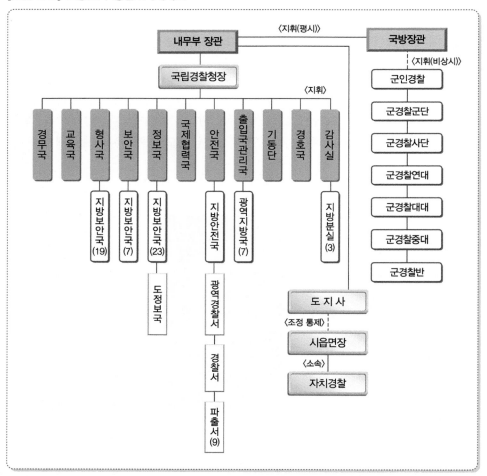

출처: 신현기, 『자치경찰－제주자치경찰제도의 체계적 접근－』(파주: 법문사, 2021), p. 52; 신현기, 『자치경찰론(개정5판)』(부평: 진영사, 2017), p. 100.

프랑스는 국가경찰총국에서 일반경찰뿐만 아니라 소방 관련 업무도 담당하기 때문에 전국소방학교까지 관리한다. 그리고 국가일반경찰이 재난 및 재해 등도 담당한다. 이들 국가일반경찰은 전국의 95개 도자치정부 관할지역에서 경찰활동을 펼친다. 역시 전국 약 442개의 경찰서에 배치되어 치안활동을 수행하는데 총 인력은 145,000여명이며 그 중에서 78,000여명이 전국적으로 경찰총국의 지휘하에 지역경찰서의 고유 치안업무를 수행한다.

④ 프랑스의 특별경찰

법상 철도, 공항, 시위진압경찰권은 임명도지사에 속하며 영화관 관련 경찰권은 문화부 장관이 가진다. 그리고 외국인에 관한 경찰권은 내무부장관이 권한을 가지며 건물붕괴 위험 등은 임명도지사가 경찰권한을 행사한다.

(2) 프랑스 경찰인사관리체계

프랑스 경찰은 3개 직군으로 구성되는데 A직군은 최고관리직군으로 경정, 총경, 경무관, 치안감, 치안정감급이며 B직군은 중간관리자직군으로 경사, 경위, 경감 급이다. C직군은 집행경찰공무원직군인데 순경후보관, 순경, 경장, 경사보급 등이다.[9]

3) 국가군인경찰

(1) 지 위

프랑스 국가군인경찰은 2003년의 경우 99,000여명이 근무했고 13,700여명의 보조군인경찰도 유지했으며 직업장교와 하사관으로 하되 여성에게도 일정수의 문이 개방되어 있다. 이들은 전국의 4,250여개의 지역 군경찰대에서 근무한다. 이들 국가군인경찰은 평시에 내무부 장관이 그리고 비상시에는 국방부장관이 지휘하는데 국가일반경찰이 없는 인구 20,000명 미만의 소도시 및 농촌지역에서 경찰업무를 수행하는데 전국의 95% 정도를 관할하는 상황이다.[10]

---

9) 치안정책연구소(안영훈), 「유럽형 자치경찰제도 모델분석」, 2005-12, p. 21.
10) 치안정책연구소(안영훈), 「유럽형 자치경찰제도 모델분석」, 2005-12, p. 24.

[그림 2-3] 프랑스 국가군인경찰

출처: 신현기 · 이임걸. (2012). "프랑스 군인경찰제도에 관한 연구", 「자치경찰연구」, 5(3), p. 10.

(2) 국가군인경찰의 기본임무

국가군인경찰은 일반행정경찰기능과 사법경찰기능을 수행한다. 사실상 이들은 행정경찰업무(약 52%), 사법경찰업무(약 36%), 국방업무(5.7%), 중앙부처협조업무 (3.5%) 등을 포괄적으로 수행하는 특징을 지니고 있다.[11]

(3) 국방기능 업무

국가군인경찰은 평시에 군사시설의 감시, 군사법경찰활동, 군교통경찰활동, 군대의 동원 준비, 핵무기 호송, 해외 평화유지활동 등의 안전활동을 책임진다. 특수임무로서 국제터러나 인질, 요인보호, 에스코트 등의 임무도 수행한다.

3. 자치경찰제도

1) 프랑스 자치경찰의 설치

(1) 프랑스 자치경찰의 법적 근거

오늘날 프랑스 경찰은 내무부 소속의 국가경찰총국을 중심으로 한 국가경찰조직과 국가군인경찰(평상시는 내무부 장관이 지휘하고 비상시는 국방부장관이 지휘) 및 지방자치단체장의 관할 하에 조직되어 운용되는 자치경찰제로 나뉘어져 있다.[12] 그러나 행정경찰이라고 하는 개념 하에서 상호간 보완 관계를 유지하지만 어디까지나 국가경찰제를 중심으로 운영되고 있다. 프랑스는 1998년 6월을 기해 '자치

---

11) 치안정책연구소(안영훈), 「유럽형 자치경찰제도 모델분석」, 2005-12, p. 24.
12) 프랑스 국가경찰은 인구 20,000명 이상인 도시지역에서 근무하고 있고, 이와는 달리 인구가 20,000명 이하인 지역에서는 국가군인경찰이 치안질서를 유지하는 것으로 크게 나누어져 있다. 추가로 기초자치단체에서는 시장이 자치경찰제를 운영하고 있다.

경찰법'을 제정한 바 있으며, 이어서 1999년 4월 15일 자치경찰법 내에서 관련 제도들을 재정비하였다. 2012년에는 치안 유지와 관련된 규정들을 하나로 통합한 국내치안법이 제정되기도 했다. 프랑스 코뮌 시장의 경찰권, 자치경찰공무원의 인사, 자치경찰의 임무, 무기휴대 및 사용, 장구·장비, 교육훈련, 조직 및 인력, 자치경찰공무원의 권리·의무, 국가경찰관의 업무협약 등에 관한 사항은 국내치안법에서 규정하게 되었다.[13]

본 법에서는 지방자치법에 근거한 자치경찰에 관해 잘 규정하고 있다. 이 법에는 하나의 특징이 있는데, 특히 자치경찰서의 경우는 최소한 5명의 인원으로 구성되어 운영 중이다. 검찰총장의 의견을 적극적으로 참고한 후 임명도지사와 해당 기초자치단체의 시장들 간 협정에 따라 설치가 가능하도록 했다. 이뿐만 아니라 프랑스 자치경찰법 3조에 근거하여 자치경찰업무에 관해 내무부장관을 적극적으로 보조하도록 하자는 취지에서 자치경찰자문위원회를 운영하고 있다. 또한 자치경찰은 해당 시장들의 요청에 의해 임명도지사로부터 허가를 받은 후 국가경찰과 일련의 치안협력 활동에 참여할 수 있도록 서로 간에 협력 관계를 긴밀하게 유지하고 있다.[14]

(2) 프랑스 자치경찰의 설치권

프랑스 자치경찰은 꼬뮨법 제L.131-1조에 따라서 시장에 속하며, 시장은 이른바 행정경찰권을 가지는 동시에 특별경찰행정권인 도로교통, 관광보호 등의 권한을 갖도록 법에 규정하고 있다. 자치경찰의 설치조건은 5명 이상과 이하로 나누어진다. 즉 5명 이상인 경우는 시장과 국가로부터 임명된 임명도지사는 검사의 의견을 들은 후 상호 간의 협력 논의한 협약을 체결함을 원칙으로 한다.[15] 본 협약에는 자치경찰관의 관여사유와 방식 및 관여장소 따위를 규정한다. 궁극적으로 본 협약은 국가일반경찰과 국가군인경찰 등과 조정한 자치경찰관의 개입방식까지도 결정하고 있으며, 만일 자치경찰 수가 5명 미만일 경우는 역시 시장의 요구에 따라 협력협약을 체결하지만 안하는 경우도 있을 수 있다. 통상적으로 자치경찰의 임무는 프랑스 지방자치법전 제2212-6조에 따라 새벽 06시부터 저녁 23시까지 수행하고 있다.

---

13) 대통령 소속 지방자치발전위원회(서원대학교 산학협력단), 「지역맞춤형 자치경찰 기본운영모델 개발에 관한 연구」, 연구보고서, 2016, p. 48.
14) 신현기, 『자치경찰론(5판)』(부평: 진영사, 2017), p. 106.
15) 치안정책연구소(안영훈), 「유럽형 자치경찰제도 모델분석」, 2005-12, p. 39.

(3) 프랑스 자치경찰의 종류

프랑스 자치경찰은 3가지 종류로 이루어진다. 첫째, 우선 일반 자치경찰(Agent de police municipale)을 운영 중이다. 이들은 도심지역에서 기초자치단체 시장의 경찰명령권을 집행하는 지방공무원이다. 이들의 핵심 업무는 주민의 공중위생, 안전, 질서유지의 확보 등을 맡는 것이다. 다시 말해 이들은 관할구역 내에서 자신들의 자치조례에 따른 시장 고유의 경찰권을 집행하는데 집중한다. 둘째, 전원경찰(Garde-Champêtre)이다. 이들은 역사가 매우 오래된 자치경찰에 해당하는데, 주로 농촌지역에서 일반 자치경찰과 동일한 임무를 수행하고 있다. 셋째, 이른바 공공감시인(Agent de surveillance des voies publiques: ASVP) 제도이다. 이들은 다음의 업무들을 핵심 내용으로 한다. 예를 들어 관할 내 공공장소 및 노상 청결유지 위반행위, 보험증 미부착, 이웃간 소음발생 행위, 주정차위반, 그 밖의 도시환경법 위반을 비롯해 경범죄에 대한 적발과 이 범죄에 대한 통고처분을 핵심 업무로 하고 있다.[16] 경찰견(警察犬) 운용팀도 102명에 달할 정도로 큰 편이다.

2) 프랑스 기초자치경찰의 지위와 권한 및 임무

프랑스 자치경찰은 일반자치경찰과 농촌자치경찰이 운영되고 있다. 프랑스의 자치경찰에 대한 내용은 다음과 같이 기초자치단체의 선출직인 시장이 운영하고 있다.

(1) 자치경찰의 법적 지위

① 일반자치경찰

프랑스 시장의 경찰명령권 하에서 주로 도심지역에서 자치경찰이 운영되는 경우가 일반자치경찰인데 핵심내용은 질서유지와 주민의 안전 및 공중위생을 감시하는 일이다.

---

16) 대통령 소속 지방자치발전위원회(서원대학교 산학협력단 김영식 외), 「지역맞춤형 자치경찰 기본운영모델 개발에 관한 연구」, 연구보고서, 2016, p. 49.

[그림 2-4] 프랑스 파리 근교 뇌이시 자치경찰의 순찰장면

출처: 신현기ⓒ, 2004. 5. 15 촬영.

② 농촌자치경찰

프랑스에서 농촌자치경찰 혹은 전원자치경찰이라고 불리는 이들은 주로 농촌지역에서 활동하는 데 도심지역의 일반자치경찰의 업무와 거의 동일하다. 프랑스 알사스 지방에는 녹색경찰도 운영되는데 이른바 지방정부연합전원자치경찰로 관할지역의 숲속에서 자연환경보호와 화재감시 업무 등도 직접 담당하고 있다.[17]

(2) 프랑스 자치경찰의 권한과 임무

① 자치경찰의 기본 임무

프랑스에서 자치경찰에게 주어진 담당업무는 상당히 제한되어 있다는 점이다. 그 이유는 전장에서 언급한 바와 같이 국가경찰과 국가군인경찰체제가 잘 정착되어 있고 추가적으로 부유하며 스스로 원하는 기초자치단체에서만 자율적으로 시행하는 제도에 기인하고 있기 때문이다. 즉 모든 지역에 국가경찰이 치안질서를 유지해 주고 있기 때문에 대부분 부유한 지역만 자치경찰제를 시행하는 성격이 강한 것이 사실이다. 국가경찰이 잘 지켜주고 있고 추가적으로 순찰을 더 돌면서 치안질서를 유지하는 특징을 지니고 있는 관계로 큰 권한을 주지 않고 있다고 해석된다. 무엇보다 자치경찰제에 대한 운영은 기초자치단체가 국가와 협약을 체결하고 그에 따라 조정되는 것을 특징으로 한다. 그리고 지방자치법상 공공질서, 안녕과 안전 및 위생환경의 유지에 집중하는 임무가 바로 그 주요 핵심사항이다.

---

17) 치안정책연구소(안영훈), 「유럽형 자치경찰제도 모델분석」, 2005-12, p. 41.

특히 자전거, 자동차 및 스쿠터를 활용하여 관할지역을 순찰, 교통통제, 공공도로 상의 장애물 제거, 주차장 감시, 노약자 보호를 비롯해 여러 가지 업무들을 수행해 나가고 있다. 또한 프랑스는 자치경찰장의 지휘를 받는 안전보조요원도 운영하는데, 이들은 공원, 학교, 시청사 등 공공시설물을 보호하는 임무도 지니고 있다.[18] 이 밖에도 다음과 같은 업무를 자치경찰들이 수행하고 있는데, 몇 가지만 소개하면 다음과 같다.

- 시민들이 거리에서 집단싸움, 소란스런 모임, 소음, 공공집회 장소의 소란, 거주자의 평온을 해치는 야간의 집단모임과 연계된 모든 침해 행위의 적극적 억제
- 공해, 화재, 홍수, 산사태 등을 비롯해 유행성 전염병, 자연재해 등의 재앙이나 사고를 비롯해 그 원조와 조치수단에 의한 응급조치권이라던가 상급행정의 개입요청에 따른 예방
- 시민의 무책임으로 인해 맹수나 유해한 동물의 방치로 야기될 가능성이 큰 사건의 예방과 처리
- 광장이나 거리에서 그리고 공공장소의 통행과 편리에 관련된 모든 것, 예를 들어 장애물 제거, 청결, 청소, 건조물 등이 추락할 경우 장애유발 위험이 있는 창문 노출의 금지, 붕괴위험 건물의 수선과 파괴 등
- 경기, 카페, 교회, 시장, 공공의례 그 밖의 공공장소 등과 같은 집회장소에서의 질서유지
- 식료품점의 사장들이 판매목적에 적합한 무게나 길이를 준수하고 있는지에 대한 여부 감시
- 정신이상자로부터 침해에 대한 시민의 보호, 즉 안전, 공중도덕, 개인의 소유를 침해할지도 모를 정신적 장애를 겪고 있는 사람에 대해 시급하게 필요한 조치의 이행
- 주민의 식량 보급을 적극적으로 보장할 수 있는 방식으로 관할구역 내 빵집의 연간 휴무와 통제[19]

② 프랑스 자치경찰의 도로교통 임무

프랑스 지방자치법전 제2212-5조에 따라 자치경찰은 기초자치정부가 제정한

---

18) 치안정책연구소(안영훈), 「유럽형 자치경찰제도 모델분석」, 2005-12, 2005, p. 67.
19) 행안부 자치경찰제실무추진단, 「선진외국 경찰제도 비교」, 2009, p. 52; 신현기, 『자치경찰론』 (부평: 진영사, 2017), p. 109.

경범죄행위 관련 조서를 작성하며 음주운전자가 음주측정을 거부할 시 국가일반경찰이나 국가군인경찰관에게 보고하며 사법경찰관은 법상 자치경찰이 즉시 연행하도록 명령하는 방식에 따르고 있다.

③ 자치경찰의 사법경찰리를 위한 보조 임무

프랑스 자치경찰은 형사소송법 21-2조에 근거해 경범죄, 경죄, 중죄를 인지한 후 즉시 국가경찰에 보고하는 동시에 인적사항을 조사하여 시장과 관내 사법경찰관을 경유해 관할 검사에게 보고한다. 하지만 벌금을 조치할 권한은 물론 없다. 그리고 사법경찰의 범죄수사 시에 보조요원으로 협조할 임무를 진다.

3) 프랑스 기초자치경찰의 행정조직

프랑스에서 시장은 자치경찰의 최고책임자인 동시에 민원행정의 책임자일 뿐만 아니라 동시에 선거관리 책임자이며 사법경찰관이면서 또한 고유 경찰행정권을 보유하고 있다.

프랑스의 경우 자치경찰법에 근거해서 전국 모든 자치단체장들은 국가가 임명한 도지사의 합리적인 행정통제하에 스스로 자치경찰제를 설치하여 운영하는 것이 법적으로 가능하다. 하지만 물론 의무로 기초자치단체장들이 자치경찰제를 시행해야 하는 것은 아니고, 그들의 자율에 맡겨져 있다. 오늘날 프랑스의 기초자치단체(꼬뮨/commune) 수는 약 36,779개 정도로 알려져 있다.[20] 이들 중 기초자치단체 대부분은 주민이 200명에서 1,000여명 미만이다. 하지만 주민수가 5,000명이 넘는 기초자치단체도 물론 존재하는데, 무엇보다 5,000명 이상의 인구를 가진 대다수의 기초자치단체는 자치경찰제를 운영 중이다. 프랑스에서 자치경찰채용은 물론 동일하지는 않은데, 예를 들어 해당 자치단체의 규모라든가 나아가서 재정자립도나 시장의 치안정책이 어떠냐에 따라서 다양한 차이를 보여주고 있다. 이 때문에 지역별로 각 도시마다 자치경찰의 업무 범위도 상당히 다양한 편이다. 프랑스의 자치경찰제는 경우에 따라 한두 명의 자치경찰관을 선발해 운영하는 기초자치단체도 꽤 존재하는데, 이런 지역이 무려 64%나 된다.[21]

---

20) 신현기, 『자치경찰론』(부평: 진영사, 2017), p. 106; 신현기, 『자치경찰론(제6판)』(부평: 진영사, 2021), p. 108.
21) 신현기, 『자치경찰론』(부평: 진영사, 2017), p. 107.

〈표 2-2〉 프랑스 자치경찰의 규모

자치경찰인원	비율	비고
1~2명인 경우	64.1%	
3~4명인 경우	15.9%	
5~49명인 경우	19.1%	
50~99명인 경우	0.7%	
100명 이상인 경우	1.2%	5개소

출처: 신현기, 『자치경찰론』(부평: 진영사, 2017), p. 107; 치안정책연구소(안영훈), 「유럽형 자치경찰제도 모델분석」, 2005-12, 2005, p. 49.

프랑스의 자치경찰제 시행 근거가 마련된 것은 그 역사가 상당히 오래되었음을 알 수 있다. 즉 1977년 1월 27일 꼬뮨법을 통해 자치경찰제 시행을 위한 법적 기초토대가 구축되었다. 이를 근거로 해서 통합지방자치법과 자치경찰법을 제정했으며, 동시에 프랑스 자치경찰의 사무를 비롯해서 국가경찰의 통제 범위에 관한 법적 토대까지 모두 갖추게 되었다.

4) 프랑스 기초자치경찰의 인사관리 분야

(1) 프랑스 자치경찰의 계급

프랑스 자치경찰관 계급은 순경시보, 순경보, 순경, 경사, 경위, 경감, 경정(자치경찰장)으로 구성되어 있다.

(2) 프랑스 자치경찰의 인력

프랑스의 전국 기초자치정부는 약 37,000여개인데, 그 중에서 사실상 인구 2만명 이상을 가진 기초지방정부들 대부분은 자치경찰 조직을 운영하는 것으로 보여진다.[22] 자치경찰에게 45% 이상의 자치정부가 무기휴대를 허용하고 있는데, 권총, 경찰봉, 최루탄발사기, 가스총 등이다. 한편 2013년도 기준으로 프랑스 자치경찰공무원의 수는 약 27,259명 정도를 보여준다. 이전에 비해 약 13,000명 이상이 증원된 것을 알 수 있다.

---

22) 치안정책연구소(안영훈), 「유럽형 자치경찰제도 모델분석」, 2005-12, 2005, p. 50.

〈표 2-3〉 자치경찰 인력현황(2013년 기준)

구분	일반자치경찰 Policiers municipaux	공공감시관 Agent de surveillance des voies publiques (ASVP)	전원경찰 Gardes- champêtres	경찰견운용팀 brigades canines
계	19,916	6,283	958	102

출처: Effectifs des polices municipales par commune - année 2013(https://www.data.gouv.fr/); 대통령 소
  속 지방자치발전위원회(서원대학교 산학협력단 김영식 외), 「지역맞춤형 자치경찰 기본운영모델 개발
  에 관한 연구」, 연구보고서, 2016, p. 50.

(3) 자치경찰의 임용과 교육

프랑스에서 정규직 자치경찰 순경은 만 18세가 되어야 지원이 가능하며 1차는 필기, 2차는 면접과 체력시험이며 체력분야는 100미터 달리기, 높이뛰기, 포환 던지기, 넓이뛰기, 50미터 수영 등이다. 자치경찰교육은 자치경찰임용자의 경우 이론교육 67일, 자치정부에서 실무교육으로 34일, 국가군인경찰과 소방서 등 국가경찰기관에서 현장교육 20일을 받아야 한다. 그리고 교육비는 물론 자치경찰 소속의 지방정부가 전액 부담한다.[23]

(4) 자치경찰의 보수와 복장 및 장비

일반적으로 프랑스의 자치경찰 보수체계는 국가경찰공무원과 동일하고 급여수당체계도 역시 동일하다. 기본급 이외에 근무자 수당, 시간외 수당, 주택보조수당, 가족수당 등을 지급한다. 프랑스 자치경찰의 복장은 국가일반경찰이나 국가군인경찰과 혼동을 주는 복장을 해서는 안된다. 반드시 직무 중 유니폼을 입고 신분증을 휴대하며 반드시 계급이 보이도록 하고 등뒤에 반드시 자치경찰이라는 글씨 표식을 해야 한다. 그리고 국가경찰과 협력협약이 체결된 경우만 가능하고 국가경찰의 주관 하에 매년 2회 50발의 사격연습을 의무화 하고 있다. 무엇보다 사격은 국가기관의 주관 하에 증명서가 발급되며 이것을 자치경찰은 소속 자치정부와 관할 임명도지사에게 제출해야 한다.[24]

---

23) 치안정책연구소(안영훈), 「유럽형 자치경찰제도 모델분석」, 2005-12, 2005, p. 53.
24) 치안정책연구소(안영훈), 「유럽형 자치경찰제도 모델분석」, 2005-12, 2005, p. 57.

(5) 자치경찰과 국가경찰 간 협약체계

프랑스 자치경찰은 지방자치법전 제L.2212-6조에 따라 시장이 5명 이상 자치경찰을 운영할 경우 시장과 임명도지사는 검사의 의견을 들은 후 원령으로 규정한 조정협약을 맺고 있으며 5명 이하인 경우도 물론 시장이 적극적으로 요구할 시에도 조정협약 체결은 가능하다. 일반적으로 국가경찰과 자치경찰 간에 체결한 본 협약은 지역사회의 공공질서 유지 임무에 있어 국가경찰이 우선적이라는 내용이 핵심사항으로 강조된다. 본 협약의 핵심사항을 요약 정리하면 다음과 같다.

- 본 협약 제1조는 자치경찰과 국가경찰이 정기적 회의를 통해 시민보호와 질서유지를 위해 의견교환
- 자치경찰장은 관할지역 국가경찰 책임자에게 자치경찰의 무기소지자와 무기종류 상황을 통보
- 자치경찰과 국가경찰의 책임자는 합동으로 경찰활동을 펼쳐야 할 경우 국가경찰 책임자의 지휘 아래서 수행하게 된다는 점을 협약내용에 명기 및 서명
- 국가경찰이 현상범이나 도난차량의 정보를 자치경찰에 제공하면 자치경찰이 이를 발견 시 곧바로 국가경찰에 보고
- 자치경찰책임자와 국가경찰책임자는 음주운전자 통제와 도로교통관리 상의 공동업무 시에 어떤 방법과 절차로 협력할 것인지를 사전에 결정해 놓음
- 임명도지사와 시장은 매년회의를 통해 협력협약 내용과 추진상황을 평가하고 필요시에 검사에게 제출[25]

(6) 국가차원의 자치경찰자문위원회 설치

프랑스 지방자치법전 제L.2212-7조에 따라 자치경찰자문위원회가 설치 운영 중인데 내무부 장관 산하 자치경찰의 조직 및 기능에 대한 통일된 기준의 제정뿐 아니라 자치경찰 제반 문제에 대한 의견 수렴이나 자문 등을 수행한다. 본 위원회의 구성은 국가대표로 내무부, 국방부, 법무부, 해외영토부, 건설교통부와 8명의 시장이 위원으로 참여한다. 즉 총 24명의 위원 중 시장대표, 국가대표, 자치경찰 노조대표가 각각 1/3씩 참여한다.[26] 자문위원회의 임기는 6년이다. 본 위원회의 결정사항은 비공개이며 회의비로 실비를 받는다. 위원장은 선출된 시장 중에서

---

25) 치안정책연구소(안영훈), 「유럽형 자치경찰제도 모델분석」, 2005-12, 2005, p. 61.
26) 치안정책연구소(안영훈), 「유럽형 자치경찰제도 모델분석」, 2005-12, 2005, p. 64.

맡도록 되어 있다. 그리고 내무부 장관은 임명도지사나 시장 및 지검장과 상의하고 경찰청 감사관실을 통해 감사를 한 후 시장, 임명도지사, 지검장 등에게 통보해 준다.

4. 프랑스 자치경찰 사례

1) 뇌이시 기초자치경찰의 조직

(1) 자치경찰조직

본 연구자가 2004년 프랑스 파리 근교 뇌이시를 직접 방문했을 때, 이곳의 국가경찰은 150여명인데 반해 자치경찰은 36명이었다.[27] 1991년 뇌이시에 자치경찰제가 시행되었는데 시장 직속으로 36명 2개 팀이었다. 이 자치경찰 중 9명의 안전보조원이 학교건물과 공공건물의 경비를 담당한다. 이들은 월요일부터 금요일까지 7시 30분부터 오후 9시까지 그리고 토요일은 10시부터 오후 8시까지 근무한다. 또한 일요일에도 9시부터 오후 7시까지 근무하고 있다.[28]

(2) 권한과 임무

뇌이시 자치경찰의 주요임무는 국가경찰과 공조해 시민의 인명과 재산을 보호하는데 중점을 두고 있다. 자치경찰은 근무시에 자전거, 자동차, 스쿠터 등을 이용하여 관할지역 순찰과 교통통제, 주차장 감시, 노약자 보호, 공공도로에서 장애물 제거 등을 수행한다.

2) 뇌이시 국가경찰 조직

이곳 뇌이시의 국가경찰은 150명 정도로 지역 치안유지를 위해 24시간 근무체제를 유지하고 있다.

3) 뇌이시의 국가경찰과 자치경찰 간 공조

(1) 지역안전위원회 운영자로서 시장

프랑스 뇌이시의 시장은 지역안전위원회 위원장으로서 교육기관의 대표자, 소

---

27) 2004년 뇌이시 안내 책자 참조; 신현기, 『자치경찰론(5판)』(부평: 진영사, 2017), p. 109.
28) 신현기, 『자치경찰론(5판)』(부평: 진영사, 2017), p. 110.

방공무원, 국가경찰관 등으로 위원을 구성해 학교지역 중심의 범죄예방 및 교통안전 관련 문제들을 해결하기 위해 정기적으로 회의를 개최한다.

(2) 시민과 자치경찰 담당부시장의 민원 해결

자치경찰은 매주 수요일 오후에 시간을 정해 시민들의 치안 관련 민원처리를 수행해 나가고 있다.

(3) 자치경찰과 국가경찰 간 업무 관련 협력과 분담

뇌이시의 시민이 112나 17의 번호로 신고하는 경우 긴급요청은 국가경찰본부에서 응대하고 가장 가까이 있는 자치경찰과 국가경찰이 출동한다. 자치경찰은 국가경찰처럼 도보나 자전거 및 차량을 통해 순찰을 하며 관내 치안유지를 한다. 그리고 자치경찰과 국가경찰은 관내 도로교통 안전을 위해 자동차 속도위반이나 운전 중에 핸드폰을 사용하는 행위, 음주운전 검사, 안전띠 착용 관련 단속 등 여러 가지 공조를 취하고 있다.[29]

(4) 시자치정부에 대한 도자치정부의 재정지원

자치경찰의 인건비는 지원하지 않고 오직 중·고등학교 지역 중심의 감시카메라 설치(CCTV) 비용 관련 재정만 지원해 주고 있다. 원래 자치경찰제란 지방자치단체가 스스로 재정을 마련하여 운영해 나가는 것을 원칙으로 한다. 역시 프랑스의 자치경찰제 운영도 이러한 운영 철학에 토대를 두고 있다. 바로 자치경찰제를 운용하는 기초자치단체가 스스로 재정을 확보하는 책임을 지고 있다. 이에 따라 프랑스 자치경찰제 운영은 곧 기초자치단체들이 얼마나 재정확보 능력을 갖추고 있느냐에 따라 그 도입 여부가 결정된다고 볼 수 있다. 이러한 재정자립도의 확보 여부에 따라 프랑스 기초자치단체들은 자기 소속의 자치경찰공무원에게 봉급지급상의 차이를 보여준다. 물론 기초자치단체에서 재정적 어려움을 겪을 때 도와 같은 광역자치단체차원에서 어느 정도 보조해 주기도 하는데, 인건비는 인정되지 않고 있기 때문에 전혀 지원되지 않고 있다. 다만 순찰차나 기타 순찰을 위한 장비 구입비 등에만 지원된다.[30]

---

29) 치안정책연구소(안영훈), 「유럽형 자치경찰제도 모델분석」, 2005-2, 2005, p. 70.
30) 신현기, 『자치경찰론(5판)』(부평: 진영사, 2017), p. 112.

제 2 절 스페인의 자치경찰제도

1. 정치행정체제와 경찰조직체계

1) 스페인의 정치행정체제

스페인은 52개의 도와 17개의 자치주로 이루어진 단일 국가로서 8,082개 정도의 기초자치정부를 가지고 있다.

2) 스페인 경찰조직체제

(1) 국가안전경찰조직법(1986)

스페인은 1986년 3월 국가안전경찰조직법을 새로이 제정했는데, 이에 근거해 국가일반경찰과 자치주경찰 및 자치경찰 등으로 재정립되었다. 이에 따라 스페인의 17개주 중 카탈로니아주, 바스크주, 나바라주는, 예를 들어 카탈로니아주는 국가일반경찰이 아니고 독자적인 카탈로니아주경찰(주도는 바로셀로나)로 운영하고 있다.

(2) 스페인 경찰의 종류

위의 국가안전경찰조직법(1986)에 따라 국가가 공공안전에 대한 보장 임무를 지고 있으며 3개의 자치주와 지방정부들은 이에 공동으로 참여할 의무를 부여받고 있다.

  i) 국가일반경찰과 국가군인경찰: 국가공공안전을 위한 공권력 기관은 국가에 속한 국가일반경찰과 국가군인경찰(Guardia Civil)이 있고 자치주에는 주자치경찰 및 기초지방정부의 공권력기관으로 자치경찰 등 3가지 종류로 운영되고 있다.[31] 원래 스페인은 국가군인경찰 중심이었다. 그 후 국가일반경찰은 5만명 정도로 창설되어 내무부장관이 관리하고 있다.

  ii) 3개 자치주정부경찰과 기초자치경찰: 본 연구자가 2004년에 방문했던 스페인 경찰은 국가일반경찰관이 45,362명, 국가군인경찰이 72,500여명이었고 바스크 자치주 7,500여명, 카탈로니아 자치주 7,600여명 등이었다.[32]

---

31) 치안정책연구소(안영훈), 「유럽형 자치경찰제도 모델분석」, 2005-2, 2005, p. 83.

[그림 2-5] 스페인 경찰조직의 체계도

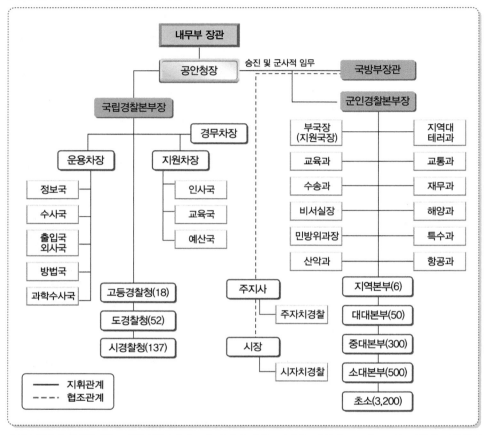

출처: 신현기,『자치경찰-제주자치경찰제도의 체계적 접근-』(파주: 법문사, 2021), p. 66; 경찰청 경찰혁신
　　　위원회,「선진국 자치경찰 운영사례연구를 위한 현지시찰 자료집」, 2004. 5, 15-24, p.91; 신현기, 『자
　　　치경찰론(5판)』(부평: 진영사, 2017), p. 124.

2. 국가경찰제도

1) 국가일반경찰

　　내무부 장관의 지휘를 받는 국가일반경찰은 약 53,736명 정도였다. 스페인의
경우도 전장에서 살펴본 프랑스의 경우처럼 인구 2만여명을 기준으로 그 이상은
국가일반경찰이 치안을 유지하고 있다. 국가일반경찰의 권한과 임무는 다음의 사

---

32) 신현기, 『자치경찰론(5판)』(부평: 진영사, 2017), pp. 128-133; 치안정책연구소(안영훈), 「유럽
　　형 자치경찰제도 모델분석」, 2005-2, 2005, p. 83.

항인데 주민등록증이나 여권 관리, 스페인 출입국 관리의 통제, 외국인 망명자 관리와 국외 추방 및 이민관리, 마약 범죄 관리, 국제경찰 간 협력 등이 바로 그것이다.

2) 국가군인경찰

(1) 지위와 권한 및 임무

스페인 국가군인경찰은 군인 신분을 가지고 공권력을 수행하는데, 거의 모두 군인신분을 유지한다. 군인경찰이 가진 권한은 무기와 폭약 관련 법적 관리, 국가 재정관리와 위조화폐범 방지, 교통통제와 교통관리, 주요 공공시설에 대한 보호, 불법마약거래에 대한 방지, 자연과 수자원 및 산림보호, 도시 간 범죄자 수송 등이 핵심이다.

(2) 군인경찰의 인사관리

19세부터 30세 사이의 스페인 국적자는 공개시험을 통해 군인경찰이 될 수 있는데 100% 중에서 이들은 약 50%가 군인경찰이 되며 나머지 50%는 이미 3년 이상 군복무를 한 자 중에서 임용되는 방식을 취하고 있다.[33]

3. 자치경찰제도

1) 스페인 자치경찰의 설치

(1) 스페인 자치경찰의 역사

프랑스의 자치경찰 경우처럼 스페인의 자치경찰도 처음에는 지역별로 자치경찰을 운영하다가 훗날 국가일반경찰이 만들어지면서 국가경찰로 통합 운영되는 모습을 보여주었다.

(2) 스페인 자치경찰의 법적 토대

스페인의 경우는 헌법 제149조 1항 29호에 따라 17개 광역자치단체는 물론이고 행정의 기초단위라고 불리는 시(Municipio)들이 스스로 경찰력을 보유할 수 있는 권한을 가진다. 또한 헌법 제148조 1항 22호에 따르면 각 자치단체가 자치단

---

33) 신현기, 『자치경찰론(5판)』(부평: 진영사, 2017), p. 127.

체 소속의 공공건물과 각종 시설물에 대한 보호와 경계, 그리고 국회가 정하는 해당 법률의 범위 이내에서 자치경찰(Local police)의 조정과 권한을 가진다고 명시하고 있다. 또한 경찰 관련 치안조직법에 주(州) 경찰의 창설이 가능하도록 하고 있다. 이 밖에 기초자치경찰의 경우는 지방행정체제의 기본법과 각 주(州)의 자치규약에 따른 각 해당 시의 규칙에 근거해 자치경찰의 창설이 얼마든지 허용된다.

스페인의 자치경찰 수는 대략 65,000명 정도다. 물론 광역자치단체인 주와 기초자치단체인 시의 경우도 모두 도입이 가능하다. 물론 자치경찰제의 설치 기준은 없다. 다시 말해 자치단체의 재정확보에 따라 도입 선택이 열려 있다.

한편 주지사 관할로 이루어지는 州자치경찰이 있고 시장 관할 하에 운영되고 있는 市자치경찰 등이 있다. 위에서 살펴본 프랑스의 자치경찰제가 그렇듯이 이웃 국가인 스페인에서 자치경찰의 기능은 역시 활동 폭이 넓지 않은 편이다. 일정한 한계가 있으며 국가경찰의 기능을 어느 정도 보완해 주는 역할에 그치고 있다고 보면 된다.[34]

(3) 스페인 기초자치경찰의 설치 운영

스페인의 기초자치정부는 각 자치주의 법률과 지방자치법률 및 시의 조례와 규약 등에 따라서 자치경찰제도를 창설할 수 있다. 특히 1986년 지방자치 관련법에 따른 국회시행령에 근거해 주민이 5,000명 이상인 기초자치정부는 자치경찰제도를 조직할 수 있도록 했다. 물론 자신들의 관할지역 내에서만 권한이 미친다. 기초자치경찰의 인력은 대략 50,000여명에 달했다.[35]

2) 스페인 자치경찰의 권한과 임무

(1) 지방자치기본법과 권한 및 임무

스페인 지방자치기본법에 따라서 정부나 시는 공공장소의 치안 유지, 도시지역의 차량과 교통질서 유지 등을 행한다. 자치경찰의 기능으로는 기초자치정부의 공공시설 보호나 감시 및 도시 내의 교통질서유지, 관할구역의 공공질서 유지, 재난시 시민의 보호 등이다.

---

34) 신현기, 『자치경찰론(5판)』(부평: 진영사, 2017), p. 130.
35) 신현기, 『자치경찰론(5판)』(부평: 진영사, 2017), p. 130.

(2) 기초자치경찰의 사법경찰 기능

기초자치경찰의 경우 주요 기능은 행정경찰기능이 주요 임무이며 법에서 위임하는 모든 경찰 기능을 수행할 수 있다. 주요 인사의 신변보호, 관공서 공공건물 보호, 범죄예방 활동과 집회시위 관리 등에서 국가일반경찰과 밀접한 협력을 행하는 것 등이다.

3) 자치경찰의 인사관리

(1) 기초자치경찰의 인사체계

약 1,700여개 단위조직으로 구성된 스페인의 기초자치경찰은 약 5만여명에 달한다. 전국의 기초자치정부 중 약 20% 정도가 자치경찰조직을 창설해 운영 중인데, 이는 스페인 전체 인구 중 거의 90% 이상에게 경찰서비스를 고르게 제공하고 있음을 보여주는 것이다. 기초자치경찰의 계급은 4개인데 순경, 경사, 경감, 경정급 등이다.

(2) 기초자치경찰의 임용과 훈련

기초정부의 시장은 자치경찰장을 주로 시 집행부의 최고 관리자층에서 임명하고 있다. 자치경찰에 지원하고자 하는 자는 30세 이하여야 하고 순경은 일반채용이고 경사, 경감, 경정급 25% 정도는 특별채용을 통해 이루어진다. 나머지는 내부승진 방식으로 이루어진다. 기초자치경찰의 교육훈련은 관할 자치주의 지방경찰학교나 시립경찰학교 등을 통해서 교육훈련과 직무교육 및 보수교육 등이 이루어진다.

(3) 기초자치경찰의 제복과 무기 소지

동일표준에 따른 복장규정에 의해 기초자치경찰은 청색 제복과 흰색 제복을 착용한다. 대부분의 기초자치경찰은 9미리 구경의 피스톨 권총을 소지하고 근무한다. 하지만 무기에 관한 모든 권한은 국가권한에 속하고 시행령에 무기 소지 관련 내용이 규정되어 있다.[36]

---

36) 신현기, 『자치경찰론(5판)』(부평: 진영사, 2017), p. 135; 치안정책연구소(안영훈), 「유럽형 자치경찰제도 모델분석」, 2005-2, 2005, p. 106.

4. 스페인 자치경찰 사례

1) 카탈로니아주의 자치주경찰 조직 현황

(1) 카탈로니아주 경찰의 종류

1979년부터 카탈로니아주는 자치주 법률에 의해 주지사의 통치체제가 확립되었고 주자치경찰과 시자치경찰을 주지사 산하 주내무부에서 집중적으로 관리한다. 카탈로니아 자치주 지역의 경찰조직은 주경찰, 기초자치경찰 및 국가경찰 등이 배치 운영되고 있다.

〈표 2-4〉 카탈로니아 자치주지역 경찰의 종류

기초자치정부(시장)	기초자치 경찰	카탈로니아 자치주경찰조직
자치주정부(주지사)	주정부 경찰	
국가(내무부장관)	국가일반경찰	국가경찰

출처: 치안정책연구소(안영훈), 「유럽형 자치경찰제도 모델분석」, 2005-2, 2005, p. 83.

(2) 카탈로니아 자치주경찰 조직의 개선

이곳 주는 1982~1983년에 걸쳐 자치주경찰을 창설해 운영하다가 1994년에 자치주경찰법이 통과되고 국가의 승인을 받아 본격적으로 주경찰이 교도소관리와 국가인사보호 및 오락시설관리를 비롯해서 모든 국가경찰의 기능을 대신 수행하게 되었다.

(3) 카탈로니아 자치주경찰의 권한과 임무

이곳 자치주경찰은 기존 국가경찰이 수행하던 대부분의 업무를 직접 수행하게 되었는데, 즉 주자치경찰이 교통질서 유지뿐 아니라 사법경찰의 기능도 수행함은 물론이고 더 나아가서 이른바 자치주정부법의 집행 관련 임무와 지역 내의 시민 안전과 질서유지를 위한 경찰활동을 수행하고 있다.

(4) 국가경찰의 임무

국가경찰은 업무가 축소되어 헌법에 보장된 것만 다루게 되었다. 즉 밀수와 관세이탈, 국경경비와 출입국관리 업무, 총포 화약 허가 관리, 여권과 주민등록증 발급 등이 그 좋은 예이다. 2008년 이후 국가경찰이 점차 철수하게 되었다.

(5) 카탈로니아주 기초자치경찰

카탈로니아주에는 946개나 되는 기초자치정부가 존재한다. 이미 2004년도의 경우 200여개의 기초정부에서 시장을 책임자로 기초자치경찰이 운영되었다. 자치경찰의 수는 다양한데 1~2명을 운영하는 도시도 존재하고 있으며, 특히 바로셀로나시는 2,000명 이상의 자치경찰을 운영한다.

(6) 기초자치단체 경찰(시경찰)

스페인의 기초자치단체는 법률에 따라 주민 5,000명 이상인 경우 자치경찰의 창설권이 부여되어 있다. 물론 그 형태는 다양하다. 스페인은 약 8,097여개의 시(市)가 설치 운영되고 있다. 이 중 약 1,146개 시(14%)가 5,000명 이상의 인구를 보유 중이다. 市경찰은 물론 해당시 내에서 활동하는 것이 원칙이나 긴급한 경우와 당국의 요청이 있는 경우 예외도 인정된다.[37] 특히 市경찰(City Police)은 치안조직법, 주(州)의 각종 처분, 법규를 비롯해 기타 당해 시당국 규칙에 적극적으로 따르면서 규정된 복장을 착용해야 한다는 원칙을 철저하게 지키고 있다.[38] 그리고 市경찰이 운영되지 않는 도시의 경우는 경찰권 행사에 있어서 권한을 재산과 시설을 보호하는 요원으로 대체하기도 한다.[39]

한편 스페인의 기초자치경찰인 市경찰은 다양한 형태로 창설할 수 있다. 그러나 자치경찰제를 시행하지 않고 있는 자치단체의 경우도 별 문제는 없다. 왜냐하면 국가경찰이 전체 지역의 모든 치안을 담당해 주기 때문이다. 스페인의 경우 법상 모든 기초자치단체에 의무로 자치경찰을 창설하라는 규정이 전혀 없다. 따라서 자치주별로 다양한 자치경찰법령이 제정되어 운용되고 있다. 각 시별로 조례와 규칙이 다르기 때문에 결국 다양한 형태로 운영된다. 스페인은 전체 市 중에서 약 20%가량이 자치경찰을 보유 중이다. 스페인 市자치경찰은 총 50,000여 명이 넘는다. 스페인 기초자치단체의 자치경찰공무원 인력은 지역마다 큰 차이를 보여 주는데, 예를 들어 주민수, 행정구역 규모, 범죄발생유형을 기준으로 적게는 1~2명에서 많게는 2,000명이 넘는 리용시(市)도 존재한다. 스페인은 전국에 8,087여개의 자치시가 있고, 이 중 인구 5,000명이 넘는 시는 법률, 조례, 경찰조

---

37) 스페인 치안조직법, 제52조 제1항.
38) 경찰청 경찰혁신위원회, op. cit., p. 96.
39) 스페인 치안조직법, 제51조 제2항; 여기서 의미하는 요원이란 경비원(Guarda), 감시원(Vigil-
   ante), 경비요원(Agente) 등을 가리킨다.

〈표 2-5〉 스페인 자치경찰의 수

주민수	자치경찰의 보유비율	평균인력(명)
5,000~10,000명	92%	9
10,000~20,000명	97%	19
20,000~100,000명	98.5%	54
100,000명 이상	100%	42.5

출처: 행안부 자치경찰제 실무추진단, 「선진외국 경찰제도 비교」, 2009, p. 91; 신현기, 『자치경찰론』(부평: 진영사, 2017), p. 130.

직법을 기준으로 市자치경찰을 보유하고 있다. 물론 자치경찰이 미설치된 市는 경비원과 순찰대원들이 자치경찰업무를 맡고 있다.

스페인 市자치경찰은 음주운전단속 및 사고처리와 같은 교통업무, 방범, 범죄 인체포, 경범죄 피해자보호와 같은 시민의 안전업무를 책임진다. 스페인 자치경찰의 조직도와 국가경찰과의 관계를 보면 [그림 2-6]과 같다.

[그림 2-6] 스페인 국가경찰과 자치경찰의 체계도[40]

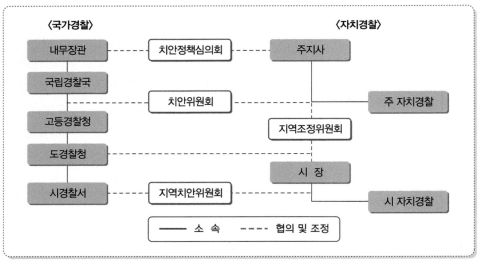

출처: 신현기, 『자치경찰-제주자치경찰제도의 체계적 접근-』(파주: 법문사, 2021), p. 72; 경찰청 경찰혁신위원회, 「선진국 자치경찰 운영사례연구를 위한 현지시찰 자료집」, 2004. 5, 15-24, p. 96; 신현기, 『자치경찰론』(부평: 진영사, 2017), p. 131.

---

40) 빠이스 바스코주, 카탈로니아주, 나바라주 등 3개 주는 자체 주자치경찰제를 유지하고 있다.

스페인의 자치경찰 수는 약 50,000여명 정도다. 지방자치단체는 공개적으로 시험을 통해 자치경찰후보자를 모집한 후 경찰아카데미에 보내서 신임교육을 시키고 있는데, 각 도시마다 각기 교육프로그램이 차이가 있기도 하다. 스페인의 자치경찰은 자체적으로 능력을 발휘하는 것이 아니라, 상호간 협력을 하는 것이 핵심사항이다.

각 지방자치단체가 자치경찰제도를 실시하는데 있어서 중요한 사항은 재정 확보 여부에 따라 수용할 수 있는 것이다. 말하자면 예산에 따라 그 실시여부가 달려있다고 보면 된다.[41] 한편 스페인의 기초자치단체에서 자치경찰을 설치하지 않는 곳은 예산이 부족한데 기인하고 일단 자치경찰제를 도입 및 실시할 경우 독자적 치안자율권이 보장되지만, 그에 반해 국가경찰로부터 어떠한 치안서비스를 지원받지 못한다는 단점에 직면한다. 이러한 이유 때문에 스페인에서는 자치경찰제를 실시하지 못하고 있는 지역도 꽤 많은 편이다.[42]

2) 카탈로니아 자치주경찰과 기초자치경찰을 위한 교육과 훈련

카탈로니아 자치주경찰이 되기 위해서는 우선 몇 개 단계의 절차를 거쳐야 하는데 선발시험, 기초교육, 실무교육이 바로 그것이다. 1985년에 설립된 카탈로니아 경찰학교에서 기초교육을 받고 있다. 물론 자치주경찰과 기초자치경찰들은 동일한 방식으로 경찰교육을 받는다는 점이 큰 특징이다.[43] 그 근본 이유는 양자가 동일 교육을 받은 결과 미래의 협력이 가능하고 더욱이 미래에 통일된 경찰활동을 펼치는데 좋은 결과가 기대된다는 것이다. 무엇보다 경찰의 선발은 다음과 같이 3가지 방식에 따르고 있는바, 제1단계 선발시험은 교양시험과 의료검진 그리고 교양시험과 심리테스트를 통해 시민안전총국이 선발한다. 제2단계 기초교육은 선발된 경찰관후보자는 기초교육을 9개월간 카탈로니아 경찰학교에서 받고 있다. 제3단계는 실무교육인데 경찰교육생은 비교적 긴 12개월간 수습기간을 거쳐 자치경찰에 정식 임용된다.[44]

---

41) 스페인 내무성 경찰부서의 책임자와 인터뷰 내용 참조.
42) 스페인 내무성 경찰부서의 책임자와 인터뷰 내용 참조.
43) 치안정책연구소(안영훈), 「유럽형 자치경찰제도 모델분석」, 2005-2, 2005, p. 121.
44) 치안정책연구소(안영훈), 「유럽형 자치경찰제도 모델분석」, 2005-2, 2005, p. 121.

제3절 이탈리아의 자치경찰제도

1. 정치행정체제와 경찰조직체계

1) 이탈리아 정치행정체제

오늘날 이탈리아 인구는 약 6,046만명(2020년 10월 기준)이며 행정체제를 보면 20개 州(region)를 비롯해, 103개의 道(Province) 그리고 약 8,101여개의 시(Co-muni)로 구성되어 있다. 그리고 1,014명으로 구성된 상하 양원과 주대표 합동회의에서 선출되는 대통령이 총리를 임명한다. 상원과 하원 모두 각 5년의 임기를 가진다.

2) 자치정부 종류

이탈리아의 자치정부 조직은 기초자치정부, 도정부, 광역시정부, 지역정부, 중앙정부로 이루어져 있다.

3) 자치경찰의 법적 토대

이탈리아 자치경찰의 운용을 위한 법적근거는 자치경찰법에 기초하며, 여기에 자치경찰의 임무와 조직 및 운영 규정 등이 잘 나타나 있다. 이탈리아의 각 주정부 차원 그리고 지역 내에서 운영 중인 자치경찰에 대한 통일성을 유지하도록 하기 위해서 이른바 지역 중심의 통일된 규정을 하나의 자치경찰법령으로 제정하여 운영하는 특징을 보여주고 있다. 이탈리아에서 자치경찰이라고 하면 흔히 도시경찰을 말한다. 이탈리아 도시경찰은 운영상에 있어 상당한 독립성을 유지하고 자치 원칙에 따라 조직되고 있다. 여기에서 지방경찰 조직이 운영되고 있다. 그러나 전 지역의 도에 도시경찰이 운영되고 있는 것은 물론 아니다.

4) 이탈리아경찰의 조직체계

이탈리아 군인경찰은 1814년 왕족의 신변안전을 위해 창설되었고, 특히 인구가 많은데도 불구하고 국가일반경찰은 6,680명, 국가군인경찰은 2만여명, 자치경찰인력은 약 7,300여명이었다. 비교적 경찰관 수가 적은 편이다.

5) 이탈리아 경찰의 종류

이탈리아에는 특수경찰로 국가산림경찰과 교도경찰 등도 운영하고 있다. 이 외에 국가경찰로서 국가일반경찰, 국가군인경찰 및 재정경찰이 있고 추가로 도시 지역에는 자치경찰이 존재하는 등 2원화되어 운영 중이다. 특히 국가군인경찰과 재정경찰(재무경찰)은 군인의 신분을 지닌다. 그리고 국가군인경찰과 국가일반경 찰은 치안과 공공안전 전체에 대해 책임을 지고 있다. 한편 국가경찰은 일반 치 안과 지역도로와 상업부문의 치안을 맡는다. 도경찰은 특정분야인 하천보호, 환 경, 사냥과 낚시 등을 담당한다. 자치경찰은 지역 내 자치경찰 간 협력 등을 수행 한다.

2. 국가경찰제도

1) 경찰조직의 법적 근거

이탈리아의 경찰조직 근거법은 이탈리아 헌법 제117조에 근거하고 있다. 즉 여기에 공공질서유지에 공공안전의 권한을 담고 있다.

2) 국가일반경찰

내무부장관 관장하에 약 10만여명의 국가일반경찰이 운영 중인데, 이들은 1981년까지 군인신분을 유지하기도 했다. 이들은 질서유지와 공공안전, 범죄예방, 재난구조, 운전면허증, 허가증, 범죄진압 등 사법경찰기능 등을 맡는다.

3) 국가군인경찰

(1) 이탈리아 국가군인경찰의 역사

이탈리아명으로 카라비니에리라고 불리는 국가군인경찰은 창설 역사가 1814 년으로 올라간다.

(2) 군인경찰의 권한과 임무

이탈리아 국가군인경찰은 군인이라는 신분을 가지고 제2차 세계대전에 참전했

으며 제4의 군대로서 군인경찰 사무와 행정경찰 및 사법경찰과 재난관리, 국경감
시 등 많은 업무를 수행한다.

[그림 2-7] 이탈리아 국가경찰 조직체계도

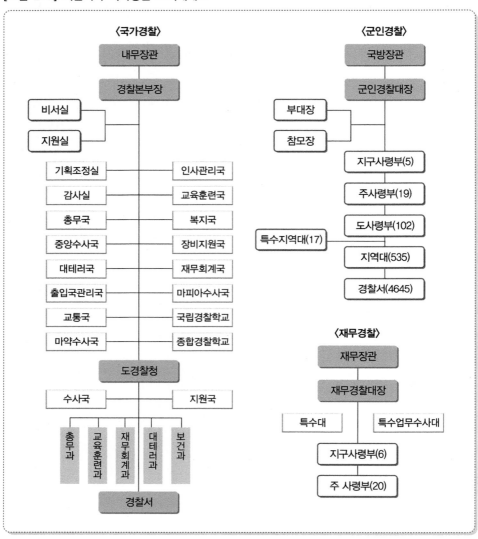

출처: 신현기, 『자치경찰-제주자치경찰제도의 체계적 접근-』(파주: 법문사, 2021), p. 76; 경찰청 경찰혁신
　　위원회, 「선진국 자치경찰 운영사례연구를 위한 현지시찰 자료집」, 2004, p. 140.

(3) 행정조직

군사 관련 업무는 국방부 장관의 지휘, 시민안전과 공공안전에 관련된 내무부 장관의 지휘 그리고 사법경찰 업무와 관련해서는 사법부의 지휘를 받는 특징을 보여준다. 전체 군인경찰의 80% 수준인 87,000여명은 지방조직에 소속되어 활동한다.

(4) 임용 방법과 승진

이탈리아에서 국가군인경찰이 되기 위한 조건은 고등학교 졸업과 육군에서 2년간 군경력자이다. 근무연수와 실적으로 승진하며 시험승진도 존재하고 1997년부터 퇴직연령이 기존 57세에서 60세로 늘어났다.[45]

3. 자치경찰제도

1) 이탈리아 자치경찰의 설치

(1) 자치경찰의 조직

이탈리아는 1986년 3월 기초자치경찰법에 자치경찰조직을 규정했다. 이에 따라 각 자치정부들은 자치경찰조직의 설치를 위해 조례를 제정 및 시행하고 있다. 이탈리아 자치단체는 관할 지역마다 경찰을 선택적으로 실시할 수 있도록 보장되어 있어 자치경찰 및 자체경찰력을 보유할 수 있는데, 언제나 재정자립도의 여부에 따라 그 가능성이 결정된다. 州자치경찰이 운영되기 위해서는 최소한 7명 이상의 경찰관을 보유해야만 한다. 물론 7명에 미치지 못하는 경우는 다른 도시와 연합해 구성 및 운영하는 것도 또한 가능하다. 애초 이탈리아 자치경찰은 道(Province) 그리고 市(Comuni) 지역에만 설치·운영되었으나 추후 긴급한 상황에 효과적으로 대처할 필요성이 점차 부각되면서 결국에는 주(region)에도 주자치경찰이 설치되었다. 따라서 특이하게도 이탈리아는 道자치경찰, 市자치경찰, 州자치경찰을 모두 유지하고 있는 셈이다. 市자치경찰의 경우 경찰책임자, 운용관리, 지원부서 등 세 가지 구성요건을 갖춘 경찰본부 그리고 지구대로 이루어져 있다.

법률규정에 따르면 이탈리아 자치경찰공무원의 수는 인구 1,000명당 1명이다. 그럼에도 불구하고 실제로는 해당 자치단체들이 해결할 수 있는 재정능력에 따라

---

45) 치안정책연구소(안영훈), 「유럽형 자치경찰제도 모델분석」, 2005-2, 2005, p. 154.

채용인원이 조정될 수 있는 여지도 남아 있다. 물론 이탈리아에서 州자치경찰은 주지사가 관리하고 있다. 이탈리아 수도인 로마를 예로 들어보면 로마도 자치경찰은 290여명 정도의 경찰관으로 운영된다. 이탈리아의 州자치경찰, 道자치경찰, 市자치경찰 중에서 가장 큰 자치경찰조직은 물론 市자치경찰이다. 로마도 산하의 로마시 자치경찰은 6국 1실의 경찰본부 및 19개 지구대로 운영되고 있으며 계급은 7개 계층에 6,800여명의 경찰관이 근무한다.[46] 실제로 로마 市자치경찰은 로마도 자치경찰에 비해 약 20배 이상 큰 규모로 운영되고 있다.[47]

(2) 기초자치경찰의 설치 현황

① 기초자치단체 시장의 자치경찰의 지휘권한

기초자치정부의 시장은 자치경찰을 운영하는데 있어 책임자이다. 지방의회의 동의를 받아 자치경찰조직에 관한 시장령을 제정하며 자치경찰을 운영하는 경우는 자치경찰단의 설치가 가능하다. 자치경찰조직을 설치하는 경우 조건이 있는데, 이 경우 시장은 지역의 주민수, 유동인구수, 그리고 지역특성 등을 고려하여 자치경찰조직을 구성해야 한다.

② 자치경찰의 종류

도시자치경찰은 도시 내에서 시민의 안전과 안전보호 및 상업위생 자치경찰은 상행위 질서유지와 위생상태 검사 등을, 그리고 도시건설 자치경찰은 자치정부 도심 내의 건축 규정준수 여부의 검사 등을, 농촌경찰은 농수산과 산림보호와 관련된 경찰임무를, 환경감시 자치경찰은 자연환경과 동식물보호 임무를, 그리고 관광자치경찰은 관광지에서 주민들의 안전보호에 관련된 임무를 주로 수행하고 있다.

③ 자치경찰의 역할

이탈리아 자치경찰이 하나의 작은 사례이기는 하지만 국가경찰의 역할을 하는 경우도 있는데, 즉 로마 시내에서 교통사고로 인해 사망사고가 발생한 경우 도시경찰이 형법을 다루는 국가경찰에 바로 이관해야 한다. 또한 시내에서 B라는 상점이 법이 정한 영업시간 이후에도 계속 영업을 지속하는 경우 즉시 도시경찰이 조사에 착수하는데, 이러한 좋은 예가 바로 도시경찰이 국가경찰의 역할을 담당

---

46) 신현기, 『자치경찰론』(부평: 진영사, 2017), p. 156.
47) 양영철, 『자치경찰론』(서울: 대영문화사, 2008), p. 117.

하는 케이스에 해당된다.[48)]

이탈리아 도시경찰은 자신만의 업무를 위한 법을 가지고 있으며 국가경찰은 고속도로를 담당하는 동시에 필요한 경우 도시경찰의 역할을 담당하기도 한다. 그러나 도시경찰(City Police)은 국가경찰이 맡고 있는 고유 영역을 법적으로 침범하지 못한다.[49)] 도시경찰은 일반적으로 다음과 같은 16개의 직무를 유지하고 있는데, 예를 들어 상점의 영업활동 감시, 교통소통의 원할 문제, 낚시나 수렵에 관련된 사무, 도시 안에 건설되는 건물 통제 등이 그 대표적이다.[50)] 이탈리아도 자치경찰제를 잘 발달시킨 나라 중에 대표적인데 독특하게도 그 종류가 많은 편이며, 주자치경찰, 도자치경찰, 시자치경찰 등과 같은 여러 운영모형을 활용하고 있다.[51)]

이탈리아의 모든 자치단체는 자치경찰법(Legge quadro sull'ordinamento della Polizia Municipale) 제12조 제1항에 근거해서 관할지역들이 각각 자체적으로 자치경찰을 다음과 같이 설치 운영하고 있다.[52)]

i) 주(州) 자치경찰(Polizia Regionale): 이탈리아의 주자치경찰은 20개 州 자치경찰법(Disciplina delle funzioni di polizia locale) 제2조 제2항에 근거해 지방정부의 업무가 긴급한 상황에 처하게 될 경우 신속하고 매우 효과적으로 적극 대처할 필요가 크다는 새로운 시대적 요청에 따라 설치되었다. 이에 근거해 이탈리아의 주(州) 경우 최소 7명 이상의 경찰관만 보유할 수 있으면 그 자체적으로 경찰조직을 보유할 수 있다는 법적 근거를 가지고 있다.[53)]

ii) 도 자치경찰(Polizia Provinciale): 이탈리아는 103개 道관할 내의 대기, 삼림, 동물, 호수 하천 등 환경보호에 관한 조직을 조정해야 하는 필요성에 따라 기존 경비조직을 재구성하여 자치경찰제를 설치하여 운영하고 있다. 이탈리아에서 도로법(Codice della Strada)의 개정에 따라 道가 관할하고 있는 고속도로 관련 순찰 업무영역이 道자치경찰로 전격 이관되어 수행해 나오고 있다.

iii) 시(市)자치경찰(Polizia Municipale): 8,000여개의 市자치경찰은 자치경찰법

---

48) 본 연구자의 이탈리아 내무성 경찰국에서 경찰책임자와 인터뷰 내용.
49) 본 연구자의 이탈리아 내무성 경찰국에서 경찰책임자와 인터뷰 내용.
50) 신현기, 『자치경찰론』(부평: 진영사, 2017), p. 158.
51) 본 절에서 다루는 운영모형, 조직, 인사, 운영관리, 재무, 법제화 등에 대한 내용은 경찰청 경찰혁신위원회의 선진국 자치경찰 운영사례연구를 위한 현지시찰 자료집을 재인용하여 활용하였음을 밝혀 둔다(pp. 145-150 참조).
52) 자치경찰법 제12조.
53) 州자치경찰법(Disciplina delle funzioni di polizia locale) 제2조 제2항.

[그림 2-8] 자치경찰 조직체계도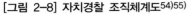54)55)

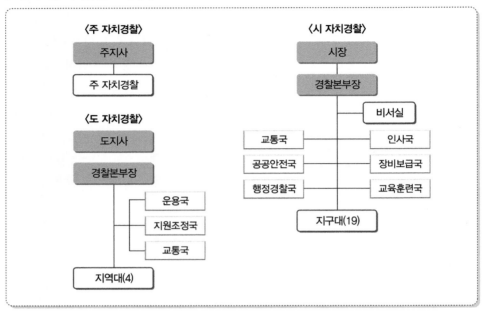

출처: 신현기,『자치경찰-제주자치경찰제도의 체계적 접근-』(파주: 법문사, 2021), p. 80; 경찰청 경찰혁신
위원회,「선진국 자치경찰 운영사례연구를 위한 현지 시찰 자료집」, 2004, p. 145; 신현기, 『자치경찰
론』(부평: 진영사, 2017), p.156.

(Legge quadro sull'ordinamento della Polizia Municipale) 제7조 제2항에
잘 나타나 있고, 이에 따라 유동인구의 수, 지역주민의 수, 지역의 특성 등을
고려해 경찰관의 수를 정하는 방식을 활용하고 있다.56)

④ 자치경찰의 재정

지역자치정부가 산하의 도와 기초단위의 자치경찰에 재정지원을 하는 경우도
있다. 하지만 각 자치정부들이 자체예산으로 자치경찰을 설치해 운영해 나가고
있다.57)

---

54) 로마市 자치경찰의 경우(http://www.comune.roma.it/info_cittadino/schede/carte/cartapm/pm
_cs_01.htm).
55) 로마道 자치경찰의 경우.
56) 자치경찰법(Legge quadro sull'ordinamento della Polizia Municipale, LEGGE 7 marzo 1986,
n. 65) 제7조 제2항; 신현기, 『자치경찰론』(부평: 진영사, 2017), p. 158.
57) 신현기, 『자치경찰론』(부평: 진영사, 2017), p. 163.

2) 이탈리아 기초자치경찰의 지위와 권한 및 임무

(1) 기초자치경찰의 지위

이탈리아의 자치경찰법 제5조1항a는 자치경찰관이 이른바 사법경찰리의 지위를 가진다고 명시하고 있다. 이와 더불어 자치경찰 책임자의 경우도 사법경찰관의 지위를 가진다고 규정하고 있다. 그리고 자치경찰장교는 공공안전경찰관의 지위를 가지는데, 결국 임명도지사가 자치경찰장교를 공공안전 담당 경찰관으로 임명하게 되는 경우, 그 해당자들은 경찰업무 이외의 시간에도 역시 무기소지가 가능하다는 지위를 가진다. 이뿐만 아니라 경찰장교가 공공안전 경찰관의 자격을 부여받게 되면 이들은 매년 정기훈련뿐만 아니라 사격시험에 합격해야만 하는 등의 의무가 부여된 훈련과정도 거친다.[58]

(2) 기초자치경찰의 권한과 임무

행정경찰 관련 기능 분야에서 권한은 교통단속과 공공안전 및 영업규제 등이다. 그리고 교통경찰 기능 분야에서 권한은 교통범죄예방과 교통사고보고 및 교통규범제정을 포함하여 교통사고예방까지를 포함한 권한을 지니고 있다. 자치경찰은 이 밖에도 국가경찰의 기능으로서 권한인 공공안전에 대해서도 보조기능 수행자로서 권한을 유지한다. 또한 자치경찰은 다음의 임무들을 수행하고 있다. 즉 법에 따라 위임된 영역내에서 행정법규의 집행과 사법경찰의 업무, 자연재해와 재난 안전, 개인사고 시 구호조치, 기초정부의 자치법령 준수에 대한 감시, 시민의 안전과 시민생활에 대한 감시 등이 바로 그것이다.

(3) 이탈리아 기초자치경찰의 행정조직과 시장의 지위

기초자치경찰의 총책임자는 물론 인사권자인 시장이며 그는 임명권자이기도 하다. 특히 자치경찰 관련 시장령도 제정함은 물론이고 자기 지역의 주민 수나 유동인구 수 등을 감안해 자치경찰관 수를 결정하고 있다. 기초자치경찰단을 조직하는 경우는 최소 자치경찰관이 7명 이상이어야 한다.[59] 시장이 자치경찰장을 임명하면 그는 시장을 대신해서 산하 자치경찰관들의 교육이나 업무수행에 대해 책임을 진다.[60]

---

58) 신현기, 『자치경찰론』(부평: 진영사, 2017), p. 154.
59) 치안정책연구소(안영훈), 「유럽형 자치경찰제도 모델분석」, 2005-2, 2005, p. 161.
60) 신현기, 『자치경찰론』(부평: 진영사, 2017), p. 165.

(4) 이탈리아 기초자치경찰의 인사관리

① 기초자치경찰의 임용과 교육훈련

이탈리아의 기초자치정부가 자치경찰을 임용하는데 지원자격은 고등학교 졸업자이다. 각 도시에서는 자치경찰공무원 채용방식이 마련되어 있다. 자치경찰관은 합격 및 임용되면 기초교육과정을 이수한다. 정기적으로 재교육이 계속 이루어진다. 직무교육과 함께 연간교육이 이루어지는데 핵심 내용은 자기방어와 업무수행을 위한 기술이 중심을 이룬다.[61] 특히 보수의 경우 자치정부의 예산에서 지급되는데, 물론 여기에는 각종 수당도 포함된다.

② 이탈리아 기초자치경찰의 복장

기초자치정부의 자치경찰들은 국가경찰과 구별되는 제복을 착용하도록 규정을 가지고 있는데 모든 자치경찰은 사실상 제복을 착용하고 근무하는 게 일반적이다.

③ 자치경찰의 무기소지 관계

자치경찰의 무기 소지는 자치경찰법 제5조와 자치경찰의 무장에 관한 내무부 시행령(n.145, 1987. 3. 4)에 따라서 자치경찰에게 무기소지를 할 수 있는 최소한의 자율권을 보장해 주고 있다. 무기의 종류와 관할하는 총기의 수 및 사격훈련장 등에 관하여 자치경찰 법규로 제정한 후 시행하고 있다. 또한 지역의 국가의 대표인 도지사가 지역에서 발생하는 범죄율이나 시민의 안전 등과 관련해서 문제점이 발생할 경우에는 그 지역을 관할하고 있는 시장에게 자치경찰에 대한 합당한 총기사용을 직접적으로 요구할 수도 있다.[62] 무기는 반자동 권총과 피스톨 그리고 자치경찰관의 무기휴대에 대한 총기의 수, 사격훈련장에 대한 법적인 규정 등이며 도지사에게 이 내용을 필히 보고해야 한다.

④ 지역치안협력위원회

이탈리아의 지역치안협력위원회는 기초자치정부의 시장과 지역의 관할 의원들로 이루어져 있다. 이 위원회는 관할 구역의 치안서비스 향상을 위해 상부에 지원을 요구하기도 한다.

---

61) 신현기, 『자치경찰론』(부평: 진영사, 2017), p. 165.
62) 치안정책연구소(안영훈), 「유럽형 자치경찰제도 모델분석」, 2005-2, 2005, p. 161.

⑤ 이탈리아 자치경찰과 국가경찰 간 상호 협력

이탈리아 자치경찰법(Legge quadro sull'ordinamento della Polizia Municipale, LEGGE 7 marzo 1986, n. 65) 제4조 제1항에 의해 자치경찰은 기본적으로 산하 자치단체의 관할범위 내에서 활동하는 게 원칙이다. 그러나 예외적으로 관할 외 지역에서도 물론 활동한다.[63]

자치경찰법 제4조 제1항 4호에서 명시된 관할 외 활동의 기준은 다음과 같다.

- 관할지역과 연관된 사항 및 관할지역의 대표로서 참여
- 관할지역에서 발생한 범죄로 인한 부득이한 경우
- 재해나 사고가 발생하여 구호활동과 연계된 관할 이외 원조의 경우는 미리 사전협정에 따라서 임명도지사(Prefetto)에게 사전 보고한 후 시행하는 것 등을 규정[64] 등이다.

4. 이탈리아 자치경찰 사례

1) 로마시 자치경찰과 예산편성권

이탈리아 로마시는 1992년부터 시자치경찰이라는 명칭을 공식적으로 사용하고 있다. 특이하게도 로마시는 기초자치정부이면서 이탈리아의 수도라는 특징을 지니고 있다. 로마시는 19개의 준자치구로 구분되어 있고 19개 구의 주민이 직접 선거를 통해 구청장을 뽑는다. 로마가 수도이기는 하지만 별도로 법률상 특별한 권한이나 지위를 부여받은 것은 전혀 없다. 특히 로마의 각 구청은 행정적 자율성만 보장해 주었고 자체적인 예산편성권은 주어지지 않았다.[65]

2) 로마시 자치경찰의 설치상 법적 토대

라찌오(Lazio) 주정부 산하에 로마시가 있는데 2002년 로마시는 시의회의 결정으로 자치경찰조직법을 제정했다. 이렇게 자치법규로써 자치경찰조직법을 제정한 이유는 대도시 교통문제와 세계적 관광도시로서 공공안전 문제 및 대도시의 치안확보를 위한 이미지 개선을 비롯해 능률성을 극대화 하고자 하는데 그 목적

---

63) 자치경찰법 제4조 제1항.
64) 자치경찰법 제4조 제1항; 신현기, 『자치경찰론』(부평: 진영사, 2017), p. 164.
65) 치안정책연구소(안영훈), 「유럽형 자치경찰제도 모델분석」, 2005-2, 2005, p. 166.

이 있었다.[66)

3) 로마시 자치경찰 인력

이탈리아 수도인 로마시 시경찰법규집(2002. 5. 7, N. 249) 제5조 및 제8조를 보면 로마시 자치경찰은 다른 도시의 경찰들보다 상당히 많은 도시치안업무들을 담당하고 있다.[67)

- 로마市 법령의 준수 여부에 대한 감시와 자치경찰에 위임되어 있는 행정법규 집행과 관련된 위반사범의 단속
- 로마시 교통소통의 관리를 비롯해 공공질서 유지와 범죄예방을 위한 순찰
- 로마시의 공공시설에 대한 보호와 관리
- 로마시민들의 공공안전에 대한 상태 점검과 시민생활의 질에 대한 감시활동
- 로마시에서 자연재해와 재난 그리고 개인의 사고발생 시 즉각적인 구호조치
- 관련법에 따라 위임된 범위에서 합법적인 사법경찰 업무의 신속한 수행
- 사법부의 책임과 권한 및 계획 하에 이루어지는 범죄소탕과 범인수색 및 범죄 상황에 대해 즉시 보고를 해주는 등의 이른바 사법경찰 보조기능[68)

4) 로마시 자치경찰의 권한과 임무

로마시 자치경찰의 경우 로마시 자치경찰조직법 제5조에 따라 자체 행정구역 내에서 자치경찰활동을 펼치고 있다. 예를 들어 범죄예방 순찰활동, 공공질서 유지, 주요 인사의 신변보호, 도시교통경찰의 교통관리, 공공시설의 보호와 관리, 시민의 안전 확보, 자연재해와 재난 등의 긴급구조 등이 바로 그것이다.[69)

5) 로마시 자치경찰장의 권한

(1) 시장과 자치경찰장

로마시장과 시장의 자치경찰 권한위임권을 받은 시의원은 로마 자치경찰장을

---

66) 치안정책연구소(안영훈), 「유럽형 자치경찰제도 모델분석」, 2005-2, 2005, p. 167.
67) 경찰청 경찰혁신위원회, op. cit., p. 147.
68) 안영훈, 『자치경찰제의 준거틀과 모형설계』(서울: 한국지방행정연구원, 1998, 연구보고서 98-2 (제291권).
69) 로마시 자치경찰조직법 제5조.

지휘 관리한다. 로마시 자치경찰조직법 제26조에 따라 로마시 자치경찰장은 주요 업무에 대해 시장과 자치경찰 권한위임자에게 보고한다.[70]

(2) 로마시 자치경찰본부

자치경찰본부는 자치경찰에 대한 지도와 감독 및 감사를 수행하는 등 총괄 지휘한다.

6) 로마시 자치경찰의 인사관리

(1) 로마시 자치경찰의 인력과 계급

약 7,000여명으로 구성된 로마시 자치경찰은 7계급으로 이루어졌다. 자치경찰은 지역별로 인력도 대규모로 이루어진 조직이 아니기 때문에 계급의 종류도 7개 정도로 유지되고 있다.

(2) 로마 자치경찰의 교육

로마시 자치경찰조직법 제36조에 따라서 자치경찰들은 임용된 후 기초준비교육 과정을 마치고 이어서 시경찰학교에서 평가과정과 재교육을 받는다. 시경찰학교의 교육 내용은 일반교육과 예비교육 및 직무교육 등이다. 그리고 자치경찰장은 교육정책 지침에 따라 매년 자치경찰의 교육계획을 수립 운영하고 있다.[71]

(3) 로마시 자치경찰의 복장 및 무기사용

로마시 자치경찰은 근무 중 제복의 왼쪽 가슴 위에 표식이나 배지를 부착하여 타인으로 하여금 잘 보이도록 해야 한다. 로마시 자치경찰은 고유의 늑골 장식으로 주홍색 바탕에 금색의 이중 테두리를 사용하고 있다. 그리고 경찰모자에는 사각형으로 만들어진 자리에 "S.P.Q.R"이라는 문구를 넣었다.

(4) 로마시 자치경찰의 복지

로마시의 경우 자치경찰조직법 제35조에 따라 자치경찰을 위한 법적보호와 민간책임보험이 마련되어 있다. 또한 자치경찰이 활동하는 데 있어서 필수적인 상해와 사망 관련 보험, 운송시의 손상과 손해 보험, 치안활동에 필요한 자동차 보험 등이 마련되어 있다.

---

70) 로마시 자치경찰조직법 제26조.
71) 로마시 자치경찰조직법 제36조.

7) 로마시 자치경찰과 국가경찰 간 협력

위 양자가 협력하는 경우, 일반적으로 국가경찰이 로마 시장의 사전동의를 얻어서 추진하는 경우가 많은 편이며, 반대로 자치경찰이 국가경찰에 요청하는 경우는 로마시장의 이름으로 요청하고 있다.

제 4 절 프랑스, 스페인, 이탈리아 자치경찰제도의 시사점

어느 국가를 막론하고 국가 간 동일한 경찰제도를 활용하는 경우는 존재하지 않으며 국가마다 각각 다른 경찰제도를 발전시켜 왔다. 비단 같은 영어를 사용하고 동일한 민족에서 출발해 각기 다른 국가를 창설한 영미법계 국가들(미국, 영국, 호주, 캐나다, 뉴질랜드) 조차도 각자가 처한 역사, 문화, 전통 및 주어진 환경에 따라 각기 다른 경찰제도를 발전시켜 왔음을 알 수 있다.

이러한 현상은 대륙법계 국가들의 경우도 별반 다르지 않다. 대륙법계와 영미법계 경찰제도를 혼용하여 독특한 경찰제도를 발전시킨 일본의 혼합형 혹은 종속형 경찰제도 역시 우리 지구상에서 독특한 경찰제도에 해당된다. 또 하나 주목할 것은 어느 나라를 막론하고 각 국가들은 각 나라들이 시행하고 있는 경찰제도들 중에서 장점들을 모아다가 자신들의 경찰제도를 더 좋게 발전시켜 나가고 있는 현상들을 뚜렷하게 나타내 주고 있다. 비록 영미법계 국가의 경찰제도를 발전시킨 국가들도 시간이 지나면서 대륙법계 경찰제도의 장점을 받아들이고 있으며, 그 반대로 대륙법계 국가들도 영미법계 경찰제도의 장점을 받아들여 자신들의 경찰제도를 발전시켜 나오고 있는 점이 바로 그 좋은 예들이다.

지금까지 프랑스, 스페인, 이탈리아 기초자치정부들이 운영하고 있는 자치경찰 기구를 살펴보았다. 이들 국가들은 기초자치정부의 수장인 시장에게 자치경찰의 인사권과 재정 운영 등의 권한이 주어져 있다는 공통점을 보여준다. 물론 이들 3개 국가들은 국가경찰제를 중심으로 치안유지를 수행하고 있으며 동시에 기초자치정부에 자치경찰을 운영하도록 하여 제도적으로 정착시켰다는 점이 큰 특징 중 하나이다.

1. 국가 간 자치경찰의 유형

위에서 살펴 본 프랑스, 스페인, 이탈리아의 자치경찰제도는 자치경찰이 국가
경찰을 보조적 역할을 해주는 국가들이라는 공통점을 지니고 있다. 이들 국가들
은 국가경찰제도 이외에 지방자치정부들 책임 하에서 경찰활동을 펼치는 자치경
찰제도를 정착시켜 나온 것이 우리나라 자치경찰제도에 있어 적지 않은 시사점을
던져주고 있다.

〈표 2-6〉 자치경찰제 구분에 따른 국가

국 가	자치경찰조직의 유무
영국, 네덜란드	협의의 자치경찰 조직이 없는 국가
미국, 캐나다의 퀘벡, 벨기에, 스위스	자치경찰이 중요한 역할
스페인, 이탈리아, 프랑스, 포르투갈, 독일	자치경찰이 보조적 역할
스페인, 프랑스, 이탈리아, 포르투갈, 독일(일부 주)	자치경찰법을 제정하여 운영

출처: 치안정책연구소(안영훈), 「유럽형 자치경찰제도 모델분석」, 2005-2, 2005, p. 182 재인용.

전장에서 살펴보았듯이 스페인과 이탈리아 자치경찰의 경우는 비교적 폭넓은
자치경찰제를 운영하고 있다.

2. 프랑스, 스페인, 이탈리아 자치경찰제도의 특징

위의 3국에서 시행 중인 자치경찰제는 사실상 국가경찰제에서 가지고 있는 경
찰권한 면에서 볼 때 너무나 제한적임을 알 수 있다. 그럼에도 불구하고 위 3국
이 시행중인 자치경찰제도는 그들 지역사회의 공공안전과 치안유지 및 교통질서
그리고 주민들의 신변의 안전보호뿐만 아니라 어린이와 노약자 같은 사회적 약자
보호와 장애인 보호 등 이른바 지역사회경찰활동의 실천을 위한 기초자치정부의
매우 중요한 기둥이 되었다. 무엇보다 이들 3국이 시행 중인 자치경찰제도에서
자치경찰의 권한은 창설시부터 사법경찰을 보조하는 역할에 머물도록 설계되었
다. 말하자면 그 이상의 경찰권한은 오직 국가사법경찰의 권한으로 확고하게 규
정해 두고 있는 것이다.[72]

---

72) 치안정책연구소(안영훈), 「유럽형 자치경찰제도 모델분석」, 2005-2, 2005, p. 186.

위 3국의 자치경찰제 분석에서 볼 수 있듯이 그들 양 경찰은 시민들의 치안안정을 위해 기능분담을 확고하게 나누고 체계화 한 상태에서 경찰치안서비스를 제공해 주고 있음을 인식할 수 있다. 특히 위 3국의 자치경찰제의 경우도 지방자치제 기본원칙의 확고한 뿌리 위에서 주민이 직접 선출한 시장이 지방공무원인 자치경찰을 직접 지휘함은 물론 기초자치단체의 안전을 확보하는 동시에 공공서비스 주체로서 최선의 역할을 훌륭히 수행해 나가고 있다.

향후 우리나라 전국에 도입될 자치경찰제에 위 3국의 자치경찰제 특징은 지방자치제의 본질이 무엇인지에 대한 시사점도 함께 던져주고 있다.

제5절   제주자치경찰제 도입과 프랑스, 스페인, 이탈리아의 자치경찰

1. 대통령 소속 정부혁신·지방분권위원회 자치경찰위원회

2003년 2월 25일 정권을 출범시킨 노무현 정부는 정부혁신·지방분권위원회와 그 산하에 자치경찰제 소위원회를 중심으로 우리나라 자치경찰제 도입을 위한 바람직한 방안을 집중 연구하였다. 자체적으로 많은 연구를 진행하면서 외국의 자치경찰제 모델에 관한 집중 분석이 이루어졌다. 물론 우리나라 전국의 시군구에서 자치경찰제를 도입하겠다는 노무현 대통령 후보자의 선거공약을 임기 중 실현하기 위한 일환에서였다.

2. 경찰청 경찰혁신위원회 자치경찰 소위원회

노무현 정부(2003.2.25～2008.2.25)의 주요 정부정책 중 하나가 1945년 10월 21일 미군정하에서 창설된 국가경찰제 이외에 추가적으로 시군구 기초자치단체에 자치경찰제를 도입하겠다는 것이었다. 2003년 경찰청도 경찰혁신위원회를 만들어 그 산하에 자치경찰 소위원회도 함께 출범시켰으며 우리나라 자치경찰제 도입을 위한 수많은 회의를 개최하였다.

3. 자치경찰위원회 간 합동회의와 합동 유럽3국의 자치경찰 기관 방문

대통령 소속 정부혁신·지방분권위원회 자치경찰위원회와 경찰청 경찰혁신위원회 자치경찰 소위원회 위원들은 노무현정부의 자치경찰제 도입을 위한 여러 차례의 합동회의를 진행하다가 보다 바람직한 자치경찰제 도입 관련 아이디어를 얻기 위해 합동방문단을 꾸려 2004년 5월 국가일반경찰, 국가군인경찰, 기초자치경찰제 등 3가지 종류를 시행하고 있는 프랑스, 스페인, 이탈리아의 자치경찰 기관을 현지 답사했다.

마침내 노무현 참여정부는 양 기관의 합동방문단이 유럽3국 시찰에서 벤치마킹 해 온 기초조사자료를 참고하여 국가경찰제도의 분권방식이 아닌, 즉 국가경찰제도는 그대로 놓아둔 채, 그리고 전국 단위가 아니고 전국에서 유일하게 일명 제주특별법에 기초해 오직 제주특별자치도에서만 2006년 7월 1일을 기해 국가경찰 창설 61년 만에 자치경찰제를 전격 도입하게 되었다.

4. 노무현 정부의 제주특별법에 따른 제주특별자치도만의 자치경찰제 도입

마침내 노무현 정부에서 제주특별자치도는 2006년 7월 1일 이른바 제주자치경찰제를 도입하게 되었으며 이는 우리나라에서 최초로 국가경찰제를 그대로 놓아 둔채 별도로 도지사 산하에 지방공무원 신분으로 새롭게 도입했다는 점에서 적지 않은 상징성을 남겼다.

이렇게 볼 때, 우리나라 제주자치경찰제는 프랑스, 스페인, 이탈리아 자치경찰제도에서 많은 시사점을 얻었다고 볼 수 있으며 그 근본제도적 원리를 사실상 그대로 벤치마킹했다고 보면 된다. 제주자치경찰제도는 위의 3개국처럼 초창기에 제주시장과 서귀포시장이 본 제주자치경찰제를 운영하다가 그 후 이를 개편하여 광역도 차원인 제주특별자치도지사 부속기구로 제주자치경찰단 내에서 운영해 나오고 있다. 그러나 인사권자는 제주도지사이다.

이 당시 노무현 정부에서 여야 간의 이해관계 그리고 국가가 처한 여러 가지 상황들로 인해 전국적으로 자치경찰제를 도입하지 못하고 오직 아름다운 섬지역

인 제주특별자치도에만 국한되어 시행되었다는 점에서는 사실상 아쉬움이 적지
않았다. 결국 전국적 단위에서 자치경찰제를 도입하는 노력은 2008년 2월 이명박
정부와 2013년 2월 박근혜 정부 그리고 2017년 5월 문재인 정부를 거치면서 계
속되었다.

제3장

제주자치경찰제도의 체계적 구축을
위한 기본 토대

제1절 제주자치경찰제의 정의와 연혁 및 법적 토대

1. 제주자치경찰제 도입경위와 개념정의

우리나라 자치경찰제에 관한 논의는 사실상 1955년부터 꾸준히 진행되어 왔다고 볼 수 있다. 하지만 우리나라 자치경찰제 도입과 관련해 본격적으로 논의를 시작한 시기는 1998년 2월 취임한 김대중 국민의 정부 하에서였다. 이 당시 경찰청에 이른바 경찰개혁위원회가 설치되었고 자치경찰제(안)을 마련해 발표했는데 이 당시 자치경찰제 도입 모델은 일본형 자치경찰제를 많이 참고하였다.

구체적으로 이 당시 경찰개혁위원회가 내놓은 자치경찰제 모델의 핵심은 경정 이상 계급은 국가경찰로 남고 반면에 경감 이하의 계급은 지방자치경찰로 소속한다는 방안이 핵심 내용이었다고 분석된다. 김대중 대통령 후보자는 선거공약에서 당선 시에 경찰의 수사권 독립과 자치경찰제 도입을 주요 정책 중 하나로 제시하였다. 실제로 대통령에 당선 이후 김대중 정부의 정책에 따라 경찰청은 경찰개혁위원회를 출범시켜 자치경찰제 도입을 본격 논의하며 도입 모델도 내놓게 되었다. 이 당시 자치경찰제 도입 모델에 관한 대안 마련 이외에 검경 간의 수사권 논쟁이 경찰과 검찰 간에 이견을 보이며 상당히 격화되었다. 이러한 양자 간 논쟁의 격화를 가라앉히기 위해 김대중 정부는 아쉽게도 출범 7~8개월 만에 더 이상 자치경찰제 도입과 수사권 독립에 관한 논의를 전격 중단시켰다.

또한 1997년 말 불어닥친 IMF 경제위기에서 벗어나야 하는 더 시급한 국정과제 때문에 아쉽게도 김대중 정부는 더 이상 자치경찰제 도입이라는 논의를 진전시키지 못한 채 5년의 임기 만료와 함께 끝나게 되었다. 김대중 국민의 정부가 추진하려다 중단된 자치경찰제 도입과 수사권 독립 이라는 불씨를 살려낸 것은 연이어서 대통령에 당선된 같은 정당의 노무현 대통령이었다. 이전의 김대중 대통령 후보처럼 노무현 대통령 후보도 자치경찰제 도입과 검경수사권 독립을 주요 대통령 후보 선거공약 중 하나로 제시한 바 있다. 대통령에 당선된 노무현 후보는 2003년 2월 참여정부라는 슬로건을 걸고 출범하여 프랑스, 스페인, 이탈리아의 자치경찰제 모델을 벤치마킹하여 우리나라에서 유일하게 섬지역인 제주특별자치도에서 2006년 7월 자치경찰제를 출범시켰다. 이처럼 제주도에서 자치경찰제가 최초로 도입 시행되었다는 것은 우리나라 경찰사에서 큰 획을 긋는 중요한 사건이었다. 이에 대한 자세한 관련 내용은 다음 장에서 자세히 다루기로 한다.

〈표 3-1〉 노무현 참여정부 이전의 자치경찰제 도입 논의

논의 시기	논의 주제	주요내용
1955.9.11	국무회의	• 시도지사 소속하의 3인 시도경찰위원회 설치 • 시도경찰위원회의 집행기구로 시도경무청 설치
1960.5.24	국회	• 경찰중립화 기초특별위원회 구성 하에 경찰의 이원화 추진
1972	치안행정 기획단	• 안보위해 감소 및 지방재정능력 향상 조건으로 지역단위 자치경찰 도입검토 필요성 제기
1985.12	치안본부	• 2000년대를 향한 경찰발전 방향: 시도단위 자치경찰제 도입 － 시도경찰위원회 관리 하에 지방경찰청 설치
1988.11.25	정균환 등 6인 국회의원	• 일본식 중앙·자치 이원화 경찰제 도입안 － 시도경찰청은 시도자치단체장이 지방의회 동의로 임명 － 지방경찰 재정은 지방재정으로 함을 원칙
1989.2.25	내무부	• 경찰에 대한 지휘감독 추진 방안: 자치경찰제 검토 － 제1안: 국가경찰과 지방경찰로 이원화 － 제2안: 국가직과 지방직의 혼합배치(국가직과 지방직의 계급 및 업무분할 방식)
1989.7	행정개혁 위원회	• 지방자치단체 정착 후 자치경찰제 도입 여부 검토 제안 － 제1단계: 시도지사의 지방경찰이 예산상 협조 관계 유지 － 제2단계: 지방경찰청장의 시도지사 추천으로 임명(지휘감독권은 경찰청장에 둠) － 제3단계: 시도지사 하부에 지방경찰위원회, 지방경

		찰을 설치(국가경찰과 지방경찰의 분리)
1990	행정쇄신 위원회	• 경찰행정쇄신방안 　－ 1989년 행정개혁위원회안과 유사한 내용을 담고 있음.
1992.7.7	한국개발 연구원(경찰청 연구용역)	• 2000년대 경찰행정발전방안: 경찰 중립성 확보방안 　－ 장기적으로 국가경찰과 지방경찰로 구분 　－ 집행경찰은 자치단체 내의 치안유지에 관한 포괄적 업무 담당
1998.2.25	김대중 국민의 정부	• 경찰개혁위원회의 설치로 자치경찰 모델에 관한 활발한 연구 진행 　－ 1999년 국민의 정부는 논의에 대한 보류 선언
2003.2.25	노무현 참여정부	• 정부지방분권위원회 및 경찰청 경찰개혁위원회 자치경찰 소위원회에서 자치경찰제 논의 　－ 제주특별자치도에 국한해서 자치경찰제 도입(127명 정원) 　－ 전국 시군구 기초자치단체 차원에서 자치경찰제 도입 방향
2008.2.25	이명박 정부	• 지방행정체제추진개편위원회 　－ 전국 시군구 기초자치단체 차원에서 자치경찰제 도입 방향
2013.2.25	박근혜 정부	• 대통령 소속 지방자치발전위원회(위원장 심대평) 　－ 전국 시군구 기초자치단체 차원에서 자치경찰제 도입 방향
2017.5.10	문재인 정부	• 자치분권위원회(위원장 정순관/김순은) 　－ 100대 국정과제 중 13번째로 자치경찰제를 광역시 도 차원에서 도입하기로 함 　－ 국가경찰관 중 43,000명을 광역시도에 설치될 자치경찰로 인력 이관(시범실시지역: 서울, 세종, 제주, 기타 2~3곳 예정)

출처: 금창호·권오철·하동현. (2012). 제주자치경찰제도의 정책평가와 개선과제, 「연구보고서」, 한국지방행정연구원, p. 14를 참고하여 저자가 보완 함.

　한편 제주자치경찰제의 기본 구조를 정리해 보면 다음과 같다. 2003년 2월 25일 노무현 참여정부는 모든 국민이 정부 정책에 참여한다는 의미를 담은 참여정부라는 슬로건을 내세우며, 특히 "분권과 자율"이라는 세계적 흐름에 걸맞고 시민 및 주민이 정부와 함께 호흡하는 치안서비스를 제공하고자 가장 활발하게 노력했다고 평가된다.

윤보선 대통령과 장면총리의 의원내각제가 시행된지 불과 수개월 만에 우리나라 지방자치제는 1961년 박정희 소장의 5·16군사혁명으로 인해 전격 중단되었다. 이는 중단된 지 꼭 30년 만인 1991년 국회에서 지방자치법이 제정됨에 따라 다시 부활되었다.

국민 직선에 의해 1991년에는 기초 및 광역지방의회가 구성되어 임기를 시작했다. 그러나 기초·광역자치단체장들은 이미 관선임명제에 의해 임명되어 아직 임기가 남아있었던 관계로 그 임기가 만료되는 1995년에 가서야 직선을 통해 제1기 민선지방자치 단체장들이 선출되었다. 이처럼 1991년에 민선 제1기 기초의회 의원과 광역의회 의원들은 기초 및 광역자치단체장과는 달리 이미 4년의 임기를 마치고 1995년에 민선 2기 시대를 맞아했다. 이처럼 기초 및 광역자치단체장들은 1995년에 와서야 민선 1기로 선출되었고 민선 2기 기초 및 광역의회 의원들과 함께 1995년 지방자치제를 본격화했다.

앞에서 살펴 본 일련의 과정들은 2006년 7월 우리나라 제주특별자치도에 자치경찰제가 도입되는데 있어서 하나의 중요한 기본 토대가 되기도 했다. 자치경찰제란 지방분권이라는 정치사상에 토대를 두고 지방자치단체의 고유 권한과 책임하에 지역주민들의 자유로운 의사에 따라서 치안업무를 어디까지나 자주적으로 해결해 나가는 것을 의미한다.[1]

제주자치경찰제는 1995년 우리나라에 지방자치제가 본격 실시된 지 11년 만에 그리고 국가경찰이 1945년 창설된 지 61년 만에 도입되었으며 이는 우리나라 경찰사에 상당히 획기적인 변화를 가져오는 계기가 되었다. 우리나라 경찰은 1945년 8월 15일 제2차 세계대전에서 승리한 미군정이 일본을 평정한 후 남한에 진주하여 군정 통치가 시작된 후 같은 해 10월 21일 국가경찰로 출범하였다. 북한 지역은 이미 소련군이 진주함으로써 남북이 분단되고 상호간 첨예하게 대립하는 특수한 상황에 처하게 되었다.[2] 분단된 남북한이 1950~1953년까지 3년여의 민족전쟁을 치르고 첨예하게 대립하는 양상이 수십년간 지속되었으며, 이로 인한 특수성은 결국 자치경찰제 도입을 아직은 시기상조라는 주장이 우위를 선점하게 하는 중요한 계기로 작용했다. 또한 과거 정부들은 1991년부터 지방자치제가 30년 만에 부활되었기 때문에 자치경찰제 도입에 관한 테마를 활발하게 논의 선상

---

1) 제주특별자치도, 「제주자치경찰의 이해」, 2006, p. 4.
2) 우리나라 국가경찰은 2020년 10월 21일 창설 75주년을 맞이했다.

에 올리는 노력이 필요했음에도 불구하고 현실은 그러하지 못했다. 자치경찰제는 분권의 이념에 따라 경찰력이 지방으로 분산되는 것을 의미한다. 아마도 역대 정부들이 자치경찰제보다 국가경찰제를 선호했던 것은 정권이 유지되고 안보와 보안이 국가경찰제에서 더 강력하고 중요하다고 보았기 때문으로 이해된다. 하지만 1991년 지방자치제가 도입된 이후 지방자치단체장들도 고도화되었으며 치안 유지 관련, 즉 자치경찰권한의 지방이양에 목소리를 강하게 내고 있다.

한편 우리나라 국가경찰체제는 2020년 10월 기준 창설 75주년을 맞이했으며 치안안전의 차원에서 분명 전 세계적으로 그 우수성을 인정받고 있다. 우리나라 국가경찰의 범죄해결률은 세계적으로 그 어느 나라도 따라올 수 없다고 평가되고 있는 점에서 여실히 증명되고 있다. 하지만 이러한 국가경찰제의 긍정적인 측면에도 불구하고 지방자치제가 도입된 이후 분권이념에 따라 자치경찰제 도입에 대한 목소리는 점차 커졌다. 특히 전 세계적으로 지방자치제를 시행하고 있는 국가들 대부분은 자치경찰제를 시행하고 있다. 흔히 지방자치제를 시행하는 국가들을 보면 소방자치, 교육자치, 경찰자치(자치경찰)의 도입 실시는 기본사항으로 알려져 있다. 이런 의미에서 볼 때 지방자치제를 시행하는 국가에서 자치경찰제 실시는 분권이라는 정신에도 매우 부합하는 것으로 이해된다.

아무튼 2003년 2월에 출범한 노무현 참여정부가 2006년 7월 1일부터 제주특별자치도에 자치경찰제를 도입·실시하면서 주민의 참여를 바탕으로 전국의 지역마다 그 지역의 특성에 적합하며 주민의 의사에 적극 부응하는 치안행정을 구현하게 되었으며 동시에 지방행정과 치안행정의 연계성을 높여 우리나라 지방자치의 완성도를 고도화시키는 계기도 마련했다고 본다.

제주자치경찰제는 광역자치단체 중 하나인 제주특별자치도에서 주민으로부터 직선에 의해 선출된 도지사가 자기의 책임 하에 지방공무원 신분을 가진 자치경찰공무원을 선발하고 임용하여 도내 지역의 치안질서를 바로 도지사 책임하에 이루어 나가는 치안질서유지의 완성 이라는 정의가 가능하다. 지방자치법에 근거해 제주도지사는 자주조직권, 자주인사권, 자주재원권 등을 행사할 수 있는 권한이 주어져 있다.[3] 이에 따라 제주도지사는 2006년 7월 1일을 기해 중앙정부의 지원을 바탕으로 국내에서 처음으로 제주자치경찰제를 도입하여 시행에 들어갔다.

위와 같은 노무현 정부의 노력 이후 이명박 정부, 박근혜 정부, 문재인 정부로

---

3) 신현기, 『행정학개론』(부평: 진영사, 2019), p. 269.

이어져 오면서 자치경찰제 도입을 위한 노력은 꾸준히 이어졌다. 그러나 어느 정부도 이에 대해 속도를 내는 데는 일정한 한계가 있었다. 여야 간 도입 관련 불협화음, 검경 간의 자치경찰제 도입 논의 관련 갈등, 학계에서의 국가경찰제와 자치경찰제에 관한 장단점 관련 이견 등 다양한 이견들이 존재했다. 특히 국가경찰제를 고집하는 부류와 자치경찰제를 도입해야 한다고 주장하는 그룹 간에 각기 다른 목소리도 존재했는데, 국가적 차원의 큰 과제인 자치경찰제를 도입한다는 것은 입법을 위한 여야 간의 합의, 공청회를 통한 국민적 합의 등 수많은 논의 절차들이 무수히 많은 관계로 많은 시간이 필요한 실정이다. 자치경찰제 도입과 관련해 또 하나의 큰 논쟁의 대상이 되었던 것은 국가경찰이 전국의 치안상황을 하나의 시각에서 설계 및 기획하다 보니 지역특성에 적합한 치안서비스를 제공하는데 있어서 다소 미흡하다는 지적도 만만치 않았다.

우리나라의 자치경찰제 도입에서 그 도입과 관련해 필요성 내지는 당위성에 어느 정도 국민적 합의를 이룬 것은 2020년에 들어와서라고 해도 과언이 아니다. 그 결정적인 계기가 된 것은 검경간의 수사권 조정을 위한 정부의 노력과 함께 입법부의 형사소송법 개정을 통한 법적 토대 마련도 중요한 역할을 했다고 본다. 즉 검경수사권 조정에 따른 국가경찰의 권한 확대뿐 아니라 국정원에서 가지고 있던 국내정보 수집권과 수사권도 국가경찰로 이관됨으로써 거대해진 국가경찰의 권력이 인권침해라는 위험성을 내포하고 있기 때문에 국가경찰의 권력분산을 자치경찰제의 도입을 통해 분산시켜야 한다는 당위성이 국민으로 하여금 합의에 도달하게 되었다고 본다.

2. 제주자치경찰제의 도입배경

1945년 8월 15일 우리나라가 제2차 세계대전에서 연합군으로부터 패망한 일본으로부터 해방된 이후 같은 해 10월 21일 미군정하에서 국가경찰을 창설했음에도 불구하고 같은 시기에 이미 자치경찰제 도입에 대한 논의도 미미하게나마 시작되었다. 물론 분단 후 혼란기에서 이론적 논의 정도였다고 볼 수 있다. 일본식 민지에서 해방되고 남북한으로 갈려져 첨예하게 대립하다가 김일성 북한 공산정부의 남침으로부터 야기된 1950년 6·25사변이 터지고 3년간 동족상잔을 경험하였다. 장장 3년이나 전쟁을 치르고 휴전 및 분단의 아픔과 함께 남북이 첨예하게 대립하게 됨으로써 지난 70여년 이상을 긴장 속에 살아오고 있다.

사실상 1980년대 하반기까지 우리나라 자치경찰제 논의는 그저 미미한 정도였다고 볼 수 있다. 물론 자치경찰제 도입을 위한 테마가 뜨거워지는 계기가 마련되지는 못했지만 그럼에도 불구하고 1980년 12월 내무부 치안본부가 펴낸 「2000년대를 향한 경찰발전 방안」이라는 기획보고서에서 자치경찰제 도입안을 언급하게 되었다. 이 시점을 시작으로 1990년대에 들어와 행정쇄신위원회와 민주당정책자문위원회를 통해 자치경찰제 도입방안이 본격 논의되는 계기가 되었다. 그리고 1997년 새천년국민회의 정당은 마침내 자치경찰제 도입을 대통령후보 선거공약으로 제시하였다. 전장에서 간략이 언급했듯이 김대중 대통령후보는 대통령에 당선될 경우 주요 국정과제 중 하나로 경찰의 수사권독립과 자치경찰제 도입을 제시하였다. 마침내 1997년 12월 대선에서 승리한 김대중 국민의 정부는 1998년 2월 25일 취임한 후 "지방자치경찰제 기획단"을 출범시켜 같은 해 가을까지 활발하게 자치경찰제 도입을 위한 노력에 집중했던 것은 적지 않은 의미를 가진다. 특히 첨예하게 대립하고 있는 남북 간의 대결, 광역범죄대응능력의 미비, 검찰과 경찰 간의 수사권 미조정 갈등 등으로 인해 더 이상 진전되지 못하고 결국에는 무기한 연기되었으며 2003년 2월 정권의 임기만료와 함께 자치경찰제 도입시기가 상당히 미루어지게 되었다.

역시 전장에서 노무현 정부의 자치경찰제에 관해 간략히 언급했듯이 2002년 12월 대선에서 노무현 후보는 만일 당선될 경우 임기 내 자치경찰제의 도입과 경찰의 수사권 독립을 주요 대선공약 중 하나로 제시한 바 있다. 마침내 노무현 대통령당선자는 2003년 2월 25일 참여정부를 탄생시킨 후 지방분권을 위한 핵심과제로 "자치경찰제 도입"을 선정했으며 취임과 동시에 실천에 옮겼다. 이어서 2003년 7월 자치경찰제 도입을 포함해 지방분권 로드맵을 확정하였다. 이를 구체화하기 위한 법적 토대가 구축되었는데, 2004년 1월 16일 지방분권특별법이 제정되고 국가의 의무사항으로 자치경찰제 도입을 명문화하게 되었다. 마침내 2004년 5월 정부혁신지방분권위원회 자치경찰 TF팀과 경찰청 산하 경찰혁신위원회 자치경찰 TF팀 위원들은 공동으로 프랑스, 스페인, 이탈리아의 자치경찰제 현장을 함께 둘러보고 2004년 5월 10일 귀국하여 정부혁신지방분권위원회 주관으로 구체적인 자치경찰제 도입모형을 확정했다. 2005년 5월 20일 정부혁신지방분권위원회는 제주특별자치도 기본구상안에 제주도에 국한하여 자치경찰제를 전격 도입하겠다고 발표했다.[4] 이에 따라 노무현 정부와 제주도는 이를 위한 입법을 신속히 추진하게 되었다.

그 당시 노무현 참여정부는 전국단위에 자치경찰제를 도입하는데 있어 숫적으로 우세한 야당의 지지를 받지 못한채 자치경찰법도 제정하지 못했으며 제주특별자치도 내에서만 국한해 자치경찰제를 도입하게 되었다. 하지만 이는 어떤 자치경찰법의 도입 없이 단순히 제주특별법의 조문 속에 자치경찰제를 도입하여야 한다는 내용에 근거하여 제주도의회의 조례만 가지고 출발하게 되었다. 그 결과 2006년 2월 21일을 기해 국회에서 이른바 「제주특별자치도 설치 및 국제자유도시 조성을 위한 특별법」이 통과되었다. 이에 따라 제주자치경찰의 창설과 함께 본격적인 출범이 가능하게 되었다. 마침내 2006년 3월 11일 제주자치경찰제 도입을 위한 세부시행계획이 마련되었으며, 2006년 6월 30일 제주자치경찰제 시행과 관련된 법률 6개가 국회를 통과하게 되었다. 이를 근거로 국가경찰공무원을 상대로 38명의 경력직 자치경찰공무원을 최종 선발하고 자치경찰제 출범을 위한 기틀을 신속하게 마련했다.

마침내 2006년 7월 1일 전국 최초로 제주도에서 자치경찰이 탄생되었는데, 이는 1945년 10월 국가경찰이 창설된 이후 60년 만의 결실이었다. 이때 제주자치경찰의 수행 업무는 지역특성에 적합한 생활안전, 지역교통, 관광지의 치안서비스를 제공하는 것으로 정하고 힘차게 출발하였다.

3. 제주자치경찰제 도입을 위한 정부의 기본계획

노무현 참여정부는 2005년 10월 14일 이른바 "제주특별자치도 기본계획"을 확정하였는데, 이곳에서 시범실시를 위해 마련된 핵심내용을 살펴보면 다음과 같다.

첫째, 그 당시 국가경찰인 제주지방경찰청의 조직 운영시스템은 이전처럼 그대로 유지한 채 이와는 완전히 별도로 제주특별자치도 도지사 소속하에 자치경찰을 설치하는 방안이 제시되었다. 이에 따라 제주자치단체(도지사)와 국가경찰(제주지방경찰청장) 간 업무협조를 위해 광역단위 치안행정위원회를 설치하게 되었다.

둘째, 제주자치경찰 조직이다. 제주자치경찰은 제주주민에 대해 책임과 권한의 범위를 명확히 하기 위해 독임제로 운영하게 되었다. 자치경찰대장은 내부임용을 원칙으로 하되 경우에 따라서는 외부임용이 가능한 개방형 방식도 문을 열어 놓

---

4) 제주특별자치도, 「제주자치경찰의 이해」, 2006, p. 4.

았다.

셋째, 자치경찰의 사무와 권한 범위를 어디까지 정할 것이냐 하는 문제도 주요 관건이었다. 일단 초창기에 제주자치경찰의 사무는 방범순찰, 교통안전과 지도단속, 기초질서유지 활동, 제주공공시설과 행사시 경비를 비롯해 주민생활밀착 치안서비스로 한정되었다. 이어서 제주도지사와 국가경찰인 제주지방경찰청장 간에 사무처리 범위에 관한 협약이 맺어졌다. 이와 동시에 또 하나 중요한 고유직무로 제주자치경찰에게 주어진 것은 "환경·식품·건축·산림·공중위생 등을 비롯해 17개 분야의 특별사법경찰관리 직무"였다. 특히 제주자치경찰의 권한은 경찰관직무집행법을 준용하며 일반범죄에 대한 수사권은 국가경찰에 인계하는 것으로 결정되어 결국에는 제주자치경찰은 무늬만 자치경찰로 전락하게 되었다는 비판이 상당히 많은 전문가들로부터 나오기도 했다. 이에 따라 제주자치경찰은 2006년 7월 1일 시행 시부터 현재까지 그동안 부여되어 있는 경찰관직무집행법을 한번도 활용하지 못했다. 정확히 말하면 이것은 제주자치경찰이 경찰관직무집행법을 수행할 업무가 주어지지 않았다는 데 기인한다고 봄이 정확하다.

넷째, 제주자치경찰의 재원조달문제였다. 제주자치경찰제가 시행되기 위해서는 재원이 긴요한데, 애초에 이 재원은 제주자치단체 스스로 부담함을 원칙으로 정했다. 다만 국가경찰에서 제주자치경찰로 이관된 38명에 대한 인건비와 연금 및 운영비에 대해서만 경찰청의 국가예산에서 보조하기로 함으로써 오늘날까지 이어지고 있다.[5] 이러한 국고지원은 국가경찰에서 제주자치경찰로 이관된 38명의 해당 국가경찰공무원이 만 60세에 모두 퇴직할 때까지 계속 지원하도록 되어 있다.

다섯째, 기존 국가경찰이 수행하던 교통안전시설 관리업무를 제주특별자치도로 이관하게 되었다. 이에 따라 시간이 가면서 교통 관련 형사사건을 제외하고 대부분의 교통업무는 제주자치경찰단으로 이관되었다. 그리고 기존에 제주도청 교통행정과에서 담당해 오던 불법 교통위반 단속 활동이 대부분 자치경찰단으로 이관되어 수행하고 있다.

위와 같이 노무현 정부의 제주자치경찰제 도입시에 일련의 기본계획들이 수립

---

5) 무엇보다 국고지원은 제주자치경찰단 창설시 국가경찰에서 특별 임용된 38명 모두가 퇴직할 때까지 지원됨을 법적으로 보장했다. 38명이 100% 모두 퇴직하면 사실상 국고지원 의무는 없어진다고 볼 수 있다. 다만 예외는 2018년부터 2020년 2월까지 268명의 국가경찰이 자치경찰단에 파견되어 있는데 향후 자치경찰제를 다루는 정부의 정책에 의해 어떤 대안들이 나올지는 기다려 보아야 알 수 있다.

되었으며 곧바로 실천에 옮겨짐으로써 향후 본 제도가 정착되는 데 있어 중요한 기본토대로 자리매김했다.

4. 제주자치경찰의 창설 준비

제주도에서 제주자치경찰의 출범 과정이 어떤 절차를 거쳐서 2006년 7월에 공식적으로 출범하게 되었는지에 대한 전 과정을 [그림 3-1]을 통해서 보면 정확하게 알 수 있다. 정확히 2005년 입법추진이 있었고 2006년 2월 제도화가 이루어졌으며 3월에는 세부시행계획이 이루어진 후 6월에 가서 국회를 통과하여 7월 1일 출범하는 역사가 이루어졌다.

한편 그 당시 제주자치경찰제가 도입될 경우를 대비해 크게 3단계 로드맵을 상정했었다. 도입과 준비기를 거쳐 확산기로 이어지고 궁극적으로는 정착기를 2008년으로 상정하였다. 하지만 자치경찰의 권한이 미약하고 업무범위와 수사권도 전혀 없이 미미하게 출범함으로써 이는 결국 많은 전문가들과 경찰행정학 관련 학계로부터도 제주자치경찰이 과연 경찰이라는 용어 자체를 사용하는 것이 맞는 것이냐에 관한 의문과 함께 본격 비판의 대상으로 떠오르기도 했다.

[그림 3-1] 제주자치경찰의 출범 과정

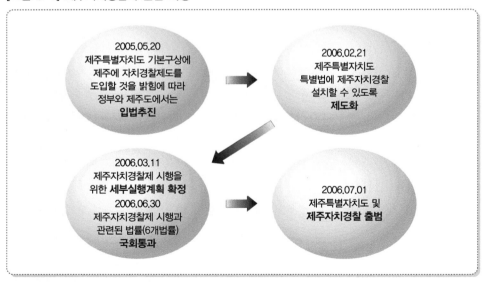

출처: 제주자치경찰단 홈페이지: http://jmp.jeju.go.kr(2014. 2. 10 검색).

〈표 3-2〉 제주자치경찰의 추진 단계별 로드맵

1단계	2단계	3단계
2006. 7 - 12	2007	2008
도입 · 준비기	확산기	정착기
자치경찰 출범, 업무협약, 본격적인 시행 준비	주민 치안 서비스 본격 추진	자치경찰사무 수행 정착

출처: 제주특별자치도, 「제주자치경찰의 이해」, 2006, p. 7.

5. 우리나라 국가경찰제와 제주자치경찰제의 근본적 차이(다양성)

우리나라 국가경찰은 1945년 10월 21일 창설되어 오늘에 이르고 있으며 치안총감인 경찰청장(차관급)을 정점으로 한 독임제로 2021년 기준 76임째 유지되고 있다.[6] 1991년 8월 국회가 경찰법을 제정함에 따라 기존의 치안본부는 경찰청이라는 이름으로 행정안전부의 외청으로 전격 독립하였다. 물론 경찰청을 견제하기 위해서 행정안전부 장관 산하에는 국가경찰위원회를 두고 7명의 위원으로 하여금 경찰청장의 주요 치안정책을 심의 의결하는 제도를 정착시켰다. 경찰청장은 국가경찰과 자치경찰 조직 및 운영에 관한 법률(2021년 1월 1일 시행) 제14조 제2항에 따라 경찰위원회의 정식 동의를 얻은 후 행정안전부장관의 제청으로 국무총리를 거쳐 최종적으로 대통령이 임명한다. 그리고 경찰청장의 경우는 국회의 인사청문회를 거쳐 임기 2년을 보장받는다.

한편 동법 제13조에 따라 경찰청의 사무를 지역으로 분담하기 위해 특별시장, 광역시장, 특별자치시장 및 도지사 소속으로 지방경찰청을 두고 그 소속으로 경찰서를 둔다.[7] 그리고 경찰서장 소속으로 지구대와 파출소를 두는 제도가 바로 국가경찰제의 핵심 조직구조이다.[8]

이에 반해 제주자치경찰제는 이른바 「제주특별자치도 설치 및 국제자유도시조성을 위한 특별법」(이하 '제특법') 제88조에 따라 자치경찰사무를 처리하기 위해

---

6) 경찰계급은 순경, 경장, 경사, 경위, 경감, 경정, 총경, 경무관, 치안감, 치안정감, 치안총감 등 11개 계급으로 이루어져 있다.

7) 세종특별자치시도 광역시이며 2018년 6월 25일을 기해 세종지방경찰청이 출범하였다. 한편 기존의 경찰법이 폐지되고, 새로이 국가경찰과 자치경찰 조직 및 운영에 관한 법률이 2020년 12월 제정되어 2021년 1월 1일부터 시행에 들어갔다.

8) 홍정선, 『신행정법특강』(서울: 박영사, 2017), p. 909.

제주특별자치도에 자치경찰단을 두고 있다. 제주자치경찰은 제주특별자치도지사 소속하의 지방공무원이면서 자치경찰공무원이다. 제주자치경찰은 제특법 제90조에 따라 다음과 같은 5가지의 업무를 수행하고 있는 점이 국가경찰과 큰 차이를 보여준다.

첫째, 주민의 생활안전활동에 관한 사무이다. 이 사무에는 주민참여 방범활동의 지원 및 지도, 생활안전 향상을 위한 순찰과 바람직한 시설운영, 안전사고 및 재난재해 등으로부터 아동, 청소년, 노인, 주민보호, 여성 등 사회적 보호가 많이 필요한 자에 대한 보호 및 가정폭력, 학교폭력, 성폭력 등의 예방, 그리고 주민의 일상생활과 밀접하게 관련된 사회질서의 안전 유지 및 그 위반행위에 대한 지도와 단속 등이 바로 이에 속한다.

둘째, 지역교통활동과 관련된 사무이다. 본 사무에는 주민참여와 지역교통활동의 지원 및 지도, 교통안전과 교통소통에 관한 사무 그리고 교통법규위반·지도·단속 등이 바로 이에 속한다.

셋째, 지역행사장과 공공시설 따위의 지역경비에 대한 일련의 사무들이다. 제주자치경찰들은 수행사무의 범위에 따라 이 분야의 업무를 수행하고 있다.

넷째, 「사법경찰관리의 직무를 수행할 자와 그 직무범위에 관한 법률」(일명 '특사경법')에서 자치경찰공무원들이 수행해야 한다는 직무사항으로 규정하고 있는 일련의 사법경찰관리의 고유 직무이다. 이는 2006년 제주자치경찰 시행시에 법적으로 자치경찰공무원들에게 이미 주어진 사무이다.

다섯째, 즉결심판에 관한 절차법과 같은 절차에 따른 도로교통법 혹은 경범죄처벌법 위반에 따른 통고처분의 불이행자와 연계된 즉결심판 청구사무를 가급적이면 자치경찰사무로 처리하도록 정하고 있다.[9]

제 2 절   제주자치경찰제의 법적 토대

제주자치경찰제는 「제주특별자치도 설치 및 국제자유도시조성을 위한 특별법」 제109조 제주특별자치도에 자치경찰기구를 설치할 수 있는 기본 토대가 구축됨으로써 당시 제주도는 본격적인 자치경찰제 도입이 속도를 낼 수 있었다. 주요 과

---

9) 홍정선, 『신행정법특강』(서울: 박영사, 2017), p. 910.

〈표 3-3〉 제주자치경찰 법제 정비 현황

구분		명칭	제정일(개정일)
법령	제정	지방분권특별법	2004.1.16
		제주특별자치도 설치 및 국제자유도시 조성을 위한 특별법	2006.1.21
		제주특별자치도 설치 및 국제자유도시 조성을 위한 특별법 시행령	2006.6.30
	개정	경찰법, 경찰공무원법, 도로교통법, 경범죄처벌법, 자전거 이용 활성화에 관한 법	2006.6.30
		사법경찰관리의 직무를 행할 자와 그 직무범위에 관한 법률	2006.7.19
조례 (도의회)	제정	1. 제주특별자치도 자치경찰공무원 임용 등에 관한 조례 2. 제주특별자치도 자치경찰공무원 인사교류 조례 3. 제주특별자치도 자치경찰 운영 등에 관한 조례 4. 제주특별자치도 지방공무원 정원 조례 5. 제주특별자치도 행정기구 설치 조례	2006.5.10 2006.5.10 2006.5.10 2006.11.29 (2007.1.8) 2006.7.19 (2007.1.8)
규칙/고시	규칙제정	1. 제주특별자치도 자치경찰공무원 인사규칙 2. 제주특별자치도 자치경찰 복제에 관한 규칙	2006.7.26 (2006.10.18) 2006.6.28 (2007.3.7)

출처: 금창호·권오철·하동현. (2012). 제주자치경찰제도의 정책평가와 개선과제, 「연구보고서」, 한국지방
행정연구원, p. 16.

제로서 법제정비, 조직설계, 모집 임용, 예산, 사무수행, 사무실, 장비확보, 복제, CI, 통신장비, 경찰장비, 교통안전시설 권한이양 등이 제주지방경찰청의 국가경찰과 긴밀하게 준비되었다.

한편 이 당시 제주자치경찰의 도입 및 운영에 필요한 각종 법률 등을 마련하였다. 제주자치경찰제를 도입하면서 법령 4개, 조례 5개, 규칙 2개를 제정 및 개정하였다.

이 밖에 노무현 참여정부에서 제주도에 자치경찰제를 도입하게 된 목적은 국가경찰과 자치경찰제의 이른바 이원적 구조를 통해 제주특별자치도의 치안수요에 효과적으로 대응하기 위한 것이었다. 또한 지방행정과 치안행정의 연계성을 확보

〈표 3-4〉 제주특별자치도 자치경찰의 도입 목적

구분	내용
일반 목적	• 치안역량의 저변 확대 • 지역특성에 부응하는 치안행정의 실현 • 주민 친화적 치안서비스 제공 • 지역치안에 대한 자치행정의 책임성 확보
특수 목적	• 전면 도입을 위한 시범 운영

하고 나아가서 지역특성에 적합한 치안서비스를 제공하기 위한 것이었다. 그리고 치안역량의 저변확대, 지역특성에 부응하는 치안행정 실현, 지역치안에 대한 자치행정의 책임성 확보, 주민 친화적 치안서비스 제공 등을 실현하고자 하는 데 초점을 두고 시행되었다.[10]

제주특별자치도에서 도입단위가 도청이라고 하는 광역단위로 한 것은 물론 제주특별자치도가 출범하면서 기초단위의 4개 시군(제주시, 서귀포시, 북제주군, 남제주군)이 폐지된 데에 기인한 것이다. 이 결과 제주특별자치도는 기초자치단체 4개가 폐지되고 다만 도지사 직속으로 2개의 행정시가 탄생했는데 제주시와 서귀포시가 바로 그것이다. 도지사 밑에 행정시가 탄생함으로써 2명의 행정시장을 도지사가 직접 임명하는 방식으로 변경되었다는 점이 큰 변화이다.

〈표 3-5〉 외국의 자치경찰제 도입 단위 현황

구분	내용
기초단위	• 도입구조: 기초자치단체 단위로 자치경찰 운영 • 사례국가: 미국, 영국
광역단위	• 도입구조: 광역자치단체 단위로 자치경찰 운영 • 사례국가: 일본
병렬단위	• 도입구조: 광역과 기초 간 병렬적 자치경찰 운영(자치경찰 도입이 선택적 임) • 사례국가: 스페인, 이탈리아 등

출처: 금창호·권오철·하동현. (2012). 제주자치경찰제도의 정책평가와 개선과제, 「연구보고서」, 한국지방행정연구원, p. 18.

---

10) 금창호·권오철·하동현. (2012). 제주자치경찰제도의 정책평가와 개선과제, 「연구보고서」, 한국지방행정연구원, p. 17.

한편 외국의 경우도 자치경찰제의 도입 단위는 일정하지가 않다. 즉 일반적으로 기초자치단체 차원에서 다수를 차지하면서 이탈리아처럼 주자치경찰, 도자치경찰, 시자치경찰과 같이 다양한 자치경찰제를 시행하는 경우도 보여주고 있다. 이러한 다양성을 기초단위, 광역단위, 병렬단위로 나누어 살펴보면 다음과 같다.

1. 제주특별자치도 설치 및 국제자유도시 조성을 위한 특별법

그동안 「제주특별자치도 설치 및 국제자유도시 조성을 위한 특별법」은 줄여서 "제주특별법" 혹은 "제특법"이라고 불리어져 왔다. 본 법률은 총 480개 조문으로 이루어져 있는데, 노무현 정부 시절 제주도를 홍콩과 같이 일종의 특별지역으로 만들겠다는 각오로 추진했다고 볼 수 있다. 즉 제주도를 특별자치도로 재탄생시키며 동시에 국제자유도시로 조성하기 위해 본 법이 제정되었으며 본법의 법조문 속에 제주특별자치도에는 자치경찰제를 시행하여야 한다고 명시함으로써 자동으로 제주자치경찰제가 의무로 도입되었다. 본 법률에 따라서 제주도는 말 그대로 한국에서 특별지역으로 재탄생된 셈이다. 부언하면 본 법조문에 따라서 제주도와 도민은 원하든 원하지 아니하든 간에 제주도에 자치경찰제가 도입되지 않을 수 없었다는 특수상황이었음을 인식할 수 있다. 제주특별자치도나 제주도민들은 정부에 대해 제주자치경찰제를 도입할 수 있도록 해달라고 요청한 적이 없다.

한편 제특법에 따라 정부는 제주특별자치도에서 외국인들이 5억원 이상 투자하는 경우 영주권을 부여했으며 토지도 자유로이 구입함은 물론 외국인 관광객에게 무비자로 입국할 수 있는 기회도 함께 제공해 주었다. 이 때문에 많은 중국인들이 무비자 면제혜택을 향유하면서 제주도를 찾아왔으며 적지 않은 토지를 구매한 것으로 알려져 있다.[11] 그 비율이 한동안 상당히 높아진바 있다. 이에 따라 많은 문제점들도 나타났다. 예를 들어 중국인들이 살인 사건 등 범죄를 발생시키기도 했다.

한편 2017년 경북 성주지역에 미군 미사일 방어망 체제를 구축하는 사드설치

---

11) 제주도가 2010년부터 투자이민제도를 시행 이후 지난 8년간 제주도 내 중국인의 토지보유량이 480배가량 증가했다. 민주평화당 윤영일 의원(국회 국토교통위원회 소속)이 2020년 1월 10일 공개한 자료를 보면 제주도 내 중국인 토지보유량은 2009년 1만9천702㎡이던 것이 2017년 944만4천500㎡까지 지속적으로 증가했다. 이는 무려 479배가 증가한 규모인데 투자자본의 유입이라는 매력 때문에 정부가 막지 않는 것으로 풀이된다(아이뉴스24, 제주도 중국인 토지보유 10년 새 '480배 급증', 2018.10.10).

가 결정되었다. 이러한 한미 간의 군사협력 조치에 대해 중국은 강력하게 반발하였는데, 이 문제가 불거지게 된 이후 중국인의 제주도 진출에 찬바람이 불기도 했다.

한편 위에서 살펴본 법률은 2005년도에 통과되고 이에 따라 제주도는 기존에 존재하던 제주시, 서귀포시, 북제주군, 남제주군이라는 기초자치단체를 폐지하는 대신 행정시로서 제주시와 서귀포시로만 재편되었다. 이마저도 제주도지사가 도민들로부터 직선에 의해 선발되면 곧바로 선출 도지사가 도청의 국장급 중에서 제주시와 서귀포시에 임명직 행정시장을 발령 내는 방식을 취하게 되었다.

<표 3-6> 제주자치경찰 법제 현황

구분		명칭	제정일(개정일)	비고
법령	제정	지방분권 특별법	2004. 1. 16	
		제주특별자치도 설치 및 국제자유도시 조성을 위한 특별법	2006. 1. 21	
		제주특별자치도 설치 및 국제자유도시 조성을 위한 특별법시행령	2006. 6. 30	
	개정	경찰법, 경찰공무원법, 도로교통법, 경범죄처벌법, 자전거이용활성화에 관한 법	2006. 6. 30	
		사법경찰관리의 직무를 행할자와 그 직무범위에 관한 법률	2006. 7. 19	
조례	제정	1. 제주특별자치도 자치경찰공무원 임용 등에 관한 조례 2. 제주특별자치도 자치경찰공무원 인사 교류 조례 3. 제주특별자치도 자치경찰단장의 개방형직위의 운영 등에 관한 조례자치경찰공무원 4. 제주특별자치도 자치경찰 운영 등에 관한 조례	2006. 5. 10 2006. 5. 10 미제정 2006. 5. 10	
		5. 제주특별자치도 지방공무원 정원 조례 6. 제주특별자치도 행정기구설치 조례	2006. 11. 29 2006. 7. 19	
규칙·고시	규칙 제정	1. 제주특별자치도 자치경찰공무원 인사규칙 2. 제주특별자치도 자치경찰 운영 등에 관한 규칙 3. 제주특별자치도 자치경찰 복제에 관한 규칙	2006. 7. 26 미제정 2006. 6. 28	
	고시 제정	교통 관련 주차의 장소, 시간 및 방법 등에 관한 사항		

출처: 제주특별자치도, 「제주자치경찰의 이해」, 2006, p. 9.

본 법이 통과된 후 국가사무가 제주특별자치도에 법에 따라 전격 이양된 것은 총 1,062건이다. 조례위임이 374건, 권한이양 688건 등이 그 대표적이다. 특히 이 중에서 자치경찰사무는 모두 23건이 이양되었는데, 그 중 조례위임이 13건이며 권한이양은 10건이나 되었다. 그리고 위와 같은 이양에 근거해서 제주도는 제주 자치경찰 임용 등에 관한 조례 6건과 규칙 및 고시 등 4건을 제정하였다.[12]

또한 「제주특별자치도 설치 및 국제자유도시 조성을 위한 특별법」(일명 '제주 특별법')의 부칙 제10조에 근거해서 처음으로 두게 되는 자치경찰단 및 자치경찰 대의 조직과 정원 및 자치경찰공무원의 임용에 관한 도조례를 제정할 수 있게 되 었다. 그러나 이럴 경우에 제주지방경찰청장과 협의를 하도록 법이 마련되어 있 는 관계로 이것을 이행하여 제정하기도 했다. 이 밖에 국무총리실, 행정자치부, 법무부에서 경찰법 등 자치경찰과 관련된 부수법률 6건이 2006년 6월 30일 국회 에서 개정되기도 했다. 제주자치경찰의 창설 추진을 위한 제주자치경찰 법제 정 비현황을 정리해 보면 〈표 3-6〉과 같다.

2. 제주자치경찰 조직의 정비

2006년 7월 제주자치경찰제가 시행되면서 제주자치경찰조직이 마련되었다. 우 선 「제주특별자치도 설치 및 국제자유도시 조성을 위한 특별법」(제특법) 109조에 자치경찰의 사무를 처리하기 위해 제주특별자치도에 자치경찰기구를 설치하는 근 거가 마련되었다. 이에 따라 제주도에는 자치경찰단을, 제주시와 서귀포시에는 각 각 양대 자치경찰대를 설치할 수 있었던 것이다. 이 당시 제주자치경찰은 자치경 찰조직을 설계하면서 기본방향을 정할 수 있었는데 바로 제주인구, 면적, 치안수 요, 관광지, 국내외 행사 등을 참고하고 주민생활의 안전을 종합적으로 참고했다. 그리고 현장성에 중점을 두고 설계된 것으로 분석된다. 구체적인 설계결과를 보 면 제주특별자치도 차원에서 총경을 자치경찰단장으로 두고, 자치경찰단 산하인 제주시와 서귀포 행정시에 자치경찰대를 각각 2개 설치하며 자치경정이나 자치경 감을 대장으로 임명하는 방식으로 시작되었다.

한편 이 당시 제주특별자치도 지방공무원 정원조례에 자치경찰공무원은 법정 수 127명으로 최종 결정되었다.[13] 초창기에 제주자치경찰단은 18명이 배정되어

---

12) 제주특별자치도, 「제주자치경찰의 이해」, 2006, p. 9.
13) 초창기에는 이처럼 127명이었지만 2017년 초에 3명이 증원됨으로써 총 130명이 근무하게 되

제주주민의 치안서비스 강화와 현장 위주의 인력배치를 위한 기획업무에 집중하였다. 나머지 인원은 제주자치경찰단 하부에 제주시(69명)와 서귀포시(40명)에 총 109명이 배치되었다. 이 밖에 제주특별자치도 행정기구설치조례에 근거해서 자치경찰 관련 기구가 설치되었는데, 제주자치경찰단에 경무팀, 생활안전팀, 관광환경팀을 구축하고 연이어 시행에 들어갔다. 그리고 제주시 자치경찰대의 경우는 경무팀, 생활안전 1팀, 2팀 및 관광경찰 1팀, 2팀(특별사법경찰 포함)이 만들어져 총 5개팀이 활동하게 되었다. 이를 담당하게 된 전체 자치경찰 인원이 총 69명이다. 이에 반해 서귀포시 자치경찰대는 경무팀, 생활안전팀, 관광환경팀을 구성해 총 40여명이 근무하는 것으로 출발하였다.[14]

3. 제주자치경찰공무원의 임용 준비

「제주특별자치도 설치 및 국제자유도시 조성을 위한 특별법」(제특법) 제129조에 제주자치경찰공무원의 신규임용을 명시했는데, 신규임용의 경우 공개경쟁시험과 특별임용시험을 병행해 시행하는 것을 원칙으로 했다. 또한 본 법률의 부칙 제10조에 자치경찰공무원의 특별임용도 명시되어 있다. 구체적인 내용은, 예를 들어 도지사는 시행 초창기 자치경찰단과 자치경찰대를 설치하는 경우 국가경찰에서 퇴직하고 지원해 이직하는 국가경찰공무원에 대해 해당 계급의 차상위 계급으로 적극 임용할 수 있도록 하였다. 이러한 절차는 본 법의 129조와 배치되는 것이기는 하지만 예외로 적용한 것이다. 이러한 조치를 취한 목적은 제주자치경찰이 초창기에 설치될 때, 경력자인 국가경찰이 이관되어 와야 조직의 안정 및 토대를 구축하는데 크게 도움이 될 수 있었기 때문이다. 더욱이 지원자가 적어 혹시나 미달사태가 발생할지도 모른다는 우려에서 나왔던 기준으로 보인다. 이와 같은 당시의 입법 취지를 반영해 국가경찰이 지원하여 이관되는 특별임용 비율을 30%에 해당하는 38명으로, 그리고 신규로 나머지 70%인 89명을 선발하기로 방침이 결정되었다.[15]

이에 따라 2006년 5월 17일 특별임용시행계획을 지역제한 없이 전국의 경찰을 상대로 공고했다. 응시원서 접수가 2006년 5월 26일부터 6월 2일까지 진행되

었다. 이에 대한 자세한 내용은 후술하기로 한다.
14) 제주특별자치도, 「제주자치경찰의 이해」, 2006, p. 9.
15) 제주특별자치도, 「제주자치경찰의 이해」, 2006, p. 10.

〈표 3-7〉 제주자치경찰의 자치경정 이하 채용계획인원

(단위: 명)

구분		계	자치경정	자치경감	자치경위	자치경사	자치경장	자치순경
자치경찰 정원		127	5	9	14	15	16	67
국가경찰 전입	계	37	4	8	9	8	8	
	일반	35	4	8	9	8	6	
	전산	1					1	
	통신	1					1	

출처: 제주특별자치도, 「제주자치경찰의 이해」, 2006, p. 13.

었고, 특이하게도 면접시험 없이 서류전형으로만 진행되는 방식이었다. 단지 2006년 6월 5일부터 6월 15일까지 서류전형만으로 제주도 인사위원회의 심의를 거쳐 2006년 6월 16일 37명을 최종 선발했다. 그리고 제주자치경찰단장은 국가경찰과 협의하여 특별임용 하는 절차에 따랐다. 이들 국가경찰에서 특별임용된 38명은 2006년 6월 27일부터 6월 29일까지 제주도지방공무원교육원에서 추가 직무교육이 이루어졌는데, 그 핵심 내용은 제주의 역사, 지방행정과 치안행정과의 관계, 문화 관광 등에 대한 교육을 받고 2006년 7월 1일 총 38명이 특별임용 되었다. 이는 우리나라에 처음으로 자치경찰제가 도입되는 것으로 이른바 자치경찰사를 새롭게 기록하게 되는 중요한 의미를 갖게 되었다.[16] 아쉽게도 38명의 특별임용자 중에서 2명이 특별임용 결정을 자진철회하게 되었는데, 이로 인해 부족했던 인원은 추후 제주자치경찰이 출범하고 나서 추가로 특별임용이 이루어졌다. 이어서 제주자치경찰은 자치순경을 신규로 2006년에 1차 모집 45명과 2007년 44명 등 총 89명이 공개경쟁시험을 통해 공개 모집되었다. 제주자치경찰의 초창기 자치경정 이하 채용인원 상황을 살펴보면 〈표 3-7〉과 같다.

한편 이 당시 국가경찰에서 제주자치경찰단으로 이관된 지원 및 합격자를 분석하면 다음과 같다.

2006년 6월 제주자치경찰단장을 포함한 총 38명 모집에 무려 265명의 국가경찰공무원들이 지원했으며, 이 중에서 최종 합격자는 계급별로 볼 때 다음과 같다. 즉 자치경장 6명, 자치경위 9명, 자치경감 8명, 자치경정 4명이 바로 그것이다. 이를 분야별로 나누어보면 수사 6명, 교통 6명, 통신 1명, 전산 1명 그리고 일반

---

16) 제주특별자치도, 「제주자치경찰의 이해」, 2006, p. 12.

〈표 3-8〉 지방경찰청 소속별 지원자 현황

경찰청	서울청	부산청	인천청	경기청	전남청	경북청	제주청	총계
1	3	3	2	1	1	1	25	37

직도 23명이나 되었다. 소속기관별 분석을 보면 제주지방경찰청에서 25명으로 가장 많았다. 절대 다수가 제주지방경찰청에서 선발되는 기염을 토했다. 그리고 서울지방경찰청과 부산지방경찰청이 각각 3명, 인천지방경찰청에서 2명, 경기청, 전남청, 경북청에서 각 1명을 차지했다.[17]

최종 합격자들은 다음과 같다. 제주지방경찰청에서 강용남 자치총경이 임명되어 초대 제주자치경찰단장에 임용되었다. 자치경정은 경무팀장에 정길우가 임명되었다. 그리고 생활안전팀장에는 김상대, 제주시 자치경찰대장에는 강명석, 그리고 서귀포시 자치경찰대장에는 김동규가 각각 임명되었다. 자치경감의 경우는 자치경찰단 소속으로 강명옥, 오복숙이 그리고 제주시 자치경찰대 소속에는 송일태, 이강복, 김정호, 서귀포시의 자치경찰대 소속으로는 강석찬, 이영호, 김순성 등이 각각 임명되었다. 자치경위의 경우를 보면 자치경찰단 소속으로 김경선, 이철우, 김호훈, 고의봉, 형청도 등이 배치되었다. 그리고 제주시 자치경찰대 내에는 박상현, 김군택, 이용국 등이 전격 임명되었다.

자치경사의 경우는 다음과 같다. 즉 제주자치경찰단 소속으로 강수천, 진정일, 송행철, 고정근, 강병수 등이 임명되었다. 그리고 제주시 자치경찰대에는 홍성립, 전용식이 각각 임명되었다. 또한 자치경장도 임명되었는데 자치경찰단 소속으로 오광조, 고수진 등이다. 그리고 제주시 자치경찰대 소속으로는 강형숙, 이영철이 임명되었고, 서귀포시 자치경찰대에도 송상근, 정재철, 이창영 등을 비롯해 총 37명(총경단장 제외)이 국가경찰에서 특별임용된 최종합격자들이다.[18] 시간이 흐르는 동안 이들 중 대부분은 2020년 초 기준으로 거의 모두가 2~3개 계급씩 승진(부분적으로 과장 예외)한 것으로 확인된다.

---

17) 제주특별자치도, 「제주자치경찰의 이해」, 2006, p. 17 참조.
18) 신현기, "제주자치경찰제의 실태분석과 개선방안에 관한 연구", 한국경찰발전연구학회, 「한국경찰연구」, 제6권 제2호, 2007, pp. 342-344.

4. 신분과 인사현황

「제주특별자치도 자치경찰공무원의 임용·인사교류조례 및 자치경찰공무원 인사규칙」에는 제주자치경찰공무원의 채용과 인사 및 인사교류를 비롯해 승진에 관한 사항들을 명확하게 규정하고 있다. 이뿐만 아니라 자치경찰공무원은 지방공무원법에 따라서 특정직지방공무원 신분을 유지하면서 국가경찰공무원처럼 정년을 보장받도록 하고 있다. 무엇보다 제주자치경찰공무원들은 국가경찰공무원에 비해서 매우 유리한데, 그 이유는 계급정년에 걸리지 않는다는 점이다.[19] 이는 굉장한 메리트가 아닐 수 없다. 모든 제주자치경찰공무원들은 누구나 만 60세까지 지방공무원으로서 신분이 보장되어 있다.

제주특별자치도는 2006년 7월 1일 출범하면서 우수인력을 확보하기 위한 전략으로 국가경찰공무원 중에서 38명을 면접 없이 특별임용 방식인 서류 하나만으로 전국지방경찰청을 대상으로 모집을 확대함으로써 우수인력을 모집하는데 큰 효과를 거둔 것으로 평가된다. 이 당시 제주특별자치도는 국가경찰관들을 대상으로 특별임용하면서 그 선발기준의 핵심을 어디에 두었을까? 사실상 이들이 곧바로 자치경찰 조직에 투입과 적응 및 운용되게 하기 위해 기능별 전문성에 초점을 두고 시행되었다고 분석된다. 말하자면 수사, 교통, 전산, 통신 등 말 그대로 전문 분야를 최우선적으로 최대한 고려했던 것으로 평가된다. 2006년 경찰경력자 모집 시에 전국적으로 경찰관들의 큰 관심의 대상이었던 것은 물론 한 계급 올려서 임용하겠다는 조건이었다. 물론 지원자가 없을 시라는 조건은 있었다. 실제 국가경찰공무원 38명 중 12명은 기존 국가경찰조직에 근무할 때보다 차상위 계급으로 승진·임용시켰다.[20]

이러한 결과가 도출될 수 있었던 근거는 제주특별자치법 부칙 제10조에서 찾았다. 그 당시 공개 경쟁률은 〈표 3-9〉와 같다. 그리고 자치총경은 제주특별자치

---

19) 국가경찰공무원의 경우 경감까지는 57세 그리고 경정이상은 60세까지 연령정년의 적용을 받아 왔다. 하지만 국가경찰공무원의 경우 2008~2009년까지 1세 연장, 2010~2011년까지 2세 그리고 2012~2013년까지 3세가 연장되어 2013년 말에 가서는 자치경찰공무원처럼 모든 국가경찰의 경우 60세로 정년이 연장되게 법이 보장하고 있다. 계급정년을 보면 경정이 14년 총경이 11년 경무관 6년 등으로 정하고 있다. 치안감으로 승진한 경우 최대 4번의 치안감 보직을 수행하는 경우가 있는데 즉 4년간 치안감으로 유지하는 경우가 실제 있기도 하다. 이는 관운이 매우 잘 따라 준 경우에 해당한다고 볼 수 있다.

20) http://blog.daum.net/kang4620/14261499(검색일: 2009. 11. 30).

〈표 3-9〉 제주자치경찰의 채용 현황(( )표시는 여경을 의미)

정원		총계 37	자치경정 4	자치경감 8	자치경위 9	자치경사 8	자치경장 8
경쟁률		6.6:1	5.7:1	5.1:1	8.3:1	8.7:1	4.7:1
지원 현황	계	247(5)	23	41(1)	75	70	38(4)
	1순위	81(2)	7	0	9	39	26(2)
	2순위	166(3)	16	41(1)	66	31	12(2)

출처: http://blog.daum.net/kang4620/14261499(검색일: 2017. 11. 30).

도에서 별도로 국가경찰인 제주지방경찰청 내의 간부인 경정급에서 선발되어 자치총경으로 1계급 승진 임용되었다.

한편 국가경찰공무원의 모집이 성공적으로 이루어진 이후인 2006년 10월에는 연이어 신임자치순경 45명을 모집했다. 모집인원 45명 중 남경이 30명, 여경이 15명을 차지했다. 이 당시 주목할 점은 단지 제주지역 연고자에게만 한정하여 응시자격을 부여했으며 전체 경쟁률은 16.3:1을 보여주었다. 선발한 주최는 제주특별자치도였지만 선발 이후에는 경찰청이 교육을 위임받아 충북 수안보 소재 중앙경찰학교에서 16주간 신임자치순경 교육을 받은 후 제주도청으로 돌아가서 추가로 1개월간 제주지역문화와 행정습득 관련 추가 교육을 받았으며, 마침내 2007년 3월 정식으로 제주자치순경으로 치안현장에 배치되었다. 이로써 국가경찰 이관 인력 38명과 신임순경 45명 등 총 83명의 제주자치경찰인력이 확보되었다.

5. 제주자치경찰의 심벌, 계급장 및 복제

1) 제주자치경찰의 CI

2006년 7월 1일 제주자치경찰이 출범할 당시 CI는 비둘기를 사용했다. 하지만 2008년도에 이 비둘기 심벌을 제주도에서 예로부터 신화로 전해져 내려오는 불사조로 전격 교체하였다.[21]

---

21) 변경한 불사조는 제주도에서 오래전부터 전설로 전해져 내려오는 상징적인 새인데 언제든지 제주주민의 곁에서 치안안전을 추구한다는 의미로 귀결되었다.

[그림 3-2] 변경된 제주자치경찰의 CI 불사조

출처: 안영훈, "자치경찰 표준운영모델 개발에 관한 연구", 한국지방행정연구원, 연구보고서, 2007, p. 37.

이와 같이 변경된 제주자치경찰의 CI는 "불사조" 형상이며, 이는 불사조가 힘차게 하늘로 비상하는 모습으로 제주자치경찰의 새로운 도약 및 제주지역주민을 위해 온몸을 불사르겠다는 굳은 의지를 표현하고 있다.[22]

[그림 3-3] 변경된 제주자치경찰의 CI

출처: 제주자치경찰단, 2008; 신현기·안영훈, "제주자치경찰의 인력확보 대책에 관한 고찰", 한국경찰발전
      연구학회, 「한국경찰연구」, 제7권 제1호(2008년 봄).

_____

22) http://jmp.jeju.go.kr/contents/index.php?mid=0102(검색일: 2009. 11. 30).

2) 제주자치경찰의 계급장

2008년부터 제주특별자치도 제주자치경찰단은 자치경찰의 계급장도 초창기의 참꽃에서 현재의 모습으로 변경했다. 제주자치경찰의 계급장은 기존에 비해 확연히 다른 모습으로 변경되었다. 이렇게 교체된 현재 자치경찰의 계급장은 마치 국가경찰의 계급장과 상당히 비슷한 모습이다.[23]

[그림 3-4] 제주자치경찰의 변경된 계급장(2009년 이후)

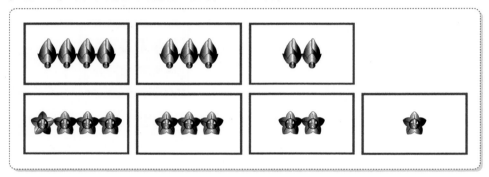

출처: 신현기, "제주자치경찰의 입직 승진제도 현황과 활성화 방안에 관한 고찰", 한국치안행정학회, 「한국치안행정논집」, 제6권 제2호, 2009, p. 11.

6. 제주자치경찰의 사무와 수행방법

「제주특별자치도 설치 및 국제자유도시 조성을 위한 특별법」제108조에 따르면 제주자치경찰에게 크게 2가지의 사무가 주어졌다. 하나는 제주도지사와 제주지방경찰청장이 업무협약을 맺고 그 결과에 따라 고유사무가 주어지는 것이며, 또 하나는 제주자치경찰에게 애초부터 법적으로 주어지는 고유사무가 바로 그것이다. 후자인 경우는 「특별사법경찰관리의 직무를 행할 자와 그 직무범위에 관한 법률」(일명 '특사경법') 사무가 대표적이라고 할 수 있다. 이러한 사무를 우리는 흔히 줄여서 특사경 사무라고 부른다. 일반사법경찰과 특별사법경찰이 존재하는 데 양자를 모두 형사소송법에 따라 검사에 의해 수사가 진행된 후 모든 사건이 검찰에 송치된다.

제주자치경찰제 시행 초창기 위에서 소개한 두 가지를 구체적으로 살펴보면

---

23) http://jmp.jeju.go.kr/contents/index.php?mid=0102(검색일: 2009. 11. 30).

다음과 같다.

첫째, 국가경찰과 업무협약에 의해 추진하는 사무이다(법 제108조). 당시 제주도지사와 제주지방경찰청장은 다음과 같이 자치사무에 관한 협약을 맺었는데, 크게 공공시설 및 지역행사장에 관한 사무, 지역교통활동에 관한 사무, 주민의 생활안전활동에 관한 사무 등의 지역경비에 관한 사무 등이 바로 그것이다.[24]

둘째, 국가경찰과 업무협약을 체결하지 않고 추진하는 사무이다. 바로 하나는 특별사법경찰 사무이며, 다른 또 하나는 「제주특별자치도 설치 및 국제자유도시 조성을 위한 특별법」 제139조에 명시된 교통안전시설심의위원회 운영 사무이다. 그 구체적인 내용은 중앙선의 절선 좌회전 및 유턴의 허용, 횡단보도의 신설 및 이전에 관한 사항, 신호기의 신설과 이전에 관한 사항, 폐지에 관한 사항, 그 밖의 도지사나 제주지방경찰청장이 교통안전과 함께 원활한 소통을 위해 심의가 반드시 필요하다고 인정하는 사항 등이다.

이 당시 자치경찰의 사무와 수행방법에 있어서 그 기본방향이 정해졌는데, 바로 제주특별자치도의 지역특성을 참고해서 수행하는 업무와 관련해 제주국가경찰 간의 중복업무를 최소화 하자는 것이었다. 또 하나는 제주주민치안서비스를 제고하는 데 초점을 두고 힘차게 추진하자는 것이 핵심사항이었다. 최종적으로 제주자치경찰의 자체회의, 국가경찰과 협의, 제주자치경찰자문위원회 등이 수차례의 회의를 통해 발굴해낸 결과는 제주국제공항의 이미지 개선, 한라산 곶자왈과 오름의 보전대책 추진, 관광지에 자치경찰관 배치, 제주를 찾는 단체관광객의 에스코트, 비산먼지발생 사업장의 집중관리 등이었다.[25]

7. 제주자치경찰의 초창기 예산 확보

2006년 7월 1일 제주자치경찰을 창설하기 위해 그 전날까지 집행된 예산은 제주도비로 38,373,000원에 달했다. 구체적으로 제주자치경찰의 CI개발용역에 4,730,000원, 자치경찰 계급장 및 모자장 등 구입비 20,373,000원 그리고 자치경찰 행정장비 구입비 13,270,000원이 투입되었다.

한편 국고지원에 관해서는 「제주특별자치도 설치 및 국제자유도시 조성을 위

---

24) 본 사무에 대한 3가지의 구체적인 내용들은 이미 전장에 기술하였으니 이를 참조하기 바람.
25) 이러한 제주자치경찰의 업무는 수사권을 행사하는 경찰의 업무라기보다는 생활안전을 위한 질서유지 차원에 머물렀다고 훗날 학자들로부터 비판되었다. 2018년 기준 12년의 시행 역사를 가졌지만 사무 확대에 대한 큰 변화는 없었다고 평가된다.

〈표 3-10〉 2006년 7월 출범시 제주자치경찰 예산 확보 현황

(단위: 백만원)

구분	계	국비	도비	비고
계	2,788	2,252	536	
인건비	1,004	887	117	38명
운영비	327		327	
사업비	1,457	1,365	92	

출처: 제주특별자치도, 「제주자치경찰의 이해」, 2006, p. 17.

한 특별법」(제특법) 제127조에 이미 명시되어 있었기 때문에 2006년 국가경찰에서 자치경찰로 이관되는 38명에 대한 인건비 8억 8,700만원과 장비구입비 등 13억 6,500만원 등 총 22억 5,200만원이 지원되었다. 여기에다가 제주도에서 5억 3,600만원을 더해 총 27억 8,800만원이 확보되어 투입되었다.

8. 교통안전시설 특례권한 이양 추진준비

「제주특별자치도 설치 및 국제자유도시 조성을 위한 특별법」(제특법) 제138조에 명시되어 있는 교통안전시설 특례 권한 10건이 기존의 국가경찰로부터 제주자치경찰로 전격 이양되었다. 이를 제주도청 교통행정과가 이양 받게 된 것이다. 이에 따라 2006년 7월 1일 제주자치경찰제의 출범과 동시에 제주특별도지사와 제주지방경찰청장 간에 교통안전시설 사무의 인수인계가 이루어졌다. 구체적인 내용은 교통신호기 338기(경보등 321, 보행등 2,077면), 교통안전표지 18,117기, 횡단보도 3,943개소, 어린이 보호구역 113개소가 인수 대상이었다.

9. 소   결

지금까지 2006년 7월 1일 출범한 제주자치경찰제의 전반적인 준비현황들에 대해 심층 분석해 보았다. 특히 우리나라에서 처음으로 제주도에 자치경찰제가 출범하기까지 어떤 법적인 토대, 조직, 인력, 예산을 갖추고 출발했으며 또한 어떤 권한이 주어졌는가에 대한 일련의 내용들을 살펴보았다. 이어서 다음 장에서는 제주특별자치도에서 자치경찰이 출범한 이후의 법적토대, 조직, 인력, 예산, 권한, 성과 등 일련의 발전 상황들을 집중적으로 살펴보았다.

제4장

제주자치경찰제의 토대구축을 위한
조직·인사·예산·장비·권한

제주자치경찰제가 2006년 7월을 기해 처음 도입될 때 제주자치경찰단의 조직, 인사, 예산, 기구 및 장비 등에 대한 기초토대를 어떻게 구축했는지에 대해 시기별로 살펴보았다. 본 장에서는 제주자치경찰단이 조직된 후 자치조직의 변천, 인력과 예산의 확대, 장비구축, 권한의 행사 및 성과 등에 관해 체계적으로 살펴보고자 한다.

제1절 제주자치경찰의 조직

1. 제주자치경찰의 조직 현황

해방 후 1945년 10월 21일 미군정하에서 우리나라에 국가경찰이 창설되었다. 그로부터 꼭 60년 만인 2006년 7월 1일 제주특별자치도에 국내 처음으로 자치경찰제가 실시되었다는 것은 비록 그 법적권한이 미미함에도 불구하고 큰 의미를 우리 경찰사에 남기는 계기가 되었다. 우선 법률에 "우리나라에 국가경찰을 둔다"에서 "국가경찰과 자치경찰을 둔다"라는 용어가 새로 생겨났다. 기존의 국가경찰과 이외에 추가로 자치경찰기관도 새로 생겨나게 되었다. 다만 국가경찰은 경찰법이라는 단일법을 가지고 1991년 기존의 내무부 치안본부 조직으로부터 경찰청이라고 하는 외청으로 전격 독립하여 오늘에 이르고 있다.

이에 반해 2006년 7월 제주자치경찰은 제주자치경찰법이라고 하는 단일법을 독자적으로 가지지 못한 채 창설되었다. 즉 제주특별자치도 설치 및 국제자유도시조성을 위한 특별법 제88조에 근거하여 자치경찰사무를 처리하기 위해 제주특별자치도에 자치경찰단을 둔다는 조문이 그 뿌리이다. 본 조문에 근거하여 제주특별자치도의회는 조례를 만들어 제주자치경찰이 출범하는 제반 토대를 구축하게 되었고, 마침내 그 창설이 가능했다. 하지만 제주특별자치도는 자체적으로 제주자치경찰제를 결정 및 도입한 것이 아니라 제주특별자치도 설치 및 국제자유도시조성을 위한 특별법에서 제주특별자치도의 경우는 의무적으로 자치경찰제를 도입하여야 한다는 강제규정에 기인한 산물이었다.

한편 초창기 제주자치경찰의 조직도는 전체 출발 인원이 적었던 관계로 비교적 작은 편이었다. 그 후 직원이 법정수를 채우기 위해 점차 증가하면서 조직도가 커지고 수차례 개편된 후 오늘에 이르고 있다. 이를 다음 단락에서 자세히 분석해 본다.

2. 조직체계구축을 위한 기구

제주자치경찰은 초창기에 제주세무서 건물을 임시관사로 사용하기로 하고 출범하였으나 그 후 보호관찰 사무소로 사용하던 건물을 넘겨받아 사진에서 보는 바와 같이 제주특별자치도자치경찰단이 자리 잡게 되었다.

[그림 4-1] 제주자치경찰단 정문

출처: 신현기ⓒ, 2017. 5. 20 촬영.

한편 다음의 사진은 현재의 제주자치경찰단 건물을 정면에서 촬영한 본관의 전경이다. 제주자치경찰단은 산하에 지구대나 파출소를 두는 시스템이 아니라 이곳 본부에서 모두가 근무하면서 순찰을 하는 체제이다. 물론 거리가 먼 서귀포시에는 별도로 그곳에서 머물며 고정 근무하도록 하는 방식으로 운영되고 있다.

[그림 4-2] 제주자치경찰단 본관 전경

출처: 신현기©, 2017. 5. 20 촬영.

2006년 7월 제주자치경찰의 창설시 구축되었던 기구는 1차로 2006년부터 2018년까지 분석해 볼 때, 서너 차례에 걸쳐 개편이 이루어졌다. 물론 2019년과 2020년에 걸쳐 또다시 조직도 변경이 이루어졌는데, 아래에서 후술하고자 한다. 우선 첫 번째로 조직도가 구축될 당시 제주자치경찰단의 기구표는 다음과 같다.

[그림 4-3] 제주자치경찰의 초창기 기구(2006년 창설시)

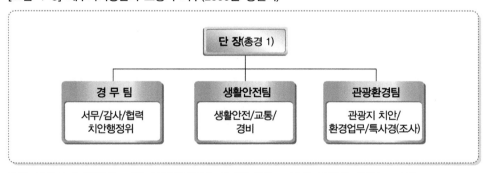

출처: 신현기, 『자치경찰-제주자치경찰제도의 체계적 접근-』(파주: 법문사, 2021), p. 123.

2006년 7월 1일 제주자치경찰제 창설 초창기에는 자치경찰단(1단 3팀 18명)과 자치경찰대(2개대 8팀 109명)에 경무팀, 생활안전팀, 관광환경팀으로 구성되어 운영되다가 2008년에 가서 전격 개편되었다. 자치경찰단 내의 조직은 주로 행정을 수행하는 역할이고 자치경찰대는 현장에 나가 자치경찰사무를 집행해야 하는 기구로 구축되었다.

[그림 4-4] 제주자치경찰(대)의 조직도(2006년 창설시)

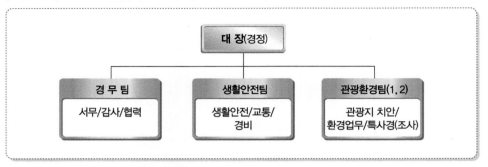

출처: 제주특별자치도, 「제주자치경찰의 이해」, 2006, p. 25.

그리고 [그림 4-4]에서 보는 바와 같이 제주자치경찰대는 대장(경정) 밑에 경무팀, 생활안전팀, 관광환경팀으로 조직 및 운영되었다.

이 당시 기존에 제주도청의 교통행정부서에서 관리하고 있던 교통관리단 ITS센터를 제주자치경찰단으로 전격 이관시켰다. 이어서 2008년 3월 5일을 기해 제주행정시(行政市)가 수행해 오던 주·정차 단속사무도 역시 제주자치경찰단 산하 자치경찰대로 이관되었다.

이 당시 제주자치경찰단은 4개 기구로 재편성되었는데 경찰정책팀, 교통·생활안전팀, ITS센터, 수사기획팀이 바로 그것이다. 그리고 제주자치경찰대에는 경찰행정팀, 교통/생활안전팀, 공항팀 및 수사팀으로 구성했다. 그리고 서귀포시 경찰대의 경우는 경찰행정팀, 교통·생활안전팀, 수사팀 등 4개팀으로 조직되었다. 제주자치경찰대에는 공항팀이 별도로 설치되었는데, 이 공항팀은 애초 제주특별자치도 설치 및 국제자유도시 조성을 위한 특별법에서 127명의 제주자치경찰 법정수 중 20명을 무조건 공항에서 근무해야 하는 것으로 애초에 명시되어 있었던 것이다. 이러한 계획에 따르면 법정수 127명 중 107명만 제주자치경찰단에 남게 되는 결과가 되어 제주 전역에서 107명으로 자치경찰 사무를 수행하는 데는 역부족이라는 아쉬움을 남겼다.

한편 이 20여명의 공항팀원들은 법률에 따라 2가지 기능을 수행하는데 하나는 무비자로 제주도에 입국한 외국인들이 항공기를 이용해 본토(육지)로 밀입국하는 범법자를 체포하는 사무이고, 또 다른 하나는 본토(육지)에서 제주도로 입국하는 여행객들이 운전면허증을 잊고 온 경우 이들에게 운전면허 소지자라는 확인증을 발부해 주는 역할을 한다. 해당자는 제주자치경찰로부터 확인증을 받아 제주에서

[그림 4-5] 제주특별자치도 자치경찰기구(2008-2011 현재)

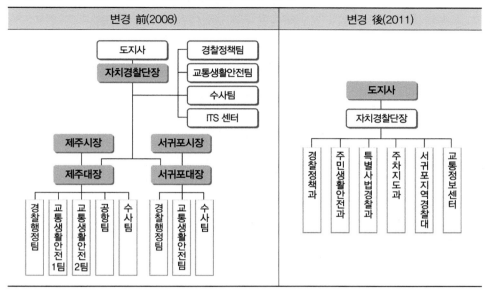

출처: 대통령 소속 지방자치발전위원회, 자치경찰제 도입 TFT 제16차 회의 자료, 2015, p. 2; 신현기, "제주
자치경찰제의 실태분석과 박근혜정부의 자치경찰제 도입 방안", 한국경찰연구학회, 「한국경찰연구」,
제14권 제2호, 2015, p. 261; 신현기, 『특별사법경찰론』(파주: 법문사, 2017), p. 254.

렌터카도 빌려 제주지역을 관광하고 되돌아 갈 수 있도록 도와주는 역할도 수행
한다. 이처럼 제주자치경찰은 제주국제공항에서 질서유지 등 중요한 역할들을 동
시에 수행하고 있다.

　제주특별자치도는 산하 제주자치경찰단의 기구를 2008년에 개편한 이후 2011
년에 [그림 4-5]와 같이 다시 개편하게 되었다.

　특히 2011년 제주자치경찰단의 기구개편에서 제주자치경찰단장이 도지사의
직속 부속기구로 소속되도록 개편한 것은 매우 중요한 의미를 가진다. 2011년에
기구개편에서는 경찰정책과, 주민생활안전과, 특별사법경찰, 주차지도과, 서귀포지
역경찰대, 교통정보센터 등으로 개편되었다.

　2006년 출범시에는 제주행정시와 서귀포행정시의 경우 행정시장 소속으로 각
각 자치경찰대(대장)가 존재했었으나 이것이 개편되어 제주시에 존재하던 자치경
찰대와 서귀포자치경찰대가 폐지되고 도지사 부속기구로 개편되었다. 그러나 서
귀포경찰대는 제주시에서 거리가 멀고 지리적 특수성으로 인해 기존의 이름을 그
대로 유지하는 것으로 정리되었다.[1]

이처럼 제주자치경찰단에서 직접 자치경찰을 운영하는 체제로 개편됨으로써, 그 후속조치로 기존에 2개가 존재하던 자치경찰대를 1개로 통합하게 되었고, 제주시 영역은 직접 제주자치경찰단에서 담당하게 되었다. 그리고 서귀포자치경찰대는 제주자치경찰단 소속으로 변경된 후 그대로 서귀포시에 상주하면서 서귀포지역에서 가장 중요한 교통생활안전담당 및 주차지도담당이라는 조직으로 유지되었다. 이 당시 제주자치경찰단은 교통시설담당까지 책임지게 되었다. 특히 교통정보센터는 제주 전역의 교통시설담당을 맡고 있는데, 본 업무가 제주특별자치도로부터 제주자치경찰단으로 전격 이관되었다. 제주자치경찰단이 제주전역에서 교통형사사건을 제외하고 대부분의 교통업무를 넘겨받아 수행하게 되었다는 점에서 그 의미가 매우 컸다고 평가된다.[2]

이러한 일련의 제도개선 및 개편을 통해 제주자치경찰단이 대부분의 교통업무를 담당하게 되었고 국가경찰인 제주지방경찰은 교통 관련 형사사건만 담당하는 2원화 체제가 구축되었다.

한편 제주자치경찰단에는 2017년 1월 큰 변화가 있었는데, 자치경찰단장이 기존의 자치총경에서 자치경무관으로 1계급 승격되었다는 점이다. 이에 따라 경정급 과장 중에서 1명이 자치총경으로 승진하였고, 그에게 경찰정책관이라는 직위가 새로 부여되었다. 이러한 대대적인 기구의 개편에 따라 많은 변화도 나타났는데, 경찰정책관이 기획인사, 민생수사(특별사법경찰)를 맡고, 교통생활안전과는 생활안전 및 교통관리 업무를 담당하게 되었다. 그리고 관광경찰과가 비교적 강화된 것으로 평가되는데, 이곳에서는 관광경찰, 제주공항사무소, 기마경찰대를 책임지고 있다. 서귀포지역경찰대는 교통관광사무 및 민생수사사무를 담당하고 있으며, 교통정보센터는 교통시설 사무를 담당하고 있다.[3]

---

1) 그런데 제주자치경찰단의 경우 문제점이 제기되고 있다. 즉 제주의 경우 서귀포시(행정시) 소속 자치경찰대를 도 소속인 자치경찰단으로 통합하면서 일괄 통합하면서 현장서비스를 제공하지 못하고 있다는 비판이 제기되고 있기도 했다. 한편 제주특별자치도청 직속의 제주자치경찰단에 모든 자치경찰공무원들이 출근하여 직무를 수행하고 있다. 아쉽게도 제주자치경찰단은 창설시부터 법적·제도적으로 국가경찰처럼 지구대나 파출소가 없다. 따라서 제주자치경찰은 자치경찰단에 출근했다가 제주전지역으로 순찰활동을 나가야 하는 시스템이다. 제주시와 서귀포시 가운데는 지리산이 막혀있고 지역이 넙은 관계로 서귀포 지역에서 근무중인 서귀포자치경찰대 직원들은 제주시에 위치한 제주자치경찰단까지 오전에 출근을 했다가 다시 서귀포지역 근무장소로 순찰을 나간다는 것은 의미가 없다. 이 때문에 제주자치경찰단은 시간적·직무적·능률성면에서 서귀포지역의 자치경찰대는 대장의 지휘통솔하에 서귀포자치경찰대에서 직무하도록 했다.

2) 신현기, 『특별사법경찰론』(파주: 법문사, 2017), p. 254.

[그림 4-6] 제주자치경찰단의 조직도(2017년 1월 기준)

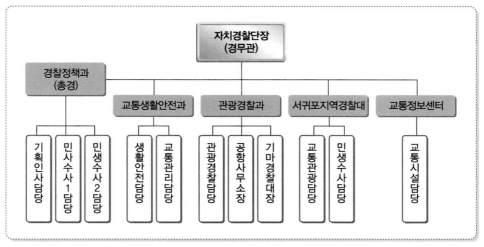

출처: http://www.jeju.go.kr/jmp/intro/measure.htm?act=view&seq=1087368

2017년 1월부터 제주자치경찰의 법정 정원수도 기존의 127명에서 3명이 증원되어 자치경찰공무원의 법정 인원수가 총 130명으로 확대되었다. 이에 대한 자세한 내용은 다음 절에서 자세히 분석하기로 한다.

한편 제주자치경찰단에 2018년부터 2020년 2월 사이에 무려 4차례에 걸쳐서 제주지방경찰청 산하 268명의 국가경찰공무원들이 전격 파견되면서 제주자치경찰단의 조직도가 또 한번 개편되기도 했다. 2019년 1월 기준으로 제주자치경찰단의 조직은 전체 근무 인원수의 대폭적인 증원에 의해 많은 변화가 있었다. [그림 4-7]에서 주목할 것은 임시조직인데, 이는 제주지방경찰청에서 파견 나온 국가경찰들의 임시조직을 의미한다. 이는 자치총경이 지휘하는 경찰정책관실 소속으로 국가경찰이 파견된 것이며 지역경찰 TF와 학교폭력 TF를 운영 중이다. 그리고 자치경정이 지휘하는 수사과가 새로 신설되었다. 이는 제주자치경찰단의 민생사법경찰(원명: 특별사법경찰)을 의미한다.[4] 이것은 2018년에 경찰정책관 소속으로 운

---

3) 제주자치경찰단 홈페이지: http://www.jeju.go.kr/jmp/intro/measure.htm?(2018. 1. 20 검색).

4) 「사법경찰관리의 직무를 수행할 자와 그 직무범위에 관한 법률」(약칭: 사법경찰직무법)이 공식 명칭이다. 그러나 흔히 경찰청 소속 수사관들을 의미하는 일반사법경찰의 대칭으로 특별사법경찰이라는 용어를 사용한다. 특별사법경찰은 위의 법에 따라서 직무를 수행하는데, 주로 국가 및 지방행정기관의 공무원들에게 관할 지방검찰청 검사장이 행정기관장의 추천에 의해 지명해 주는 방식에 따르고 있는바, 이것이 바로 특별사법경찰관이다. 대부분의 국가 및 지방행정기관에서는 특별사법경찰이라는 용어를 사용하는 게 일반적인데 반해 예외로 제주도자치경찰단과 서울시의 경우는 "민생사법경찰"이라는 명칭을 사용하고 있다.

영되다가 2019년에 가서는 독자적인 수사과로 독립 운영되는 체계를 갖추었다. 자치경정이 지휘하는 교통생활안전과 소속으로 국가경찰에서 파견 나온 경찰들이 범죄예방 TF팀, 동부교통 TF팀, 서부교통 TF팀을 운영하였다. 역시 자치경찰이 지휘하는 관광경찰과 소속으로 국가경찰에서 가지고 파견 나온 치안센터에서 이른바 치안센터 TF팀을 운영하였다. 한라산을 기점으로 서귀포지역은 거리 관계상 별도로 서귀포지역경찰대를 자치경정이 지휘하고 있다. 그곳의 공식명칭은 서귀포교통 TF팀이라고 부른다. 우리의 주목을 끌고 있는 점은 이렇게 3차례에 걸쳐서 파견 나온 국가경찰 260명이 2019년 언제까지 근무하게 될지 모르며 본 파견 운영에서 국가경찰이 얻고자 하는 목적은 무엇인지 잘 모르지만 추측하건데, 전국 자치경찰제 도입 확대를 대비해서 제주국가경찰을 파견해 시범실시에 들어간 것으로 풀이된다. 특히 이 시범실시를 통해서 제주자치경찰제가 국가경찰이 파견되어 기본토대만 조금 더 구축된다면 자체적으로 충분히 운영될 수 있다는 점을 부각시킴은 물론 이를 전국으로 확대시키기 위한 가능성을 검증해보고자 하는 목적이 가장 컸던 것이다.

한편 [그림 4-7]에서 보는 바와 같이 제주지방경찰청 소속 국가경찰들이 제주자치경찰로 파견되면서 제주자치경찰단의 조직은 상당히 개편된 모습을 보여주었다. 수사과의 경우 지금까지 볼 수 없었던 독자적인 과체제를 유지하게 된 것이

[그림 4-7] 제주자치경찰단의 조직도(2019)

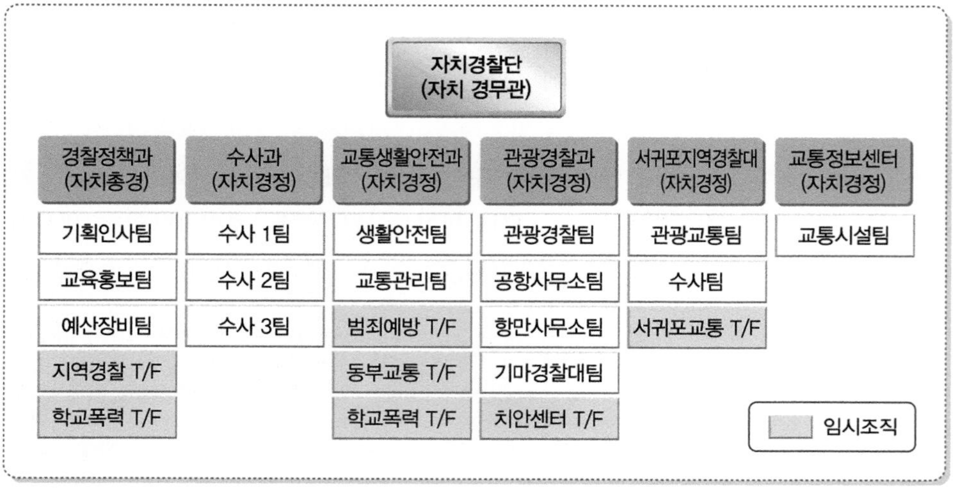

출처: 내부자료, http://www.jeju.go.kr/jmp/index.htm(검색일: 2019. 2. 5).

눈에 띤다. 제주국가경찰의 수사직원들이 파견 나와 있으며 동시에 이곳에서 기존의 특별사법경찰 업무를 담당하고 있다.

2019년 1월 기준으로 제주자치경찰단의 전체 총정원은 이전과 비교해 볼 때, 상당히 증원되었는데 〈표 4-1〉을 통해 자세히 알 수 있다. 제주자치경찰제가 시행되었던 2006년 7월 1일 기준 정원은 총 127명이었다. 그러나 13년이 지난 2019년 1월 기준 총정원은 무려 169명으로 대폭 증원되는 변화를 보여주고 있다. 그러나 현원은 163명에 그치고 있어 아직 6명 정도가 부족한 것으로 나타났다.

제주자치경찰단 소속 경찰관의 정현원의 실태를 살펴보면 다음과 같다. 2019년 기준 정원은 169명이지만 현원은 다소 적어 163명이었다.

〈표 4-1〉 2019년 제주자치경찰단의 정현원 현황

구분	총계	자치경찰공무원									일반직공무원		
		계	경무관	총경	경정	경감	경위	경사	경장	순경	계	일반직	공무직
정원	169	151	1	1	5	17	28	28	38	33	18	10	8
현원	163	144	1	1	5	15	16	46	32	20	19	11	8

출처: 내부자료, http://www.jeju.go.kr/jmp/index.htm(검색일: 2019. 2. 5).

3. 제주자치경찰단 관광경찰과 산하 공항사무소팀

제주국제공항에는 매년 항공수요가 증가하여 제주 입출도객이 1일 8~9만명 (연간 약 3,000만명 정도)에 달하는 동시에 하루 420여 편의 항공기가 1분 40초 간격으로 이륙과 착륙을 반복하고 있을 만큼 그 규모가 대폭 확대되었다. 즉 관광 도시 제주의 메카로 제주국제공항의 규모가 폭증하는 등 관광객을 위한 항공교통의 중심지가 되었다.

1) 제주자치경찰의 배치

제주국제공항에 자치경찰이 배치된 법적근거는 제주특별법 제88조, 90조, 91조이다. 국가경찰과 업무협약을 통해 2007년 2월부터 배치되었다. 제주국제공항에 근무 중인 자치경찰의 인력과 장비는 〈표 4-2〉에서 보는 바와 같다. 2019년 기준 제주자치경찰단 소속 자치경찰직원은 자치경찰공무원 11명과 일반직 직원 7

〈표 4-2〉 제주공항 자치경찰인력 및 장비 현황

인원			장비						
계	경찰관	일반직 (공무직)	순찰차	무전기	가스분 사기	캠코더	카메라	녹음기	PDA조 회기
18	11	7	2	13	15	1	4	4	4

출처: 제주국제공항 자치경찰 내부자료(2019. 2. 7).

명 등 총 18명이다. 원래는 20명의 자치경찰단 소속 직원이 근무하도록 규정하고 있으나 아직 부족한 실정이다. 일반직 중 1명은 서무담당이고, 나머지 6명은 2명씩 3교대로 공항에서 외국인 출입국관리 단속업무를 담당하고 있다. 그리고 11명의 제복을 착용한 자치경찰관들은 공항 주변에 나가서 교통질서유지 및 단속업무를 연중 내내 수행하고 있다.

2) 공항자치경찰의 주요사무

제주국제공항에서 제복을 입고 근무 중인 자치경찰은 공항 구내도로(1층, 3층, 국빈도로)의 교통관리 등 교통질서 유지업무를 맡고 있다. 특히 주정차업무 등 교통법규 위반사범에 대한 지도, 단속 및 혼잡 교통관리를 맡고 있다. 그리고 공항 이용객 보호 및 관광저해사범의 지도 등 관광질서를 유지하고 있다. 그 핵심 내용으로는 호객행위 및 기초질서 위반사범의 지도, 단속 및 수학여행단의 보호를 책임진다. 또한 무사증 제주입국자의 무단이탈 및 불법체류 방지를 위한 외국인 검색 업무도 담당한다.

3) 공항자치경찰의 업무구분

하루 근무시간은 05:30~22:30 항공기 운항 종료시까지다. 공항에서 자치경찰의 외근근무는 3개조 9명이다. 3교대 순환근무로 야간, 조간 및 비번 체제이다. 특히 아침 07:00부터 22:30 운항 종료시까지 공항청사 내 교통 및 관광질서 유지를 전담 중이다. 그리고 무사증 외국인들의 제주 이도 시에 검문검색(일반직/ 공무직 7명)을 실시한다. 즉 공무직(서무 1명, 검색근무 6명)은 05:30분부터 외국인 검색대에서 무단이탈 등 검색 업무를 수행하고 있다. 그리고 유실물 처리 및 택시 승차장의 질서유지 및 CCTV 모니터링(공무직 1명)을 실시하고 있다. 이 업무는 제주자치경찰단이 만들어질 때부터 애초에 외국인 출입국 관리업무를 담당하기로 했던 업무영역이었으며 오늘날까지 계속 이어지고 있다. 제주공항에 무사증으로 입국한 외국인은 허가 없이 제주공항을 떠나 육지로 이탈하는 것이 금지되어 있기 때문에 이를 제주자치경찰 공항팀에서 맡고 있다.

〈표 4-3〉 제주공항 자치경찰의 업무실적

구분	호객 행위	교통	경범	형사범 인계	무사증 등	행정범	면허 조회	유실물 처리	수학여행단 음주감지 등(건/대)
2018	31	245	29	54	183	148	30,880	182	663/4,729
2017	30	457	23	61	116	253	40,959	147	935/5,733

출처: 제주국제공항 자치경찰 내부자료(2019. 2. 7).

2023년 변경된 제주자치경찰단의 기구를 보면 다음과 같이 1관, 3과, 1대, 1센터이다. 이 기구는 전년도인 2022년에 비해 몇 개의 팀이 재조정되었다.

[그림 4-8] 제주자치경찰단의 기구(2023)

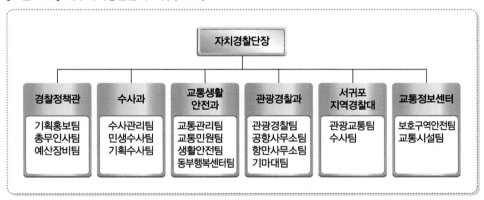

출처: 제주자치경찰단, 내부자료, 2023.

정원과 현원을 보면 〈표 4-4〉와 같다. 즉 정원은 일반직(8명)과 공무직(4명)을 포함하여 총 169명이며 2023년 2월 기준 현원은 161명을 보여준다. 제주자치경찰단의 순수 자치경찰 정원은 151명인데 현원은 143명이다.

〈표 4-4〉 제주자치경찰단의 정원과 현원(2023.2.1. 기준)

구 분		계	자치경찰공무원 (정원 157, 현원 147)										일반직공무원		
			소계	자치경무관	자치총경	자치경정	자치경감	자치경위	자치경사	자치경장	자치순경	소계	일반직	공무직
계	정원	169	157	1	1	7	20	31	33	38	26	12	8	4
	현원	161	147	1	1	7	21	28	46	27	16	14	9	5
자치경찰단	정원	151	139	1	1	5	17	23	29	37	26	12	8	4
	현원	143	129	1	1	5	19	24	37	26	16	14	9	5
道 본청 및 행정시 등	정원	18	18	—	—	2	3	8	4	1	—	—	—	—
	현원	18	18	—	—	2	2	4	9	1	—	—	—	—

출처: 제주자치경찰단, 내부자료, 2023.

제 2 절   제주자치경찰의 인사

1. 인사권자로서 도지사

　　제주특별자치도에서 제주자치경찰단을 관리하는 최고인사권자는 물론 제주특별자치도지사이다. 그는 지방자치법에 따라 1995년부터 제주도민의 직선에 의해 선출되며 제주시 행정시장과 서귀포시 행정시장을 직접 임명하는 법적 인사권을 가지고 있다. 제주자치경찰 직원들의 신분이 지방공무원이기 때문이다. 1995년부터 제주특별자치도는 제주특별법에 따라 기존의 4개 기초자치단체를 폐지(제주시, 서귀포시, 북제주군, 남제주군 등 4개)했다. 이에 따라 2005년부터 제주시와 서귀포시라는 2개의 행정시로 재정비가 되었다. 제주도의 행정시로 변경된 제주시와 서귀포시의 공식명칭은 행정시로 명칭변경됨에 따라 제주행정시와 서귀포행정시로 재탄생하는 결과를 보여주었다. 따라서 2개의 행정시는 시장을 시민이 직선으로 선출하는 방식이 아니라 도지사로부터 임명제 행정시장으로 채워지는 방식을 따르게 되었다는 점이 특이하다.[5]

---

5) 경기도 성남시 분당구의 경우도 분당구청장을 시민이 직선하는 것이 아니고 성남시장이 임명하는 이른바 임명 구청장이다. 수원시의 권선구청장과 팔달구청장도 수원시장이 직접 임명하는 방식에 따르고 있다. 서울특별시의 경우는 25개 구청이 존재하는데 시민들이 직접 25명의 구

제주자치경찰공무원은 제주도지사에 의해 임명되는 지방공무원에 해당된다. 이들에 대한 승진은 제주자치경찰단의 경찰정책관(총경) 차원에서 모든 승진 점수가 정리되고 제주자치경찰단장을 거쳐 최종적으로 도지사가 승진임명권을 행사하고 있다.

2. 제주자치경찰 단장

제주자치경찰단장은 개방직위인 관계로 외부에 개방 공고하여 이루어지고 있다. 제주자치경찰단이 발족할 당시인 2006년 7월 1일 제1대 단장으로 강용남 자치총경이 임명되어 2008년 3월까지 근무 후 명예퇴직했다. 초대 단장은 제주자치경찰단장 선발위원회가 외부에 공모하고 엄격한 심사가 진행되었다. 그는 제주지방경찰청 소속의 국가경찰에서 경정출신이 최종 선발되어 김태환 제주특별자치도지사로부터 1계급 높아진 자치총경에 임명되었다.

이어서 2008년 4월경 제2대 제주자치경찰단장에는 강명석 자치총경이 임명되었다. 그는 국가경찰인 제주경찰서 수사과장 및 경무과장, 제주지방경찰청 작전전경계장, 외사계장, 경무계장, 제주해안경비단 901전경대대장 등을 역임하였다.[6]

그는 2010년 11월 초까지 근무 후 퇴직했다. 즉 2010년 11월 초에 제2대 자치경찰단장(자치총경)이 사직함으로써 공석이 되었다.[7] 제1대 제주자치경찰단장처럼 제2대 단장의 경우도 국가경찰인 제주지방경찰청 출신 중에서 선발 임용되었다.

물론 제2대 제주자치경찰단장의 경우도 前제주도지사가 임명한 자치경찰단장이었다. 이 당시 6월에는 지방자치단체장 선거가 있은 후 새 도지사가 선출되어 취임한 때였다. 제2대 자치경찰단장은 아직도 정년이 1년 6월가량을 남겨놓은 상태에서 결국 스스로 자진사퇴라는 결정 방식을 통해 물러났다. 이 당시 그 후임자에 대한 공모가 있었으나 제주자치경찰단 내의 경정들 중에는 응시자가 거의 없었던 상태였다. 왜냐하면 단장의 임기가 2년이었다. 이처럼 단장의 임기가 2년여 정도에 그치다 보면 아직 정년퇴직까지 시간이 많이 남아 있는 내부의 젊은 경정급 자치경찰공무원 중에서 큰 메리트가 적었던 것으로 보여진다. 물론 단장에 임명된 경우 2년 단장임기를 마무리하고 또 한번의 연임도 이론적으로는 가능

청장을 선출하는 방식을 따르고 있다.

6) 미디어제주(http://www.mediajeju.com).

7) http://www.mediajeju.com/news/articleView.html?idxno=41550(2017. 7. 20 검색).

하다. 하지만 반드시 연임이 보장된 것도 아니기 때문에 과장으로 차라리 오래 근무하는 것이 더 장점일 수 있다는 판단들이 우세했던 것으로 이해된다.[8]

이러한 문제점 때문에 제3대 제주자치경찰단장 공모 때부터는 내부뿐 아니라 외부에 개방직으로 공모하여 선발하는 절차를 새로 마련했다. 마침내 제3대 단장의 지원자격은 내부직원을 포함하여 경찰 관련 학자, 검사, 판사, 변호사, 정치가 등에게도 지원자격이 전격 개방되었다. 역시 이 당시에도 국가경찰인 제주지방경찰청에서 경정급이 지원하여 최종적으로 양순주 후보자가 자치경찰총경에 임명되어 제3대 단장에 취임했다.

한편 새로 마련된 공모 선발절차에 따라 취임했던 제3대 양순주 제주자치경찰단장은 2010년 12월 31일부터 2014년 6월 20일까지 약 3년 6개월간 제주자치경찰단을 이끌었다. 그는 전임자들에 비해 비교적 장수했던 단장이라는 기록을 남겼다.

양순주 단장이 물러남으로써 공석이 된 단장자리를 강석찬 직무대행이 임시로 맡았다. 즉 제주특별자치도는 2014년 8월 29일 공석인 제주자치경찰단장에 강석찬 민생사법경찰과장을 직무대리로 발령을 냈는데, 그 자리는 6월부터 거의 2개월간을 공석으로 남아 있었다.[9]

이처럼 강석찬 단장 직무대행은 새로운 단장이 임용되기 전까지 책임을 다했고, 마침내 제4대 제주자치경찰단장에 정식으로 임명되었다. 제주특별자치도는 개방형직위인 자치경찰단장에 내부인사인 강석찬 후보를 2014년 10월 23일자로 공식 임용하게 되었다고 발표했다.[10]

그동안 공석으로 단장직무대행체제였던 제4대 제주자치경찰단장 모집은 그 선발경쟁이 매우 치열했다. 즉 개방형직위 제4대 자치경찰단장 공개모집에 무려 7명이 지원했는데, 후보자를 대상으로 적격성 심사와 제주자치경찰 인사위원회의 심의를 거쳐 도지사에게 추천했으며, 최종적으로 내부승진자가 또다시 발탁되는

---

8) 제주자치경찰의 임기도 국가경찰과 동일하게 정년을 보장받고 있다. 향후 누구나 60세까지는 보장을 받는다(2009~2010까지 58세, 2011~2012까지 59세, 2013~2014까지 60세). 따라서 경정들이라도 비교적 임용기간이 한정되는 단장에 섣불리 관심이 가기는 어려울 것이다. 한편 내부과장들의 자치경찰단장 지원에 별 이유를 종합해 보면 당시 내부승진 대상자였던 경정들은 나이가 비교적 젊은 층이 대다수였기 때문에 내부자 지원이 많지 않았던 것으로 평가된다.

9) 제주도민일보, http://www.jejudomin.co.kr/news/articleView.html?idxno=54454(2017. 6. 25 검색).

10) 제주환경일보 http://www.newsje.com/news/articleView.html?idxno=56018(2017. 8. 27 검색).

역사가 쓰여졌다.

이러한 이유에 대해 제주도는 "내부사정을 잘 알고 있는 자가 조직관리 및 현장지휘에 용이함은 물론, 내부직원의 승진기회 등 동기부여로 직원사기를 진작시켜 일체감을 조성하고, 제주자치경찰의 효율적인 활동방안을 모색함과 동시에 새로운 각오와 다짐은 물론 그동안 침체됐던 조직분위기를 쇄신하고 재충전의 기회를 마련해 자치경찰 업무에 활력을 불어넣고자 내부에서 발탁한 것이다"라고 밝히기도 했다.[11)]

제주자치경찰을 역사적 차원에서 볼 때, 제4대 제주자치경찰단장은 나름대로 큰 의미를 지니고 있다. 그는 2006년 7월 제주자치경찰제가 출범할 때, 국가경찰에서 제주자치경찰단으로 특별임용되어 온 과장급(경정) 출신이었다. 이 경우는 제주자치경찰단 내부에서 순수 자치경찰 직원(자치경정 과장)이 지원하여 자치경찰단장에 임명된 첫 사례였다. 제4대 강석찬 단장은 2014년 10월 23일 임명되어 2016년 12월 30일까지 제주자치경찰단을 이끌었다.

이처럼 새 자치경찰단장이 공석이던 제주자치경찰은 약 2개월간의 과도기를 거쳐 마침내 2017년 1월 1일 제주자치경찰단에 적지 않은 변화가 있었다. 기존 제주자치경찰 단장의 계급은 자치총경(4급)이었으나 2017년 1월부터 공식 자치경무관(3급)으로 그 직위가 승격되는 역사가 전개되었다. 제주자치경찰단이 2006년 7월 1일 출범한 후, 11년 만에 단장의 직급이 자치총경에서 자치경무관급으로 승격되었다는 것은 우리나라 자치경찰사에 큰 획을 긋는 또 하나의 큰 변화였다.

이처럼 제5대 나승권 자치경찰단장이 첫 자치경무관 단장으로 취임하게 되었는데, 그는 제5대 제주자치경찰의 단장 공개모집에서 치열한 경쟁을 거쳤다. 단장 공모에서 지원자는 변호사 1명, 국가경찰 2명 등 3명이었다. 선발시험위원회와 인사위원회는 이들을 대상으로 선발 절차에 따라 선발한 후 인사권자인 제주특별자치도지사가 최종 임명하였다.[12)] 이는 제주자치경찰단 출범 이후 외부에서 일반 변호사 출신이 제주자치경찰단장에 처음으로 임명된 첫 사례에 해당된다. 특히 기존에는 현직경찰 출신들이 1대부터 4대 단장까지 선발되었는데 제5대에는 외부

---

11) 제주환경일보, 2014. 10. 22: 제4대 강석찬 단장은 서귀포시 표선면 출신으로 79년 3월 순경으로 경찰생활을 시작해 부산지방경찰청을 거쳐 2006년 7월 자치경찰 출범과 함께 국가경찰에서 자치경찰로 전환한 후 민생사법경찰과장, 주민생활안전과장, 서귀포지역경찰대장 등을 역임했다(제주환경일보 http://www.newsje.com/news/articleView.html?idxno=56018).

12) http://www.mimint.co.kr/article/board_view.asp?strBoardID=news&bbstype=S1N17&sdate=0&skind=&sword=&bidx=1083825&page=1&pageblock=1(2017. 11. 20 검색).

에서 변호사 출신이 선발되었다는 점도 제주자치경찰사에 획기적인 기록으로 남게 되었다.[13)]

이처럼 나승권 단장은 제주자치경찰 최초로 민간인 변호사 출신으로 제5대 단장을 맡아 많은 성공사례들을 남기고 조직을 상당히 체계화 했다고 주변인들로부터 높은 평가도 있었다. 특히 2018년의 경우 처음으로 3차에 걸쳐 제주지방경찰청으로부터 260명의 국가경찰이 자치경찰단에 파견되어 자치경찰과 국가경찰이 공동으로 치안업무 수행이 가능한지에 대해 시험해보는 중요한 시험대가 마련되었으며 이를 수행해야 하는 주인공 역할을 나승권 단장이 수행했었다.[14)] 임기는 2년씩 2번까지 총 5년간으로 법이 정하고 있지만 2018년 12월 31일 임기만료되었고 본인이 더 이상 임기연장을 원하지 않은 것으로 알려졌다. 하지만 나승권 단장은 후임단장을 찾지 못해 2개월을 더 연장하여 2019년 2월 말까지 임무를 수행했다.[15)]

이어서 그가 스스로 물러남으로서 또다시 제주자치경찰단장 자리는 공석이 되었으며 자치총경인 김동규 정책관(자치총경)이 2019년 3월 말일까지 자치경찰단장의 직무를 대행하였다.

아래와 같은 절차에 의해 제6대 제주자치경찰단장의 공개모집이 진행되었다. 신문기사를 통해 알려진 일련의 과정을 살펴보면 다음과 같다.

> 개방형직위 공모 2019년 2월 7~15일 원서접수
> 총경 최저근무연수 안돼 내부승진 불가
> 제주 자치경찰의 수장인 단장직이 이번에도 '외부 수혈'로 채워질 전망이다. 28일 제주도자치경찰단에 따르면 제주특별자치도 자치경찰공무원인사위원회는 다음 달 7일부터 15일까지 7일간 자치경찰단장 원서 접수를 받는다. 현 나승권 자치경찰단장의 임기가 다음달 28일로 끝나면서 개방형 공모를 통한 차기 단장 선임 절차에 들어갔다.
> 제주특별자치도 설치 및 국제자유도시 조성을 위한 특별법 제89조(자치경찰단

---

13) 이전의 단장들은 주로 제주지방경찰청에서 국가경찰로 근무하던 경정급 과장들이 제주자치경찰단장에 지원해 자치총경으로 동시 승진 및 단장(자치총경)을 맡는 게 대부분이었다.
14) 그후 2020년 2월 제6대 고창경 단장 때 추가로 8명의 제주지방경찰청 산하 국가경찰이 추가 자치경찰단에 파견되었고 이에 따라 전체 파견 국가경찰은 총 268명에 달했다.
15) 제주레저신문, http://www.leisuretimes.co.kr/news/articleView.html?idxno=25530(2019. 8. 25 검색).

장의 임명)에는 자치경찰단장은 자치경무관으로 임명하되 도지사가 필요하다고 인정하면 개방형직위로 지정해 운영할 수 있도록 명시돼 있다. 지난 2017년 창설 11년 만에 자치경찰 조직 내 첫 총경을 배출하면서 내부승진 통로가 열렸지만 이번 역시 개방형 공모를 통한 '외부 수혈'만 가능한 상황이다. 현재 자치경찰단 총경에 경찰정책관 1명이 있지만 총경으로 승진한 지 2년이 채 안돼 응시자격이 없기 때문이다. 제주특별법상 자치경찰단장직은 자치경찰이나 국가경찰의 경우 경무관이나 총경으로 계급별 최저근무연수가 지나야 자격이 주어진다.

자치경찰 조직내 유일한 총경인 경찰정책관이 경무관으로 승진하기 위해서는 최저 근무연수 4년을 채워야 한다. 자치경찰 창설 이래 개방형 공모로 임명한 사례는 초대 강용남 단장(국가경찰 출신)과 3대 양순주 단장(국가경찰 출신), 현 5대 나승권 단장(변호사 출신)이다. 2대 강명석 단장과 4대 강석찬 단장은 내부 승진으로 단장에 올랐다. 한편 개방형 단장의 임기는 2년이나 근무실적 평가 등에 따라 추가로 3년까지 연장돼 최장 5년이 보장된다.

출처: 한권 기자(hk0828@jemin.com) / 저작권자 ©제민일보

제주자치경찰인사위원회에서 공개모집을 통해 제6대 단장을 선발하는 절차가 이루어졌다. 마침내 2019년 4월 1일자로 제6대 제주자치경찰단장에 고창경(55세) 단장후보자(자치경무관)가 선발되어 원희룡 제주특별자치도지사로부터 임명장을 수여받고 공식 취임했다. 이 당시의 선발 과정을 구체적으로 살펴보면 다음과 같다. 즉 제주특별자치도는 개방형 자치경찰단장(자치경무관)의 직위에 관해 공개 모집절차를 진행하여 경기남부지방경찰청 소속의 현직 국가경찰 공무원이었던 고창경 총경을 최종 합격자로 결정하고 4월 1일자로 임용하게 된 것이다. 고창경 신임 자치경찰단장의 경우 제주대학교 행정학과를 졸업한 후, 경찰간부후보생 38기로 국가경찰에 임용되었다. 그는 제주경찰청 경비교통과장, 경기도남부지방경찰청 소속 광명·김포·이천경찰서장을 지냈다. 그리고 이 당시 지원하던 시기는 경기남부지방경찰청 과학수사과장으로 재직하면서 제주자치경찰단장에 지원한 것이다. 이 당시 공모에서 지원자는 전·현직 국가경찰공무원 2명, 해양경찰 1명이 응시했던 것으로 알려져 있다. 최종 합격자는 외부 전문가로 구성된 제주자치경찰 선발시험위원회의 적격심사와 제주자치경찰인사위원회의 추천을 거쳐 이루어졌다.[16]

---

16) 저작권자 © 제주레저신문(2019. 4. 1).

제6대 고창경 제주자치경찰단장

제7대 제주특별자치도 자치경찰단장 박기남

출처: 뉴스 1, https://www.news1.kr/articles/?500147
8(검색일: 2023. 4. 16).

제6대 고창경 단장(경무관)은 지난 4년 동안 제주자치경찰단장을 맡는 동안 많은 발전적 업적을 남겼다. 그리고 2023년 4월 1일 자로 박기남 제7대 자치경찰단장이 취임하였다.

제주도자치경찰단장에 박기남(55) 전 제주동부경찰서장이 임명됐다.

인사권자인 오영훈 제주지사가 공개모집을 통해 박기남 전 국가경찰공무원을 최종 합격자로 결정된 박기남 단장 후보자를 제7대 제주자치경찰단장으로 임명한 것이다. 제7대 박기남 신임 자치경찰단장은 경찰대(6기)를 졸업했다. 뉴욕 총영사관 영사와 제주서부경찰서장, 제주동부경찰서장, 군위경찰서장 등을 역임했다. 그런 후 2021년 10월 경무관으로 명예퇴임했으며 그의 임기는 2년간인데 2023년 4월 1일부터 2025년 3월 31일까지이다.

3. 정책관(자치총경)

2017년 제주자치경찰단에 정책관이 신설됨으로써 경무관 단장 산하에 정책관이라는 총경 직위가 신설되었다. 초대 자치경무관으로 제주특별자치도 자치경찰단 단장에 임명된 나승권 자치경무관은 2017년 5월 11일 자치경찰단 인사위원회를 개최해 자치경찰단의 김동규 자치경정을 자치총경으로 그리고 자치경감 김경선을 자치경정으로 승진심사에서 의결했다. 이미 과장급 총경 심사 승진은 2017년 3월 15일 관련 법규의 개정을 통해 진행되었다. 이는 자치경찰단장 경무관 직급 조정 이후 최초의 인사승진이었다. 김동규 자치총경 승진 예정자는 제주자치경찰에서 처음으로 만들어진 경찰정책관이라는 직책을 받아서 기획 인사와 특사경 수사 업무를 총괄하게 되었다. 이에 따라 제주자치경찰단은 자치경무관 단장 산하에 자치총경인 경찰정책관(자치총경)과 자치경정 과장으로 자체 조직이 전격

재편되었다.[17)]

이제 제주자치경찰단에 최초로 총경직위가 신설되었다는 점에서 큰 의미를 가지게 되었고 내부 직원들에게도 승진의 기회가 부여될 수 있다는 법적 토대도 구축되는 계기로 작용함으로써 사기충전 차원에서도 바람직한 결과를 낳게 되었다. 이뿐만 아니라 2006년 7월 1일 국가경찰에서 사직하고 제주자치경찰에서 특별임용되었던 전직 국가경찰공무원 출신 38명 중 1명인 이동규 경정(과장)이 자치총경(경찰정책관)으로 전격 승진하게 되었다는 점은 제주자치경찰 후임들에게 있어서 매우 큰 의미를 가지게 되었다.

4. 자치경찰공무원

2006년 7월 1일 총정원 127명으로 출범한 제주자치경찰단에는 2006년 7월 국가경찰로부터 38명의 경찰공무원들이 특별임용되었으며, 같은 해 10월 10일 공개경쟁 선발시험을 통해 남자 30명과 여자 15명의 신임 자치순경 45명을 1차로 선발하였다.[18)] 이들 신임 자치순경 45명은 2006년 10월 16일을 시작으로 2007년 2월 2일까지 총 16주 동안 국가경찰기관인 중앙경찰학교에서 위탁교육을 받았다.[19)] 이들 임용예정자들은 제주특별자치도에 돌아가 공무원교육원에서 약 1개월간 제주도의 역사, 문화, 전통, 지리 등에 관한 추가 교육을 받고 자치순경에 임용되어 제주자치경찰단에 투입되었다. 이처럼 제주자치경찰은 2006년에 총 38명과 2007년 3월 45명 등 총 83명으로 불어났다. 법정수인 총정원 127명을 채우기 위해 여러 차례에 걸쳐서 자치순경 모집이 진행되었다. 그러나 서너 명씩 지속적으로 결원이 발생하는 상황이 계속 반복되었다. 왜냐하면 이직, 휴직, 출산휴가, 병가 등으로 인해 어느 조직이든지 결원이 지속적으로 발생하게 마련인데 제주자치경찰도 예외는 아니었다.

2011년에도 제주자치경찰단에서 신임자치순경 모집이 이루어졌다. 2012년 초에 총 14명을 선발하는 절차가 이루어졌는데, 일반자치순경 7명 중 남자가 6명, 여자가 1명이었다. 동시에 외국어특기자 6명을 특별임용했는데 영어 3명과 중국어 3명이었다. 제주특별자치도에 외국인 관광객이 점차적으로 증가하고 있고, 특

---

17) http://www.mimint.co.kr/article/board_view.asp?bbstype=S1N17&bidx(2018. 1. 20 검색).
18) 제주자치경찰 중 이 당시 제1기로 순경에 임용되었던 기수가 소수가 벌써 자치경감에 올라 있다.
19) 제주특별자치도, 『제주자치경찰의 이해』, 2006, p. 25.

〈표 4-5〉 제주자치경찰단 자치순경 모집(2012년 초)

구분	직급	선발예정 인원		특별임용시험구분
계		14명		
공개경쟁임용시험	자치순경	男	6명	
		女	1명	
특별임용시험(외국어)	자치순경	男	4명	영어 2명, 중국어 2명
		女	2명	영어 1명, 중국어 1명

출처: 제주자치경찰단 내부자료(2011); 신현기, "제주자치경찰공무원의 승진현황과 개선방안에 관한 연구", 한국치안행정학회, 「한국치안행정논집」, 제8권 제4호, 2011, p. 9.

히 중국인 관광객이 두드러지게 증가하면서 중국 언어 특기자를 자치순경으로 선발하는 비율을 늘려가고 있는 추세다.

그 후 법정수 127명 중 나머지 45명을 충원하기 위해 제주자치경찰단은 2016년까지 단계적으로 100% 충원하겠다는 야심찬 계획을 발표하기도 했다. 즉 2010년 15명, 2012년 10명, 2014년 10명 그리고 2016년 10명을 각각 모집함으로써 그동안 결원이 계속 발생해 미달성되었던 총 127명의 제주자치경찰 법정수를 100% 충원하겠다는 목표의 달성 노력이 계속되었다. 그럼에도 불구하고 이러한 야심찬 충원계획은 2017년까지 번번이 목표에 도달하지 못했다.

〈표 4-6〉 제주자치경찰의 단계별 충원 계획: 2010년부터 2년마다 충원 예정

계	2010년	2012년	2014년	2016년
45명	15명	10명	10명	10명

출처: 신현기, "제주자치경찰의 입직 승진제도 현황과 활성화 방안에 관한 고찰, 한국치안행정학회", 「한국치안행정논집」, 6(2), 2009, p. 13.

이와 같은 제주자치경찰의 미충원에 대한 근본적인 원인은 충원을 하더라도 연이어 매년 몇 명씩 병가나 의원면직 등으로 자치경찰조직을 떠나는 반복현상에 따른 것으로 분석되었다. 마침내 2017년 1월 제주자치경찰에 추가 인력 3명이 법적으로 증원되는 좋은 일이 있었다. 즉 3명의 제복 자치경찰공무원이 증원됨으로써 법정인력이 130명으로 증원된 것이다. 이렇게 순수 3명의 증원 결정이 내려졌고 여기에다가 그동안 부족했던 인원 6명을 합쳐 총 9명을 새로 모집하는 공고를 2017년 하반기에 발표했다. 2018년 1월 말 최종 9명의 합격자를 발표했다. 이처럼 2018

〈표 4-7〉 제주자치경찰단의 자치경찰인력(2017년 12월말 기준)

구분	총계	자치경찰공무원									일반직공무원		
		계	경무관	총경	경정	경감	경위	경사	경장	순경	계	일반직	공무직(무기계약)
정원	155	137	1	1	4	12	20	27	39	33	18	10	8
현원	149	129	1	1	4	12	16	40	38	17	20	12	8
과부족	-6	-8					-4	+13	-1	-16	+2	+2	

출처: 제주자치경찰단, 내부자료(2017. 12).[20]

년 1월 말에 최종 합격된 총 9명의 자치순경(제주자치경찰 소속의 일반공무원)은 2018년 1월 29일 제주자치경찰단에서 최종 입교등록을 확인하고 마무리했다.[21]

한편 〈표 4-7〉은 2017년 12월 말까지의 제주자치경찰 인력을 보여주는 수치이다. 참고로 제주자치경찰단에는 순수 자치경찰인력뿐 아니라 이전에 제주도청에서 이관되어 왔던 교통사무 관련 일반직공무원도 함께 근무하고 있다.

종합적으로 볼 때 제주자치경찰단의 경우 총 인원은 2017년 말 기준으로 6명이 부족함을 보여주었지만 그 부족인원과 이직한 추가 인원을 충원하기 위해 2018년 1월에 9명을 선발했기 때문에 전체 정원이 모두 다 채워질 것으로 보여졌다. 물론 이들은 16주 동안 국가경찰기관인 중앙경찰학교에 위탁교육을 받게 되고 제주도 자체적으로 추가 1개월의 교육을 마친 후 비로소 자치경찰의 치안현장에 투입되는 방식에 따른다. 이러한 노력에도 불구하고 정원을 100% 채우는 것은 쉽지 않아 보인다. 즉 극소수는 언제나 질병이나 출산 등으로 인해 결원이 꾸준히 발생하기 때문이다.

한편 2020년 2월 초 기준으로 제주자치경찰단의 정원과 현원의 현황을 보면 다음과 같다. 2017년도의 경우 정원이 155명이었으나 2019년부터는 169명으로 늘어났다. 별도 정원도 10명이 생겨났다. 제주도청에서 이관된 일반직 공무원도 일반직 10명과 공무직 8명 등 총 18명이나 된다. 이렇게 해서 제주자치경찰단에

---

20) 제주자치경찰단, 홈페이지 주요시책, 〈자치경찰 활동의 목표 설정 및 평가〉 자료를 참조. 이에 대한 자세한 내용은 다음의 홈페이지에서 내부 자료를 참조할 것. http://www.jeju.go.kr/files/convert/201801/c494b08d-12a1-49f8-a53d-f06bf91aed23.hwp.htm(2018. 2. 12 검색).

21) 제주자치경찰단, http://www.jeju.go.kr/files/convert/201801/c494b08d-12a1-49f8-a53d-f06bf91aed23.hwp.htm(2018. 2. 12 검색).

〈표 4-8〉 제주자치경찰단의 정원과 현원 현황

구분	총계	자치경찰공무원										일반직공무원		
		계	경무관	총경	경정	경감	경위	경사	경장	순경		계	일반직	공무직
정원	169	151	1	1	5	17	28	28	38	33	18	10	8
현원	164	146	1	1	5	16	27	30	31	35	18	10	8
별도 정원	10	10			1	3	2	1	2	1			
과부족	−5	−5	−	−	−	−1	−1	+2	−7	+2	−	−	−

출처: 내부자료, http://www.jeju.go.kr/jmp/index.htm(검색일: 2020. 2. 5).

총정원 169명 중 현원은 5명이 부족한 164명을 보여주고 있다. 〈표 4-8〉에서 보는 바와 같이 제주자치경찰단의 경우 워낙에 조직의 규모가 크지 않다보니 제주자치경찰공무원들에게 있어서 승진 적체 현상이 어느 정도 나타나고 있다. 이 당시 경감과 경위의 경우는 아직 1명씩 승진할 자리가 남아 있기는 했었다. 그러나 경사, 경장, 순경의 경우는 정원보다 현원이 더 많은 수를 차지하고 있는 관계로 향후에는 누군가 퇴직하기 전에는 승진할 자리가 거의 없는 상황이 전개될 가능성이 커지고 있다.

한편 〈표 4-9〉에서 보는 바와 같이 제주자치경찰단의 부서별 현원을 보면 국가경찰공무원이 파견 나와 있는데, 총계 260명이며 그 중에 경찰정책관 1명, 생활안전과 133명, 교통과 32명, 아동청소년과 9명, 수사과 1명, 서귀포 지역대 84명 등이다. 그리고 자치경찰공무원 중 휴직자와 경찰청이나 대한민국광역시도지

〈표 4-9〉 제주자치경찰단의 부서별 현원 현황(※ ( ) 국가경찰 파견인원)

구 분	계	경찰 정책관	생활 안전과	교통과	아동 청소년 과	관광 경찰과	수사과	서귀 지역대	교통정 보센터	타부서 파견	별도 정원 (휴직 파견)
계	164(260)	18(1)	8(133)	30(32)	3(9)	42	18(1)	24(84)	9	12	10
경찰관	146(260)	17(1)	8(133)	28(32)	3(9)	35	16(1)	24(84)	3	12	10
일반직	10	1	−	1	−	−	2	−	6		−
공무직	8	−	−	1	−	7	−	−	−	−	−

출처: 내부자료, http://www.jeju.go.kr/jmp/index.htm(검색일: 2020. 2. 5).

사협의회 등에 파견된 인력을 채워주기 위해 마련된 10명의 별도정원이 배당되어 있는 등 많은 노력이 이루어지고 있다.

2021년 2월 현재 제주자치경찰단의 총인력은 다음과 같이 정원 169명 중 현원은 167명이다.

〈표 4-10〉 제주자치경찰의 부서별 현원 현황(2021년 자치경찰단 외 인력포함)

구분		계	특정직 (정원 151, 현원 148)									일반직 (정원 18, 현원 19)					
			소계	자치경무관	자치총경	자치경정	자치경감	자치경위	자치경사	자치경장	자치순경	소계	6급	7급	8급	9급	공무직
계	정원	169	151	1	1	5	17	28	28	38	33	18	1	7	—	2	8
	현원	167	148	1	1	6	18	27	33	37	25	19	1	8	—	1	9
자치경찰단	정원	156	138	1	1	5	14	22	25	37	33	18	1	7	—	2	8
	현원	151	132	1	1	6	14	23	30	34	23	19	1	8	—	1	9
경찰정책관 (위원회 준비단 포함)	정원	16	15	1	1	—	3	3	3	3	1	1	—	1	—	—	—
	현원	23	22	1	1	1	5	6	2	3	3	1	—	1	—	—	—
수사과	정원	19	16	—	—	1	3	5	3	4	—	3	—	3	—	—	—
	현원	16	15	—	—	1	2	3	5	3	1	1	—	1	—	—	—
교통생활 안전과	정원	36	34	—	—	1	2	4	6	11	10	2	—	—	—	—	2
	현원	37	33	—	—	1	2	3	8	11	8	4	—	1	—	—	3
관광경찰과	정원	48	42	—	1	4	7	7	10	13		6	—	—	—	—	6
	현원	37	31	—	—	1	1	6	5	11	7	6	—	—	—	—	6
서귀포 경찰대	정원	29	29	—	—	1	2	3	6	8	9	—	—	—	—	—	—
	현원	25	25	—	—	1	3	4	8	6	3	—	—	—	—	—	—
교통정보 센터	정원	8	2	—	—	1	—	—	—	1	—	6	1	3	—	2	—
	현원	13	6	—	—	1	1	2	—	1	1	7	1	5	—	1	—
도 본청 및 행정시 등	정원	13	13	—	—	—	3	6	3	1	—	—	—	—	—	—	—
	현원	16	16*	—	—	—	4	4	3	3	2	—	—	—	—	—	—

* 코로나19 대응 현장기동감찰팀 인력 추가 지원(청렴혁신담당관 2명 2020. 12. 31.~ 별명시까지). 자치경찰제 원활한 추진을 위한 한시적 파견(행정안전부 1명, 2021. 1. 28.~ 4. 30.) 등이다(출처: 제주자치경찰단 내부자료, 2021년 2월 기준).

제 3 절   제주자치경찰의 예산

1. 제주특별자치도의 도비 및 국가경찰의 국비 지원

제주자치경찰의 운영은 경찰청 주관하의 국비(보조금) 일부와 제주도의 자체 도비를 확보하여 사용하도록 규정하고 있다. 특히 첫해인 2006년 7월 1일 시행 당시에는 총예산 27억원 중 국비가 무려 83%를 차지하였으나 다음해인 2007년도에는 국비비율이 45%로 감소하였다. 2008년도에는 다시 국비가 50%로 전년에 비해 16% 정도 증가하였고, 2009년도에 가서는 국비비율이 다시 48%로 변동되었다. 2010년의 국비는 42%, 2011년도 국비는 42%, 2012년 국비는 43%였으나 2013년에 34%로 대폭 감소하기도 했다.[22] 2014년에는 39%였다가 2015년에 가서는 국비지원이 41%를 보여주었다.

〈표 4-11〉 제주자치경찰예산 확보

(단위: 백만원)

구분	합계	국비	지방비	비고
2006년	2,714	2,252(83%)	462(17%)	
2007년	4,455	2,017(45%)	2,438(55%)	신규채용(45명)에 따른 지방비 증가
2008년	5,968	2,963(50%)	3,005(50%)	서귀포시 자치경찰대 신축사업비 등 국비 증가
2009년	4,779	2,283(48%)	2,496(52%)	
2010년	5,817	2,443(42%)	3,374(58%)	
2011년	6,198	2,621(42%)	3,578(58%)	
2012년	7,057	3,014(43%)	4,043(57%)	
2013년	8,771	3,014(34%)	5,757(66%)	신규채용으로 예산증가
2014년	8,112	3,225(39%)	4,887(61%)	
2015년	8,551	3,547(41%)	5,004(59%)	

출처: 제주자치경찰단, 내부자료(2015); 신현기. (2017).『자치경찰론(제5판)』, 부평: 진영사.

---

22) 2011년 제주자치경찰의 예산 중 국비는 약 2억 6천만원 이상으로 증액 지원되었다. 특히 제주 자치경찰은 2010년 11월 8일 추가로 12명의 자치순경이 추가 임용되어 더 많은 예산이 필요하게 됐다.

제주자치경찰의 경우 총예산은 매년 증가추세를 보여주었다. 그 근본적인 이유는 수차례에 걸쳐서 자치순경이 선발 및 임용되었고 기존 자치경찰직원들의 호봉 증가에 따른 봉급인상이 증가되는데 따른 것으로 풀이된다. 또한 제주도청에서 근무하던 일부 행정직원들이 제주자치경찰단으로 일정수가 이관되면서 직원의 수가 크게 증가한데 기인하기도 했다. 2014년 제주자치경찰단의 총 예산은 115억 2,500만원을 넘어섰는데, 이 중에서 도비가 차지하는 비율이 훨씬 높았으며 대략 86억 4,100만원가량을 차지했다. 이에 반해 국가경찰에서 2006년 7월에 특별임용된 38명의 국가경찰공무원을 위한 인건비와 운영비 및 연금 지원을 위한 일체 비용으로 경찰청이 보내준 국비지원이 28억 8,400만원 정도였다. 국비 지원의 경우는 중장기적으로 국가경찰에서 이관된 38명이 지속적으로 퇴직하고 있는데, 모두가 퇴직할 때까지 경찰청을 통해 법적으로 보내주어야 한다. 2020년은 1960년생이 퇴직하는 연령이다. 퇴직하는 숫자가 늘어날수록 지원금도 점차적으로 줄어들 가능성이 높다고 본다.[23)]

2. 2017년 제주자치경찰단의 예산 현황

제주자치경찰의 예산은 매년 증액되는 추세를 보여주었다. 자치경찰인력의 증원에 따른 비용과 기존직원들의 인건비가 지속적으로 증액되고 있는 것으로 분석된다. 2017년 제주자치경찰단의 예산은 국비 38억, 도비 68억원 등 총 106억원으로 편성되었다.

〈표 4-12〉 제주자치경찰예산 확보

(단위: 억 원)

구분	국비	도비	계
예산액	38	68	106

출처: 이동규, "제주자치경찰 운영 현황 및 제도상 한계", 서울시, 시민과 함께하는 바람직한 자치경찰제 방향모색 포럼, 2017, p. 63.

---

23) 2006년 7월 경찰청은 38명의 국가경찰이 퇴직하고 동시에 제주특별자치도에서 특별임용하는 과정에서 이들이 제주자치경찰단에서 근무한 후 만 60세에 완전히 자치경찰을 퇴직하는 날까지 월급과 연금 및 운영비 일체를 지원해 주기로 했다. 따라서 향후 38명 모두가 마지막 퇴직할 때까지 이 국고는 계속해서 제주도로 내려갈 예정이다.

3. 제주자치경찰예산의 변동(2018. 1. 기준)

제주자치경찰단의 2018년도 운영예산은 2018년 1월 기준으로 무려 200억원을 넘겼다. 국비지원이 80억원가량이며, 도비가 차지하는 액수는 122억 5,900여만원을 약간 넘긴 수치를 보여준다. 국비지원의 경우 국가경찰에서 이관된 38명에 대한 연봉과 연금 및 운영비만을 위한 지원금(보조금)이다. 이 밖에 국가기관인 경찰청으로부터 기타 지원비는 거의 없다고 보면 된다.[24)]

<표 4-13> 제주자치경찰단의 2018년도 운영예산

(단위: 천 원)

구분	계	국비	도비	비고
총 계	20,334,507	8,074,528	12,259,979	
경상적 경비	2,783,969	514,822	2,269,147	
사업비	16,333,644	7,150,744	9,182,900	
행정운영경비	1,216,894	408,962	807,932	

출처: 자치경찰 활동의 목표 설정 및 평가 관련 내부 자료(2018. 1).

제주자치경찰단의 2019년 예산은 전년도인 2018년에 비해 약 27억원가량이 감소하였다. 우선 국비의 경우 2018년 80억원에서 2019년에는 69억원대로 감소하였는데, 역시 이는 2006년 국가경찰에서 이관되어 특별채용된 38명에 대한 운영비 및 연금까지 부담하기 위한 전체 비용을 의미한다. 추측컨대 위 국가경찰에서 오는 국비가 감소한 이유는 이관된 국가경찰인력이 벌써 2020년 7월 기준 14년의 역사를 가지고 있고, 그동안 지속적으로 퇴직자가 나왔기 때문에 국비지원이 감소하고 있을 것으로 유추해 볼 수 있다.

한편 제주도에서 나오는 자치경찰 운영을 위한 도비의 경우도 역시 2018년 122억 5천만원에서 2019년에는 107억원대로 대폭 감소하였다. 이에 반해 <표 5-13>에서 보는 바와 같이 제주자치경찰단의 2019년도 총예산은 무려 176억 2,950만원으로 증액되었다. 모두 합쳐서 국비는 69억 500여만원에 달했고, 도비는 107억 1,400여만원이었다. 전체 예산은 그때그때마다 사업에 따라 변화 폭을 크게 나타내 주고 있다.

---

24) 2006년 제주자치경찰로 이관되는 국가경찰관에게는 퇴직시까지 경찰청에서 예산을 확보해 제주특별자치도로 전달해 주기로 한 후 그 의무사항을 이행하기 위한 후속조치가 지속되고 있다.

〈표 4-14〉 2019년도 제주자치경찰의 운영예산 현황

(단위: 천 원)

구분	계	국비	도비	비고
총 계	17,629,581	6,915,382	10,714,199	
경상적 경비	3,303,640	546,072	2,757,568	
사업비	13,100,790	5,925,400	7,175,390	
행정운영경비	1,225,151	443,910	781,241	

출처: 내부자료, http://www.jeju.go.kr/jmp/index.htm(검색일: 2019. 2. 5).

2020년 2월 초 기준으로 제주자치경찰단의 예산은 놀라우리만큼 증가하였다. 2020년도 예산은 전년도에 비해 무려 41억 8,850만원이 증가하였다. 이는 2018년 4월부터 약 260여명의 제주지방경찰청 산하 국가경찰관들이 자치경찰로 파견을 나가 근무한 것에 기인하고 있는 것으로 분석된다.[25] 특히 국비가 15억 1,890만원 정도이며 제주도비도 약 26억 6,950만원 정도가 증액되었다. 드디어 제주자치경찰단은 2020년도의 경우 무려 218억원대의 예산 시대를 열게 되었다. 이는 2020년 12월 기준 국가경찰에서 추가로 4차까지 파견된 268명의 국가경찰관들을 운영하는 추가 비용증가에 따른 것으로 풀이된다. 세부적으로 보면 도비는 13,383,713,000원이며 국비는 8,434,380,000원이었다. 또한 전체 예산 중에서 사업비가 16,617,177,000원이었으며 행정운영경비는 1,357,574,000원이었다.

〈표 4-15〉 2020년도 제주자치경찰의 운영예산 현황

(단위: 천 원)

구분	계	국비	도비
총 계	21,818,093	8,434,380	13,383,713
경상적 경비	3,843,342	603,782	3,239,560
사업비	16,617,177	7,419,960	9,197,217
행정운영경비	1,357,574	410,638	946,936

출처: 제주자치경찰단, 내부자료(2020).

---

25) 참고로 2020년 2월 추가로 제주자치경찰단에 8명의 제주지방경찰청 소속 국가경찰이 파견됨으로써 총 268명으로 증원되어 시범실시 중이다. 이들은 파견 인력이므로 향후 경찰정책 결정에 따라 아예 자치경찰로 소속이 변경되어 근무하게 될 것인지 아니면 국가경찰로 모두 되돌아가게 될 것인지에 대해 변화가 있을 것이다.

4. 제주자치경찰단의 2021년 재정과 재원

제주자치경찰단은 다음과 같이 2021년 재정과 재원을 확보하게 되었다. 특히 전국 17개 광역시도가 광역시도자치경찰위원회를 창설하여 생활안전, 교통, 여성청소년 업무들을 「국가경찰과 자치경찰의 조직 및 운영에 관한 법률」과 같은 자치경찰사무를 국가경찰공무원이 수행해 나가게 되었는데 반해 기존의 제주자치경찰은 2006년 7월 1일부터 향후에도 계속해서 「제주특별법」에서 부여된 자치경찰업무를 기존처럼 독자적으로 수행해 나간다는 특징을 지니고 있다. 2021년도 제주자치경찰단의 예산은 〈표 4-16〉과 같다. 즉 분야별 예산현황을 보면 17,307,994,000원이다.

〈표 4-16〉 제주자치경찰단의 2021년 재정과 재원별 현황

(단위: 천 원)

분야별	2021년	기정액	증감
계	17,307,994	21,818,093	△4,510,099
도민과 관광객이 함께하는 자치경찰 확립 (공공질서및안전 분야)	3,154,381	3,465,819	△311,438
쾌적한 첨단교통체계 운영 (교통및물류 분야)	12,627,380	16,994,700	△4,367,320
행정운영경비	1,523,143	1,357,574	▼165,569
재 무 활 동	3,090	0	▼3,090

출처: 제주자치경찰단, 내부자료, 제392회 제주특별자치도의회 임시회 보고자료, 2021. 2.

5. 제주자치경찰단의 2023년 재정 분석

제주자치경찰단의 2023년도 예산총괄 현황은 다음과 같다. 세입예산의 경우 전년대비(19,063,600천원) 하여 845,600천원(4.5%)이 증가하였음을 보여준다.

〈표 4-17〉 제주자치경찰단의 2023년 예산 현황

(단위: 천 원)

구분	계	자체수입	국고보조금	비 고
계	19,909,200	7,924,200	11,985,000	

출처: 제주자치경찰단, 내부자료(2023).

한편 제주자치경찰단의 2023년 세출예산은 전년대비(25,764,143천원)하여 5,651,553천원(21.9%)이 증가하였음을 보여준다. 제주자치경찰단의 2023년 예산도 드디어 314억1,500만원 시대를 열었다.

〈표 4-18〉 제주자치경찰단의 2023년 예산 현황

(단위: 천 원)

구분	계	국 비	소방안전 교부세	지 방 비		
				소 계	도 비	자체재원
계	31,415,696	8,260,480	981,000	22,174,216	2,812,000	19,362,216

출처: 제주자치경찰단, 내부자료(2023).

제주자치경찰단의 2023년 예산은 모두 314억원이다. 이는 지난 '22년 대비 세출 예산 증액(56억원)이다. 주요사업은 다음과 같다.

- ▲첨단 신호 운영 고도화 사업 20억원 ▲노후신호기 5개년 정비사업 20억원 ▲동부행복센터 신축공사 9억원 ▲형사사법 업무시스템 구축 7억원 등 편성 등이다. 특히 '22년 대비 세입 예산은 9억원(4.7%)원가량 증가하였다. 그 세부 내용을 보면 다음과 같다.
- ▲교통법규위반 과태료부과액 19억원 증액 ▲국고보조금ㆍ교육부전입금 10억원 감액(무인단속장비 설치사업ㆍ지방이양사업 전환) 등이다.

〈표 4-19〉 제주자치경찰단의 2023년 예산 총괄

(단위 : 억 원)

부 서 별	2023년도 예산편성 규모				2022 당초	증감	%	비고
	계	국비	도비	소교세				
자치경찰단	314	82	222	10	258	56	22	

출처: 제주자치경찰단, 내부자료, 2023.

제 4 절   제주자치경찰단의 무기류와 장비

1. 무기류와 일반장비

제주자치경찰이 2014년 초를 기준으로 보유하고 있는 무기ㆍ장비ㆍ통신은 다음과 같다. 즉 제주자치경찰의 장비종류들은 732종류인데 그 중에서 가장 많이 차지하고 있는 것은 경찰장구(가스분사기, 경봉, 수갑, 포승 등)이다. 그 다음은 통신장비(무전기 117 〈고정식 3, 이동식 19, 휴대용 95〉, 조회기 30)로 무려 147종에 이른다. 또한 제주자치경찰의 경우도 무기류를 보유하고 있는데, 주로 3 · 8 권총 75자루(실탄 9,543발, 공포탄 150발), 가스발사총 10자루(약제탄 74) 등 총 9,767발의 실탄도 보유 중이다.

〈표 4-20〉 제주자치경찰의 무기 · 장비 · 통신(2014.1.1 기준)

(단위: 대 · 정)

구 분		수 량	비고
총 계		732	
장비종류	기동장비	48	순찰차 15, 싸이카 6, 승합 3, 승용 5, 지프 4, 화물 4, 전기이륜 2, 전기자전거 9
	무 기 류	85	3 · 8 권총 75(실탄 9,543발, 공포탄 150), 가스발사총 10(약제탄 74) 총 9,767발
	경찰 장구류	267	가스분사기, 경봉, 수갑, 포승 등
	방범장비	30	구명장비 30 등
	교통장비	76	외근혁대, 굴림자, 내비게이션
	채증장비	79	카메라 70, 캠코더 5, GPS 4 등
	통신장비	147	무전기 117(고정식 3, 이동식 19, 휴대용 95),조회기 30(스마트폰)

출처: 제주자치경찰단, 내부자료(2014년).

2. 제주자치경찰의 무기류 및 장비의 변화 현황

제주자치경찰의 무기, 장비 및 통신류는 매년 약간씩 변하고 있다. 총계는 711종이다. 이 중에서 가장 많이 차지하는 것은 경찰장구류 292종이며 두 번째 큰 비중은 통신장비 129종이 차지하고 있다. 세 번째는 무기류 85종이 차지하고 있다. 2014년의 경우 경찰장구류는 267종이었는데 2018년에 와서 292종으로 약 25종이 증가하였다. 기동장비의 경우도 2018년 1월에는 2014년에 비해 4종류가 증가하였다. 한편 통신장비의 경우는 2014년 147종에서 2018년 1월 129종류로 18종류가 줄어들었다. 최근 경찰의 채증장비로서 인기가 높아지고 있는 드론장비도 2대를 보유하고 있다.

〈표 4-21〉 제주자치경찰의 무기·장비·통신(2018. 1. 1 기준)

(단위: 대·정)

구분		수량	비 고
총 계		711	
장비종류	기동장비	52	순찰차 17, 싸이카 6, 승합 4, 승용 6, 지프 4, 화물 4, 전기이륜 2, 전기자전거 9
	무 기 류	85	3·8권총 75(실탄 27,593발, 공포탄 150발), 가스발사총 10(약제탄 74발) 총 27,817발
	경찰 장구류	292	가스분사기 60, 삼단경봉 100, 수갑 127, 포승 5
	방범장비	30	구명장비 등 30
	교통장비	81	외근혁대, 굴림자, 내비게이션
	채증장비	42	카메라 36, GPS 4, 드론 2 등
	통신장비	129	무전기 99(고정식 3, 휴대용 96) 조회기 30(스마트폰)

출처: 제주자치경찰단, 내부자료(2018. 1. 1).

최근 제주자치경찰은 무기류도 확보하고 있는데, 법적으로 경찰관직무집행법을 수행하기 위해 3·8 권총 75정과 실탄 27,593발 및 공포탄 150발을 보유하고 있다. 가스발사총도 10정을 보유하고 약제탄 74발 등 총 27,817발을 확보했다.

하지만 제주자치경찰은 2020년 7월 1일 기준으로 창설 14년째 접어드는 동안 독자적인 수사권을 보유하지 못했을 뿐더러 주어져 있는 경찰관직무집행법을 한 번도 집행해 본 적이 없을 정도였다. 그 이유는 제주자치경찰이 집행할 수 있는 사무의 범위가 극히 한정되어 있었던 점에 기인한다. 이러한 문제 때문에 많은 사람들로부터 제주자치경찰이 무늬만 경찰이 아니냐는 비판을 받아 왔던 것이다.

제주자치경찰단은 2019년 1월 1일 기준으로 보유하고 있는 장비들은 〈표 4-22〉와 같다. 특히 권총실탄의 경우 전년도 27,593발에서 1년 후인 2019년 1월 1일 기준으로 약 25,060발로 줄어들었다. 경찰 싸이카의 경우도 2018년 6대에서 2019년 1월 14대로 증가했는데, 이는 제주 국가경찰에서 이관시켜 준 것이다. 2019년 1월에는 자치경찰단에서 실종자 수색에 활용하기 위해 드론 2대를 구입하여 운영 중이다. 순찰차량의 경우도 대폭 증가하였는데 2018년 17대에서 2019년 1월 기준 29대로 무려 12대나 대폭 증가하였다. 이것은 국가경찰 260명이 제주자치경찰단으로 파견되면서 증가한데 기인하고 있다.

〈표 4-22〉 제주자치경찰단의 보유 장비류

(단위: 대·정)

구분		수량	비 고
총 계		836	
장비종류	기동장비	72	순찰차 29, 싸이카 14, 승합 5, 승용 9, 지프 7, 화물 4, 전기이륜 2, 이륜 2
	무 기 류	85	3·8권총 75(실탄 25,060발, 공포탄 150발), 가스발사총 10(약제탄 74) 총 25,284발
	경찰 장구류	292	파바분사기 60, 삼단경봉 100, 수갑 127, 포승 5
	방범장비	30	구명장비 등 30
	교통장비	81	외근혁대, 굴림자, 내비게이션
	채증장비	42	카메라 36, GPS 4, 드론 2 등
	통신장비	234	무전기 154, 운면면허 조회기 30(스마트폰), 스마트 범칙금 단속 단말기 50

출처: 내부자료, http://www.jeju.go.kr/jmp/index.htm(검색일: 2019. 2. 5).

2019년 초에 제주자치경찰단은 17대의 순찰차를 보유하고 있으며 지속적으로 순찰을 실시함으로써 시민들의 치안안전 유지에 크게 기여하고 있다.

[그림 4-9] 제주자치경찰의 순찰 차량

출처: 신현기©, 촬영(2018. 12. 16).

제주자치경찰은 외부 공모를 통해서 자치경찰 차량을 다시 눈에 잘 띄는 디자인을 발굴하고 완전히 새로운 도색을 진행하였다. 2022년부터 완전히 새로운 순찰차량을 선보인 이후 현재 사진을 보면 다음과 같다.

[그림 4-10] 새롭게 변경된 제주자치경찰의 기동장비

| 순찰차(Police Patrol vehicle) | 싸이카(Police Motorcycle) |

출처: 제주자치경찰단 홈페이지(2023).

제주자치경찰의 복제도 2006년 초창기 제복에서 완전히 변경되어 다음과 같이 복제개편을 단행하였다.

[그림 4-11] 제주자치경찰의 변경된 복제

| 근무복 | 교통복 | 점퍼(춘·추·동) |
|  외근파카 |  |  방한파카 |

출처: 제주자치경찰단 홈페이지(2023); http://www.jeju.go.kr/jmp/intro/measure.htm?(검색일: 2023. 4. 3).

한편 2020년 2월 초 제주자치경찰단이 보유한 경찰 무기와 장비 및 통신 관련물품들을 살펴보면 〈표 4-23〉과 같다.

〈표 4-23〉 제주자치경찰의 무기·장비 및 통신 현황

(단위: 대·정)

자치경찰				국가경찰(파견)			
구 분		수량	비 고	구 분		수량	비 고
총 계		371		총 계		440	
장비종류	기동장비	59	순찰차 18대, 싸이카 12대, 승용 12대, 승합 3대, 버스 2대, 화물 5대, 전기이륜차 7대	장비종류	기동장비	28	순찰차 23대, 싸이카 4대, 이륜 1대
	무기류	85	3·8 권총 75정(실탄 22,180발, 공포탄 150발), 가스발사총 10정(약제탄 74발) — 85정, 실탄 22,404발		무기류	54	3·8 권총 17정(실탄 51발, 공포탄 17발), 전자충격기 26정(카트리지 52개) — 권총 17정, 실탄 68발
	통신장비	183	무전기 103대, 운전면허조회기 30대, 스마트범칙금단속 단말기 50대		통신장비	260	자치망 무전기 105대, 국가망 무전기 120대, 교통단속용단말기 35대
	음주단속장비	44	음주측정기 6대, 음주감지기 38대		음주단속장비	98	음주측정기 34대, 음주감지기 68대

출처: 제주자치경찰단, http://www.jeju.go.kr/jmp/index.htm(검색일: 2020. 2. 5).

무기류에서 권총의 경우 제주자치경찰이 85정(가스발사총 10정 포함)이며 국가경찰이 파견 오면서 가지고 온 권총이 17정이었다.

3. 제주자치경찰의 무기와 장비 및 통신

제주자치경찰단에 파견되었던 제주지방경찰청 소속의 국가경찰 268명이 2020년 12월 31일 전면 철수한 이후 제주자치경찰은 다시 독자적으로 자치경찰업무를 수행해 나가게 되었으며 2021년 3월 현재 무기와 장비 및 통신 현황을 보면 다음과 같다.

〈표 4-24〉 제주자치경찰의 무기와 장비 및 통신 현황(2021. 3. 현재)

(단위: 대 · 정)

구 분		수량	비 고
총 계		384	
장비종류	기동장비	63	순찰차 20대, 싸이카 12대, 승용 12대, 승합 5대, 버스 2대, 화물 5대 전기이륜차 7대
	무기류	85	3 · 8 권총 75정(실탄 19,579발, 공포탄 150발), 가스발사총 10정(약제탄 74발)
	통신장비	167	무전기 103대, 스마트범칙금단속 단말기 64대
	음주단속장비	69	음주측정기 19대, 음주감지기 50대

출처: 제주자치경찰단, 2021년 주요 업무 보고서[제392 제주특별자치도의회 임시회 자료], 2021.

한편 2023년 초 기준 제주자치경찰단은 〈표 4-25〉와 같이 장비를 갖추고 있다. 무기류는 85개이다. 특히 3 · 8 권총은 75정(실탄 16,280발, 공포탄 150발)을 보유하고 있다. 그리고 가스발사총은 10정(약제탄 74발)을 보유하고 있다.

〈표 4-25〉 제주자치경찰단의 장비 현황(2023)

(단위: 대/정)

구 분		수량	비고
총 계		412	
장비종류	기동장비	60	순찰차 20대, 싸이카 12대, 승용 14대, 승합 3대, 버스 1대, 화물 5대 전기이륜차 5대
	무기류	85	3 · 8 권총 75정(실탄 16,280발, 공포탄 150발), 가스발사총 10정(약제탄 74발)
	통신장비	172	무전기 110대, 스마트범칙금 PDA 62대
	단속장비	95	이동식과속단속카메라 12대, 음주측정기 21대, 음주감지기 50대, 비대면감지기 12대

출처: 제주자치경찰단, 내부자료(2023).

4. 제주자치경찰의 교통시설 관련 장비 현황

제주자치경찰의 경우 초창기부터 교통 관련 형사사건을 제외한 나머지 교통 관련 사무 중 대부분은 이미 도맡아서 수행해 오고 있다. 〈표 4-26〉의 교통시설 들은 2006년 시행 당시부터 제주지방경찰청에서 제주도청으로 이관되어졌고, 이

〈표 4-26〉 주요 교통시설 · 장비

(단위: 개소)

계	신호등	경보등	번호판 인식기	도로 전광판	동영상 수집기	차량 검지기
1,364	803	373	25	57	56	50

출처: 제주자치경찰단, 내부자료(2018. 1. 1 기준).

것을 제주자치경찰단에서 집중적으로 관리해 나왔다. 특히 제주 전역에 설치되어 있는 시설들 중 신호등이 803개로 가장 많은 수치를 차지하고 있고, 두 번째는 경보등 373개가 차지하고 있다. 도로전광판 57개, 동영상수집기 56대 그리고 차량검지기 50대에 달한다.

제주자치경찰단의 주요장비는 신호등의 경우 1년 사이에 무려 63개나 증가하였는데 반해, 차량감지기는 오히려 41개나 줄어들었다.

〈표 4-27〉 주요 교통시설 · 장비

(단위: 개소)

계	신호등	경보등	번호판 인식기	도로 전광판	동영상 수집기	차량 검지기
1,384	866	383	25	45	56	9

출처: 제주자치경찰단, 내부자료(2019. 1. 1).

한편 2020년 2월 초 기준으로 제주자치경찰단의 주요 교통시설 및 장비에 관한 현황을 보면 다음과 같다. 2019년에 비해 2020년 초에는 전체적으로 다소 증가하였는데 신호등, 경보등, 번호판 인식기, 동영상 수집기 등에서 증가하였음을 알 수 있다.

〈표 4-28〉 주요 교통시설 · 장비

(단위: 개소)

계	신호등	경보등	번호판 인식기	도로 전광판	동영상 수집기	차량 검지기
1,429	889	393	32	45	61	9

출처: 제주자치경찰단, 내부자료(2020. 1. 1).

제 5 절   국가와 제주자치경찰의 권한

본 절에서는 국가와 제주자치경찰의 권한에 대해서 살펴보고자 한다. 즉 국가기관이 자치경찰기관에게 부여한 권한들과 관련해 살펴보면 다음과 같다.

1. 국가의 시민안전을 위한 강제력 독점

국가는 물리적 강제력이라는 수단을 통해 우리 사회의 질서를 유지해 나가고 있다. 하지만 여기서 말하는 물리적 강제력이란 국민들의 신체에 직접적인 위협을 가하는 행위를 의미하는 것이 아니라 바로 국민들의 행위를 구속하게 되는 것을 의미한다. 국가기관 내지는 지방자치단체 및 경찰기관은 도로상에 신호등을 설치하고 교통질서유지를 모든 사회구성원에게 요구하고 있는 게 전세계 국가들의 일반적인 현상이다. 시민 누구나 도로상에서 길을 건널 때, 당연히 신호대기 지점에 도착하게 되고 경우에 따라서는 빨강 신호등을 접하게 된다. 이 상황에 직면해 교통법상 누구나 멈추어 서야만 한다. 이 빨강 신호등이 바로 우리 모든 시민들의 행위를 구속하게 되는데, 이 구속력이야 말로 바로 국가의 강제력에 해당하는 좋은 예이다. 국가나 지방자치단체는 이처럼 법이라고 하는 강제수단을 통해서 모든 시민에 대해 직접적으로 신체에 위협을 가하지 않고 강제력을 행사해 나가고 있다.[26]

어느 민족이든지 국가를 형성하고 그것으로부터 형성된 국가는 자신의 영토 내에서 국민으로부터 정당성을 부여받은 것 중의 대표적인 상징성이 바로 강제력의 독점을 관철시킨 것이다. 이 같은 정당한 물리적 강제력의 독점을 관철시킨 국가는 국민, 시민, 주민과의 관계에서 애국심이라는 단어와 충돌할 수도 있다. 독일이 낳은 막스 베버(Max Weber)[27]도 국가의 개념을 정의하면서 정서적이고 도덕적인 요소를 포함시키지 않았을 정도였음이 이러한 의미를 잘 대변한다고 볼 수 있다.[28] 결국 국가와 사회가 유지되어 나가기 위해서 시민은 국가에게 정당한

---

26) Max Weber, 『직업으로서의 정치』, 전성우 옮김, 서울: 나남, 2007; 신현기, 『특별사법경찰론』 (파주: 법문사, 2017), p. 105.

27) 신현기, 『경찰조직관리론』(파주: 법문사, 2018), p. 76.

28) 강유원, 『인문고전강의』, 막스 베버, 직업인으로서의 정치(폭력으로 다스려지는 세계), 제31강

물리적 강제력을 부여하지 않을 수 없는 것이다. 우리나라 제주특별자치도에서 시행중인 제주자치경찰제도 역시 이러한 법적 토대 위에서 운영되고 있는 것이다.

2. 시민안전을 위한 국가권력의 적법성과 정당성

1) 국가권력의 독점

우리나라 조선시대의 양반들은 자기가 소유하고 있던 노비들에게 마음대로 폭력을 행사하는 것이 얼마든지 가능하였다. 이러한 현상은 국가라는 주체가 우리 사회의 모든 강제력으로 상징되는 권력을 독점하지 못했던 것을 의미하는 것이다. 시대가 변한 오늘날의 현대사회에서는 국가가 권력을 완벽하게 독점하는 현상을 연출해 내었다는 것이 일반적인 시각이며 사실로 받아들여진다. 예를 들어 우리나라에서도 사회 구성원들 간에 폭력행위는 물론이고 심지어는 가정폭력이 발생한 경우도 곧바로 국가기관인 경찰이 개입하고 있다. 이전에는 가정폭력이란 개인들의 사생활이라고 하여 경찰이 개입하지 않았다. 이는 우리 사회에서 개인이나 집단은 절대로 폭력을 행사해서는 안 된다는 것을 잘 보여주는 것이다. 다시 말해 오직 국가만이 사회속의 폭력에 개입할 수 있다는 국가의 강제력 독점이 확립된 것으로 이해된다.

이러한 의미에서 볼 때, 제주자치경찰단 소속의 자치경찰공무원들도 국가로부터 법적 권한이라는 강제력을 위임 받아 치안사무를 집행해 나가면서 그 정당성을 인정받고 있는 것으로 해석된다.

2) 국가권력의 적법성

국가가 국민으로부터 위임받은 국가권력은 반드시 적법성을 유지해야만 한다는 중요성에 대해 재언을 요하지 않는다. 우리는 흔히 적법성을 합법성이라고도 혼용하여 사용하고 있다. 오늘날 어느 국가를 막론하고 정상적인 국가라면 민주주의를 추구하고 있으며 국가권력이 너무 강하거나 남용될 경우에는 시민으로부터 일정한 저항이 나오고 민주주의는 위기에 봉착할 가능성이 더욱 커졌다. 따라서 절대적 권력을 지니고 있는 국가는 오직 적법성을 가장 중요시하면서 그 토대 위에서 시민을 선도해 나가야 한다. 이러한 큰 그림에서 볼 때, 국가로부터 적법

참조; 신현기, 「특별사법경찰론」(파주: 법문사, 2017), p. 106.

성을 위임받은 지방자치단체는 치안질서 유지를 위해 자치경찰이라는 공권력을 운영하는 것이 당연하다고 본다. 물론 지방자치단체는 모든 사무 수행에서 적법성 및 합법성의 토대위에서 최선을 다해야 한다는 의무를 부여받음은 물론 동시에 책임까지도 지게 된다.

3) 국가권력의 정당성

국가만이 오직 국민의 생명과 자유를 보호하고 유지해 나가기 위해서 권력과 위력을 행사할 수 있다고 국가와 국민 간에 사회적 합의가 이루어져 있다. 그럼에도 불구하고 국가는 국민을 상대로 행사하는 공권력을 위해 이른바 정당성을 확보하지 않으면 안된다. 국가가 국민으로부터 공권력의 정당성을 확보하기 위해서는 반드시 정당한 목적이 있어야 하고 절차와 법을 지켜야 하며 대화와 설득을 거쳐서도 안되는 경우 최후적으로 수단을 활용해야만 한다는 점에 재언을 요하지 않는다.29) 특히 국가권력이 시민을 구속하는 것은 필요 최소한도에 그쳐야 하며 이것이 과잉으로 치달을 경우 그 공권력은 이미 정당성을 상실한 것으로 보아야 한다. 이처럼 국가권력이 정당성을 상실하는 경우에는 정의라고 하는 생명을 상실한 것이며 경우에 따라서는 국가폭력으로 평가될 수밖에 없다. 따라서 국가권력의 정당성 및 정의에 바탕을 두고 지방자치단체를 통해 이루어지고 있는 제주자치경찰의 활동들도 역시 헌법과 법률이 보장한 직무의 테두리 내에서 추진해 나가야 한다.

3. 제주자치경찰의 권한행사를 위한 제한과 한계

제주자치경찰들이 부여받은 권한 행사의 제한 및 한계와 연계지어서 볼 때, 우선 두 가지를 생각해 볼 수 있다. 하나는 권한 행사의 제한이다. 제주자치경찰은 주어진 권한의 범위 내에서 순찰을 돌면서 발견하고 적발하게 되는 각종 범죄들을 처리하게 된다. 전장에서 이미 언급한 바와 같이 제주자치경찰들은 법이 정한 범위 내에서 주어진 직무들을 수행하고 있다. 특히 국가경찰과 맺은 직무협약의 범위와 법률이나 규칙 및 道조례를 지역적으로 극히 제한되고 한정된 범위 내에 머물러야 하는 특색을 지니고 있다. 이처럼 제주자치경찰은 자신들의 권한을

---

29) 표창원, "권력의 정당성이 답니다", 「경향신문」, 2015. 11. 18.

행사함에 있어 지역적이며 사항적으로 일정한 제한과 한계를 가진다는 것이다.

다른 또 하나는 제주자치경찰의 지위와 권한문제이다. 제주자치경찰의 경우는 법적으로 매우 제한된 범위에서 직무를 수행하는데, 국가경찰과는 그 법적인 권한 면에서 많은 차이가 있다. 현재 제주자치경찰은 국가경찰에 비해 법적 권한이 사실상 크지 않다. 국가경찰은 전국단위를 무대로 직무를 수행하고 더 많은 법적 권한이 주어져 있으며 그에 따라 책임도 더 많이 부여됨으로써 부담이 더 클 수밖에 없다. 그러나 제주자치경찰은 이러한 면에서는 부담이 훨씬 적다는 한계를 지닌다. 더욱이 제주자치경찰에게는 일반수사권이 주어지지 않은 관계로 전체적인 직무의 범위도 국가경찰에 비해 상당히 적은 편이다. 하지만 제주자치경찰에게도 2006년 7월 시행 때부터 행정범을 수사할 수 있는 특별사법경찰 권한이 주어짐으로써 형법범이 아닌 행정법 위반자(행정범)들을 단속할 권한이 부여되었다. 하지만 이 권한도 제주도라는 한정된 범위에서만 그 권한행사가 가능하다.

4. 정치와 제주자치경찰의 중립

제주자치경찰도 일반사법경찰이나 특별사법경찰처럼 정치로부터 항상 독립성을 요구받고 있다. 자치경찰의 경우 전국적인 영역을 직무수행의 범위로 삼는 것이 아니라 일정한 영역인 자기 지역에서만 직무의 권한이 미치기 때문에 이론적으로 볼 때, 학연이나 지인 및 지방토호세력들로부터 정치적인 영향에 노출될 가능성과 확률이 높다는 특성을 지니고 있다. 무엇보다 지방자치단체장이 선거에 의해 선출된 지방 정치가 출신일 가능성이 매우 높다는 특징을 지닌다. 선거직 단체장은 자치경찰공무원들이 시민을 대상으로 직무를 수행하면서 단속을 강화하거나 법적인 권한을 강하게 행사할 경우 유권자들로부터 원성을 사게 될 수도 있다. 동시에 여당의 표를 잃게 될지도 모른다고 걱정할 수 있다. 이럴 경우 선거직 단체장은 자치경찰에 대해 내심 느슨한 단속을 기대함은 물론 경우에 따라서는 정치적 중립성을 잃게 하는 지시를 할 가능성을 전혀 배제하기 어렵다. 또한 적지 않은 사람들이 우려하듯이 지방토호세력들로부터 정치적 중립성을 훼손당하는 압력이 들어올 수도 있다. 하지만 자치경찰은 어떠한 경우에도 정치적인 중립성을 유지한 채, 주어진 법적 권한을 유지해 나가는 일이 매우 중요하다고 본다.

5. 지방공무원으로서 수사권 행사

제주자치경찰은 시민의 생명과 재산을 지키고 질서유지가 원활하도록 해주어 시민들이 자유로운 경제활동을 영위할 수 있도록 해주어야 한다. 다른 또 하나의 주요 사무는 특별사법경찰권의 행사이다. 제주자치경찰단 소속 경찰관 중 특별사법경찰팀에 근무하는 직원은 행정법 위반자들을 철저하게 단속하고 처벌함으로써 시민들의 자유와 권리를 보호해 주는데 앞장서야 한다. 지방공무원이면서 주어진 권한 내에서 경찰권을 행사해야 하는 자치경찰에게는 심적인 부담이 일반사법경찰 만큼 못지않게 클 것이다. 이러한 과정 속에서 자치경찰은 항상 시민의 권리를 침해 하는 일이 없도록 최선을 다해 나가야 한다. 제주자치경찰공무원들도 자기에게 주어진 소관 업무들의 전문성을 향상시키기 위해 관련 지식을 함양하며 해당 법률들을 연구해 나가는 등 끊임없는 노력을 경주해 나가야만 한다.

6. 인권과 제주자치경찰

오늘날 국내뿐만 아니라 세계적으로 인권문제는 가장 중요한 사회적 이슈와 테마로 떠올라 있다. 누구나 인간이라면 자유롭게 누릴 수 있는 당연한 권리가 바로 인권이라고 이해된다. 동물이 아니고 바로 사람이기 때문에 당연히 가지며 동시에 향유하는 것이 또한 인권인 것이다. 20세기를 넘어 21세기에도 혹은 어느 나라나 어느 장소에서건 변할 수 없는 원칙 중 하나가 인권문제인데, 누구나 성별, 인종, 신체 등에서 차별받지 않으며 동등한 자유와 권리를 부여해 주어야 하며 인간의 존엄한 가치를 인정해 주어야 한다는 것이다. 제주자치경찰의 경우도 직무를 수행하면서 언제나 엄정하고 엄격함은 물론 공명정대하게 직무를 처리해 나가야 하며 인권을 존중하는 데 전념해야 한다.

무엇보다 자치경찰도 특별사법경찰 업무를 동시에 수행하는 만큼 수사를 진행하면서 시민의 인권을 훼손하지 않도록 항상 주의해야 한다. 자치경찰도 법을 집행하는 위치에 있기 때문에 시민과의 접촉에서 인권문제에 휘말릴 수 있는 사각지대에 서있다. 이 때문에 항상 유의해야 한다. 경우에 따라서는 자치경찰의 상당 부분의 직무가 법집행과 인권 사이에서 상당히 위태로운 외줄타기일 수 있다는 점도 역시 주의해야 할 대목이다. 또한 자치경찰은 행정범들을 조사하면서 피의

자들의 방어권도 인정해 주는 노력도 동시에 한치도 게을리해서는 안된다. 이것은 곧 자치경찰에게 있어서 인권보호를 실천하는 작은 시작이 될 수 있다. 인권보호를 위한 또 다른 실천은 자치경찰들이 법률지식을 상당히 높여 나가야 한다. 시민의 인권을 침해하지 않는 범위 내에서 직무를 수행해 나가는 노력이 필요한데, 자기 직무와 연계된 전문성과 기술을 향상시키는 노력을 끊임없이 시도해 나가야 할 것으로 본다.

7. 행정범과 제주자치경찰의 개입

　　제주자치경찰은 크게 세 가지의 주요 직무를 수행하고 있다. 즉, 다음과 같은 영역에서 위반자에 대해 즉시 개입한다. 첫째, 교통질서 유지와 단속이다. 교통질서 유지를 위해 선도적 역할을 수행하면서 동시에 위반자에 대해서는 스티커를 발부해 과태료를 부과한다. 둘째, 순찰을 통한 범죄의 예방직무이다. 제주자치경찰은 비록 지구대와 파출소를 운영하고 있지 않은 작은 조직이지만 전체 제주지역을 하나의 영역으로 순찰직무를 수행하고 있다. 마지막으로 제주자치경찰은 제주 전지역에서 행정법 위반자들(행정범)에 대한 단속 및 수사 등 특별사법경찰 직무를 수행이다.

　　위와 같은 사항에 대해 제주자치경찰은 즉시 개입하게 되며 법률이 정해준 범위 내에서 직무를 완수해야 함을 의무받고 있다.

8. 제주지방정부와 제주자치경찰

　　기존의 제주도가 제주특별자치도로 재탄생하게 된 법적 근거는 전장에서 살펴본 바와 같이 「제주특별자치도 설치 및 국제자유도시 조성을 위한 특별법」(일명 제특법)에 기인하고 있다. 전장에서도 이미 언급했듯이 본 법률에 근거해 기존에 제주도에 존재하던 4개 기초자치단체(제주시, 서귀포시, 북제주군, 남제주군)를 전격 폐지했다. 그리고 제주시와 서귀포시 2개만 존속시켰는데, 이마져도 기초자치단체장이 없는 단순 행정시로 전환되었으며 2명의 시장은 시민들이 직선으로 선출하는 것이 아니라 제주특별자치도지사로부터 임명하는 방식으로 시행하게 되었다.

　　위의 제주특별법에 따라 제주도민은 2005년 지방자치단체장 선거에서 제주도지사만 직선으로 선출하게 되었으며, 선출된 도지사는 제주시장과 서귀포시장을 행정시장으로 임명하는 절차를 마무리하여 오늘에 이르고 있다. 이렇게 해서 제주지방정부가 탄생하게 되었으며 또한 제주도에는 우리나라 경찰역사상 중요한 변화가 크게 일어났다. 즉 위의 특별법에 따라서 제주도지사는 2006년 7월 1일 의무사항으로 제주자치경찰단을 설치하고 국가경찰을 상대로 공모해 38명의 자치경찰을 선발한 후 본격적으로 제주자치경찰제를 시행하게 되었다. 이 때 기존의 국가경찰인 제주지방경찰청은 그대로 존속한 상태에서 완전히 별개로 제주도지사가 제주자치경찰제를 신설하게 되었다. 제주자치경찰의 신분은 제주도 지방정부의 소속인 만큼 지방공무원의 신분으로 만 60세까지 정년도 보장받고 있다. 경우에 따라서는 제주자치경찰제도가 행정개혁 등을 통해 개편됨에 따라 더 이상 존속하지 않는 상황이 온다고 하더라도 이들 자치경찰공무원들은 제주도 지방정부의 공무원이기 때문에 제주도청이나 시청에 계속해서 근무하게 되는 등 정년퇴직을 보장받는 신분관계가 구축되어 있다.

국가경찰의 경우 경정 계급부터는 계급정년이 정해져 있어서 정해진 기간 내에 승진하지 못하면 신분이 보장되지 않는 관계로 국가경찰조직에서 계급정년퇴직하게 되는 경우도 왕왕 발생한다. 예를 들어 국가경찰의 경정은 14년이라는 계급정년을 강제하고 있다. 즉 14년 내에 경정이 총경으로 승진하지 못하는 경우는 자동으로 퇴직해야만 한다. 참고로 경찰서장인 총경은 11년이라는 계급정년을 강제하고 있다. 역시 총경도 11년 내에 경무관으로 승진하지 못하면 퇴직해야만 한다. 이에 반해 제주자치경찰공무원의 경우는 큰 매력을 지니고 있다. 즉 이들은 국가경찰과 같은 계급정년을 적용받지 않으며 만 60세까지 정년을 보장받고 있다는 점이 바로 그것이다. 제주자치경찰이 이러한 조기퇴직제도로부터 구속되지 않는 자유를 보장받고 있다는 것은 엄청난 매력인 것이다. 따라서 제주자치경찰은 법적인 권한 내에서 도민의 생명과 재산을 지키고 질서유지에 전념해야 함은 물론 그 밖의 주어진 각종 사무수행에서 최선을 다해야 하는 의무를 부과받고 있다.

9. 제주자치경찰 임명의 의미

제주자치경찰은 우리 사회가 급변하면서 1차산업과 2차산업 및 3차산업 부문까지 범죄행위가 점차적으로 확대되고 있음을 직시하고 대비해 나가야 한다.[30]

---

30) 오늘날 우리 사회는 국제적으로나 국내적으로 제4차 산업혁명이라는 용어로 뒤덮여 있다. 모든 기기에 인공지능을 투입시켜 자동화를 완성하는 것으로 귀결된다. 바로 자동 로봇 시대가 도래

현재 제주자치경찰이 수행하고 있는 사무 중 일반사법경찰권은 주어져 있지 않지만 이미 법적으로 행정범을 수사 및 처벌할 수 있는 특별사법경찰권이 주어져 있기 때문에 2006년 7월 1일 창설시부터 적용 및 시행해 오고 있다. 산업사회가 급속하게 확대 및 발전해 가면서 행정법 위반자들도 비례하여 확대되는 추세를 보여주고 있다. 특히 다음과 같은 이유에서 제주자치경찰제 도입과 함께 제주자치경찰공무원 임용의 당위성이 돋보일 수 있는 것이다.

한편 제주자치경찰제 도입과 함께 자치경찰공무원의 임명에 대한 의미는 다음과 같은 논거에서 찾을 수 있다고 본다. 첫째, 1991년 지방자치제의 도입이다. 우리나라 지방자치제는 1961년에 중단된 후 30년 만인 1991년 부활시키게 되었고 2020년 1월 기준 29년여의 역사를 가지고 있다. 오늘날 지구상에는 지방자치제를 시행하는 영미법계 국가들도 적지 않은데, 이들 국가들에서는 대부분 자치경찰제를 시행하고 있는 게 일반적이다. 비록 영미법계가 아니다하더라도 지방자치제를 시행하는 대륙법계 국가들도 자치경찰제 요소를 많이 가미하여 경찰제를 운용하고 있다. 지방자치제는 분권이념에 맞추어 시민이 자기지역의 단체장을 직접 선출하고 그 단체장으로 하여금 시민의 생명과 재산을 지키고 질서유지를 위임하는 것이라고 정의된다. 지방자치의 이념 중 주요한 것 중에 하나는 교육자치, 소방자치, 경찰자치이다. 지방자치제 실시에서 위 3가지를 달성하는 것은 매우 중요한 핵심사항이며 동시에 매우 중요한 기본이념으로 이해된다. 우리나라의 경우도 경찰업무를 분석해 보면 약 80% 이상이 지방치안업무에 해당되고 국가경찰업무는 약 20% 정도를 차지하고 있는 것으로 분석된다.[31]

국가 고유의 치안업무는 정보, 보안, 외사, 무기밀매, 총기밀매, 위조화폐, 대규모 시위방지, 광역적 범죄 등이다. 나머지 치안업무들은 대부분 지방치안업무에 해당한다고 선진국들은 구분하여 실천에 옮기고 있는 역사가 상당히 오래되었다. 우리나라는 이미 1991년에 지방자치제를 시행한 만큼 이제는 제주지역에 한정된 제주자치경찰제뿐만 아니라 더 나아가서 전국적으로 자치경찰제를 확대 시행할 때가 되었다고 본다.

위와 같은 지방자치제의 이념에 부합하기 위해 제주특별자치도의 경우는 일명 제주특별법 속에 자치경찰제를 의무사항으로 포함시켜 시행하게 된 것이다. 이러

하고 있음을 의미한다.
31) 서울특별시(신현기 외 3인), 서울시 특별사법경찰 10년, 자치경찰제로의 전환을 위한 발전 방안 연구, 최종보고서, 2017, p. 85.

한 지방자치제의 배경 속에서 제주자치경찰제 시행의 당위성이 명확해지는 것이다. 동시에 제주자치경찰공무원들의 임명에 대한 의미도 더한층 커지게 된다.

10. 국가사무인 특별사법경찰 업무 수행 권한

1) 제주자치경찰과 지방자치단체의 특별사법경찰업무 지정

2006년 7월 1일 제주특별자치도가 자치경찰제를 도입 시행했고 2007년부터는 기존에 지방자치단체들이 보유하고 있던 식품, 환경, 위생, 건축 등 17종의 특별사법경찰사무를 본격적으로 담당하게 되었다. 제주특별자치도가 자치경찰제를 도입할 때, 「사법경찰관리의 직무를 행할 자와 그 직무범위에 관한 법률」을 수행할 수 있도록 법적으로 보장받았으며, 이에 따라 제주특별자치도의 관할구역 내에서 일어나는 범죄들 중 식품 · 보건 · 환경 관련 범죄에 대해 자치경위 이상은 사법경찰관의 직무를 그리고 자치경사 이하는 사법경찰관리의 직무를 수행하게 했다. 제주자치경찰은 특별사법경찰 사무로서 환경 · 위생 · 보건 · 건축 등 총 17종을 부여받았다.[32]

2) 제주자치경찰단의 민생사법경찰(특별사법경찰)의 운영 근거

제주특별자치도법 제106조부터 제110조까지의 내용은 자치경찰기구의 설치, 사무, 자치경찰기구, 자치경찰단장의 임명, 국가경찰과의 협약체계에 관한 내용이 규정되어 있다. 이에 따라 동법 제108조, 즉 자치경찰의 모든 사무 중에서 4호 「사법경찰관리의 직무를 행할 자와 그 직무범위에 관한 법률」에서 제주자치경찰 공무원의 직무 중 하나로 규정하고 있는 사법경찰관리의 직무를 제주특별자치경찰의 매우 주요한 사무 중 하나로 수행하고 있다.

3) 제주자치경찰의 특별사법경찰 조직

제주자치경찰단은 자치경무관인 단장 1인[33]과 경찰정책관, 그리고 각 과들을

---

32) 한국자치경찰연구원, 자치경찰의 특별사법경찰 사무수행 범위에 관한 연구, 「연구보고서」, 2015, p. 39; 원래 지방자치법에는 총 26개 분야가 주어져 있는데 이 중에서 현실적으로 수행하기 어려운 법률 6개를 제외하고 17개만 부여되었던 것이다.

33) 제주자치경찰단장은 2015년 국회에서 제주특별법을 개정하여 기존의 단장계급 자치총경을 한 단계 올린 자치경무관으로 승격시켰으며, 이를 바탕으로 제주도의회는 향후 제주특별자치도의

설치하여 운영해 나가고 있다. 이 중에서 경찰정책관(자치총경) 소속으로 민생수사 1, 2팀이 운영 중이다. 또한 서귀포 지역경찰대에서도 교통관광 및 민생수사를 담당하고 있다.[34)]

4) 제주자치경찰단 민생사법경찰의 조직 체계

2015년 6월 19일 기준으로 경찰정책관 소속의 민생 수사 1과 2팀은 제주자치경찰단 소속 특별사법경찰과에서 실제 특별사법경찰의 업무수행 인력은 단지 17명(특별사법경찰과 본부의 11명, 서귀포 6명을 비롯해 총 17명이며, 이 중에 2명은 제주도청에서 파견 나온 일반공무원 신분임)으로 구성되어 있었다. 이들은 제주전지역에서 특사경 업무를 담당해야 하는데도 불구하고 상당히 담당인력이 부족한 실정이었다.[35)]

한편 우리나라 지방자치법에 보면 23개 분야의 특별사법경찰사무를 수행할 수 있도록 규정되어 있다. 그러나 제주자치경찰제가 시행되던 2006년에 국가는 17개 사법경찰사무만 허용해 주었고 6개 분야는 보류하였다. 향후 전국적으로 자치경찰제가 도입될 경우에는 지방자치법이 규정한 23개 분야의 특별사법경찰 사무를 모두 부여하는 것이 바람직하다고 본다. 왜냐하면 오늘날 행정범죄는 1차, 2차, 3차산업 분야까지 지속적으로 확대되고 있는 추세를 보이고 있어 민생을 위협하고 있기 때문이다. 한편 17개의 특사경 법률 부여 영역은 〈표 4-29〉와 같다.

〈표 4-29〉 제주자치경찰단의 민생사법경찰사무의 직무범위

연번	17개 분야	직무범위(50개 법률)
1	산림(5)	산지관리법위반(무허가산지전용, 무허가 토석·자영석 채취 등) 산림자원조성및관리에관한법률위반(무허가 임목 벌채, 무허가 임산물 굴취) 산림문화휴양에관한법률위반(지정산림문화자산에 소훼, 절취 등 단속)

조례를 개정하여 시행에 들어갈 예정에 있다. 이뿐만 아니라 자치경감의 근속승진, 즉결심판 청구권한 부여, 음주측정권한 부여까지 확대되는 법적 근거를 마련했는데, 이는 제주자치경찰에게 큰 제도상의 발전이라는 평가가 나오고 있다.

34) 하지만 2020년 제주자치경찰의 조직도를 보면 기존과는 달리 특별사법과(자치경정 과장)에 특별사법경찰 1팀, 2팀, 3팀을 각각 설치 운영하고 있다. 독자적인 과체제로 운영될 만큼 조직이 확대되기도 했으며 역시 업무도 또한 증가하였다고 이해된다.

35) 본 연구자는 2015년 6월 19일 제주자치경찰단 민생사법경찰과를 방문해 관련 사항들에 대해 인터뷰를 진행하고 본 내용을 확인할 수 있었다.

		사방사업법 위반(무허가 입목 벌채, 토석채취, 사방시설 훼손 · 변경 등) 소나무재선충방제특별법 위반(감염목 등 반출금지 위반 등 단속)
2	식품 위생 (3)	식품위생법위반(무허가 식품제조 가공 행위, 유해업소 출입, 무허가 식품접객업 행위 등 단속) 보건범죄 단속에관한특별조치법(식품위생에 관한 범죄 단속) 건강기능식품에관한별률(허위과대광고, 식자재 원재료 허위표시 등)
3	의약품 (2)	약사법(무자격자 조제행위, 무자격자 판매행위 등 단속) 보건범죄 단속에관한특별조치법(약사에 관한 범죄단속)
4	문화재 (2)	문화재보호법(무허가 수출 등, 허위지정 등 유도, 손상 또는 은닉 등 단속) 매장문화재보호및조사에관한법률(무허가 발굴 등 단속)
5	공원 관리(1)	자연공원법(공원시설훼손, 공원내 금지행위 위반 등 단속)
6	수산업 (3)	수산업법 위반(무허가 미등록 수산업 행위 등 단속) 어업자원관리법 위반(무허가관할수업 어업행위 등 단속) 수산업관리법 위반(불법어획물의 판매 등의 금지 등 단속)
7	공중 위생(1)	공중위생관리법(공중위생업소, 숙박업소, 먹는물 등 단속)
8	환경 (27)	대기환경보전법(무허가 판금도색 등 단속) 수질및수생태계보전에관한법률(사업장 폐수무단배출 등 단속) 소음진동규제법(생활소음 · 진동의 규제기준을 초과한 자에 대한 조치명령위반 등 단속) 유해화학물질관리법(심사없이 신규화학물질 제조 · 수입 등 단속) 폐기물관리법위반(무허가 폐기물 처리, 사업장 폐기물 무단투기 · 매립, 처리기준 위반 단속) 가축분뇨의관리및이용에관한법률위반(가축분뇨 무단배출 · 투기 등 단속) 환경분쟁조정법(조사방해 행위 등) / 환경범죄의단속에관한특별조치법 자연환경보전법(자연생태 · 자연경관 훼손행위 등 단속) 환경영향평가법(환경영향평가서 거짓작성 등 단속) / 폐기물의국가간이동및그처리에관한법률 하수도법(공공하수도의 운영 · 관리 및 손괴 · 방해행위 금지위반 등) 환경기술개발및지원에관한법률 / 먹는물관리법(인증표시 위반 등 단속) 토양환경보전법(오염토양 정화조치명령 불이행 등 단속) 폐기물처리시설설치촉진및주변지역지원등에관한법률 자원의절약과재활용촉진에관한법률 / 다중이용시설등의실내공기질관리법 수도법(상수원보호구역오염행위) / 하수법(지하수오염방지명령 위반) 보건범죄단속에관한특별조치법 / 야생동식물보호법(밀렵행위 등 단속) 악취방지법(사용중지명령 불이행 등) / 건설폐기물의재활용촉진에관한법

		률, 습지보전법 / 독도등도서지역의생태계보전에관한법률 / 제주도특별법 제358조(환경훼손행위 단속)
9	도로(1)	도로법[제38조(무단도로점용), 제45조(도로상 금지행위), 제52조(도로보전입체구역 행위제한), 제58조(통행금지·제한), 제59조(차량운행제한), 제62조(전용도로통행제한), 제64조(교차방법·연결)]
10	관광(2)	관광진흥법(무등록 여행업, 무허가 관광호텔업), 제주도특별법 제356조 (관광분야)
11	청소년(1)	청소년보호법(미성년자 주류판매, 고용행위 등)
12	농축수산물(6)	농수산물의 원산지 표시에 관한 법률(원산지 허위표시, 미표시 판매행위 등), 농수산물품질관리법 위반(유전자변형농수산물 거짓표시 등) 인삼산업법(미신고 인삼판매), 양곡관리법(미신고 양곡판매), 축산물위생관리법(축산물유통, 위생, 부정축산물 등), 침환경농어업육성 및 유기식품 등의 관리지원에 관한 법률
13	대외무역(1)	대외무역법(원산지표시 위반 등)
14	농약·비료(2)	농약관리법(불법 농약판매 등 단속), 비료관리법(미등록 생산, 판매, 무상유통 등 단속)
15	하천(1)	하천법(불법하천부속물점용 유사사용, 토지점용 등)
16	가축방역(1)	가축전염병예방법(오염가축 운반행위 등)
17	자동차(2)	자동차관리법(무등록자동차정비업·자동차무단방치) 자동차손해배상보장법(강제보험미가입자동차운행)에 관한 범죄

〈표 4-29〉는 2006년 제주자치경찰에게 법적으로 부여해 주었던 제주자치경찰단 민생사법경찰사무의 직무범위를 보여주고 있다. 하지만 안타깝게도 제주자치경찰단에는 특별사법경찰 사무를 담당할 인력이 충분하지 않은 실정이다. 인력부족으로 인해 5~6개 정도의 법률만 취급하는 정도에 그치고 있는데, 그 근본 이유는 인력뿐만 아니라 부족한 재정문제도 원인이 된다. 또 하나는 제주자치경찰의 실정에 맞지 않는 법률도 부여되었는데, 예를 들어 독도지역에서 불법어획활동을 단속하는 권한까지 부여받고 있다. 하지만 이는 인력과 중량급 단속선을 확보하지 못한 관계로 독도까지 단속을 나갈 수 없음은 물론 사실상 전혀 실천에 옮길 수 없는 게 현실이다. 따라서 제주자치경찰단의 특별사법경찰관들은 본 법률을 집행해 보는 것이 불가능에 가까웠을 정도다.

5) 제주자치경찰단 특별사법경찰(특사경)의 수사활동

제주자치경찰단의 특사경 사무와 관련하여 법적 권한이 추가로 부여되었다. 즉 2016년 말 기준 22개 분야 69개 법률을 담당할 수 있도록 권한이 확대된 것이다. 하지만 자치경찰인력의 부족으로 인해 39개 법률은 손을 대지 못하고 있는 실정이다. 그럼에도 불구하고 2016년에 환경과 산림사범들을 139건이나 적발하였는데, 이 중에서 10명을 구속하기도 했다. 식품위생 분야에서도 265건을 적발하는 실적을 올렸다. 제주도에서 1차 산업인 감귤 생산 분야에서 비상품 유통 관련 불법행위 80건을 적발하는 성과를 올리기도 했다.

〈표 4-30〉 제주특사경의 수사활동 현황

연도	환경사범	산림사범	농수산물위 반사범	식품위생위 반사범	공중위생위 반사범	자동차위반 사범	기타
2016	66	73	25	165	42	1,223	24

출처: 이동규, "제주자치경찰 운영 현황 및 제도상 한계", 서울시, 시민과 함께하는 바람직한 자치경찰제 방향모색 포럼, 2017, p. 65.

제주자치경찰단의 특별사법경찰은 2006년 7월 발족과 동시에 처음부터 사법경찰직무법에 따라 모든 자치경찰공무원에게 특사경 법적 권한을 부여받아 출범하였다. 제주자치경찰공무원은 관한 지방검찰청 검사장으로부터 특사경 지명을 받는 방식이 아니라 애초부터 특사경의 지위를 부여받은 채 자치경찰공무원을 시작하는 것이 특이 점이다.

한편 제주자치경찰단의 특사경의 사건처리실적은 3년 평균 대비 2% 향상(450건)을 목표로 설정하고 동시에 전문성을 강화하였다. 2021년 11월 기준 단속실적은 3년간 441건을 보여주었다.

〈표 4-31〉 제주특별사법경찰의 단속 실적 현황

구 분	3년 평균	2021. 11월	2020년	2019년
계	441	444	491	387
산림 · 환경 · 경제 등 중요사범	144	150	135	148
식품 · 공중 · 관광 등 민생사범	297	294	356	239

출처: 제주자치경찰단(2023).

산림·환경·관광 등 특사경 분야에서 제주지검으로 보낸 송치율은 97%를 차지했는데, 이는 탁월한 수사 성과를 입증한 것으로 평가된다. 특히 특사경 소속 수사관 1인당 사건처리 건수는 서울시의 무려 4배, 경기도의 5배 등 그야말로 전문성이 매우 탁월함을 보여주었다.

제 5 장

제주자치경찰의 활동 성과 분석

제 1 절 생활안전 분야

　제주자치경찰은 2016년 생활안전 분야에서 체감형 안전도시를 조성하기 위한 밀착 중심의 치안활동 전개라는 대주제를 가지고 다음과 같이 세부적으로 5가지 테마를 지속적으로 실천해 나가고 있다. 즉 주민 친화적 현장중심 치안서비스 제공, 안전도시 위상 제고를 실현하기 위한 지역의 교통안전활동의 전개, 아동과 청소년의 보호를 위한 학교방범체제의 안전망 구축, 주민과의 공동 협력치안 주민봉사대 운영준법의식 제고를 향상시키기 위한 기초질서를 위반하는 범법자에 대한 단속 등이 바로 그것이다. 본 실천과제들은 2016년에 수립하여 2017년 1월부터 12월 말일까지 실천하고 달성하여 그 성과를 2018년 1월에 발표하는 방식에 따르고 있다. 따라서 2017년에 세웠던 2018년도 목표는 2019년 1월에 가서야 그 성과가 공식적으로 발표된다. 본 연구에서는 2017년, 2018년, 2019년 그리고 2020년까지의 연구기간을 감안해 3년치 분석을 살펴보았다(연구기간: 2017. 5~일부 자료는 2020년 하반기 자료까지).[1]

1. 주민 친화적 현장중심 치안서비스 제공

　제주자치경찰은 주민불편 사항 개선을 위한 "생활안전진단" 시책을 적극 추진했는데 하나는 권역순찰과 병행한 생활안전진단 실시, 주민불편사항 적극개선이며 또다른 하나는 생활안전을 위한 진단시 관련 기관(부서)에 곧바로 통보 및 개선 조치를 취했다는 점이다.

---

1) http://www.jeju.go.kr/jmp/intro/measure.htm?act＝view&seq＝1087368(검색일: 2018. 6. 20).

〈표 5-1〉 주민불편 사항 개선을 위한 "생활안전진단" 시책

구 분	계	치안방범	교통시설	기타(주차민원 등)	개 선
대 비(건)	31	-3	52	18	31
2017. 12.	169	6	159	4	169
2016. 12.	138	9	107	22	138

출처: 제주자치경찰단, 내부자료, http://www.jeju.go.kr/jmp/index.htm(검색일: 2019. 2. 5).

제주자치경찰의 자체 분석평가를 보면, 전년대비 실적 증가, 주민불편사항 등 169건을 진단하여 100%개선 처리 그리고 "생활안전 진단" 사항 관련 부서의 즉시 통보로 주민요구에 부응하는 치안서비스를 제공했음을 알 수 있다.

2. 아동 · 청소년 보호를 위한 학교방범 안전망 구축

제주자치경찰은 본 영역에서 학교전담 방범망의 구축, 아동 청소년 등 안전환경의 조성을 목표로 다음과 같이 등 · 하교시간대 초등학교 전담방범제 실시, 범죄 및 교통사고 예방(11개교)을 비롯해 야간 취약시간대 자율학습 여고생을 보호하기 위한 순찰활동 전개(8개교) 및 노약자 · 어린이 · 청소년 등 이른바 사회적 약자 대상의 교통 및 범죄예방교육 실시 등과 관련된 성과를 이루어냈다.

〈표 5-2〉 학교전담 방범망의 구축 현황

구 분	학교방범		범죄예방 및 교통안전교육(회/명)			
	초등학교	여고	소계	초등학교 안전교육	노약자 안전교육	지역아동 센터 교육
대 비	–	–	31/-139	-9/-778	30/747	10/170
2017. 12.	11개교	8개교	108/3,617	62/2,587	30/747명	16/283
2016. 12.	11개교	8개교	77/3,478	71/3,365	–	6/113

출처: 내부자료, http://www.jeju.go.kr/jmp/index.htm(검색일: 2019. 2. 5).

제주자치경찰의 위 주제에 대한 성과분석은 노약자 안전교육을 추가했으며 더나아가서 학교방범 활동 및 안전교육 등 전체적 증가, 그리고 안전귀가 도우미 역할로 부모와 학생 모두 안심할 수 있는 통학환경을 조성했다는 점에서 좋은 평

가를 받고 있다.

한편 2018년 제주자치경찰단은 다음과 같이 학교방범활동의 극대화, 주민에게 공감 받는 지역 치안활동 등을 전개하였다. 이 결과 다음과 같은 성과를 일구어 냈다. 학교방범 및 지역 범죄예방을 위한 민·관 순찰활동을 지속적으로 추진했다. 학교방범과 범죄예방교육면에서 순찰활동이 크게 확대되었고 2018년도에는 특히 범죄예방진단 640건과 협력방범 순찰활동이 547회나 진행되는 큰 성과를 보여주기도 했다.

〈표 5-3〉 학교방범 및 지역 범죄예방을 위한 민·관 순찰활동 지속 추진

구 분	학교방범	범죄예방 교육	범죄예방진단	협력방범 순찰활동
2017년	607회	108회	－	－
2018년	714회	254회	640건	547회
증 감	△107 (17%)	△146 (135%)	－	－

출처: 제주자치경찰단, 내부자료, http://www.jeju.go.kr/jmp/index.htm(검색일: 2019. 2. 5).

2017년 대비 활동 실적이 대폭 상향되었다. 그리고 방범순찰 및 찾아가는 범죄예방 교육의 강화가 큰 성과로 눈에 띈다. 범죄예방진단, 지문등록, 협력방범 사무의 경우는 2018년부터 2019년까지 제주경찰청에서 국가경찰공무원들이 3차례에 걸쳐 파견(국가경찰관 260명)된 데에 따른 신규 사무였다.[2]

3. 안전도시 위상 제고를 위한 지역 교통안전활동 전개

제주자치경찰은 소통위주의 탄력적 교통관리를 통해 도민 및 관광객의 불편을 최소화하는 목표를 추진했다. 대표적인 내용은 다음과 같다. 즉 지역축제, 문화행사, 체육행사 교통관리 및 혼잡경비 및 질서유지 그리고 러시아워 시간대의 제주여고 4거리 등 교통 혼잡 해소와 캠페인 활동의 전개(24회) 및 교통사고 요인행위의 테마단속 강화를 통한 대형교통사고 예방(1,774건) 등 제반활동을 전개하였다. 마지막으로 제주도의 크루즈 단체 관광객 및 수학여행단 등 안전운전을 위한 교육을 실시하는 등의 성과를 도출해 냈다.

---

2) 2020년 2월에는 추가로 제4차 파견이 이루어졌는데, 이 때 8명이 증원됨으로써 2020년 12월 현재 총 268명이 파견 근무 중이다.

〈표 5-4〉 지역 교통안전활동 전개의 현황

구 분	계(회/명)	지역축제 문화행사	크루즈 관광객 보호활동	단체관광객 보호활동	오일장 교통관리
대 비	255/572	-5/-391	-421회	195/1,061	-24/-98
2017. 12	1,469/8,288	223/1,782	86회	1,059/6,296	101/210
2016. 12	1,724/7,716	228/2,173	507회	864/5,235	125/308

출처: 제주자치경찰단, 내부자료, http://www.jeju.go.kr/jmp/index.htm(검색일: 2019. 2. 5).

한편 제주자치경찰은 도로 이용자의 편의도모와 안전을 위한 교통안전 시설을 개선했는데, 이 중에 하나는 불합리한 교통시설의 개선을 통해 원활한 교통소통과 사고예방 및 주민편의 향상이고, 다른 하나는 지역주민 현장의 설명회 개최 및 유관기관 합동점검으로 적극 민원처리이다.

〈표 5-5〉 지역주민 현장 설명회 개최 및 유관기관의 합동점검 현황

구분	민원 접수	심의회 개최	심의 상정	가결 및 개선	유관기관 합동조사	주민 설명회
대 비(건)	-3	1회	76	-38	20	34
2017. 12	791	12회	679	363	109	141
2016. 12	794	11회	603	401	89	107

※ 교통시설심의위원회 구성현황: 총 10명(위촉직 7, 임명직 3)
출처: 내부자료, http://www.jeju.go.kr/jmp/index.htm(검색일: 2019. 2. 5).

제주자치경찰은 위 성과분석 차원에서 다음과 같이 입장을 보여주었다. 즉 지역축제 및 행사시 완벽한 교통관리를 통한 안전사고의 제로화라는 결과를 보여주었으며 성공적 행사가 이루어지도록 적극적으로 지원했다. 또 하나는 지속적인 교통시설의 개선과 관련된 민원접수가 전년과 비슷한 수준을 보여주었다는 점이다.

4. 준법의식 제고를 위한 기초질서 위반사범 단속

제주자치경찰은 기초질서 준수의식의 향상을 위한 교통캠페인을 적극적으로 실시(15회)하는 성과를 올렸다는 점도 크게 돋보인다. 2016년에 비해 2017년에는

다소 줄었는데 교통캠페인을 통해 개선되었기 때문에 줄어든 것인 만큼 이는 바람직한 결과에 해당한다.

〈표 5-6〉 기초질서의 준수의식 향상을 위한 교통캠페인

구분	계	교통 통고처분	기초질서 통고처분	행정범 통보	형사범 통보	캠페인 개최
대 비(건)	-426	1,188	-867	-757	24	-14
2017. 12	5,191	3,002	1,458	620	96	15
2016. 12	5,617	1,814	2,325	1,377	72	29

출처: 내부자료, http://www.jeju.go.kr/jmp/index.htm(검색일: 2019. 2. 5).

5. 주민과의 공동 협력치안 주민봉사대 운영

제주자치경찰은 지역축제장 및 오일장 등 혼잡방지를 위한 교통안전 및 질서유지활동을 펼쳐 다음과 같은 성과를 내었다.

〈표 5-7〉 지역축제장, 오일장 등 혼잡방지를 위한 교통안전 및 질서유지활동

구 분	계(회/명)	학교방범	지역축제 교통관리	오일장 교통관리
대 비	-42/-161	-1/-8	-17/-278	-24/125
2017. 12	118/2,148	-	39/831	79/1,317
2016. 12	160/2,309	1/8	56/1,109	103/1,192

출처: 내부자료, http://www.jeju.go.kr/jmp/index.htm(검색일: 2019. 2. 5).

자치경찰이 생산한 성과는 다음과 같다. 즉 교통법규 위반행위의 단속 실적은 전년대비 증가 1,188건(60%), 기초질서단속 감소 867건(37%) 등이다. 그리고 서울의 청개천과 흡사한 관광지 형태의 제주 산지천 지역이 있는데, 이곳은 제주시에서 관광객들이 많이 찾는 주요 관광지 중 하나이기 때문에 늘 사람들이 붐빈다. 특히 이곳에서 노숙자들이 음주소란 등 위법행위를 하는 예가 많았다. 제주자치경찰들은 이러한 문제들을 해결하기 위해 사전에 차단함으로써 쾌적한 시민의 쉼터로 조성되는데 있어 큰 역할을 수행했다. 또한 지역 축제 및 행사시 합동 교통관리를 수행함으로써 안전사고 제로 유지, 자치경찰 협력치안의 홍보 활동 등을

적극적으로 전개하는 등의 성과를 달성하기도 했다.

6. 제주자치경찰 확대시범 운영 유지(4단계)

제주자치경찰은 다음의 변화들에 적극 대처하기 위해 2020년 초부터 사무의 고도화를 추진하고 있다. 전장에서도 간략하게 언급했듯이 더불어 민주당 간사였던 홍익표 의원은 2019년 초에 「경찰법전부개정법률안」을 의원입법 발의한 바 있다. 본 법률안의 국회 통과시까지 지속적인 확대 시범 운영을 통해 전국 자치경찰제 롤 모델을 마련하는 것이 제주자치경찰단의 중요한 과제 중 하나였다. 이 당시 4단계 파견 시행에 관한 자세한 내용은 〈표 5-8〉에서 보는 바와 같다.

전장에서도 간단하게 언급한 바와 같이 경찰청은 제주자치경찰단에 국가경찰을 4단계로 파견(2020.1.31~2021.1.30)했으며 총 268명(연장 229, 신규 39)[3], 3단계 파견 대비 2020년 2월 1일 추가 8명 증원(가정폭력/학교폭력 수사 관련 분야 파견 인력 증원 임) 등이다. 당시 파견대상은 280명이 지원(모집정원 260명)하였다. 위의 자료에서 보는 바와 같이 1차 파견 국가경찰들이 2차 파견 때 연장지원을 해 주었으며 2차 파견지원자들은 또다시 3차 지원 때 역시 연장파견을 지원해 준 것이 결국에는 260명이 된 것이다. 이런 과정에서 일부는 제주국가경찰로 복귀했지만 대부분은 연장을 신청해 준 결과 전체 국가경찰의 파견 잔류자들은 무려 88%나 되었다.[4] 위에서 파견된 국가경찰관 260여명은 주로 제주시 소재 동부와 서부경찰서 및 서귀포경찰서의 지구대와 파출소에서 향후 전국광역자치단체 차원에서 자치경찰제를 시행할 때, 어떤 문제가 있는가에 대한 시범실시를 시행해 본 것이다. 추가로 4차 파견 국가경찰 8명은 제주자치경찰단 내의 사무실에서 수사팀을 구성하고 여성청소년 문제 및 가정폭력 관련 사건을 시범 실시해 보는 프로그램이었다.

〈표 5-8〉 4단계 파견 시행에 관한 내용

인 력	1단계 파견(27명)	2단계 파견(123명)	3단계 파견(260명)	4단계 파견(268명)
지 역	제주동부서	제주전역	제주전역	제주전역
시행일	2018. 4. 30	2018. 7. 18.	2019. 1. 31.	2020. 2. 1.

---

3) 언론에는 주로 260명으로 발표되었으나 본 자료에서는 다소 증원되어 있음을 보여준다.
4) 내부자료, http://www.jeju.go.kr/jmp/index.htm(검색일: 2020. 2. 5).

그리고 자치－국가경찰 업무분담을 통한 효율성 및 치안서비스의 개선 효과는 다음과 같다.

✓ (생활안전) ▲ 112신고대응 전문성 ↑ ▲ 유실물 반환율 ↑ ▲ 주취자 보호체계 구축 ▲ 치안＋행정융합 행복치안센터 운영 추진('20. 3.)

✓ (지역교통) ▲ 교통사고사망자 수 대폭 감축 ▲ '목적지정세외수입' 신설, 교통안 전시설 개선 자체 재원 확보 및 신속한 개선 추진(사무 일원화)

✓ (아동청소년) ▲ 학교안전경찰관(SSPO) 개념 도입시행 ▲ 어린이통학로안전 전 담팀 신설(민식이법 관련) 통학로 안전사무 자치경찰 일원화 추진이다.[5]

---

7. 주민밀착형 사무 중심, 국가경찰 사무 · 인력 이관 추진

문재인 정부는 2017년 5월 10일 출범과 함께 17개 전국광역시도자치단체 차원에서 자치경찰제를 도입하겠다고 선언했다. 이전 정부가 기초자치단체 차원에서 줄기차게 자치경찰제를 도입하겠다는 정책을 고집했던 것과는 반대로 문재인 정부는 광역시도 차원에서 실시하겠다고 완전히 방향을 틀었다. 이에 따라 경찰청과 제주지방경찰청은 2018년 2월부터 2020년 2월까지 제주국가경찰을 미리 제주자치경찰단에 268명을 파견하여 시범활동을 성공적으로 펼친 바 있다.

한편 제주도와 제주자치경찰단은 기존의 제주자치경찰인력이 부족한 관계로 제주 전역을 대상으로 자치경찰 업무를 수행하는데 있어 어려움이 많다고 주장해 왔다. 이는 그 만큼 "제주형 자치경찰제"가 성공적으로 전국에 확대 시행되기 위해서는 어느 정도의 볼륨이 필요하다는 점을 지적하고 있는 것이다. 제주자치경찰단의 주장에 따르면 「제주특별법」의 범위 내에서 자치경찰이 수행 가능한 국가사무와 국가경찰인력이 자치경찰로 완전 이관되어야만 제주자치경찰의 전체 조직이 기능별로 운영이 가능하다는 것이다. 이러한 인력보강 없이 이전처럼 기존의 제주자치경찰 인력으로 향후에도 그대로 운영된다면 별 의미가 없다는 것이다. 물론 이 해결책이 주장대로 그렇게 간단히 해결될 문제는 아니지만 상당한 일리가 있는 주장임에는 틀림이 없다고 본다.[6]

---

5) 내부자료, http://www.jeju.go.kr/jmp/index.htm(검색일: 2020. 2. 5).
6) 이미 2020년 11월 30일 제주지방경찰청 산하 경찰서에 발족되어 있는 경감 이하 경찰직장협의회는 제주자치경찰단에 파견되어 있는 268명의 국가경찰인력이 철수하기를 원한다면서 자신들

〈표 5-9〉 사무이관 10종

구분	이관 사무 10종 / 정원 77명
생활안전(5종, 24명)	CCTV관제(3), 범죄예방진단(3), 유실물(3), 치안센터(6), 주취자보호(9)
아동·청소년(2종, 15명)	학교폭력 예방(12), 실종·아동안전(3)
교통(3종, 38명)	교통외근(28), 싸이카(7), 교육·홍보(3)

출처: 내부자료, http://www.jeju.go.kr/jmp/index.htm(검색일: 2020. 2. 5).

제주자치경찰은 제주경찰청 산하에서 268명이 시범실시를 위해 파견되었을 때 이 중에서 상당수를 그대로 자치경찰 소속인력으로 완전히 이관시켜 달라는 주장도 했었다. 즉 제주자치경찰단은 현재의 확대시범 12종의 사무 중 지역경찰·112상황실 관련 업무를 제외한 주민밀착형 사무 10종을 비롯해 최소 인력 77명의 이관이 반드시 필요하다고 주장했다.[7] 여기서 말하는 77명의 인력은 생활안전(5종, 24명), 아동·청소년(2종, 15명), 교통(3종, 38명) 분야에서 인력들인데, 다시 제주경찰청으로 되돌아가지 않도록 정부와 경찰청이 법적 및 제도적으로 근거를 만들어서 현재 파견 운영처럼 그대로 제주자치경찰제의 유지를 위해 남게 해달라는 요청이었다. 하지만 2020년 12월 국가경찰은 모두가 원대복귀하였다. 이처럼 요청하는 분야별 현황은 〈표 5-9〉와 같다.

한편 2020년 2월 초까지의 어떤 과정을 통해 이루어졌는지 그 추진사항을 살펴보면 다음과 같다.

✓ (경찰청) 경찰청장 정원이양 승인 및 경찰위원회 동의 완료(2018. 12.)
✓ (자치분권위) 자치경찰 선행모델로서 행안부에 정원 이양 권고(2019. 1.)
✓ (기획재정부) 이관 인력 인건비 상당액과 그 운영비 지원 가능 의견(2019. 6.)
  * 2006년 자치경찰 출범 시 최초 이관 인력 38명 선례에 의거 추진
✓ (제주지원위) 당초 도 제도개선(7단계) 사항과 병행 또는 별건 심의예정(2019. 11.)
  * 제주지원위 - 행안부(조직과) - 경찰청 논의(2019. 11.)

의 소속 국가경찰인력이 제주자치경찰단에 남는, 즉 이관되는 것에 반대한다는 공식 입장을 내놓았다(제주도민일보, 제주경찰 직장협의회 "국가경찰 이관시 치안역 감소"(2020. 11. 30.자)를 참조할 것.
7) 내부자료, http://www.jeju.go.kr/jmp/index.htm(검색일: 2020. 2. 5).

> → 제주지원위에서는 단순 정원이양 사항으로 심의 부적절, 행안부－경찰청간
> 협의(제주지원위 미심의)로 정원이양 의견 제시(2019. 11.)[8]

무엇보다 현재 제주자치경찰단에서 제주경찰청 소속의 국가경찰들이 파견되어
합동근무했던 프로그램은 한마디로 제주자치경찰제를 전국에 확대 시행하는데 있
어서 시행착오나 미비점을 사전에 파악해보고 보완하기 위한 일환에서 시도해 보
는 것이었다.

제 2 절 관광경찰 분야

제주자치경찰은 2017년에 관광경찰 분야에서 다음과 같은 성과들을 이루어냈
다. 즉 기마활동을 통한 안전한 제주 구축 및 기마경찰의 관광상품화, 제주국제공
항의 안전하고 쾌적한 치안환경 조성, 제주관광의 질적인 성장을 위한 이른바 관
광경찰 활동의 전개, 외국인 관광객들의 법질서 유지를 위한 확립, 안전한 제주관
광의 환경 조성 등이었다.[9]

1. 제주국제공항의 안전하고 쾌적한 치안환경 조성

제주자치경찰은 원래 제주특별법에 따라 20명의 자치경찰공무원이 제주국제공
항에 상주하여 근무하도록 명시하고 있었으며, 오늘날까지 계속해서 공항에서 안
전관리 업무를 담당하고 있다. 2017년에는 다음과 같은 성과를 이루어냈다. 즉
제주의 첫 관문 공항에서 관광객 보호뿐만 아니라 각종 불편사항 등 치안서비스
의 적극적 제공, 그리고 대중교통체계의 개편 관련 공항 구내의 도로에서 교통질
서 확립을 위한 활동의 전개 및 명절, 휴가철 등 치안수요에 맞춤 교통·방범 그
리고 안전의 집중 관리 등이다.

---

8) 출처: 내부자료, http://www.jeju.go.kr/jmp/index.htm(검색일: 2020. 2. 5).
9) http://www.jeju.go.kr/jmp/intro/measure.htm?act＝view&seq＝1087368(검색일: 2018. 6. 20).

〈표 5-10〉 안전하고 쾌적한 치안환경 조성

대 비	일반 형사·행정 사건(건)							행정 서비스	검색대
	계	호객 행위	통고처분		여객운수 위반	형사범 인 계	장애인 주차구역	면허 조회	무사증
			교통	경범					
증감	-638	-87	80	19	-381	-27	-242	-24,236	-62
2017년	1,057	30	733	23	31	61	179	40,959	30
2016년	1,695	117	653	4	412	88	421	65,295	92

출처: 내부자료, http://www.jeju.go.kr/jmp/index.htm(검색일: 2019. 2. 5).

　　제주자치경찰의 분석평가는 공항 내 만성적인 호객행위의 원천 차단을 위한 항공법 적용, 공항질서 유지, 그리고 공항 일대 대중교통체계의 개편 관련 단속보다는 계도 위주의 활동 전개 및 경찰청 전화 면허조회 서비스의 활성화로 인해 사무소 방문 면허조회, 관광객의 감소 등을 큰 성과로 제시하였다.

　　한편 2018년과 2019년도 제주자치경찰단 소속 관광경찰의 활동 강화에 따른 안전한 치안환경 조성과 관련한 성과를 보면 다음과 같다. 특히 기초질서위반단속 영역에서 많이 증가하였고 면허조회에서는 2018년보다 2019년도에는 많이 감소하였다.

　　특히 관광저해사범에 대해 적극 대처한 결과 불법숙박 192건, 불법유상운송 67건, 무등록여행 17건, 무자격가이드 11건을 적발하는 등 많은 실적을 올렸다.

〈표 5-11〉 관광경찰의 안전한 치안환경 조성 관련 성과

(단위: 건/회)

구 분	관광사범 단속	기초질서 위반단속	공·항만 치안서비스제공		노숙인 관리 (귀가, 인계 등)
			음주감지	면허조회	
2019년	314	3,276	305	12,372	901
2018년	195	2,339	781	30,880	592
증감	△119 (61.03%)	△937 (40.06%)	▼476 (60.95%)	▼18,508 (59.94%)	△309 (52.19%)

출처: 내부자료, http://www.jeju.go.kr/jmp/index.htm(검색일: 2020. 2. 5).

2. 기마활동을 통한 안전제주 구축 및 기마경찰 관광상품화

제주자치경찰은 기마경찰과 관련해 다음과 같은 성과를 내었다. 주요 관광지 기마순찰 관련 근무시간 및 장소 정례화로 범죄예방에 기여, 탐라문화광장(월요일), 관광 질서 확립, 누구나 찾아 올 수 있는 서비스 제공, 제주민속자연사박물관(화요일), 용두암(금요일), 그리고 관광경찰과 연계한 위력순찰로 범죄심리 사전억제 및 치안사각지대 공백의 최소화 등이다.

〈표 5-12〉 안전제주 구축 및 기마경찰의 관광상품화

구 분	행사지원	기마순찰	승마체험	관광안내	사진촬영
대 비(회)	4	-25	-11/210명	962	-4,380
2017년	19	78	64회/1,806명	3,870	32,980
2016년	15	103	75회/1,596명	2,908	37,360

출처: 내부자료, http://www.jeju.go.kr/jmp/index.htm(검색일: 2019. 2. 5).

제주자치경찰은 위 주제와 관련해 다음과 같은 분석평가를 내놓았는데, 즉 요일별, 계절별 관광수요를 고려한 맞춤형 기마 순찰을 통해 관광객 공감 치안활동을 전개했다. 그리고 사회적 약자를 배려한 승마체험교실의 운영 등 각종 서비스 제공으로 도민에 대해 친근한 자치경찰상을 정립 및 기마경찰대원 일부를 대중교통체계의 개편 정착을 위한 근무에 투입, 기마순찰 횟수의 다소 감소 등이 그 대표적 성과였다.

3. 외국인 관광객 법질서 확립과 안전한 제주관광 조성

제주자치경찰은 주요 관광지 치안수요를 반영한 치안센터 3개소를 설치 운영하였다. 즉 용두암, 탐라문화광장, 성산일출봉 등 맞춤형 치안활동을 적극적으로 전개하였다. 그리고 외국 관광객의 법질서 경시 풍조에 대한 적극적인 차단을 위한 기초질서 위반행위에 대한 적극적 단속 및 외국어 특채 경찰관의 적극적 활용, 외국인 밀집지역을 중심으로 기초질서 확립을 위한 활동을 전개하는 커다란 성과를 보여주었다.

〈표 5-13〉 관광객 법질서 확립 현황

구분	치안센터 중점 수행 업무
용두암	권역별 맞춤형 생활치안활동
탐라문화광장	노숙 우려자 및 주택가 순찰
성산일출봉	오물투기근절 등 기초질서 확립

출처: 내부자료, http://www.jeju.go.kr/jmp/index.htm(검색일: 2019. 2. 5).

제주자치경찰의 평가분석을 보면 주요 관광지 치안센터의 운영에 따른 현장치안 활동의 전개로 안전한 관광도시를 조성하는 동시에 중국 등 외국 관광객이 급속히 증가하면서 제주에서 기초질서 위반행위가 많이 발생하는데 이것을 줄여나가는 데 초점을 두기도 했다.

4. 제주관광의 질적 성장을 위한 관광경찰 활동 전개

제주자치경찰은 무자격 가이드, 무등록 여행업 등에 대해 적극적인 단속을 펼침으로써 관광여행 질서의 확립을 전개하고 있다. 이어서 관광지 부정식품과 신고하지 않고 행하는 숙박업소의 척결로 관광객 지향적 안전의 확보 및 제주공항을 출발하는 외국인 MRP(여권자동판독기)를 활용한 무단이탈을 원천적으로 차단하는 계획을 성공적으로 진행하기도 했다.

〈표 5-14〉 관광경찰 활동 전개 내용

구분(건)	무등록 여행업	무자격 가이드	위생사범 등	무사증이탈
대비	10	-127	-61	-62건/-62명
2017년	18	11	192	30건/30명
2016년	8	138	253	92건/92명

출처: 내부자료, http://www.jeju.go.kr/jmp/index.htm(검색일: 2019. 2. 5).

제주자치경찰은 위 주제에 대한 성과분석으로 본격적인 관광경찰의 활동에 따른 제주형 맞춤형 관광치안 질서의 확립과 기여, 그리고 여행객의 안전 확보를 위한 관광 질서 위반사범에 대한 단속 활동으로 안심제주 이미지의 조성 및 외국 개별 관광객의 증가로 무등록 여행업 관련자의 적발 건수가 증가한 반면, 단체

관광객 감소로 인한 무사증 이탈자 및 무자격 가이드 적발 건수의 감소 등을 달성하였다고 강조했다.

5. 관광경찰 활동의 강화와 선진 관광질서 확립

2018년도 제주자치경찰단 산하 관광경찰과는 관광경찰 활동에서 2017년도 경우 전년도에 비해 많은 성과를 보여주었다. 관광사범 단속의 경우 2017년 77건에서 282건으로 크게 증가하였다. 안심수학여행(음주여부확인)과 노숙인 조치(귀가, 인계 등)의 경우도 크게 증가했다. 외국인 검문검색에서 검거의 경우도 117건에서 2018년에는 183건으로 무려 66%나 증가했다.

〈표 5-15〉 꾸준한 관광경찰 활동으로 건전한 관광 질서 환경 조성

구 분	관광사범 단속	기초질서 위반단속	외국인검문검색		안심수학여행 (음주여부확인)	노숙인 조치 (귀가, 인계 등)
			검색	검거		
2018년	282	1,083	634,449	183	6,720	567
2017년	77	1,115	622,151	117	6,296	105
증감	△205 (266.2%)	▼32 (2.9%)	△12,298 (2.0%)	△66 (56.4%)	△424 (6.7%)	△462 (440%)

출처: 내부자료, http://www.jeju.go.kr/jmp/index.htm(검색일: 2019. 2. 5).

제주자치경찰은 관광 질서 위반사범의 유형변화에 따른 맞춤형 활동을 펼쳤다. 이로 인해 관광사범 단속실적이 크게 증가하는 효과가 나타났다. 특히 안심수학여행을 위한 음주감지,[10] 산지천 노숙인 안전귀가 조치,[11] 외국인검문검색을 통한 범죄예방 활동 등 관광종합 치안서비스의 활동을 전개하는 큰 성과를 보여주었다.

---

10) 유지에서 제주도로 수학여행을 가는 중고등학생들이 증가하였고 관광버스로 이동 중에 교통사고 등이 발생할 수 있기 때문에 이에 대한 안전을 위한 조치 중 하나로서 광광경찰들이 에스코트를 해주는 활동을 전개하고 있다.
11) 제주도의 산지천이란 곳은 서울의 천개천(공원과 개천)과 같은 곳이라서 관광객이 많이 오는 곳인데 주취자들이 관광객을 상대로 시비를 걸거나 나쁜 인상을 주지 않도록 관광경찰이 각별히 단속을 하며 질서를 유지하고 있다.

제 3 절   민생사법경찰 분야

제주자치경찰은 자치경찰·행정·도민이 함께하는 특사경(민생사법경찰)의 추진실적, 제주특별자치도의 1차산업이 감귤산업이므로, 이에 대한 경쟁력을 최대한 끌어올리기 위한 활동지원 등 3가지를 제주특별자치도의 청정 가치를 수호하는 목표달성을 민생사법경찰활동의 핵심 업무로 정해서 수행하였다.

1. 자치경찰·행정·도민이 함께하는 특사경(민생사법경찰)의 추진실적

제주자치경찰은 법에 따라서 창설시부터 직원들이 특별사법경찰로 지명 받을 수 있도록 했다. 자치경찰 중 특별사법경찰의 직무를 수행하는 직원(민생사법경찰)들은 2017년에 다음과 같은 분야에서 집중적으로 직무를 수행했다. 즉 '청정과 공존' 가치를 수호하기 위한 산림·환경훼손 사범에 대한 강력단속, 가축분뇨 불법배출(양돈농장 대표 4명 구속, 19명 불구속) 및 투기목적으로 대규모 산림을 훼손한 기획부동산 업자(2명 구속), 그리고 도민생활과 관광제주의 이미지 향상을 위한 민생·관광사범의 척결 등이었다.

〈표 5-16〉 제주 특별사법경찰 추진실적

구분	계(건/명)	환경사범	식품공중위생	관광사범	산림사범	자동차관련
대 비	-303건	+8건	+3건	-186건	-26건	-103건
2017년	1,500/1,634	74/119	213/243	45/60	47/60	1,120/1,152
2016년	1,803/1,974	66/128	210/238	231/244	73/121	1,223/1,243

출처: 내부자료, http://www.jeju.go.kr/jmp/index.htm(검색일: 2019. 2. 5).

제주자치경찰의 분석평가를 보면 산림 및 환경훼손사범의 구속수사 등 강력단속에 따른 '청정과 공존' 가치의 수호, 그리고 사회적 이슈사건 발생시 조기해결을 위한 전담반의 구성 및 운영으로 신속 대응은 물론 안전제주의 브랜드가치를 높이는 수사 활동으로 도민과 관광객의 공감대 형성 등을 달성했다.

2. 제1차산업 경쟁력 확보로 감귤산업 안정을 위한 활동지원

제주자치경찰은 2017년에 변화되는 감귤유통 정책에 발맞춘 선제적이고 광역적인 단속활동을 전개하였으며, 동시에 제주도 외 도매시장, 온라인 등 전방위 단속, 비상품 감귤 유통 차단 등을 실시하였다. 또한 유관기관과의 지속적인 협업체계의 구축, 비상품 감귤 유통행위의 원천 차단(2017. 12. 31. 기준) 등을 실시하고 이를 성과로 제시하기도 했다.[12]

〈표 5-17〉 감귤생산유통조례위반 단속(건) 현황

연 도 \ 구 분	감귤생산유통조례위반 단속(건)				
	계	강제착색	비상품감귤 (스티커 미부착)	품질검사 미이행	원산지 허위표시
2017년산	79	–	77	2	

출처: 내부자료, http://www.jeju.go.kr/jmp/index.htm(검색일: 2019. 2. 5).

제주자치경찰은 2017년 소과·대과 10브릭스 이상 상품출하 가능, 감귤 출하기준의 변경으로 비상품 유통 감소, 그리고 도내·외 도매시장 대상의 선제적 단속으로 비상품 감귤 관련 유통 의식의 전환을 성과로 내놓았다.[13]

3. 제주자치경찰의 선택과 집중을 통한 도민 접점 수사 활동 전개

2018년 제주자치경찰단 민생사법경찰팀은 도민생활과 밀접한 환경, 식품 전담 수사반을 운영했다. 이를 통해 민생안정을 위한 다음의 영역에서 집중적인 노력을 기울였다. 다음의 내용들이 바로 그것이다.

○ 가축분뇨 불법배출 1년 경과, 엄정수사로 의식변화 등 새로운 전환기 마련
  - 배출량 대비 처리량 30%이상 차이 140여개 농가 조사(구속 4, 불구속 26)
  - 59개 농가 악취관리지역 지정 고시 등 축산정책의 새로운 패러다임 제시

---

12) 내부자료, http://www.jeju.go.kr/jmp/index.htm(검색일: 2019. 2. 5).
13) 원래 제주도의회는 조례를 만들어 감귤의 경우도 일정 크기의 감귤만 육지로 출하할 수 있도록 했다. 즉 아주 커다란 감귤은 당도가 낮고 상품가치가 떨어지기 때문에 동물사료로 사용하거나 퇴비로 사용하도록 했다.

○ 투기·지가상승 목적 부동산 개발, 대규모 산림훼손 구속원칙 엄정수사
  - 100억대 시세차익 불법개발, 매장문화재 훼손사범 5명 영장신청, 불구속 87
    건
○ 식품위생전담수사반 편성, 기업형 불법숙박 및 야간파티 등 특별수사
  - 기업형태 불법·변종 숙박영업 6건, 게스트하우스 등 불법영업 36건
○ 강제착색 등 비상품감귤 유통 선제적 단속활동 감귤가격 안정화 기여
  - 강제착색, 기한경과 풋귤유통, 품질검사 미이행 등 4건(4.7톤)
○ 추석·설 명절 전후 원산지 위반행위 특별단속 식품안전문화 조성 기여
  - 수입산 돼지고기 제주산으로, 수입산 돔 국내산으로 거짓표시 등 30건 등이
    다(제주자치경찰단, 내부자료, 2018).

그 결과 환경·산림분야 전담반 편성운영, 부동산 투기 등 지능범죄의 선제적
수사 활동을 적극 전개하였고, 도민생활과 밀접한 식품위생분야 전담수사, 도민불
편해소 및 생활안정에 기여한 것으로 평가된다.

또 하나는 2018년 경우 전문 수사체제 구축에 따른 사회적 이슈사건에 대한
신속 엄정수사를 진행하였다. 핵심 업무는 다음과 같다.

○ 수사 전담체제 개편, 전문 수사 인력 보강을 통한 지능범죄수사 체계적 대응
  - '18. 8. 28. 수사과, 수사3팀 신설(2담당 → 1과, 3팀)
  - 보건의료·사회복지 분야 전담수사체제 운영, 기획수사 첩보수집중
○ 해안가, 중산간, 국립공원 등 절·상대보전지역 훼손행위 특별수사활동
  - 공간정보시스템상 보전지역 연도별 형상변경 추적, 위반사항 5개소 적발
  - 측량전문업체 의뢰 훼손면적 측정 등 증거자료 확보, 형사입건 수사중
○ 사건전산관리시스템 구축 완료, 범죄사건 분석을 통한 효율적 수사 가능
  - 연도별 발생사건 유형, 통계 등 데이터 분석후 지능범죄수사에 적극 활용 등
    이 바로 그것이다(제주자치경찰단, 내부자료, 2018).

이에 관련된 2018년 성과에 대한 평가는 다음과 같이 전문수사인력의 보강을
통한 기획수사전담반 운영, 사회이슈사건 등 신속 대응이었다. 이는 사건전산관리
시스템상 범죄사건 분석의 활용, 효율적·체계적 수사활동을 가능하게 하는 큰
성과를 얻기도 했다.[14]

4. 검경 수사권 조정에 따른 자치경찰의 책임수사

2020년 1월 13일 수사권 조정법안(일명, 형사소송법 및 검찰청법)이 국회 본회의를 통과하여 2021년 1월부터 본격적으로 시행에 들어가게 되었다.

〈표 5-18〉 검경수사권 주요 개정 내용

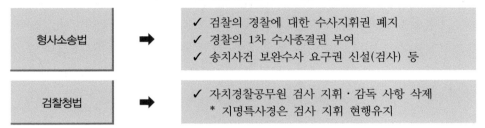

형사소송법	➡	✓ 검찰의 경찰에 대한 수사지휘권 폐지 ✓ 경찰의 1차 수사종결권 부여 ✓ 송치사건 보완수사 요구권 신설(검사) 등
검찰청법	➡	✓ 자치경찰공무원 검사 지휘·감독 사항 삭제 * 지명특사경은 검사 지휘 현행유지

출처: 내부자료, http://www.jeju.go.kr/jmp/index.htm(검색일: 2020. 2. 5).

위와 같은 법적 토대를 기반으로 제주자치경찰도 국가경찰의 수사권 조정 관련 대응상황을 심층 연구 및 대비해야 하는 입장이다. 그리고 국가경찰의 수사권 조정 관련 대응상황은 다음과 같이 정리가 가능하다.

- 책임수사를 위한 4대 추진전략 및 80개 추진과제 수사개혁 로드맵 발표(’19. 10. 21.)
  ◦ 영장 심사관 확대, 수사 심사관 신설, 사건 심사 시민위원회 설치, 수사민원 상담센터 확대
- 책임수사 추진본부 발족(’20. 1. 16.)
  ◦ 형사소송법 개정에 따른 대통령령 제정, 국가수사본부 추진, 개혁 과제 발굴·추진 등이 바로 그것이다.[15]

이에 따라 제주자치경찰도 수사 관련 자치법규의 제정 및 수사관의 역량 강화를 통한 공정한 수사 체계를 구축해야 하는 과제에도 직면하게 되었다.

---

14) http://www.jeju.go.kr/jmp/index.htm(검색일: 2020. 11. 20.).
15) http://www.jeju.go.kr/jmp/index.htm(검색일: 2020. 2. 5) 참조.

5. 첨단범죄 신속 대응을 위한 디지털포렌식 시스템 구축

2020년에 제주자치경찰에서도 첨단범죄의 신속 대응을 위한 디지털포렌식 시스템을 구축하기로 했다. 날로 지능화되고 은밀화되어 가는 각종 첨단 범죄에 적극 대처하기 위해 제주자치경찰도 디지털포렌식 시스템을 구축하게 되었는데, 이는 다소 늦은 감이 있지만 이제라도 신속하게 구축한 것은 큰 의미가 있다고 본다. 제주자치경찰단에 구축하는 디지털포렌식 시스템의 사업기간은 '20. 1. ~ '20. 5.(5개월)까지 이며 사업비는 약 322,960천원 규모였다. 제주자치경찰이 수사의 과학화를 위해 구축하게 된 이른바 디지털포렌식 시스템 구축의 주요내용은 다음과 같다.

- 압수수색 데이터 채증 및 분석을 위한 현장 지원용 디지털포렌식 장비
- 데이터수집 분석을 위한 디지털포렌식 전용 서버(워크스테이션) 및 저장장치
- 디지털 증거자료 분석실 및 피압수자 참여권 보장을 위한 참관실의 설치

이러한 주요 사업을 성공적으로 구축하기 위해 제주자치경찰은 분석관의 배치와 담당자의 교육을 다음과 같이 계획하고 시행했다. 즉 전문인력의 배치는 2명이며 다음과 같은 디지털 포렌식 직무교육을 받도록 했다.

〈표 5-19〉 제주자치경찰의 디지털포렌식 교육 과정(2020)

교육기관	교육내용	교육기간	횟수
대검찰청	디지털 포렌식 전문가 과정	3개월	8월
경찰수사연수원	디지털 포렌식 과정	2주	연 4회 예정(2, 5, 8, 10월)

출처: 제주자치경찰 내부자료, http://www.jeju.go.kr/jmp/index.htm(검색일: 2020. 2. 5).

제주자치경찰은 디지털포렌식 수사기법을 새롭게 구축함으로써 향후 수사경찰들(특별사법경찰 포함)은 압수수색 현장에서 신속하게 디지털증거자료를 확보해 수사성과를 극대화 할 수 있으며 수집된 증거자료가 법정 증거능력을 크게 인정받을 수 있을 것으로 기대된다.

제주자치경찰단은 다음과 같이 디지털포렌식 수사체계를 구축함으로써 그 기대효과를 더 한층 높이게 되었다. 즉 민생침해 범죄에 대한 신속대응과 과학수사 체계를 훌륭하게 갖추게 되었다. 그동안 제주자치경찰단 민생사법경찰팀에서 행

정법 위반 관련 범죄를 적발해 수사를 진행하면서 그 디지털 증거분석을 위해 他기관(제주지방청)에 의뢰함으로써 많은 불편함을 겪었다. 그동안 제주자치경찰단이 제주경찰청 과학수사팀에 디지털 증거분석을 위한 의뢰 횟수는 9회(2017년 1회, 2018년 3회, 2019년 5회)에 달했다. 이제 스스로 제주자치경찰은 신뢰성 있는 디지털 증거 확보를 위한 과학수사 시스템의 구축을 완성하게 되었다.

[그림 5-1] 제주자치경찰 디지털포렌식의 워크스테이션과 업무용 PC

워크스테이션
디지털 정보 추출, 분석 장비
(모바일 디바이스 등)

업무용 PC
압수 증거물의 봉인 개봉 등
증거 채증을 위한 PC

출처: 제주자치경찰단, 내부자료(2021).

[그림 5-2] 제주자치경찰의 디지털포렌식 관련 현장지원 노트북과 소프트웨어

현장 지원 노트북 및 프린터 등
디지털 정보 추출 및 분석 장비
(현장용 모바일 및 하드디스크 등)

디지털 포렌식 소프트웨어 등
삭제 파일 복원 및 데이터 추출
및 분석 소프트웨어 등

출처: 제주자치경찰단, 내부자료(2021).

그동안 제주자치경찰은 디지털포렌식 센터 구축을 위해 조달청 계약(2020. 5.)을 진행하고 디지털포렌식 센터의 리모델링 공사를 완료(2020. 5.)한 다음, 디지털 포렌식 시스템 구축의 완료 및 시범운영(2020. 6.)을 진행했다. 그리고 디지털 증거분석 전담을 위한 인력풀을 구성한 후 운영(8명, 수사과 6, 서귀대 1, 관광과 1)하게 되었다.

제주자치경찰은 최종 사업비로 총 32,269만원(지방비)을 투입했으며 스마트폰, 태블릿 PC 등의 모바일에 대한 데이터 채증 및 분석 장비 설치, 디지털 포렌식 전용 서버(워크스테이션) 및 저장장치(NAS)의 설치, 디지털 증거자료 분석실 및 피압수자 참여권 보장을 위한 참관실의 설치 등이 마련됨으로써 명실공히 과학수사체계를 완성했다.[16]

최근 신종범죄가 고도화되면서 과학적인 수사가 매우 중요시되고 있는 만큼 제주자치경찰에서도 디지털 포렌식 기초과정을 도입해 본격적으로 인프라를 구축했다는 점에서 볼 때, 이는 매우 바람직한 대안으로 평가된다. 제주자치경찰 중 선발된 직원들이 대검찰청과 경찰청 인재개발원에 가서 디지털포렌식에 대한 장비 사용법 관련 제반 기술을 습득하였고 후임직원들이 지속적으로 양성되는 계획도 착실히 추진되고 있다. 특히 이에 대한 후속작업으로 제주자치경찰은 다음과 같이 디지털 포렌식 사용법 등에 관한 기초교육과정도 마련함으로써 향후 과학적 수사를 위한 토대를 구축해 나가고 있다.

6. 제주형 특사경 통합수사체계 강화 및 주요성과 홍보 방안 마련

제주자치경찰은 2023년을 기해 다음과 같이 특사경 기관협의체 운영의 활성화, 협업수사 극대화로 통합수사체계 기능의 강화를 시도했다. 그리고 도민생활과 밀접한 사회적 이슈사건의 선제적 수사활동을 전개하여 민생안정화에 기여하고 있다.

그 구체적인 추진상황을 살펴보면 다음과 같다. 즉 자치경찰단 중심, 특사경 통합수사체계 구축·운영(2022.10.), 도내 협업수사 강화 등이다. 이를 위해 제주도내 각 부서에 분산된 특사경 활동의 체계적 관리·운영을 위한 간담회를 개최(2022.11.)하였다. 이처럼 제주도내 특사경을 하나로 연계하여 체계화 노력을 시도

---

16) 제주자치경찰단 내부자료(2020).

〈표 5-20〉 제주 도내 특사경 운영부서 현황(5개 부서)

(단위: 명)

구 분	계	자치경찰단	소방안전본부	수산정책과	카지노정책과	세정담당관
인 원	100	27	44	17	8	4

출처: 제주자치경찰단, 내부자료, 2023.

했다는 데서 의미가 크다고 본다.

그 구체적인 추진계획을 보면 다음과 같다.

첫째, 제주지방검찰청·자치경찰단 등 기관협의체 중심, 공조수사 활동 강화

– 분야별 중점수사·전담수사팀 편성, 민생침해 및 사회적 이슈사건 기획수사 전개

둘째, 특사경 기관 협의체 간 민생침해 및 사회적 이슈사건 공조수사 활동 강화

– (제주지검) 수사 초기단계부터 긴밀한 협의를 통한 법리검토 및 수사방안 특정, 신속 수사지휘 및 파견 수사관 통한 범죄첩보 공유 등
– (운영부서) 가짜 석유판매 및 위험물 안전관리(소방), 카지노 내 영업자 준수 위반사항(카지노), 금어기간 불법조업(수산) 등 협업 기획수사
– (협력부서) 산림·보전지역 훼손(산림), 폐기물·대기환경·가축분뇨 등 환경 훼손(환경), 비상품 감귤 유통행위(감귤) 시기별·테마별 합동 지도·단속[17] 등이다.

제 4 절 교통분야

제주자치경찰은 도로환경의 조성, 최적의 교통정보제공 및 교통약자의 안전을 위한 보호구역을 개선하고자 하는 정책을 시행하여 다음과 같은 성과를 도모하였다.[18]

---

17) 道 산림휴양과, 교통정책과, 세계유산본부, 제주보건소 등 8개 부서. 검찰청·형사법무정책연구원 등 특사경 전문가 및 시·도별 특사경 담당자 대상, '(가칭)전국 특사경 업무발전 방안 토론회' 개최 및 기획홍보 강화(대변인실 공조).
  – 제주 특사경 우수사례 전파 및 시·도별 수사성과 비교·분석, 발전방안 공동 모색.
18) http://www.jeju.go.kr/jmp/intro/measure.htm?act=view&seq=1087368(검색일: 2018. 6. 20).

1. 최적의 교통정보제공 및 도로환경 조성

제주자치경찰단 교통과가 추진한 사항을 보면 크게 다음의 3가지이다.[19)

1) 교통신호체계 개선 268개소

도내 교통량의 지속적 증가에 따른 출·퇴근 시간대 교통체증의 가중, 교통사고의 증가 및 대중교통우선차로제 도입 등 교통여건이 급속하게 변화됨에 따라 혼잡교차로의 신호체계를 개선하여 평균 통행속도의 향상, 지체시간의 감소, 차량 정지율 감소, 교통사고 감소 등의 개선이다.

2) 교통신호기 설치 및 정비 30개소

교통시설심의에서 가결된 교통신호기의 설치 및 추진에 따라 보행자의 안전 확보를 비롯해 교통사고 발생의 저감이 기대되었다. 다른 하나는 노후 교통신호기 선로 및 관로의 정비를 통하여 안정적인 교통신호기의 운영을 통한 교통사고의 예방 등이다.

3) 교통약자 보행환경 개선 10개소 및 교통사고 예방 경보등 설치 11개소

제주자치경찰은 시각장애인용 음향신호기의 설치 및 경보등의 설치를 통하여 교통약자인 장애인들의 보행권 확보 및 교통사고 예방에 기여하고 있다. 그리고 인구유입과 차량 증가에 따른 교통신호기 설치로 교통 혼잡 및 교통안전의 개선을 단행했다. 또 하나는 교통사고 다발지역, 민원 발생지역의 교차로에 대한 교통 패턴 분석, 신호체계 조정으로 교통 환경의 개선작업을 진행하는 성과를 내었다.

2. 교통약자의 안전을 위한 보호구역 개선

이 밖에도 제주자치경찰은 다음과 같이 교통약자를 위한 안전정책을 추진하였다. 어린이보호구역 개선 7개소, 노인보호구역 개선 11개소, 장애인보호구역 개선 1개소, 등하교 시간대 어린이 교통사고의 예방지도 3개교 등이다.

---

19) http://www.jeju.go.kr/jmp/intro/measure.htm?act=view&seq=1087368(검색일: 2018. 6. 20).

1) 어린이보호구역 개선 7개소

제주자치경찰은 다음과 같이 어린이보호구역을 개선하는 정책을 추진했다. 그 결과 제주도의 신창성이시돌어린이집, 선유어린이집, 월산마을, 덕수초교, 인예어린이집, 선마을어린이집, 신제주초등학교 7개소의 어린이보호구역 개선사업을 통한 안전한 등하굣길 조성 등에서 많은 개선 성과가 있었다.

2) 노인보호구역 개선 11개소

제주자치경찰은 제광원, 영평상동경로당, 신흥리경로당, 상한동경로당, 광령2리경로당, 중문요양원, 제일요양원, 기로회요양원, 서귀포시동부노인복지회관, 토산1리경로당, 한마음노인복지센터 11개소의 노인보호구역 개선사업으로 어르신들의 교통사고 예방 등 안전한 보행환경 조성 등의 성과를 만들어 냈다.

3) 장애인보호구역 개선 1개소

정혜재활원 1개소의 장애인보호구역 개선사업으로 교통약자인 장애인들의 교통사고 예방 등 안전한 보행환경 조성을 산출해 냈다.

4) 등하교 시간대 어린이 교통사고 예방지도 3개교

등하교 시간대에 통학 교통안전지도를 통하여 교통사고를 예방하는 등 안전한 통학로 조성에 크게 기여하였다. 한편 제주자치경찰의 성과에 대한 분석에서 볼 때, 노인보호구역 등 개선사업은 소방안전교부세 지원으로 확대 추진 및 시설물 관리를 위한 유지관리 사업에 대한 예산 투자의 확대가 필요한 실정인데, 이에 대한 노력도 함께 추진했다.

3. 교통사고 예방활동 적극 전개로 교통안전 제일도시 구축

제주자치경찰단은 교통 분야에서 2018년 1월부터 12월 말까지 다음과 같은 큰 성과를 보여주었다. 2가지 영역인데 바로 다음과 같이 두 가지이다.

1) 교통순찰 활동과 병행하여 교통법규 위반 사범 및 홍보활동 전개

제주자치경찰단의 2018년 교통 분야 성과에서 교통법규 위반 단속 건수는 2017년에 비해 1,795건가량 증가하였다. 그리고 교통 홍보캠페인도 66%나 대폭 늘리는 노력을 기울였다. 특히 눈에 띄는 대목은 제주자치경찰의 음주단속이다. 단속을 강하게 실시하여 2017년에 비해 2018년에는 전년도 47건에서 675건으로 무려 1,430%나 증가시키는 성과를 보여주었다. 물론 이러한 결과는 자치경찰에게 단속권한이 대폭 확대되었다는 데 기인한다. 이는 직원들의 노력이 확대된 결과로 인식된다.

〈표 5-21〉 교통법규 위반 사범 및 홍보활동의 전개 현황

구 분	교통법규	음주단속	경범(기초질서)	홍보 캠페인	행사 교통관리
2017년	3,380	47	1,574	15회	223
2018년	5,175	675	1,763	25회	207
증 감	△1,795(53%)	△628(1,430%)	△189(12%)	△10(66%)	▼16(7%)

출처: 내부자료, http://www.jeju.go.kr/jmp/index.htm(검색일: 2019. 2. 5).

2) 교통시설심의위원회를 통한 불합리한 교통안전 시설물 개선

제주자치경찰단 교통과는 2018년 1년간 열심히 업무에 전념할 결과 다음과 같은 성과를 얻었다. 2018년도의 경우는 2017년에 비해 약 71건이나 감소하는 등의 개선효과를 가져왔다.

〈표 5-22〉 교통시설심의위원회와 개선 현황

구 분	총 계	횡단보도 신설·이전	신호기 신설·이전	좌회전 허용·폐지	기 타
2017년	363	183	88	38	54
2018년	291	165	34	69	23
증 감	▼71(19%)	▼18(10%)	▼54(61%)	△31(81%)	▼31(57%)

출처: 내부자료, http://www.jeju.go.kr/jmp/index.htm(검색일: 2019. 2. 5).

평가 차원에서 볼 때, 2017년 대비 단속실적(교통, 음주)은 대폭 증가했다. 이는 교통사고 유발요인을 집중적으로 단속한 결과에 따른 것으로 평가된다. 그리

고 2018년의 경우는 총 심의건수가 감소했다. 이는 2017년도 경우 제주시내의 버스 중앙차로제 90여건 심의로 인해 그 건수가 증가하게 됨으로서 나타난 결과로 이해된다.[20]

4. 도민과 관광객 중심의 변화하는 교통환경 조성

2006년 7월 제주자치경찰제가 전격 시행된 이후 큰 변화 중의 하나는 제주도의 교통 분야 업무가 교통사고로 인한 형사사건을 제외하면 대부분 자치경찰단으로 넘어와서 수행 중이다. 다시 말해 제주도에서는 이미 오래전부터 교통사고수사 분야만 국가경찰이 담당하고 사실상 나머지 교통업무 영역은 대부분 제주자치경찰의 업무 영역으로 이관되었으며 제도적으로 이미 상당히 정착된 상태다.

1) 일반교통시설 신속 정비를 통한 교통안전도시의 구축

제주자치경찰의 경우 다음과 같이 교통시설을 설치하여 관리해 나가고 있다.

○ 교통시설물 신규설치 및 유지관리(사업예산 24억원)
 - 신호기·경보등(19개소), 장애인 음향신호기(76대), 잔여시간 표시기(166대)
 - 교통신호기(1,179개소) 및 신호체계(340개소) 유지관리, 노후선로 교체(5개소)
○ 지능형교통시스템(ITS) 기반시설 노후화에 따른 노후시설 교체
 - 2002년부터 설치된 ITS 시설 빠르게 노후된 도로전광판, CCTV 교체 18개소
○ 어린이(4개소), 노인(12개소), 장애인보호구역(1개소) 신규지정 개선
 - 교통약자 어린이, 노인, 장애인의 교통사고 예방을 위한 보호구역 개선(17개소) 등이 바로 그것이다.

한편 성과는 다음과 같이 도로에서의 교통사고 예방 등 교통안전을 비롯해 원활한 소통확보에 기여, 그리고 교통약자의 교통이용환경 개선 이외에 보행자가

---

20) 제주시내의 버스 중앙차로제는 순수 제주자치경찰이 주최가 되어 도청에 건의 후 검토되어 도입된 제도로서 제주자치경찰의 노력이 매우 컸던 성공적인 정책에 해당된다. 이 제도를 도입함으로써 제주 시내의 교통 흐름은 만성 정체현상으로부터 굉장히 개선된 것으로 평가되었다.

안전한 교통 환경 조성에 기여하게끔 선도 정책을 추진해 나가고 있다.

2) 차세대 지능형교통체계 구축을 통한 스마트시티 구현

제주도의 경우 2018년부터 3년간 예산을 투입하여 차세대 지능형교통체계 구축을 통한 스마트 시티를 구현하는 작업을 펼쳤는데, 이에 대한 집중 관리는 자치경찰단에서 담당하고 있다. 이 사업에 대한 기간, 사업규모 및 사업비는 다음과 같다.

○ 사업기간: '18. 1월 ~ '20. 12월 【3년간】
○ 사업규모: 동서광로·연삼로 등 주요도로 300km에 첨단교통관리시스템 구축
  - 도로상 교통정보수집기(차량검지기, CCTV 등) 설치, C-ITS 인프라 구축
  - 차량과 차량, 차량과 인프라 간 쌍방향 무선통신망 구축
  - 교통정보센터에 관리운영단말시스템 설치 및 운영요원 배치(교통정보센터 6층)
○ 사업비: 246억원(국비 148억원, 지방비 98억원)
  - '17 제주·서울 C-ITS 시범도시 공모 선정

본 사업에 들어가는 예산은 총 246억원인데 2018년의 경우 100억원, 2019년에 80억원 그리고 2020년에 66억원이 전격 투입된다.

이뿐만 아니라 차세대 지능형교통체계를 집중적으로 구축해 나가고 있다. 가장 중요한 요소는 역시 예산이다. 총 사업비는 246억원인데 1차로 2018년에 100억원, 2019년에 80억원 그리고 2020년에 66억원이 투입되어 완성되었다.

〈표 5-23〉 차세대 지능형교통체계 구축을 위한 예산 현황

총 계	2018	2019	2020
246억원	100억원	80억원	66억원

출처: 제주자치경찰단, http://www.jeju.go.kr/jmp/index.htm(검색일: 2019. 2. 5).

이처럼 차세대 지능형교통체계의 구축을 통해 안전성과 효율성 및 친환경성이 대폭 향상된 첨단교통시스템을 구현했다는 평가를 받고 있다.

제 5 절 제주자치경찰의 지역치안과 지방행정 융합

1. 제주자치경찰의 우리 동네 경찰관 정착

제주자치경찰단은 생활안전 및 아동청소년 등 여러분야에서 2018년 4월부터 2020년 2월 사이에 국가경찰에서 이관받은 사무에다가 지방행정 영역을 적극적으로 융합하여 주민생활밀착형 치안사무를 발전시켜 나가고 있다.

1) 행정복합 치안센터

제주는 지리적 특성상 경찰관서와 행정관서가 해안선을 중심으로 위치하여 중산간지역은 상대적으로 치안·행정의 공백이 발생하고 있다. 이러한 중산간지역의 치안사각지대를 해소하고 치안·행정을 연계한 융합서비스를 제공하기 위해 2020년 3월 11일 제주도내 2개소에 이른바 행정복합치안센터(약칭: 행복치안센터)를 개설하였다. 본 행복치안센터의 주요 업무는 기존의 경찰 치안사무에다가 복지, 보건, 산림, 축산행정 등을 융합한 다음 제주지역 주민들이 적극적으로 필요로 하는 행정서비스를 원스톱 시스템을 통해 제공하고 있는 제도이다. 이러한 제도는 주민의 편의를 위한 행정서비스이므로 시민들로부터 좋은 호응을 받을 수밖에 없을 것이다. 이것이야말로 제주자치경찰이 제주도민들에게 있어서 곧바로 "우리 경찰"이라는 인식으로 다가갈 수 있는, 즉 친도민정책 중 하나의 대표적인 사례로 꼽을 수 있다고 본다.

본 제도는 2020년 상반기 주민만족도 조사에서 무려 93.9점의 높은 점수를 받기도 했다. 또한 본 제도는 행정안전부 2020년 적극행정우수사례와 제주도 브랜드과제로 선정되는 성과도 동시에 거두었다. 그리고 본 제도는 대통령 소속 자치분권위원회와 행정안전부 및 경찰청에서도 제주자치경찰 현장을 방문해 이것을 전국으로 확산시킬 수 있는지에 대한 가능성을 심층 연구하는 토대도 제공하는 등 높은 평가를 얻었다.

한편 행복치안센터 융합행정의 사례를 보면 다음과 같이 5가지가 대표적인 예가된다.

첫째, 치안-복지행정융합이다. 우리나라에 2020년 1월부터 중국 우한지역에서 발생해 한국으로 들어 온 코로나19를 막기 위한 민·경 방역활동, 독거노인 대상 코로나19 긴급재난지원금 신청 안내, 독거노인 대상 마스크 전달 및 건강상태 문답형 체크 등이다.

둘째, 치안-재난행정융합이다. 고사리철 식물채취 시 길잃음사고 예방을 위해 특별비상근무 실시, 하산 안내 문자메시지 개별 발송·사이렌 취명 등 활동으로 전년 대비 길잃음사고 24% 등이 감소하는 효과가 나타났다.

셋째, 치안-보건행정융합이다. 치매안심센터와 업무협약, 치매환자 돌봄 및 조기 검진 지원 등이다.

넷째, 치안-축산행정융합이다. 반려견 안전활동 홍보 및 유기견 포획틀 자체 제작, 포획활동 강화 등이다.

다섯째, 치안-소방행정융합이다. 산림·오름 등지 흡연 및 농작물 소각금지 홍보, 기상악화에 따른 큰 불이나 방치된 소각 현장의 초기 진화활동 등이 바로 그것이다.

2) 학교전담경찰관(SPO)을 학교안전전담경찰관(SSPO)으로 확대

사실상 기존에 국가경찰의 학교전담경찰관(SPO) 제도는 예를 들어 학교폭력예방 활동에만 중점을 두고 활동을 펼치는데 그쳤다. 이에 비해, 제주자치경찰단의 학교전담경찰관은 제주지역의 학교폭력예방활동뿐만 아니라 더 나아가서 어린이 통학로의 안전·방범용 CCTV를 비롯해 시설개선 및 초등학교 주변 불량음식 그리고 유해업소의 단속과 등하교 시간대에 불법 주정차의 단속·학교 관련 민원 전담 등 이른바 '학교의 전반적인 안전'을 책임지는 '학교안전전담경찰관(SSPO)'으로 발전시키는데 심혈을 기울였다.

3) 주취자 응급의료센터 운영 및 상습주취자의 건전한 사회복귀 도모

제주자치경찰단은 2019년부터 주취자 응급의료센터 2개소를 신설(제주시 한라병원, 서귀포의료원)했으며, 알콜상담센터(보건복지부) 및 중독관리통합지원센터(행정시)와 업무협약을 통해 상습주취자에 대한 치료뿐만 아니라 재활까지도 적극 연계하여 제주지역사회의 음주문화를 개선하는데도 크게 기여하고 있다. 이것은 지방자치단체가 운영하는 자치경찰제가 아니고는 사실상 쉽지 않을 것으로 평가된다. 이와 관련해서 좋은 사례를 하나 찾아볼 수 있는 것이 더불어 민주당의 김영배 의원이 2020년 8월 4일 의원입법 발의한 자치경찰제 도입을 위한 정부의 일원화 모델이다.

김영배 의원은 경찰법과 경찰공무원법을 전부개정하여 국가경찰이 행정경찰업무, 수사경찰업무, 자치경찰업무를 모두 담당하는 개정 내용을 담아 발표했다. 여기서 대한민국광역시도지사협의회와 국가경찰 간에 쟁점이 하나 불거져 나왔다. 즉 다름 아닌 경찰의 생활안전사무 범위가 다음과 같은 자치단체사무까지 확대되어야 한다는 과제가 불거진 것이다. 즉 지금까지는 지방자치단체가 맡아왔던, 예를 들어 다음의 사례들, 즉 노숙자, 주취자, 행려병자에 대한 보호, 공공청사 경비, 축제시 질서유지, 재난시 주민보호, 사회질서유지(예, 쓰레기 투기 문제 단속까지) 등의 과제를 향후 자치사무 담당 국가경찰공무원이 넘겨받도록 하는 것에 대해 국가경찰은 절대적으로 받아들일 수 없다는 입장을 나타냈다.[21]

이런 의미에서 볼 때, 자치경찰제 도입 시 17개 광역자치단체가 주체가 되어 시행하는 경우는 기존의 지자체가 담당하던 위의 사례들을 자연스럽게 맡아서 처리할 수도 있을 것이다. 그러나 이번에 김영배 의원이 제시한 정부안에서는 국가경찰이 향후 자치경찰업무도 함께 수행하되 기존의 지자체가 맡고 있던 업무까지 국가경찰이 도맡으라고 경찰법과 경찰공무원법 전부개정안을 통해 전격 제시하는 등, 즉 일원화 모델을 제시함으로써 결국에는 국가경찰과 광역지자체 간에 첨예한 갈등이 불거져 나오게 된 것이다.

위와 같은 갈등을 보면서 제주자치경찰은 광역시도단위에서 도지사가 자치경찰제를 직접 부속기구로 관리하고 있기 때문에 이른바 주취자 응급의료센터 운영 및 상습주취자의 건전한 사회복귀 도모와 관련된 정책이 훌륭하게 해결되고 있는 것으로 평가된다.

4) 전국 최초 통합유실물센터 구축 및 유실물 반환율 대폭 향상

기존 제주특별자치도 내에 3개 경찰서(동부, 서부, 서귀포)에 신고된 분실 유실물 관련 업무를 제주자치경찰단 통합유실물센터에서 통합 관리(2019. 10. 21.) 하

---

21) 마침내 이러한 의견은 갈등의 소지가 있었으며 2020년 12월 1일 국회 행정안전위원회 법안심사 제2소위원회에서 자치경찰 사무 국가경찰이 맡지 않기로 재조정하였다. 이러한 업무는 그동안 자치단체에서 담당해 왔던 업무였으나 김영배 의원의 정부안에서 자치경찰이 맡기로 정리되어 있었으나 국가경찰들의 격렬한 반대로 부딪치는 논쟁이슈였다. 이에 대한 자세한 논의는 다음 장에서 후술하기로 한다.

게 되었는데 그 결과, 센터의 개소 이전에 전국 평균(59%)에도 미치지 못했던 제
주지역 유실물 반환율(56.9%)이 대폭 향상(2019년 66.7% → 2020년 상반기 71.2%)
되는 성과를 거두었다.[22] 이러한 결과는 제주자치경찰에서 그 만큼 적극적으로
유실물 주인을 찾는데 각종 노력을 기울였다는 것을 의미하기도 한다.

2. 코로나19 사태를 통해 '지방자치경찰'의 롤모델을 제시

제주자치경찰은 코로나19의 세계적인 대유행에 직면해 제주지역이라는 이른바
지역사회 감염확산을 차단하는데 있어서 결정적인 역할을 수행하였으며 이것은
지방자치경찰로서의 중요한 하나의 롤모델을 제시한 것으로 평가된다.

특히 코로나19 세계적 대유행에 직면한 후 사전 방역에 있어서 지자체의 방역
조치 및 행정명령과 경찰의 집행력 확보가 유기적으로 이루어져야 실효성을 거둘
수 있다는 점에 착안해서 성공을 거두게 되었다. 즉 육지의 다른 시·도의 경우
는 지방자치단체와 해당지역 지방경찰청 간에 상호 '기관 협조'를 거쳐야 하는 어
려움들이 있다. 하지만 제주특별자치도에서는 곧바로 도지사가 총 인사권자인 제
주자치경찰을 통해 '기관 협조'라고 하는 중간단계를 생략한 채 신속하고 유연한
행정조치를 실행에 옮길 수 있었다. 이와 같이 제주자치경찰이 방역과 예방작업
에 적극 나선 결과 제주특별자치도에서는 사실상 지역감염이 발생하는 사례가 거
의 없었으며 궁극적으로 코로나19 방역에 성공했다는 평가가 나왔다.

특히 제주자치경찰이 제주지역에서 코로나바이러스를 막는 데 성공한 사례를
보면 다음과 같다. 즉 제주자치경찰은 특별사법경찰 수사권과 「경찰관직무집행법」
상 즉시강제 수단을 가지고 있기 때문에, 이를 적극 활용하여 지자체장의 일원화
된 지휘 아래 행정명령 조치를 신속하게 지원할 수 있었다. 예를 들어 도지사와
코로나19 실장과 국장의 대책회의에 제주자치경찰단장이 직접 참여하여 각 실과
국별 간에 시급한 문제점을 동시에 공유하고 다양한 지원조치를 신속하게 결정할
수 있었다는 점에 주목할 필요가 있다. 이는 제주도지사가 직접 운영하는 제주특
별자치도 자치경찰에서만 가능할 수 있었다는 선례를 제대로 보여준 예에 해당한
다. 이러한 성공사례가 가능하기 위해 취해진 자치경찰단의 조치를 보면 다음과
같다. 즉 제주자치경찰단에서는 자체적으로 재난안전대책본부를 구성하기도 했다.

---

22) 제주자치경찰단, 내부자료(2020).

이는 획기적인 적극 대안정책으로 평가할 만하다. 또한 예비대(86명)를 편성한 다음, 제주공항과 항만에서 발열감시를 지원(10.19. 기준 延 3,383명)했으며 자가격리시설 경비를 즉각 지원(10.19. 기준 5개소 延 1,843명)한 것을 비롯해 다중이용시설의 점검 및 이를 지원하는 신속한 조치를 취한데 기인한다.[23]

한편 제주자치경찰단은 자체적으로 제주자치경찰단 재난안전대책본부도 창설하여 각종 재난에 적극 대처하고 있다.

우선 제주자치경찰단장(자치경무관)을 자치경찰재난안전대책본부장으로 하고 경찰정책관(자치총경)을 총괄조정관으로 정했다. 그 산하에 수사과장을 역학조사지원통제관, 생활안전과장을 자가격리지원통제관, 관광과장을 발열감시지원통제관으로, 교통과장을 교통지원반으로 그리고 서귀포대장을 서귀포지역 종합상황지원반으로 정해 코로나 바이러스로부터 청정지역 제주를 지키기 위한 재난안전대책을 훌륭하게 수행해 나가고 있다.

[그림 5-3] 제주자치경찰단 재난안전대책본부의 조직도

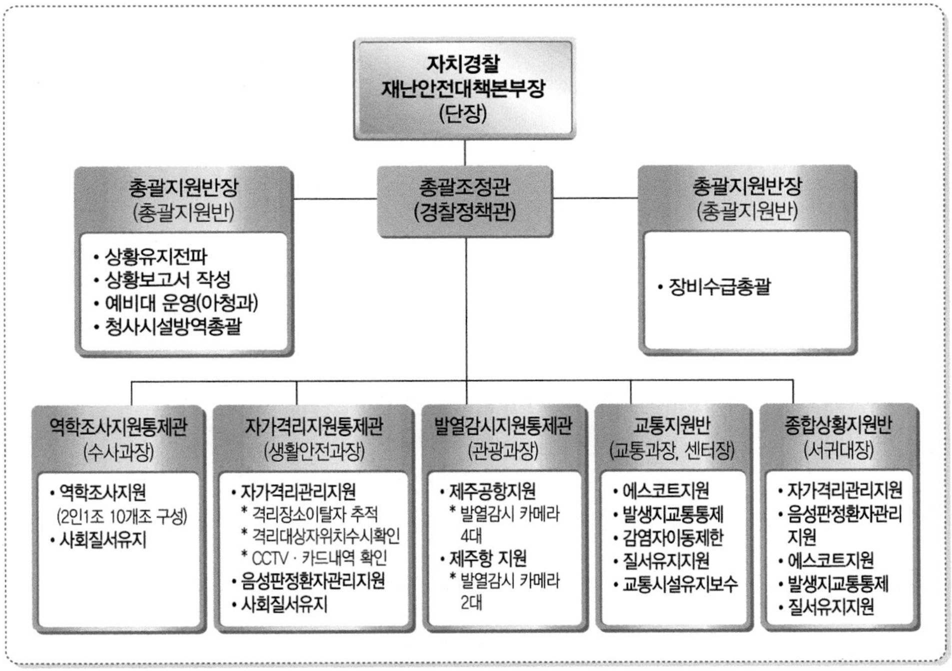

출처: 제주자치경찰단, 내부자료(2020).

---

23) 제주자치경찰단, 내부자료(2020).

제6장

제주자치경찰의 직무교육훈련과 재교육

제1절 제주자치경찰의 직무교육훈련 현황

1. 신임자치경찰공무원의 교육

1) 제주자치경찰의 채용과 선발과목

제주자치경찰은 2006년 7월 창설된 이후 여러 차례에 걸쳐서 신임 자치순경 인력을 공개 채용해 왔다. 초창기의 경우 반드시 제주도에 연고가 있는 자만 응시할 수 있는 자격 조건이 제시되어 있었다. 즉 제주자치경찰은 제주특별자치도의 지방공무원인 만큼 반드시 제주도에 주소를 두고 있는 사람이어야 한다. 선발시험은 국가경찰의 순경채용시험과목과 동일한 한국사, 영어, 경찰학개론, 형법, 형사소송법 등을 자치경찰순경채용 시험과목으로 정하여 공개경쟁 채용방식에 따라 실시해 왔다.

2) 국가경찰의 교육기관인 중앙경찰학교에 위탁교육 현황

합격자는 소정의 절차를 거쳐 경찰청 부속의 국가경찰기관인 충북 충주 수안보 소재 중앙경찰학교에 통상 약 16주 동안 위탁교육을 통해 기본교육을 받아왔다. 이곳 중앙경찰학교에서는 국가경찰에 선발된 신임순경들이 입교하여 34주 동안 기본교육과 일선지구대 실습을 겸비하고 순경에 임용되는 곳이다. 제주자치경찰단의 신임자치순경들은 중앙경찰학교에서 16주 동안 위탁교육을 받는데, 말 그대로 이는 지극히 기본교육에 해당된다. 이러한 위탁교육은 점차적으로 확대해 나갔다.

위에서 언급한 바와 같이 교육기관을 설치 운영한다는 것은 천문학적 예산이 소요되는 일이다. 2006년 7월 창설된 제주자치경찰은 자체 신임자치순경을 위한 교육기관을 설치하지 못했기 때문에 국가경찰 기관인 중앙경찰학교에 위탁교육을 통해 해결했다. 2015년에는 9명, 2016년은 미선발, 2017년 6명, 2018년 9명, 2019년 1명, 2020년 5명이 중앙경찰학교에 위탁기본교육을 받았다. 이 중에서 여경이 차지하는 비율은 4명으로 전체 16.0%를 차지했다. 이들은 중앙경찰학교에서 국가경찰 소속 신임순경들과 함께 교육하지 않고 별도로 프로그램을 만들어 자체적으로 신임자치순경교육을 받았다. 특히 2020년에는 5명이 중앙경찰학교에 위탁 입교하여 신임경찰교육기간을 2020년 8월 15일부터 12월 11일까지 34주 동안 국가경찰 신임순경과 동일한 커리큘럼으로 수업을 진행한다. 이는 이미 2019년 1명이 34주 동안 신임자치순경교육을 이수한 전례가 있다. 위 1명은 2018년 9명이 입교했던 신임순경 중 부상으로 퇴교했다가 치료 후 2019년에 홀로 입교해서 교육훈련을 받고 자치순경에 임용된 특별한 경우이다.[1]

〈표 6-1〉 제주자치경찰 신임교육 현황(위탁)

(단위: 명)

구분	소계	2015	2016	2017	2018	2019	2020
소계	25	9	—	6	9	1	5
남	21	7	—	4	9	1	5
여	4	2	—	2	—	—	—
교육기간		16주	—	22주	17주	34주	34주

출처: 제주자치경찰단, 내부자료(2020).

제주자치경찰은 신임순경을 선발해 경찰청 부속 중앙경찰학교에 위탁교육을 시키고 있는바, 물론 신임자치경찰들의 교육비는 제주자치경찰이 부담하고 있으며 해당 신임자치경찰들은 다음과 같은 교육훈련 프로그램을 통해 34주 동안의 전과정이 마무리된다. 이들 자치경찰의 교육훈련과정은 국가경찰의 교육훈련 과정과 동일하게 짜여졌으며 프로그램 중에서 가장 많은 비중을 차지하는 것은 역시 무도와 사격 및 술기 과정들인데 무려 21.0%나 된다. 아래의 표에서 보는 바와 같이 수사법률 분야도 그 비중이 큰 편인데 19.2%나 된다. 그리고 현장실무

---

1) 제주자치경찰단, 내부자료(2020).

〈표 6-2〉 중앙경찰학교 신임교육과정 강의 시수

(단위: 시간, %)

현장대응 (술기)	수사법률	현장실무	인권 소양 (공직 가치)	기타 (공휴일 등)	소계(시간)
125	114	90	74	192	595
21.0%	19.2%	15.1%	12.4%	32.3%	비율(%)

출처: 중앙경찰학교, 내부자료(2020).

분야가 차지하는 비율도 15.1%나 된다. 마지막으로 공직가치와 인권 영역도 12.4% 정도나 된다.

3) 제주공무원교육원에서 지리문화적 적응교육

중앙경찰학교에서 16주 동안 성공적인 경찰기본교육을 마무리한 제주특별자치도의 신임자치순경후보자들은 제주도로 복귀한 후 제주공무원교육원에서 추가로 약 1개월간 제주도의 역사, 문화, 지리에 관한 자체교육을 받은 후 자치경찰단에 배치되어 직무가 시작된다.

2. 초창기 자치경찰 재직자의 직무교육훈련

1) 일반직원의 직무교육

제주자치경찰의 경우 업무영역이 넓거나 광범위 하지 않은 관계로 국가경찰처럼 경과(警課)별로 다양하게 경찰교육 기관에 가서 직무교육을 받는 제도가 활성화 되지는 않은 편이다. 다만 특사경(민생사법경찰)의 경우는 조금 다른 특성을 가지고 있는데, 즉 부분적으로 법무부 산하 법무연수원이나 경찰교육기관에 직무교육을 받으러 가는 경우가 있다. 하지만 이 경우도 시간적·재정적 한계로 인해 그렇게 많이 활발하지는 않은 것으로 분석된다. 이는 제주자치경찰단의 조직이 그렇게 대규모 인력을 가지고 있지 않기 때문이라는 데에 기인하고 있다.

2) 특별사법경찰(민생사법경찰)의 직무교육[2]

(1) 일반 현황

기본적으로 제주자치경찰의 경우 직무교육 프로그램들은 경찰청 산하 경찰인재개발원(구 경찰교육원), 중앙경찰학교, 경찰대학, 경찰수사연수원 등과 2019년이후 MOU를 체결하여 참여교육이 다소 활성화되고 있다. 그 밖의 또다른 교육프로그램들은 제주지방경찰청 교육센터(구 지방경찰학교), 제주인재개발원 및 자체직장훈련교육 프로그램 등을 통해 이루어지고 있다. 교육대상을 보면 우선 기본교육과정으로 자치경사 이상을 대상으로 하는 프로그램이 있으며, 기타 실무교육과정도 제공되고 있다. 이는 주로 자치경정 이하를 대상으로 제공하는 프로그램이다. 2012년의 사례를 보면 제주자치경찰은 자신들이 운영하고 있는 특별사법경찰 교육과정의 경우 법무부 산하 법무연수원[3]과 경찰청 산하 경찰수사연수원[4]에서 운영하는 프로그램에 참여하는 제도를 마련해 놓고 있다.

제주자치경찰의 교육과정별 수요를 보면 다음과 같다. 즉 2012년에 수행되었던 기본교육과정을 예로 들어 보고자 한다. 경찰청의 교육계획에 따라서 자치경감 2명, 자치경위 1명, 자치경사 1명이 국가경찰기관에 가서 위탁교육을 받은바있다. 타 기관과 밀접한 협력하에서 관련 교육을 공유하는 교육을 시작했다는 점그 자체만으로도 매우 바람직한 사례로 평가된다.

경위이하 기본교육 미이수자의 경우는 처한 현황을 파악하여 경찰청과 교육인원을 재협조하기도 했다. 그리고 제주자치경찰단 소속 특별사법경찰 직원들 중에가장 많이 직무교육 프로그램에 참여하는 기관은 경기 용인 소재 법무연수원의특사경센터이다. 또 하나의 다른 기관은 경찰수사연수원의 수사과정에 참여하고있는데 2012년도 경우는 경위 이하 특사경 직원 중 기초과정에 14명이 참여한바 있다.[5] 2018년과 2019년에도 제주자치경찰단 특사경 중 서너명이 위 기관의

---

2) 제주자치경찰단의 특별사법경찰은 특별사법경찰이라는 용어를 사용하지 않고 민생사법경찰이라는 용어를 사용하고 있다. 서울시의 특사경도 민생사법경찰이라는 용어를 사용하고 있다.

3) 법무부 산하 법무연수원은 이전에 경기도 용인에 있었으나 충북 진천군으로 이전하여 운영 중이다. 물론 기존의 용인 소재 연수원도 그대로 양쪽 모두 활용하고 있다.

4) 경찰청은 부속기구로 충남 아산시에 경찰수사연수원을 운영하고 있다. 우리나라 경찰기관에 근무하는 수사분야의 직원들은 수백 가지의 수사 관련 직무교육에 1주에서 1개월까지 다양하게 참여하고 있다.

5) 사단법인 한국자치경찰연구원. (2015). "자치경찰의 특별사법경찰 사무수행 범위에 관한 연구", 연구보고서, p. 48.

〈표 6-3〉 제주자치경찰단 특별사법경찰의 재교육 설계

구분	중앙교육					기타 교육	
학교별	경찰대학	경찰교육원	중앙 경찰학교	법무 연수원	경찰수사 연수원	제주지방 경찰학교	인재개발원
과정별	자치경정/ 경감 기본교육 과정	자치경위/ 경사 기본교육 과정	신임교육 과정 (신임순경)	특사경 기초과정 (경위이하)	특사경 수사 기초과정 (특사경)	신임경찰 과정 (경위이하)	인재개발원 교육계획에 의거 월중 교육신청 후 교육실시
	–	교통관리자 과정 (경정~경위)	–	특사경 심화과정 (경위이하)	수사요원 양성과정 (경위이하)	현장대응 과정 (경위이하)	
	–	과태료징수 전문과정 (경위이하, 일반·계약 직)	–	–	–	지역경찰 실무 (경위이하)	
	–	교통안전 교육 전문과정 (경위이하)	–	–	–	교통실무 과정 (경위이하)	
	–	청소년범죄 대책과정 (경정이하)	–	–	–	–	

출처: 제주특별자치도 자치경찰단(http://jmp.jeju.go.kr), 내부자료 참조(2012) 및 2020년의 자료를 중심으로 재작성.

직무교육에 참여하여 성공적인 교육이 이루어졌다.

한편 제주자치경찰 직원의 직무교육과 관련해 인원별 상황 파악을 보면 초창기에는 직무교육이 활발했으나 점차적으로 감소해 왔다. 사실상 인원도 부족하여 자리를 비우기가 쉽지 않은 문제도 있고 교육에 참여하는 일련의 필요 예산들도 적지 않은 비용이 소요되므로 모든 자치경찰인력이 직무교육에 모두 참여하는 상황에 놓여있는 실정이다.

한편 제주자치경찰단에서는 2020년 2월 현재 조직을 개편하여 별도의 수사과(수사 1팀, 2팀, 3팀)를 운영하고 있는데, 이 부서에서 역시 민생사법경찰(특사경)이 활동하고 있다. 본 수사관에서는 민생사법경찰(특사경) 업무의 경우 주로 산림, 식품, 보건위생 영역에서 활발하게 이루어지고 있다. 지금까지 민생사법경찰(특사경)

수사관들이 외부기관에 직무교육을 다녀오고 있는 참여인력의 규모는 그렇게 크지는 않지만 그래도 매년 이루어지고 있다는 점에서 그 가치를 높이 평가할 수 있다. 지금까지 국가기관에 직무교육을 다녀온 제주자치경찰의 민생사법경찰(특사경)의 수는 2017년, 2018년, 2019년의 경우 각각 3명가량이다. 이는 다시 두 가지로 나누어지는데, 하나는 순수 자치경찰공무원 중 수사관 2명이며, 다른 하나는 민생사법경찰 수사관 중 도청에서 파견 나와 있는 행정직공무원(특사경) 중에서 1

〈표 6-4〉 직원의 재교육인원별 소요파악

연번	소 관	과정명	소요인원			신청 사유	비 고
			소속	계급	성명		
1	경찰대학	• 경감기본교육과정 – 교육인원: 2명					세부교육일정 – 관계기관과 협의 후 추후 확정, 제주자치경찰은 매년, 즉 2017, 2018, 2019년에도 3명의 민생사법경찰(특사경)을 용인 소재 법무부 법무연수원에 보내서 직무교육을 받도록 했다(산림, 식품, 보건위생 분야).
2	〃	• 경위기본교육과정 – 교육인원: 1명					
3	경찰교육원	• 경사기본교육과정 – 교육인원: 1명					
4	〃	• 교통관리자과정 – 교육대상: 경정~경위					
5	〃	• 과태료징수전문과정 – 경위이하, 일반·계약직					
6	〃	• 교통안전교육전문과정 – 경위이하					
7	〃	• 청소년범죄대책과정 – 경정이하					
8	중앙경찰학교	• 신임교육과정 – 신임순경 13명 교육 중					
9	법무연수원	• 특사경 기초과정 – 경위이하	특사경과 등 13명 기 신청완료				
	〃	• 특사경 기초과정 – 경위이하	특사경과 1명 기 신청완료				
	경찰수사연수원	• 특사경수사심화과정 – 경위이하					
10	〃	• 수사요원 양성과정 – 경위이하					
11	제주지방경찰학교	• 신임경찰과정 – 경위이하					
12	〃	• 현장대응과정 – 경위이하					
13	〃	• 지역경찰실무 – 경위이하					
14	〃	• 교통실무과정 – 경위이하					

출처: 제주특별자치도 자치경찰단(http://jmp.jeju.go.kr), 내부자료 참조(2012-2020).

명이다.[6)]

(2) 제주자치경찰단 특별사법경찰의 재교육훈련 문제

현대사회에서 범죄는 날이 갈수록 고도로 지능화되고 있다. 이러한 현실속에서 제주자치경찰단 산하 특별사법경찰의 경우는 아직 자체적으로 직무교육을 위한 교육훈련시설을 확보하지 못했다. 천문학적인 예산과 인력 및 시설이 필요하기 때문이다. 따라서 국가경찰의 교육기관인 법무부 소속 법무연수원, 경찰청 소속 경찰수사연수원, 경찰청 소속 경찰인재개발원(구 경찰교육원), 그리고 경찰대학의 직무교육 프로그램 등에 위탁하여 직원들의 재교육이 이루어지고 있다는 점은 위에서 설명한 바와 같다. 우리나라 국가 및 지방자치단체에서 관할 지방검찰청 검사장에 의해 지명 받은 특별사법경찰관들의 숫자는 2017년의 경우 무려 20,000여명을 넘어서고 있는 실정이다. 대부분의 국가 및 지방자치단체 소속 특별사법경찰들은 법무연수원이나 경찰수사연수원 등을 통해 특사경 직원들의 직무교육이 이루어져 왔다. 왜냐하면 특사경을 총괄 지휘하는 컨트롤타워가 대검찰청 형사2과이다. 대검 형사2과(2과장: 부장검사)는 법무연수원에 특사경 교육센터를 설치해 오래전부터 운용해 오고 있기 때문이다. 또한 비용이 많이 들어가는 관계로 대부분의 특사경 운용 기관들은 자체적으로 직무교육기관을 운용하지 못하고 있다. 우리나라의 모든 특사경들은 주로 법무연수원 특사경 교육센터의 직무교육 프로그램의 직무교육과정에 참여하는 정도에 그치고 있는 실정이다.

제주자치경찰의 경우 법상 주요임무는 범죄예방을 위한 순찰활동에 집중하고 있으며 또 하나의 핵심 업무는 특별사법경찰 업무로 귀결되는 만큼, 특히 특별사법경찰들의 역량을 향상 시켜 주기 위해 직무교육의 기회가 많이 주어질 수 있도록 노력할 필요가 있다.[7)]

특히 위에서 지적된 문제들은 다음의 3가지 차원에서 어느 정도 진단이 가능하며 그 해결방안을 찾아 나갈 수 있다고 본다. 첫째, 다양한 프로그램을 발굴하여 직원들을 관련 프로그램에 참여시켜 업무의 극대화 및 효율화를 기하도록 해 주는 정책기획상의 의지가 비교적 약한 것으로 보여 진다. 둘째, 직원들이 직무교육 프로그램에 참여하고 싶은 의지를 나타내지 않을 수도 있을 것이다. 물론 이

---

6) 이는 관련자들과의 인터뷰를 통해 크로스 체크된 인원이다; 제주특별자치도 자치경찰단(http://jmp.jeju.go.kr), 내부자료 참조(2020).

7) 사단법인 한국자치경찰연구원. (2015). "자치경찰의 특별사법경찰 사무수행 범위에 관한 연구", 연구보고서, p. 49.

것은 제도적으로 의무화 하면 어느 정도 해결될 문제로 평가된다. 따라서 이를 위한 지속적인 노력이 강구될 필요가 있다고 본다. 셋째 자치경찰 직원들의 직무교육을 위한 예산이 넉넉히 확보되어야 한다. 하지만 이 과제는 시민들의 생명과 재산을 지키는 매우 중대한 국가와 지방정부의 과제라는 차원에서 접근해야 한다. 넷째, 직무교육이 이루어지는 시기에 공적·사적으로 일이 겹치고 상호 간 참여기회가 엇박자가 나서 본의 아니게 참여하지 못할 수도 있다고 본다.

제 2 절   제주자치경찰의 직무교육훈련의 문제점

1. 소규모 인력으로 인한 외부기관 직무교육 참가의 한계

제주자치경찰의 경우 인력이 넉넉하지 않은 비교적 적은 조직인데다가 직무 또한 국가경찰의 조직처럼 경과별로 볼 때, 대규모인 것도 아니다. 이런 한계 때문에 부족한 직무 인원의 어려움을 무시하고 자유롭게 외부기관에 설치되어 있는 직무기관에 자유롭게 교육을 받으러 가는데 있어 어려움이 상존한다. 향후 17개 광역시도에서도 역시 자치경찰제를 확대 실시한다면 자치경찰인력이 증가하게 되고 인원의 증가로 인해 기관들 상호간에 인사교류도 가능하게 될 것이다. 동시에 다소라도 여력이 생긴 자치경찰의 인력으로 인해 국가경찰 기관에 파견도 가능해 질 것으로 본다. 이처럼 파견인력을 통한 협업 관계가 늘어나게 될 가능성이 크며 이렇게 되면 그 필요성에 의해 직무교육의 기회도 활성화 될 것으로 본다.

2. 예산상의 문제

제주자치경찰의 직무교육훈련에 있어서 그 필요성도 많지는 않지만 더 중요한 것은 예산상의 문제가 가장 크다고 평가된다. 제주자치경찰의 경우도 자유롭게 직무교육을 확대하여 다양한 직무교육의 기회가 확대되는 것이 반드시 필요하지만 현재 처한 재정상태로 인해 이것이 수월하지 못한 게 사실이다. 누군가 직무교육에 참가하게 되면 적은 인원으로 이루어져 있다는 한계점 때문에 인력도 적으며 또한 여력이 크지 않은 근무조건에서 만일 이 시간대에 누군가 직무교육을 받으러 갈 경우 그 부족한 상황의 발생을 누군가는 대신 수행해 주어야 하는 한 계점에도 직면한다. 그럼에도 불구하고 위에서 살펴본 대로 매년 수사관들 3명을 경기 용인 소재 법무부 법무연수원에 직무교육을 보내고 있다는 점은 매우 고무적인 성과로 평가된다.[8]

이곳 법무연수원 특사경센터에서는 비록 월요일~금요일까지 5일 직무교육에 그치고 있기는 하지만 특사경 업무 수행을 어떻게 해나가야 하는지에 대한 핵심 노하우는 어느 정도 제공해 주는 것으로 알려져 있다. 중장기적으로는 예산을 확보해 현재 1주일 과정을 최소 2주일 과정으로 늘리는 노력이 강구될 필요가 있다. 현재 5일은 너무 적은 시간으로 보여진다.

3. 제주자치경찰과 국가경찰기관 간 인사교류(파견)

그동안 제주자치경찰단에서는 인력도 부족했지만 그 보다도 타 기관에서 인사교류를 할 수 있는 상황이 만들어지지 못했다고 보아야 한다. 그나마 문재인 정부가 2017년 5월 10일 출범하고 자치경찰제를 100대 국정과제로 발표한 이후 분위기도 반전되었다. 마침내 2018년 기회가 확대되어 제주자치경찰단의 이○○ 경정이 경찰청 자치경찰과로 인사교류가 이루어지는 큰 성과가 있었다.[9]

이는 우리나라 최초의 국가경찰과 제주자치경찰이라는 경찰 기관 간의 인사교류 사례로 기록되었다. 이를 통해 2018년부터 2019년 6월 말까지 2년간 경찰청 자치경찰단에 파견근무하며 국가경찰-자치경찰 간에 정책교류를 활성화 하는 등의 큰 성과가 있었다. 이어서 2차로 제주자치경찰단(단장, 자치경무관)의 고○○ 자치경정이 두 번째로 2019년 7월부터 역시 경찰청 자치경찰단(단장, 경무관)에 파견되어 2020년 말까지 근무했다. 이뿐만 아니라 2019년도에 제주자치경찰 소속 자치경감 1명도 서울에 소재하고 있는 대한민국시도지사협의회 사무국에 파견근무 중이다. 이는 두 가지 차원에서 매우 고무적인 일이다. 이와 관련해 다음과 같이 두 가지를 논의해 볼 수 있다. 하나는 경찰청의 경우 노무현 정부, 박근혜 정부, 이명박 정부 시절에 제주자치경찰과 국가경찰 간에 전혀 인사교류가 불가능

---

8) 제주특별자치도 자치경찰단(http://jmp.jeju.go.kr), 내부자료 참조(2021).
9) 2018년 문재인 정부의 100대 과제 중 13번째 주요 정책과제로 제시된 자치경찰제의 도입을 위한 경찰개혁위원회 내에 자치경찰소위원회도 기능하는 등 제주자치경찰제 모델이 크게 참고 되어야 하는 관계로 경찰청과 제주자치경찰단 간에 인사교류가 매우 긴요한 과제 중 하나다.

할 정도로 관심이 없었다. 이것은 2017년 5월 10일을 기해 출범한 문재인 정부에 와서 사뭇 달라졌는데, 바로 경찰청은 스스로 제주자치경찰 직원들이 비록 1명 정도지만 경찰청에 파견될 수 있도록 허용하게 되었다. 경찰청에서도 자치경찰제가 전국에서 시행되도록 한다는 문재인 정부의 강한 의지를 신속하게 인식한 데에 기인한 것으로 이해된다. 동시에 경찰청은 2019년 초에 문재인 정부가 발표한 자치경찰제 도입모델을 미리 시범 실시[10]해 보기 위한 일환으로 총 268명의 제주경찰청 소속 국가경찰관을 제주자치경찰단에 2018년 4월부터 파견해 시범 실시 및 적응을 해 보았다는 점이다. 다른 하나는 국가경찰-자치경찰 간 시범실시를 통한 급속한 접근 협력이다. 이전에 양자 간에는 미미한 교류협력 선에 그쳤다. 국가경찰 입장에서 거의 별 영양가 없는 업무만 자치경찰단에 부여하는 정도에 그침으로써 교류할 일도 거의 없었던 게 사실이다. 하지만 우리나라 자치경찰제의 선구자가 된 제주자치경찰제는 전국에 확대 실시되는데 있어 유일한 모델로 자리 잡게 되었다.

지금까지 위에서 살펴본 제주자치경찰의 직무교육훈련과 재교육은 2019년까지의 상황을 살펴 본 내용들이다. 하지만 위에서 살펴본 내용들은 2019년 4월 1일 자로 제6대 고창경 지원자(자치경무관)가 제주자치경찰단장에 취임한 이후 「2020년 자치경찰공무원 교육훈련 계획」을 새롭게 수립함으로써 다음과 같이 많은 변화를 가져왔다.

제3절   제주자치경찰의 2020년 직무교육훈련 계획

1. 자치경찰공무원 교육훈련의 법적토대와 구분 및 운영체계

제주자치경찰은 일명 「제주특별자치도 설치 및 국제자유도시 조성을 위한 특별법 제115조」와 「제주특별자치도 자치경찰공무원 임용 등에 관한 조례 제55조」의 법적 근거를 토대로 자치경찰 직원들의 직무교육훈련을 수립하여 시행할 의무

---

10) 문재인 정부는 홍익표 의원이 발의한 경찰법 전부개정안이 국회를 통과하고 6개월 후 발효하면 시범실시지역을 선정해 2년간 미리 시범기간을 거쳐 전국 광역시도에 확대실시 하겠다고 2019년 전반기에 전격 발표하였다. 그러나 2020년 1월 말까지 통과되지 않았다. 참고로 2020년 4월 15일 21대 국회 출범을 위한 총선이 실시되었다.

를 지고 있다. 사실상 제주자치경찰은 위에서 살펴본 바와 같이 그동안 자치경찰 직무교육훈련 면에서 볼 때 소수의 직원 및 예산상의 불충분 등으로 인해 미비점이 적지 않았던 게 사실이다. 그러나 2019년에 경찰청과 사이버교육 사용협의 (2019. 3), 제주지방경찰청 교육센터 위탁교육(2019. 6), 제주도인재개발원 자치경찰단 전문교육 신설협의(2019. 12), 제주도 인재개발원 전문교육 신설(2020. 1), 경찰청 사이버교육 사용 가능(2020. 1) 등 타 기관 간 교육프로그램들을 확대하여 2020년부터 활발하게 추진해 나가고 있다.

이는 크게 신임교육, 승진대상교육, 전문교육, 직장훈련 등으로 나누어 실시하게 되었다. 우선 신임교육은 중앙경찰학교(위탁교육)에 위탁하는 기존방안을 유지하기로 했다. 승진대상교육과 전문교육의 경우는 제주도인재개발원과 경찰청 등 국내 위탁교육기관에 위탁하고, 직장교육은 제주자치경찰단 자체에서 소화하는 것으로 구축하여 활발하게 추진 중이다.

〈표 6-5〉 제주자치경찰 교육훈련의 구분

구 분	교육내용	대상	교육기관
신임교육	올바른 공직자세 직무역량	순경 공채	중앙경찰학교(위탁교육)
승진대상 교육	직급별 리더십 직무역량	총경~경사 (승진후보자)	제주도인재개발원
			경찰청 등 국내 위탁교육기관
전문교육	직무수행 기술·지식	재직자	제주도인재개발원
			경찰청 등 국내 위탁교육기관
직장훈련	직무 및 일반소양 사격·체력·무도	재직자	자치경찰단

출처: 제주자치경찰단, 내부자료(2020).

〈표 6-6〉 제주자치경찰 교육훈련을 위한 운영체계

경찰정책관(자치총경)	• 자치경찰공무원 교육훈련에 관한 계획의 수립·조정 • 교육훈련 운영·관리 및 성과평가 • 재직자 직장훈련(직장교육, 사격, 체력, 무도) • 교육기관 업무 지원
교육기관	• (제주도 인재개발원) 재직자 직무전문교육 • (중앙경찰학교 위탁교육) 신임경찰관 교육훈련 • (경찰청 등 위탁교육) 재직자 직무전문교육

출처: 제주자치경찰단, 내부자료(2020).

제주자치경찰은 교육훈련을 위해 다음과 같은 운영체계를 마련하여 시행 중이다. 제주자치경찰의 직무교육은 〈표 6-6〉과 같이 경찰정책관(자치총경)이 주관자가 되어 활발하게 추진 중이다.

2. 제주자치경찰의 직무교육상 개선 현황

제주자치경찰 교육훈련의 변화 현황을 볼 때, 가장 눈에 띠게 개선된 부분은 바로 직무교육 기관의 확대와 사이버교육 프로그램 참여 등으로 대폭 확대했다는 점이다. 특히 자치경찰단 직원을 대상으로 하는 직무교육도 12개 과정이나 신설함은 물론 상시학습 제도를 새로 도입(조례 등 관련법 제정)하여 2020년부터는 50시간으로 하고 순차적으로 연 80시간까지 확대하게 되었을 뿐만 아니라 본 프로그램을 미이수할 경우 그 해당 자치경찰직원은 승진대상에서 제외하도록 함으로써 교육훈련을 상당히 강화시켰다. 교육훈련은 아무리 강조하고 실천해도 부족하지 않은 만큼, 이는 매우 바람직한 계획으로 평가된다.

〈표 6-7〉 제주자치경찰 교육훈련의 변화 현황

구 분	개선 前	개선 後
직무교육 기관 확대	• 道 인재개발원 • 경찰인재개발원 • 법무연수원	• 좌동 • 경찰수사연수원 • 경찰청 사이버교육 • 제주청 교육센터(2019.6~)
전담교육 신설	• 道 인재개발원 道 산하 전 공무원 대상 교육 중 선택 교육이수	• 자치경찰단 직원 대상 직무교육 12개 과정 신설 * 기존과 동일하게 다른 교육 과정도 이수 가능
기본교육 개선	• 道 인재개발원 • 중앙경찰학교(신임순경) • 경찰대학(경감이상)	• 좌 동 • 국가에서 인정하는 위탁(집합)교육기관 포함 * 신임순경은 중앙경찰학교 교육
상시학습 제도 도입 (조례 등 관련법 제정)	• 없 음	• 2020년 50시간부터 순차적으로 연 80시간까지 확대 * 미이수시 승진대상 제외

출처: 제주자치경찰단, 내부자료(2020).

3. 제주자치경찰-경찰청 간 교육기관 위탁교육

무엇보다 제주자치경찰단은 경찰인재개발원, 수사연수원, 사이버교육, 지방교육센터와 자치경찰의 교육확대를 구축하였다. 자치경찰단은 경찰인재개발원, 경찰수사연수원 교육수요 범위 및 과정편성 등을 검토하여 2019년 12월말 경찰청 부속 경찰인재개발원과 경찰수사연수원의 교육계획에 적극 반영하였다. 그리고 2020년 직무전문교육을 전격 확대 실시하는 성과를 보여주었다.

그리고 〈표 6-8〉에서 보는 바와 같이 2019년도에는 9개 교육과정에 26명 정도에서 2020년에는 65개 분야에 무려 582명으로 놀라우리만치 확대되었는 데 이는 매우 바람직한 개선으로 평가된다. 교육의 기회 제공은 아무리 늘리고 강조해도 부족하지 않은 것이기 때문이다.

〈표 6-8〉 제주자치경찰의 직무교육 확대 현황

2019년도				2020년도			
분야	교육기관	교육과정	인원	분야	교육기관	교육과정	인원
집합 교육	경찰인재개발원	1개	2명	집합 교육	경찰인재개발원	20개	70명
	제주청 교육센터	7개	20명		경찰수사연수원	7개	13명
	법무연수원	1개	4명		제주청 교육센터	11개	60명
	합 계	9개	26명		경찰사이버교육	26개	435명
					법무연수원	1개	4명
					합 계	65개	582명

출처: 제주자치경찰단, 내부자료(2020).

4. 제주자치경찰공무원 기본교육의 개선

제주자치경찰은 직원들의 기본교육 이수기관의 전격 확대를 추진하였다. 기존에는 제주도 인재개발원에서 이루어지던 직원의 직무교육이 국가공인교육기관으로까지 확대된 것이다.

자치경찰공무원의 기본교육은 그 대상자를 자치총경~자치경사(승진후보자 포함)에 한정하였으며 교육시간 이수제를 선택했다. 그리고 적용기간은 2019년 6월부터 계획변경 시까지로 했다.

〈표 6-9〉 자치경찰공무원의 인정교육 현황

계급별	개선 前	개선 後
순경~경장	• 중앙경찰학교(신임)	• 좌 동 • (총경~경사)국가에서 인정하는 위탁(집합)교육 기관 포함
경위~경사	• 道 인재개발원	
총경~경감	• 道 인재개발원 • 경찰대학(경감이상)	

출처: 제주자치경찰단, 내부자료(2020).

특히 제주자치경찰공무원의 기본교육 개선에 따르면 향후에는 경감~경정의 경우 국립경찰대학 기본교육을 위한 인원 책정 시 신청하여 의무로 이수하는 것을 원칙으로 하였다는 점도 큰 변화이다. 이러한 개선은 그동안 제주자치경찰공무원 중 간부급 직원들이 자칫 직무교육 없이 매너리즘에 빠질 수 있다는 위기감에서 탈출할 수 있는 매우 바람직한 기회가 될 것으로 본다.

그리고 아래의 자치경찰공무원 위탁교육 인정기관명에서 보는 바와 같이 이전에 전혀 볼 수 없었던 직무교육기관을 광범위하게 확대함으로써 직원들에게 이전에 전혀 경험해보지 못했던 풍부한 교육의 기회를 제공해 주고 있다는 점에서 향후 좋은 호응을 얻을 것으로 크게 기대된다.

〈표 6-10〉 자치경찰공무원 위탁교육 인정기관

연번	교육기관명	연번	교육기관명
1	감사교육원	8	행정안전부
2	정부정보화교육센터	9	국민권익위원회
3	한국지역정보개발원	10	경찰대학
4	국토교통인재개발원	11	경찰인재개발원(지방경찰교육센터)
5	국토해양인재개발원	12	지방행정연수원
6	국립과학수사연구소	13	법무연수원
7	국립환경인력개발원	14	도로교통안전관리공단
기타	교육기관 명칭이 변경되었거나 위에 열거되지 않은 경우에 국가에서 공인하는 위탁교육 기관인 경우 인정		

출처: 제주자치경찰단, 내부자료(2020).

한편 제주자치경찰은 교육인정 과정 및 이수시간 자치경위 및 자치경사와 자치총경, 자치경정, 자치경감 등으로 2원화 하여 실시하고 있다. 그리고 정보화(전산)교육과 외국어교육은 제외이다.

〈표 6-11〉 교육인정 과정 및 이수시간(자치경위 및 자치경사)

이수교육 이수시간	전문교육	청렴교육 (사이버교육 포함)
35시간	27시간 ※ 10시간 이내 사이버교육(전문교육) 이수가능	8시간

출처: 제주자치경찰단, 내부자료(2020).

한편 자치총경, 자치경정, 자치경감의 경우 교육인정 과정 및 이수시간은 전문교육이 60시간이며 청렴교육(사이버교육 포함)이 10시간으로 총 70시간이다. 그리고 정보화(전산)교육과 외국어교육은 제외이다.

〈표 6-12〉 교육인정 과정 및 이수시간(자치총경, 자치경정, 자치경감)

이수교육 이수시간	전문교육	청렴교육 (사이버교육 포함)
70시간	60시간 ※ 20시간 이내 사이버교육(전문교육) 이수가능	10시간

출처: 제주자치경찰단, 내부자료(2020).

제주자치경찰의 직무교육훈련에서 인정 기준을 보면 첫째, 이수시기(2019.6.1~계획 변경시)에 이수한 교육훈련을 인정한다. 특히 인정기준 변경전 경찰정책관－2848(2019. 2. 28)의 계획에 의한 교육은 인정한다. 둘째, 위 이수시기 이전에 당해 직급에서 경찰대학교 위탁교육에 참여해 수료한 것은 물론 인정해 주기로 했다. 그리고 교육훈련 이수시간은 종료시점 기준(교육수료증 등)으로 인정한다. 또한 동일 교육내용 및 교육과정은 1회에 한하여 이수를 인정하며 중복인정은 불가능하다.

여기서 위와 같이 직무교육훈련을 시행하면서 가장 중요한 관심의 대상은 바로 그 이수 결과에 대한 승진의 반영 여부라고 할 수 있다. 마침 제주자치경찰은 직원들의 이러한 교육훈련 이수시간의 충족여부를 근무성적 평정 및 승진에 반영하게 되었으며 궁극적으로 이러한 결과는 사기를 충족시킴은 물론 더 나아가서 이들이 이수한 교육의 효과는 제주도민들의 치안 안전을 통해서 나타날 것으로 기대된다.

제 4 절   제주자치경찰의 신임교육훈련 성과

1. 제주자치경찰의 2019년 직무교육 성과

제주자치경찰은 2019년의 경우 다음과 같이 직원들의 직무교육을 시행하여 많은 성과를 도출해 내었다. 2019년 12월에 중국 우한지역에서 발생해 2020년 1월 중순경 우리나라에서 대구지역에서도 본격적으로 코로나바이러스가 전파된 뒤 곧이어 전국적으로 대유행하면서 많은 어려움 속에 제주자치경찰은 제주경찰청이 운영하고 있는 교육센터에서 주로 실무 중심의 국가경찰교육프로그램에도 비록 소수정예 방식으로나마 적극 참여하는 적극성을 보여주었다.

〈표 6-13〉 2019년 자치경찰 교육 현황

교육기관	과정명	교육 수료자 (인원)
법무연수원 위탁	특별사법경찰 수사 실무과정	9
제주지방경찰청 교육센터	가족폭력·아동학대 대응 실무	2
	중간관리자 과정	1
	교통행정 기초	2
	외사 실무 기초	1
	풍속 실무	1
	드론 조정 및 촬영(실습)	1
	유실물 실무	3
	재산범죄 수사 실무	1
	교통안전 홍보 기초	1
	경찰홍보 실무	1
		23

출처: 제주자치경찰단, 내부자료(2020).

2. 제주인재개발원의 자치경찰교육 프로그램 설치

제주자치경찰은 2020년의 경우 제주인재개발원에 직원들의 교육훈련을 위탁하여 참여하도록 했다. 물론 코로나바이러스의 세계적 대유행으로 인해 어려움이 매우 많았지만 그럼에도 불구하고 꾸준히 추진해 나갔다. 특히 수사 분야가 가장 많은데 3개 분야를, 그리고 교통 분야는 2개 분야 또한 경무, 여청, 외사, 드론 및 관광경찰 등이 각 1개씩 차지하고 있다. 〈표 6-14〉에서 그 세부적인 과정들을 살펴볼 수 있다.

〈표 6-14〉 2019년 자치경찰 교육 현황

과정명	교육 횟수	교육 일수	교육 인원	교육 시간	교육 시기
교통행정 기초	1	1	15	7	3월
과태료처분향상	1	2	15	14	4월
가정·학교폭력대응	2	2	30	14	5, 6월
형사법 실무	2	2	30	14	3, 6월
특사경 수사 실무	2	2	30	14	5, 11월
디지털 포렌식 이해	2	2	30	14	2, 9월
관광경찰실무	1	1	15	7	7월
드론 운용 기초	2	2	30	14	4, 9월
트라우마 해소	2	2	30	14	4, 6월
다문화의 이해	1	1	15	7	10월
		16	240	119	

출처: 제주인재개발원, http://www.jeju.go.kr/jejuedu/검색일: 2020. 10. 20).

3. 제주자치경찰 특사경의 직무교육 실태

한편 제주자치경찰제에서 유일하게 수사권을 행사할 수 있는 사무영역은 바로 특별사법경찰 분야이다. 제주자치경찰은 이른바 특사경법에 따라 모든 자치경찰 공무원에게 특사경으로 발령을 받을 수 있게 법이 정하고 있기 때문에 자치경찰이 특사경과로 전보되면 곧바로 특사경 업무를 담당하게 된다. 다시 말해 자치경찰 직원이 특사경팀의 업무담당자로 전보되면 곧바로 직무를 수행하는데 어려움이 많이 상존하는 만큼 형법, 형사소송법, 수사 관련 직무교육이 필수적이다. 전장에서도 간단히 언급했듯이 그동안 주로 용인 소재 법무연수원 특사경 센터에 가서 한 주일씩(월~금) 직무교육을 받아왔는데, 이는 너무 적으며 충분하지 않은 시간이라고 다방면에서 지적되어 왔다.[11]

　　따라서 제주자치경찰단은 자체적으로 특사경의 직무교육을 마련해 시행함으로써 그동안 부족했던 수사직무 방식을 보완해 나갈 수 있는 좋은 대안이 마련된 것은 매우 바람직한 제주자치경찰단의 적극적 기획 노력으로 평가된다. 특히 특

〈표 6-15〉 제주자치경찰단 특사경 실무과정 현황

구분	과목명	시간			
		계	공개강의	참여	기 타
합　계		14	10	3	1
교양분야 영역	소계	2	2		
	기본교양교육	2	2		
전문직무분야 영역	소　계	11	8	3	
	특별사법경찰제도에 대한 개관	2	2		
	수사실무 I －범죄인지 －참고인조사 －피의자 심문	3	3		
	수사실무 II －결과보고서 －의견서	3	3		
	전담별 수사실무 관련 사례의 연구	3		3	
등록과 수료	소　계	1			1
	등　록	0.5			0.5
	설문조사와 수료식	0.5			0.5

출처: 제주자치경찰단, 내부자료(2020).

---

11) 신현기, "특별사법경찰 교육훈련제도의 개선방안에 관한 연구", 한국경찰연구학회, 「한국경찰연구」, 2013, 12(1), pp. 14-17.

사경 직무 분야는 행정법 위반자인 행정범들을 수사하여 검찰에 송치하는 인권 문제를 다루는 것인 만큼 특사경 직원들의 수사직무 관련 교육은 많으면 많을수록 나쁘지 않다고 본다.

제주자치경찰단 특사경 실무과정에서 크게 소양분야와 직무분야로 나누어 시행하는데 우선 소양교육 분야에서는 기본 2시간 정도만 할애하는데 그치고 주로 직무분야에서 11시간을 할애하고 있다. 이는 매우 바람직한 프로그램이라고 평가된다. 특사경 제도에 관한 개관과 수사실무 1과 수사실무 2에는 가장 많은 3시간씩 분담했다. 하지만 한 가지 지적할 것은 용인 소재 법무연수원에 대검 형사2과에서 설치한 특사경센터의 프로그램도 이와 비슷하게 짜여져 월~금까지 5일 간 직무교육을 진행하고 있다. 이렇게 짧은 시간 내에는 그 복잡하고 수많은 특사경 직무요령과 업무 매뉴얼을 충분히 취득할 수 없다는 아쉬움과 지적이 적지 않다. 이곳 제주자치경찰 중 특사경 지명자들도 대부분 용인 소재 법무연구원 특사경센터에 가서 한주간 직무교육을 받고 오지만 이는 충분하지 않은 교육시간이기 때문에 자체 특사경 프로그램에서 시간을 점차 증가시킬 필요가 있다고 본다.

제 7 장

문재인 정부의 광역시도단위에서
자치경찰제 도입

　문재인 대선 후보는 2017년 5월 9일 대선에서 당선되어 다음날인 10일 전격 출범했다. 2016년 12월 9일 국회에서 박근혜 대통령에 대한 탄핵이 이루어졌고, 국무총리가 대통령 권한대행을 수행하다가 2017년 5월 9일 대선이 실시되었다. 문재인 대통령 당선자는 선거 다음날인 2017년 5월 10일 인수위원회 설치도 생략하고 대통령직에 취임하여 새 정부를 출범시켰다. 비록 인수위원회 없이 출범했지만 이를 대신할 한시적인 기구가 필요했는데 그것이 바로 국정기획자문위원회였다. 다시 말해 문재인 정부에서 새 정부의 인수위원회와 같은 역할을 대신했던 국정기획자문위원회가 출범해 미래를 향해 정부가 나아가야 할 국정방향을 정한 다음 내놓은 이른바 100대 국정과제 중 13번째에 '국민의, 국민을 위한 권력기관 개혁'이 들어 있었다.

　그리고 그 주요 핵심 내용에는 '광역단위 자치경찰제 도입'이라고 하는 중요 과제가 전격 제시되었다. 무엇보다 '2017년부터 자치경찰 관련 법률을 제·개정 하기로 했다. 그리고 2018년에는 5개 광역시도를 공개모집하여 시범 실시를 진행한 후 2019년부터는 전국적으로 전면 실시' 하겠다는 구체적인 플랜도 제시했다. 이는 지방분권 차원에서 신선한 제안이었으며 많은 전문가들로부터 큰 호응을 얻었다.[1]

　하지만 국회에서 여·야간의 미합의로 인해 2020년 7월까지 아무런 진전이 없는 상태였다. 그 후 2020년 8월 4일 더불어 민주당의 김영배 의원이 자치경찰제 일원화 정부안을 전격적으로 발표했던 것이다. 이에 대한 자세한 내용은 다음의 3절과 4절에서 자세히 다루기로 한다.

---

1) 국민일보, http://news.kmib.co.kr/article/view.asp?arcid(검색일: 2018. 8. 8).

제 1 절 17개 광역단위에서 자치경찰제

1. 법적토대 구축

사실 어느 국가나 사회에서든지 하나의 제도가 새롭게 도입되고 시행에 들어가기 위해서는 반드시 법적 근거를 필요로 한다. 즉 법률과 같은 어떤 법적 근거가 되는 기본토대가 마련되어야만 그 해당 제도는 실행에 옮길 수 있다. 만일 이것이 구축되지 않는다면 한 국가에서 시행하고자 하는 어떤 제도든 그 실현은 사실상 불가능하다. 다시 말해 법적인 토대가 구축되지 않고는 우리나라 어디에서든 자치경찰제는 한발자국도 앞으로 나아갈 수 없다는 이야기다. 이 말은 사전에 예를 들어 (가칭)자치경찰법 아니면 경찰법전부개정안 등이 국회를 거쳐 개정된 후 시행에 들어가지 않을 경우 전국적으로 자치경찰제를 도입하는 것은 불가능하다는 이야기로 정리된다. 법제화의 시작은 문재인 정부에서 역시 국회가 열쇠를 쥐고 있다. 중요한 역할을 하는 기구는 바로 국회 특별사법개혁위원회이다. 국회 특별사법개혁위원회가 자치경찰제 도입 관련법을 다룬 후 최종적으로 합의를 이룬 후 국회 법사위원회를 거쳐 본회의에서 통과되어야 하는 과정을 거친다. 통상 이는 6개월 후에나 시범실시가 가능하다.[2] 그리고 2년이 경과한 후에야 비로써 전국 17개 광역시도로 확대 실시가 가능하게 된다. 아쉽게도 여야 간에 의견의 다름으로 인해 대치 상태가 계속되는 바람에 그 논의조차 지리멸렬한 상태로 2018년을 그냥 보냈으며 2019년으로 넘어와서도 거의 진전이 없는 상태를 보여 주었다.

다시 말해 2018년 대통령 소속 자치분권위원회와 경찰청은 빠른 시일 내에 법안을 만들어 국회 특별사법개혁위원회에 제출하는데 합의하였다. 여기에도 여전히 고민은 많았다. 큰 도전에 직면한 것이다. 이를 구체적으로 들여다보면 국회 사법개혁특별위원회에서 검경수사권 조정에 대한 이견으로 인해 좀처럼 위원들 간에 합의를 이끌어 내지 못했다. 가장 큰 문제는 바로 사법개혁특별위원회에 소속된 여야 의원들 간에 첨예하게 당리당략을 놓고 합의를 이루지 못한 채 대립양상을 보여주고 있다는 점이다. 문재인 정부의 사법개혁과 관련해 기본 방향은 크

---

2) 하지만 다 그런 것은 아니고 경우에 따라서는 조금 다름도 얼마든지 있을 수도 있다.

게 두 가지 방향으로 귀결된다. 하나는 검찰에게 주어져 있는 막강한 권력을 국가경찰에게 나누어 상호 견제와 균형을 유지하겠다는 시각이다. 이를 위해서는 검찰의 수사종결권을 경찰에게 주고자 하는 것이다. 또 하나는 이렇게 해서 수사종결권을 가지게 되는 국가경찰은 새로이 권력을 가지게 되면 너무 막강해질 수 있어 잘못하면 국가경찰로부터 시민이 인권침해를 당할 수 있는 우려가 새로운 과제로 떠오르게 된 것이다.

이 문제를 고민하면서 그 해결방안으로 동시에 제시된 것이 바로 17개 광역시도에서 자치경찰제를 도입하고 국가경찰의 권한을 다소라도 나누고자 하는 것이다. 이와 같은 문재인 정부의 희망과는 달리 새로 3가지 변수가 등장하게 된 것으로 풀이된다. 하나는 전문가들의 시각에서 국가경찰이 자치경찰을 통크게 받아들이기를 거부하고 있다는 비판이 적지 않았다. 둘째는 검찰측에서도 수사종결권을 국가경찰에 이관하기를 완전히 꺼리는 등의 소극성을 보여주었다. 셋째 위에서 검토해 본 바와 같이 국회 특별사법개혁위원회에서 소속된 여야 의원들 간에 너무나 큰 이견이 존재하고 좀처럼 이것이 좁혀지지 않고 있다. 문재인 정부의 경우 검경수사권 조정에 대한 과제는 국회 특별사법개혁위원회에서 다루도록 하고 동시에 자치경찰제 도입에 관한 논의, 제도, 시범 관련 내용 등은 당정청을 중심으로 진행하였다. 하지만 가장 중요한 자치경찰법 전부개정안을 다루는 국회 사법개혁위원회가 제 역할을 하지 못함으로써 답보상태를 유지하고 있었다.[3]

2. 시범실시

문재인 정부에서 대통령 소속 자치분권위원회는 이미 당정청이 합동으로 검경수사권 조정과 자치경찰제에 관한 구체적인 방안을 마련해 기본 입장을 발표하면서 서울시, 제주도, 세종시 및 기타 광역시도 중 추가 2개를 선발해 시범운영을 실시하겠다는 입장을 분명히 했었다. 2019년 초에 경기도와 인천광역시 그리고 지방의 기타 광역시도들이 시범실시 공모에 응할 가능성이 높다는 예측들이 나오기도 했다. 하지만 공모를 통해 시범실시 대상이 광역시도가 선발되기까지는 아직 많은 과정들이 남아 있었다. 그럼에도 불구하고 위와 같은 기사 내용들이 언

---

3) 인천일보, http://www.incheonilbo.com/news/articleView.html(검색일: 2019. 1. 16). 한편 이는 결국 2020년 4월 15일 21대 국회의원 선거를 거쳐 5월 말 새국회가 출범하면서 모두다 자동폐기 되는 아쉬운 결과를 보여주었다.

론에 발표된 후 국가경찰들은 적지 않은 동요를 보여주기도 했다. 국가경찰관들은 자치경찰제가 시행될 경우 국가경찰에 남는 것이 좋을지 아니면 자치경찰로 옮겨 가는 것이 바람직한 것인지에 대해 고민하게 된 것은 당연한 일이라고 평가된다. 특히 지구대와 파출소에 근무하는 이른바 지역경찰, 그리고 교통과 지역경비 등 국가경찰의 36%에 해당하는 약 43,000명이 자치경찰제가 새로이 도입될 경우 자치경찰로 이관될 예정이라고 당정청이 밝혔기 때문이다.

국가경찰들의 동요는 어느 정도 예상되었다. 즉 국가경찰에서 자치경찰로 이관되는 국가경찰공무원들은 원래 국가경찰의 신분 보유에서 자치경찰로 이관될 때, 소속이 지방공무원 신분으로 변경되는데서 오는 우려내지는 낯설음이 있을 수밖에 없을 것이다. 최근 이런 저런 매스컴을 통해 동요가 일기도 했었다. 이러한 우려를 덜어주기 위해 경찰청은 국가경찰에서 이관되는 자치경찰의 신분을 그대로 유지한 채 자치경찰의 직무를 수행해 나가는 방안을 동시에 강구하는 중이라고 입장을 표명하기도 했다. 그 이유는 교육공무원들이 현재 국가직이면서 광역시도 소속의 교육청에 근무하고 있는 모델을 예로 들었다. 또 하나는 광역시도에 소속되어 있던 지방공무원인 소방직공무원들이 2019년에 모두 국가직공무원으로 바뀌게 되었는데[4] 국가경찰의 신분을 가지고 광역시도에서 자치경찰직무를 수행하도록 하는 제도로 변경되었는데, 이에 100% 비견된다. 이러한 사례를 국가경찰도 하나의 모델로 삼아 볼 수 있다는 희망하에 경찰청의 복안이 계속 연구되었다.[5] 훗날 이러한 복안은 결국 실현되었는데 다음의 3절과 4절에서 자세히 살펴보기로 한다.

---

4) 2019년 11월 19일 국회는 본회의를 통해 소방관 국가직 전환 법안이 전날 국회 본회의를 통과했다. 전체 소방공무원 5만4,000여명 중 99%에 육박하는 지방직 소방관이 2020년 4월부터 국가직으로 신분이 바뀐다. 소방관 국가직 전환은 문 대통령의 대선 공약이기도 했다.

5) MBN뉴스, http://www.mbn.co.kr/pages/news/newsView.php(검색일: 2018. 12. 11).

제 2 절 광역시도단위의 자치경찰제 모델 구축

1. 경찰청 경찰개혁위원회의 자치경찰제 제안 모델(안)

1) 경찰개혁위원회의 자치경찰제 모델

경찰청 경찰개혁위원회(경찰청장 이철성, 2016. 7. 28～2018. 6. 29)[6]는 2017년 11월 7일을 기해 광역시도단위 자치경찰제 도입을 위한 권고안을 각 언론을 통해서 전격 발표한 바 있다. 이것은 물론 현재의 국가경찰제에 대해 변경하지 않고 그대로 존치시키는 것을 전제조건으로 하고 있다. 이와는 별도로 전국 17개 광역시도에서 자율적으로 자치경찰제를 설치·운용하는 방안도 담겨 있는 것으로 해석된다. 이를 정리해 보면 향후 한국의 경찰체제는 국가경찰과 향후 우리나라 17개 광역시도에 창설될 예정인 자치경찰제로 이원화되어 운용될 것을 상정한 것으로 평가된다.

한편 이 경찰청의 자치경찰제 모델은 경찰청 경찰개혁위원회가 호남지역, 충청지역, 영남지역, 수도권지역의 국가경찰공무원들을 만나서 간담회를 거치기도 했다. 경찰청은 본 간담회를 통해 경찰직원들의 다양한 의견을 폭넓게 수렴한 바 있다. 경찰청은 이와 동시에 서울시가 자치경찰제 도입을 위한 여론조사를 실시한 결과까지도 모두 반영했다고 밝혔다. 하지만 이 모델이 완성되는 과정에 대해서는 적지 않은 아쉬움을 남겼다. 그 이유는 자치경찰제의 주인공이라고 할 수 있으며 가장 중요한 주체 및 대상이라고 할 수 있는 국민, 시민, 주민의 의견을 완전히 배제한 채 마련된 하나의 권고안 정도에 그쳤기 때문이다. 이러한 각계각층의 지적에 대해 경찰개혁위원회는 향후 국가경찰과 자치경찰 간의 국가적 재정부담, 세부적인 사무범위 및 기타 관련 범위 등을 추가로 검토한 다음 지속적으로 보완해서 바람직한 대안을 강구해 나갈 것이라는 입장을 내놓은 바 있다. 그리고 경찰청 경찰개혁위원회는 대한민국시도지사협의회, 전국시군구청장협의회 및 학계 등과 밀접한 협의를 통해 관련된 권고 사항들을 계속 보완해 나가겠다는 입장도 밝혔다. 그 내용은 다음과 같이 정리된다.

---

6) "경찰이 곧 시민이고 시민이 곧 경찰이다." 민갑룡 제21대 경찰청장은 2018년 7월 24일 취임사를 발표했다(출처: 뉴스렙(http://www.newsrep.co.kr). 임기는 향후 2년이다.

▶ 지방분권이념 구현, 주민밀착형 치안서비스 제공을 위해 「광역단위 자치경찰제」
　도입
　— (조직) 전국 시·도에 '자치경찰본부'와 심의·의결기구인 '시·도 자치경찰
　　위원회' 설치, 시·군·구에 '시·군·구 자치경찰대' 운영
　— (사무) 보안·외사 등의 국가사무를 제외한 전체 경찰사무 중 생활안전·교
　　통·경비 등 생활치안 영역 사무 및 특별사법경찰 사무와 권한(자치경찰에
　　대한 공무집행방해사건·직무과정에서 단속한 음주운전사건 및 주민의 기초
　　적인 사회관계 형성과정과 밀접하게 관련된 범죄인 학교폭력·가정폭력·
　　성폭력 사건에 대한 수사권 포함)을 자치경찰에게 부여
　— (인사) 일반적으로 시·도지사가 인사권을 보유, 다만 자치경찰본부장은
　　시·도 자치경찰위원회가 공모를 통해 3배수를 선발한 후 시·도지사에게
　　추천하면, 시·도지사가 후보자 중에서 1인을 임명
　— (인력) 시·도에서 자치경찰을 일괄 선발하여, 시·도나 산하 시·군·구에
　　서 운용
　— (재정) 지방자치단체 재정부담 완화를 위해 출범 時 예산지원 및 국가경찰
　　건물 공동자원 활용 검토
▶ (업무협력) △신속한 112 처리를 위한 국가-자치경찰 무선통신망·전산망 공
　동 활용 △합동단속·합동수사 △시·도 의회에 지방경찰청장을 출석시켜 치
　안 현안 관련 질의·응답
▶ (정치적 중립성 확보) △자치경찰본부장 후보자를 시·도 자치경찰위원회가
　공모하여 3배수를 시·도지사에게 추천 △시·도 자치경찰위원회를 시·도지
　사, 시·도 의회 등의 추천 인사로 구성

출처: 경찰청 경찰개혁위원회 권고(안), 2017. 11. 7.

(1) 자치경찰 조직

　경찰청 경찰개혁위원회는 전국 17개 광역시·도에 자치경찰 조직을 설치함과
동시에 전국 시·군·구와의 연계성을 밀접하게 유지 및 강화하도록 하겠다는 권
고안을 제시하기도 했다. 경찰청 경찰개혁위원회가 제시한 자치경찰제 조직도는
[그림 7-1]과 같다. 이 모델은 자치경찰제 이원화(안)으로 이해된다. 일제 식민지
에서 1945년 해방된 후 76년(2021년 기준) 동안 활용해 온 국가경찰제를 거의 개
혁하지 않은 채, 사실상 국가경찰제를 그대로 유지한 상태에서 완전히 별도로 17

[그림 7-1] 경찰개혁위원회가 제시한 자치경찰제 조직도(안)

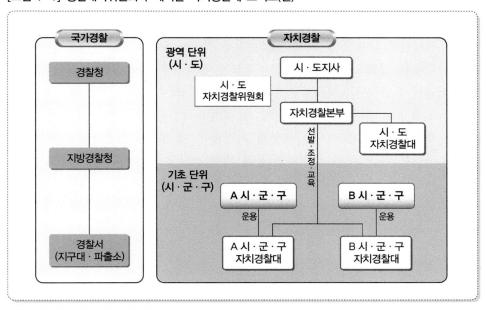

출처: 경찰청 경찰개혁위원회(2017. 11. 7).

개 광역 시·도에 자치경찰제를 새로이 도입하고자 하는 모델이다. 이는 2006년 7월 1일부터 시행된 제주자치경찰제 모델에다가 학교폭력, 가정폭력, 성폭력, 실종자수사 등 몇 가지 수사권만 추가로 미래 자치경찰제 모델에 부여한 정도이다. 자치경찰을 연구하는 학자들은 본 경찰개혁위원회가 제시한 자치경찰제 모델에 대해 여전히 비판의 시각을 보낸바 있다. 사실 본 모델은 학계로부터 모양 바꾸기에 불과한 것이라는 비판을 피하지 못했다.

(2) 자치경찰위원회

위 경찰청 경찰개혁위원회 모델은 자치경찰의 정치적 중립성을 확보하기 위해 자치경찰위원회가 설치될 필요가 있다고 제시했다. 본 자치경찰위원회는 시·도 지사 및 시·도의회 등에서 추천한 9~15인으로 구성할 것을 권고했다.[7] 그리고 본 위원회는 자치경찰사무에 관한 심의·의결을 행할 것을 제시했다. 자치경찰위원회에서 심의·의결할 사항은 다음과 같다.[8]

---

7) 하지만 최종적으로는 7명으로 결정되었다. 그리고 위원장과 상임위원은 시도지사가 임명하는 것으로 법제화되었다.
8) 경찰청 경찰개혁위원회의 모델(2017. 11. 7).

바람직한 자치경찰 활동에 관한 정확한 목표의 수립과 평가를 위한 사항, 자치경찰의 통신, 장비, 예산, 인사 등에 관한 중요한 정책 사항, 자치경찰 관련 바람직한 인사기준의 제시 등 자치경찰의 업무 발전을 위한 사항, 자치경찰의 부패방지를 비롯한 청렴도의 향상을 위한 중요한 정책사항, 자치경찰의 바람직한 운영과 지원에 관한 사항, 자치경찰에 의한 인권침해를 비롯해 경찰권의 남용 관련 소지가 있다고 보여지는 제도와 법령 및 관행, 시·도지사에게 자치경찰본부장 후보자 추천 등에 대한 개선을 비롯해 시정요구, 국민과 자치경찰공무원의 민원 및 자치경찰공무원의 주요 비위사건 등에 대한 감사와 감찰요구 및 징계요구, 상관으로부터 옳지 않은 수사 지휘에 관해 이의가 제기된 경우를 비롯해 이에 대한 조치요구, 자치경찰의 임무가 아님에도 불구하고 또 다른 타 기관으로부터 자치경찰에게 무리한 협조를 요청하는 일련의 사항 등이 바로 그 핵심 내용들이다.

(3) 수사권한에 관한 분석

경찰청 경찰개혁위원회의 권고안은 지방치안의 고유 업무를 핵심으로 다루고 있는 지구대·파출소 소속의 지역경찰을 그대로 놔둔 채, 이와는 별도로 완전히 다른 또 하나의 별개 조직인 자치경찰을 17개 광역시도에 새로 설치하게 됨을 상정하고 있다. 이뿐만 아니라 조직, 인력, 예산에 관한 구체적인 논의도 추가로 풀어야 할 주요 테마 중 하나로 남아있다.

한편 수사권과 관련해 들여다보면 다음과 같다. 경찰청안은 자치경찰에 대해 다음과 같은 업무와 수사권을 권고 및 제시했다. 예를 들어 주요 예방, 교통, 경비 사무, 공공질서 유지 관련 생활안전, 단속, 위험방지, 지방의 전문행정과 밀접하게 관련된 특별사법경찰 사무 등등이 바로 그것이다. 그 밖에 수사권과 연계해서는 다음과 같은 사항들을 전국 17개 광역시도단위에 설치될 자치경찰에게 이관해 주는 것이 바람직하다고 권고하였다. 그 구체적인 내용들은 다음과 같다.

- 학교폭력, 가정폭력, 성폭력 범죄를 비롯하여 주민의 바람직한 기초 사회관계의 형성과정과 밀접하게 관련된 일반범죄, 공무집행방해, 음주운전 관련 사건에 대한 수사권
- 강력범죄로 보여지지 않는 실종자와 미귀가자에 대한 수사권
- '반려견 사건' 등과 관련된 이른바 동물 안전 관리 및 이와 관련된 수사업무(동물보호법 등)
- '도로교통법'과 '경범죄처벌법'의 위반과 관련된 통고처분의 불이행자 등에 대한

즉결심판 청구의 사무 관련 권한 등

물론 정보·보안·외사·강력범죄 및 사이버보안과 같은 국가사무 그리고 전국적·통일적 처리를 필요로 하는 동시에 고도의 전문성에 따라 자치경찰이 도저히 수행하기가 어려운 사무는 사실상 제외함으로써 고유의 국가경찰사무는 그대로 기존처럼 유지하는 게 바람직하다는 입장을 보여주었다.

(4) 자치경찰의 인력과 조직 및 예산

경찰청 경찰개혁위원회가 제시한 자치경찰제 모델을 큰 그림에서 볼 때, 국가경찰은 향후 새로 창설될 자치경찰에게도 역시 미미한 수사권을 부여해 주는 범위 내에서 설계되고 만들어진 권고안으로 평가된다. 이뿐만 아니라 이마져도 본 모델은 만일 검찰이 기존처럼 향후에도 수사권을 그대로 보유한다면 경찰청 경찰개혁위원회가 제시한 자치경찰제 도입을 위한 권고안은 사실상 세부 계획에 있어 수정이 불가피할 수밖에 없다는 전제조건까지도 제시하고 있다.

본 권고안은 경찰청 → 18개 지방경찰청[9] → 257개 경찰서[10] → 516개 지구대 → 1,437개의 파출소가 경찰청장 1인의 전적인 감독 하에 놓여있는 이른바 중앙집권화 및 일원적 국가경찰시스템이 고스란히 존재하는 것을 원칙으로 하고 있다.[11]

이와는 별도로 본 권고안에 따르면 완전 새로이 17개 광역시도에 자치경찰제가 창설되는 것이다. 그리고 자치경찰의 조직, 인력, 재정(예산)은 우리의 중요한 관심사항이면서 동시에 핵심사항으로 떠올라 있다.

(5) 자치경찰의 인사와 인력

경찰청 경찰개혁위원회가 제시한 자치경찰의 인사는 시·도지사가 인사권을 보유하는 것을 원칙으로 한다고 설계 및 권고되었다. 이 밖에 특히 우려되는 단

---

9) 2019년 6년 18일 세종특별자치시 소재 세종지방경찰청이 18번째로 개청하여 총 18개 지방경찰청으로 증가되었다. 그러나 2021년 7월 1일 전국시도에 자치경찰제가 창설되면서 "지방"이 삭제되었는데, 예를 들어 서울지방경찰청이 "서울경찰청"으로 변경된 것이다.

10) 2017년 9월 24일 인천시의 10번째 경찰서인 인천 논현경찰서가 개서함으로써 우리나라 경찰서는 총 253개가 되었다가 2019년 1월 화성동탄경찰서와 오산경찰서 등이 개서하여 총 255개 그리고 2020년 10월 울산북부경찰서가 개서해 256개의 경찰서로 늘어났다. 또한 2020년 12월 23일에는 남양주북부경찰서가 개서함으로써 전국의 경찰서는 2020년 12월 23일 기준으로도 역시 257개를 유지 중이다.

11) 황문규, 2017, p. 137.

체장의 인사권 전횡 혹은 일탈행위를 완벽하게 예방할 수 있는 안전장치가 마련
된다면, 이는 특정직 지방공무원인 자치경찰의 최종 인사권자가 단체장인 만큼
매우 바람직하다고 보여진다. 다만 자치경찰본부장의 경우는 시·도 자치경찰위
원회가 만들어진 후, 본 위원회가 공개적으로 공모방식을 통해 3배수의 후보자를
선발한다. 여기서 선발된 후보자들이 시·도지사에게 추천되면, 최종적으로 시·
도지사가 후보자 중에서 1인을 임명하는 것이 바람직하다고 권고했다. 이것은
시·도지사로부터 행해질지도 모르는 인사권 전횡을 막을 수 있는 최소한의 안전
장치를 고안해 낸 것으로 평가된다. 동시에 인력은 전국 17개 광역시·도에서 자
치경찰을 일괄적으로 선발하는 것으로 설계하였다. 하지만 입법과정에서 적지 않
은 변화들도 있었다.

(6) 자치경찰의 재정(예산)

경찰청 경찰개혁위원회는 전국 17개 광역시도 지방자치단체들의 자치경찰제
도입시 막대한 재정부담의 완화를 위해 출범시의 예산지원 및 국가경찰의 건물을
공동자원으로 활용할 것을 적극 검토하겠다는 입장도 내놓았다. 문제는 지방자치
단체들이 자치경찰제 도입을 위해 새로이 사무실을 만들어야 하며 그 엄청난 비
용이 새로운 과제로 떠올라야 하기 때문이다. 또한 경찰청 경찰개혁위원회는 전
국 광역시도 단위의 자치경찰제 운영에 필요한 재정 중 일부를 국가가 직접 지원
하는 방안이 바람직하다는 입장을 제시했다. 특히 인력과 재정 및 112신고센터
등 기본적인 치안 인프라시스템도 국가경찰과 자치경찰 및 광역시도 지자체가 상
호 간 밀접하게 연계할 수 있는 보다 구체적이고 바람직한 방안을 추가로 논의할
방침이라고 밝히고 있다.

이와 같이 자치경찰제를 새로이 도입하는데 있어서 재정(예산)문제는 향후 17
개 광역시도에 창설될 예정인 자치경찰제 도입에 있어서 가장 주요한 관심의 대
상이 될 수밖에 없을 것으로 예상된다. 우리나라는 1961년 지방자치제가 박정희
소장의 쿠데타에 의해 중단된 지 꼭 30년이 된 해인 1991년에 지방자치제를 다
시 전격적으로 실시하게 되었는데, 이는 그 의미가 매우 깊다고 본다. 역시 경찰
법도 1991년 8월에 제정되어 내무부 산하 치안본부가 경찰청으로 독립하였다. 즉
경찰청이 그 당시 행정자치부의 외청으로 독립하였으며 2017년 5월 문재인 정부
에서는 행정안전부(약칭 행안부)로 명칭변경이 이루어졌다. 지방자치이념과 경찰이
념에 따르면 자치경찰제에서는 지방치안업무 또한 지방자치단체가 책임지는 것이

원칙이다.

국가경찰은 2020년 1월 기준으로 약 130,000여명(의경 제외)가량의 경찰인력을 유지하고 있는데, 문재인 정부의 자치경찰 실시계획에 따르면 전국 17개 광역시도에 1, 2, 3차에 걸쳐 43,000여명의 국가경찰관을 이관시키겠다는 계획을 발표했었으며 추가로 각 지방자치단체들은 자기들이 필요한 자치경찰인력을 직접 선발해 나가야 할 것으로 예측되었다. 이와 같이 이중으로 경찰 조직이 운영될 경우 국민, 시민, 주민들이 이러한 제도에 대해 어떻게 생각할까? 왜냐하면 공무원 운용은 곧 예산과 비례한다. 사실 자치경찰 1명당 운영비로 들어가야 할 예산이 매년 수천만원에 달한다고 가정할 때, 이 많은 재정을 17개 광역시·도자치단체가 과연 얼마나 감당할 수 있을지에 대해 미래에 십중팔구는 논란이 적지 않을 것으로 분석된다.[12] 따라서 광역시·도별로 설치되어 운영 중인 현행 18개 지방경찰청을 전국 17개 광역시도단위의 자치경찰제로 전환하는 방안이 가장 바람직하다고 보는 주장이 앞으로 있게 될 시민 대상 공청회에서 지속적으로 제기될 가능성도 예측되었다. 사실상 이러한 적지 않은 우려들이 서울시 자치경찰제 모델 연구에서도 잘 나타나 있다.[13]

(7) 소 결

지난 2006년 7월 1일 제주특별자치도에 제주자치경찰단이 창설되었으며, 그동안 제주자치경찰제는 시민과 전문가 및 학계로부터 경찰이라기보다는 무늬만 경찰이라는 비판에 직면해 있었다. 이는 제주자치경찰의 권한은 수사권도 없이 순찰활동만 수행하는 정도에 그치는 등 아주 극히 제한된 범위에서만 업무를 맡고 있다. 일반적인 시각에서 볼 때, 경찰이란 경찰권을 수행해야 한다는 것이 경찰에 대한 일반 시민들의 시각이다. 이처럼 경찰은 일반적으로 수사권을 유지 및 행사해야 하는 존재라는 점에서 볼 때, 제주자치경찰은 사실상 경찰이라고 시민이 바로 이해하기에는 다소 어려움도 있었던 게 사실이다. 제주자치경찰관들에게는 범죄예방을 위한 순찰 분야에 주요 업무가 국한되어 있기 때문이다. 따라서 문재인 정부에서는 국가경찰 43,000명을 자치경찰로 직접 이관하기로 결정했다. 그리고 광역지방자치단체도 필요한 인력들을 추가로 보완해 나가야 하는 과제를 부여받

---

12) 세종지방경찰청은 2019년 6월 25일 전국에서 18번째로 개청했다.
13) 서울특별시(신현기, 이상열, 남재성, 양재열), 서울시 특별사법경찰 10년, 자치경찰제로의 전환을 위한 발전방안 연구, 최종보고서, 2017, pp. 1-342.

게 되었다.

위에서 지적한 바와 같이 제주자치경찰제가 가지고 있는 권한은 너무나 미약했던 관계로 지금까지 학계에서는 자치경찰제도를 도입하되 2006년 7월부터 실시해 온 제주자치경찰제처럼 무늬만 자치경찰제 같이 운영해서는 안된다는 자조 섞인 비판들이 오고갈 정도였다.

그러나 경찰청 경찰개혁위원회가 제시한 자치경찰제 모델은 역시 크게 달라진 게 없다는 비판에 직면했다. 이 당시 제시된 방안을 살펴보면 크게 달라진 것이 없다. 경찰청 경찰개혁위원회는 이번 자치경찰제 모델안의 제시에서도 역시 지방치안 업무를 지방자치단체에 제대로 이관해 주지 못하고 서너개의 업무에만 한정해 미약한 권한을 얹어 주는데 그침으로써 여전히 허약하다는 비판을 받았다. 이는 이전의 제주자치경찰제 모델에서 별로 크게 벗어나지 못하고 있다는 비판을 받았다.

큰 그림에서 볼 때, 모름지기 한 국가의 치안분야에서 무엇보다 국가경찰이 직접 맡아야할 고유 경찰권한이 있는 것이고, 그 반면에 자치경찰이 맡아야 할 고유경찰권이 존재하는 것이다. 이와 같은 지방분권 정신 및 경찰의 이념적 차원에서 볼 때, 경찰청 경찰개혁위원회가 제시한 방안은 국가경찰이 기존처럼 국가경찰제를 온전하게 유지한 채, 고유지방치안업무로서 지구대/파출소를 시민에게 돌려주는데 있어서 매우 인색하지 않았느냐 하는 비판에서 자유롭지 못했다는 비판과 평가들이 적지 않았던 게 또한 사실이다.

2) 경찰개혁위원회의 자치경찰제 모델에 대한 비판

경찰청 산하 경찰개혁위원회가 제시한 자치경찰제 도입 모델은 큰 그림에서 볼 때, 제주도자치경찰제 모델을 중심으로 여기에다가 추가적으로 일부 수사권을 가미하여 전국의 자치경찰제로 확대하고자 하는 자치경찰제 도입 방안으로 그 이상도 그 이하도 아닌 것으로 이해된다. 특히 본 모델은 현행 국가경찰제 모델을 토대로 삼고 여기에다가 새로이 추가적으로 전국 17개 광역단위에 자치경찰제를 도입하는 방안을 내놓은 것으로 이해된다. 이는 한마디로 기존의 제주자치경찰제 모델을 약간 변형해서 전국 광역시도에서 시행하게 될 전국 자치경찰 모델로 확대되기를 원하는 경찰청의 독자적인 도입방안으로 인식된다.[14]

---

14) 황문규, 2017, p. 15.

2006년 7월 도입된 제주자치경찰제는 지난 17년 동안 적지 않은 문제점들이 노정되었다. 그럼에도 불구하고 제주자치경찰제는 향후 전국에서 도입하게 될 자치경찰제 시행에 큰 영향을 끼치는 역할을 할 것으로 예견된다. 따라서 이러한 모델로 제주 이외의 전국 16개 시도에도 자치경찰제가 전격 도입된다면, 그동안 제주자치경찰제가 비판받아 왔던 무권한 문제들이 전국 16개 시도단위에서 또다시 재연될 수밖에 없다는 점을 부인하기 어렵다. 그나마 다행인 것은 5~6개의 미약한 수사권이 추가로 주어지는 것은 다행이라면 다행이다. 즉 그동안 아무런 경찰권을 행하기 어려웠던 현재까지의 제주자치경찰에게 위의 경찰청 경찰개혁위원회의 제안은 전국 단위 자치경찰제 시행에 있어 어느 정도 위상이 살아날 수 있을 것으로 본다.

그동안 제주자치경찰은 사실상 조직과 인력이 매우 미미했던 관계로 아무리 권한이나 사무가 늘어난다고 해도 국가경찰조직 밑에서 중복적·한정적 사무를 처리하는 데 그치고 있다. 결국 제주자치경찰은 현재와 같은 조직으로 머문다면 그들의 정체성은 여전히 부각될 수 없는 구조적 틀에서 머물 수밖에 없을 것으로 평가된다. 2006년 7월 1일 제주자치경찰단은 총인원 127명으로 출발해 2017년 130명으로 증원 그리고 추가로 2018년에 169명으로 증원되었지만 항상 대여섯명씩 결원이 발생하여 2019년 3월 현재 163명 정도로 운영되었다. 여기에 그치지 않고 더 증원되었는데, 이는 다음 장에서 후술하기로 한다. 제주자치경찰의 현 조직은 지구대/파출소 시스템도 가지고 있지 않고 더욱이 경찰인력이 적은 관계로 경찰권이 치안현장에 거의 미치지 못한다는 비판에도 여전히 직면해 있는 실정이다.[15]

경찰청 경찰개혁위원회 모델에 따를 경우 꽤 많은 문제점들이 적지 않게 우려된다. 이와 관련해 발생하게 될 어려움들에 대해 황문규(2017)는 다음과 같이 분석하고 있다. 즉 제주자치경찰의 실상을 비교대상으로 하여 분석할 경우, 제주도는 약 65만여명의 인구에 비례해 약 120명의 자치경찰이 있는데, 이것을 서울시에 적용해보면 많은 문제가 나타난다. 현재 서울시의 인구가 약 1,000만명 정도이므로 최소한의 자치경찰 인력으로 약 1,846명 정도가 필요할 것이라는 계산이 나온다. 특히 서울시는 25개 자치구를 가지고 있는데, 이를 균등분할 경우 각 25

---

15) 2018년 임시로 제주지방경찰청 산하 국가경찰에서 260명의 경찰관이 파견되면서 7개의 지구대와 파출소도 이관되었다. 하지만 임시로 파견된 사례이므로 향후 경찰치안정책에 따라서 계속 머물게 될지 모두 철수하게 될지는 기다려보아야 알 수 있다.

개 자치구들은 각 73명의 자치경찰이 배당될 수 있다는 계산이 나온다. 이에 반해 2018년 기준 서울지방경찰청은 약 26,702명의 국가경찰공무원을 보유하고 있다. 이를 경찰관 1인당 담당인구 수로 나누어 보면 약 375명 정도임을 알 수 있다.[16)

그런데 이를 기준으로 계산해보면 서울시 자치경찰 1,846명은 한 명당 약 5,424명의 서울시민을 감당해야 한다. 이는 결국 국가경찰의 14배 수준으로 매우 미미한 존재에 해당되기는 한다. 지금까지 제주도자치경찰 조직이 잘 보여주고 있듯이 경찰인력이 적은 자치경찰조직의 경우는 시민들을 대상으로 그 존재감을 드러내기가 쉽지 않다. 제주자치경찰도 역시 인력이 미미했기 때문에 제주도민들에게 있어서 존재감이 크게 나타나지 않았다는 의견들도 적지 않았던 게 사실이다.

자치경찰제의 바람직한 운영을 위한 재정문제도 매우 중요한 테마이다. 국가경찰의 운영에서처럼 자치경찰제를 운영하는 경우도 재정은 가장 중요한 요소가 된다. 즉 경찰조직을 유지 및 운영하는데 있어서 반드시 필요한 재정은 자치경찰도 그 규모면에서 큰 차이 없이 소요될 것으로 예측해 볼 수 있다. 사실 모두 다 서울시민이 추가로 조세 마련을 통해 새로 도입될 자치경찰제의 운영을 위한 비용을 마련해 나가야만 한다. 이처럼 여전히 큰 문제점을 지닌 자치경찰제모델을 서울시를 비롯해 전국의 광역시도에 추가로 도입할 필요가 있을까? 이렇게 될 때, 곧 서울시민들은 어쩌면 자치경찰제 도입은 의미가 적으며 궁극적으로는 무용론까지 제기될지도 모르며 적지 않은 비판에 직면하게 될지도 모른다. 이와 같은 경찰청 경찰개혁위원회의 자치경찰제 도입 모델은 사실 자치경찰제를 도입하지 말고 현행 국가경찰제를 향후에도 그대로 유지하는 것이 바람직하다고 보는 시각에서 별로 벗어난 것이 없다는 의구심까지도 들을 정도다.

한편 경찰청 개혁위원회의 경찰개혁 모델은 사실상 문재인 정부(2017. 5~ 2022. 5)에서 추구하는 전국 17개 광역시도에서 시행하고자 하는 모델이나 정체성과 꽤 거리가 먼 차이를 보여주고 있다. 이는 문재인 정부가 추구하는 지방분권 정신에도 전혀 부합하는 것도 아니다. 다시 말해 경찰개혁위원회가 제시한 자치경찰제 모델은 사실 지방분권화의 의도와도 비교적 거리가 먼 편이고 나아가서 현행 국가경찰제의 유지를 전제조건으로 하고 있음을 짐작하게 된다. 즉 국가경찰의 권한, 조직, 사무의 변화 차원에서 이른바 개혁이라는 발전되고 진전된 모습

---

16) 황문규, 새정부 자치경찰제 도입의 방향과 과제, 2017년 6개 학회 및 경찰교육원 공동학술대회 자료집, 2017, p. 16.

을 찾아보기 어렵다는 비판을 받을 가능성도 적지 않다. 향후 국가경찰은 국가정
보원에서 정보와 수사기능이 넘어올 예정에 있기 때문에 이렇게 되면 국가 경찰
조직이 점차적으로 비대화 될 가능성이 상당히 크다. 이와 같이 막강해지는 국가
경찰의 권한 확대로 인한 비대화 문제는 자치경찰제실시라는 방법을 통해 분권화
되어야 한다는 게 문재인 정부의 기본 시각이었다. 역시 이는 일반적인 국민들의
시각인 것이다. 이는 사실 국민의 입장에서 볼 때, 국민의 예산만 낭비할 가능성
이 적지 않다고 본다. 큰 경찰개혁위원회의 자치경찰제 도입 권고안은 경찰개혁
이라고 보기 어려울 뿐만 아니라 국가경찰이 너무 이기적이라는 비판에 직면할
공산이 매우 컸던 게 사실이다. 특히 국가경찰이 검찰로부터 진정으로 수사종결
권과 영장청구권[17]을 넘겨받고자 한다면 이러한 소극적 테두리에서 하루 빨리 벗
어날 필요가 있다고 본다.[18]

경찰청 경찰개혁위원회가 제시한 권고안 내에서 전국 17개 광역시 · 도에 자
치경찰제의 설치 및 운영 면에서 볼 때, 국가경찰로부터 이관되는 경찰인력에 한
해서만 필요한 재정지원을 하고 나머지 일부 필요한 장비를 극히 한정하여 제시
했다. 이러한 상황에서 해석해 볼 때, 전국 17개 광역시 · 도 중 자치경찰제를 창
설할 수 있는 곳은 많지 않을 것으로 본다. 일부 광역단위 차원에서 자치경찰제
를 도입해 실시한다고 하여도 천문학적으로 필요한 재정적 부담이 또한 걸림돌이
되어 그 자치경찰의 인력규모는 궁극적으로 상당히 제한적일 수밖에 없을 것으로
분석된다.

황문규는 자신의 연구에서 다음과 같이 주장하였다. 그는 인구 1,000만명을
가진 서울시의 자치경찰 인건비에 대한 분석을 내놓았다. 즉 그는 자치경찰공무
원 1,846명의 인건비를 추정했는데, 2017년 정부가 언급한 공무원의 평균 연봉은
6,120만원이었다는 액수를 기준으로 분석하였다. 이는 월평균 510만원(정부 관보,
2017. 4. 25.)에 해당된다고 보았다. 그는 서울시가 채용할 자치경찰공무원의 인건
비는 대충 계산해도 약 1,100억원의 예산이 필요하다는 결론이 나온다고 주장했
다.[19] 그가 내놓은 분석에 따르면 이렇게 많은 예산이 필요한데 이것을 감당할

---

17) 영장청구권은 우리나라 헌법 제12조 제3항에 못 박고 있기 때문에 이 문제를 풀기 위해서는
반드시 국민투표를 통한 헌법 개정을 진행해야 한다. 즉 헌법개정은 국회를 통해서 여야 간의
합의가 있은 후 국민투표를 진행해야 한다.
18) 2020년 1월 17일 국회는 검경수사권조정법을 패스트 트렉법안으로 처리하여 검찰만 가지고 있
던 수사종결권을 경찰도 가지게 되었다.
19) 황문규, 새정부 자치경찰제 도입의 방향과 과제, 2017년 6개 학회 및 경찰교육원 공동학술대회

광역시도는 거의 없을 것이라고 주장했다. 재정상의 어려움들로 인해 사실상 받아들이기가 쉽지 않을 것이다. 특히 이러한 천문학적 예산을 투입해 별도의 자치경찰제를 도입한다고 해도 자치경찰은 궁극적으로 국가경찰이 지원해 준 극히 한정된 경찰의 기능만을 유지하게 될 것이다. 더욱이 재정능력이 비록 가능한 광역지방자치단체라고 하더라도 어느 광역지방자치단체라 하더라도 자치경찰제 도입 및 운영을 계속해 나가기는 힘들 것으로 예측된다.

이 문제들 때문에 경찰청의 경찰개혁위원회가 제시한 전국단위에 도입하고자 하는 자치경찰제 적용 모델 제시안은 시민들로부터 국가경찰이 경찰권한만 확대하고자 열망했지, 결국 이것이 자치경찰제 도입에 협조하기보다는 반대로 국가경찰제로 계속 유지하고자 하는 의도가 있는 것 아니냐는 국민의 의심을 받을지도 모른다.[20]

이와 같이 이전의 제주자치경찰제 모델의 범위를 크게 벗어나지 않는 차원의 자치경찰제 모델 제안은 사회적으로 받아들여지기 어려운 모델이라는 학계의 평가가 많았다. 시민의 의견이 제대로 반영되지 않은 경찰청 경찰개혁위원회의 자치경찰제 모델을 제안함으로써 그동안 국민들로부터 관심이 많았던 검경 수사권 조정 관련 개혁이 또한 실패로 돌아갈지도 모른다는 우려가 적지 않다.[21] 국회의 법 개정을 위한 적극적인 여야 간 합의와 국가경찰 스스로의 개혁 노력이 나오기 전에는 자치경찰제 도입은 쉽지 않을 것으로 평가된다.[22]

2. 서울특별시의 광역단위 자치경찰제 모델(안)

1) 시·도 경찰위원회의 구성[23]

이미 2017년 5월 10일 전격 출범한 문재인 정부는 자치경찰제를 도입하되 17

자료집, 2017, p. 172.

20) 황문규, 앞의 논문, p. 172.

21) 문재인 정부에서는 검경수사권 조정에 관한 노력을 나름대로 기울이고 있고, 동시에 입법부인 국회에서도 검찰개혁위원회를 설치하여 심층 논의하고 있지만 검경 간의 수사권 논쟁 속에 2019년 2월까지 눈에 띄는 발전적 변화는 없는 실정이다.

22) 경찰청은 이미 18개 지방경찰청별로 인력, 조직, 예산을 나누어 가지고 있다. 따라서 지방경찰청별로 자치경찰제로 전환하는 이른바 통합형 자치경찰제 도입을 고려해 볼만 하다고 본다. 이에 대한 내용을 이해하기 위해서는 서울시 자치경찰제 모델을 한번 살펴볼 필요가 있다.

23) 시·도 경찰위원회는 광역지방자치단체에 설치되어 자치경찰을 관리하는 합의제 기관으로, 본 학술용역에서는 경우에 따라 자치경찰위원회, 광역단위 경찰위원회 등으로 표기함.

개 광역단위에서 시행하겠다고 발표했다. 자치경찰제 도입을 위한 구체적인 실현 의지가 매우 강하게 나타났다. 즉 문재인 정부는 자치경찰제 도입을 임기 5년 내에 달성할 100대 국정과제를 제시하였다. 이 중에서 자치경찰제 도입은 13번째 국민의, 국민을 위한 권력기관 개혁이라는 이름으로 제시하였다. 문대통령은 자신의 5년 임기 내에 우리나라 17개 광역시도 단위에서 자치경찰제를 반드시 도입 및 실시하겠다는 의지를 분명하게 밝힌 것으로 해석되었다. 우리나라는 해방 이후인 1945년부터 국가경찰제로 운영되어 나왔다. 아주 오래전에 자치경찰제를 도입하여 체계적으로 정착시켜 나온 영미법계 국가들의 사례에서 찾아볼 수 있듯이 자치경찰제를 도입한 후 그것이 성공하느냐 실패하느냐의 여부는 사실상 지방의회, 광역자치단체장, 시민과 주민의 적극적 관심 등에 달려 있다고 해도 과언이 아니다. 이 밖에도 지역별로 특정한 지방토호세력으로부터 자치경찰제를 얼마나 잘 보호 하느냐도 큰 관건이 된다. 결론적으로 시민들이 자치경찰제를 상호견제하고 균형을 제대로 맞출 수 있는 시스템을 탄탄하게 구축하는 일이 매우 중요하다고 볼 수 있다.[24]

이것은 바람직한 시스템 구축의 일환이며 광역시도지사 소속하에 〈자치경찰위원회〉를 설치한 다음에 합의제를 원칙으로 해서 자치경찰을 체계적으로 관리하고 감독하는 일이 무엇보다 중요하다는 것을 의미한다. 여기서 시·도 경찰위원회 위원은 반드시 정치적 중립성이 보장되어야 하는데, 이를 위해 각 17개 각 지방자치단체들은 광역의회의 동의를 얻어 해당 시도지사들이 임면하는 것이 바람직하다고 본다. 그리고 위원의 정수는 현행 「경찰법」 제5조에 따라 행정안전부에 설치되어 운용되고 있는 '경찰위원회' 위원 기준인 7인으로 운용하는 방법이 있다. 그러나 경우에 따라서는 9명이나 최대 11명으로 운용할 수도 있을 것이다. 한편 위원의 임기와 상임 위원의 수는 향후 추가적인 논의가 필요하고 결정하면 될 것이다.

한편 우리나라 17개 광역시도에서 향후 도입하게 될 자치경찰위원회는 일본 도도부현 공안위원회[25]의 경우처럼 지방자치경찰에 대한 독선화를 사전에 예방하

---

24) 서울특별시(신현기, 이상열, 남재성, 양재열), 서울시 특별사법경찰 10년, 자치경찰제로의 전환을 위한 발전방안 연구, 최종보고서, 2017, p. 246.

25) 일본의 도도부현공안위원회 지방자치법상 집행기관으로 설치하여야 하는 위원회 중의 하나이며(지방자치법 제180조의5 제2항 1호), 도도부현지사의 소할하에 있기 때문에 지사의 지휘·감독을 받지 않고 독립하여 직권을 행사한다. 이것은 경찰의 정치적 중립성을 유지하고 독선적 운영을 방지함에 그 목적이 있다. 또한 북해도에는 도공안위원회 관리하에 방면본부의 민주적

고 역시 정치적 중립까지도 보장할 수 있도록 하는데, 초점을 맞추는 것도 매우 중요한 과제 중 하나라고 본다.[26)]

향후 도입될 예정인 광역단위 자치경찰제에 설치될 예정인 (가칭)자치경찰위원회는 (가칭)시·도지방경찰청장에 대한 임명과 해임제청권을 가지는 것이 당연하다고 본다. 또한 (가칭)자치경찰위원회는 향후 도입될 자치경찰의 예산권, 인사권, 미래 자치경찰의 치안정책에 대한 일련의 주요 사항들을 심의하고 의결할 수 있도록 하는 고유 권한을 부여해 줄 필요가 있다. 특히 자치경찰위원회가 제대로 정착되고 순조롭게 운영될 수 있을지에 대한 가능성 여부는 향후 설치될 위원회의 구성이 얼마나 잘 짜여지느냐와 함께 동시에 중립성 또한 잘 유지하느냐에 달려있는 것이다. 동시에 시민의 의사를 얼마만큼 신속하며 적극적으로 반영하느냐의 여부에 달려 있다고 본다.[27)]

한편 자치경찰위원회를 구성하는데 있어서 영국의 사례를 살펴보면 부분적으로나마 좋은 시사점들을 얻을 수 있다. 영국의 자치경찰위원회(지역치안평의회)는 관할구역 내의 각각 지자체들에서 파견된다. 여기 파견된 1인의 선출직 대표와 2명의 독립위원을 모두 포함하여 최대 20명까지 구성되어 운영 중에 있다. 이들 위원회는 각 지역경찰의 전체 예산의 지출에 대한 감사, 예산안, 지역경찰청장 임명에 대한 거부권, 지역치안위원장에 대한 정보 및 출석요구권, 지방세, 그리고 조사의뢰 및 주민소환투표실시와 같은 일련의 권한을 갖는다(제2장 2절 영국편 참조). 이것은 문재인 정부에서 도입 예정인 우리나라 17개 광역시도 단위에 도입예

관리를 위하여 방면공안위원회를 두고 있다. 그리고 도도부현공안위원회의 조직과 운영을 보면 동경도(東京都), 홋카이도(北海道), 오사카부(大阪府), 교토부(京都府) 및 지정현(指定縣)은 5명, 지정현 이외의 현은 3명으로 구성된다(경찰법 제38조 제2항). 위원장은 위원의 호선으로 선출되고 그 임기는 1년이며, 위원회의 업무를 총괄하고 위원회를 대표한다(동법 제43조). 그러나 국가공안위원회와 달리 위원장도 표결권을 가지고 있으며, 위원회의 운영에 관하여 필요한 사항은 도도부현공안위원회가 정한다(동법 제45조). 의원(북해도 방면공안위원도 포함)은 지사가 도도부현의회의 동의를 얻어 임명하며 임기는 3년이며 2회에 한하여 재임될 수 있다(동법 제40조). 단, 위원은 원칙적으로 지방의회 의원 또는 상근직원의 겸직이 금지되고, 정당 및 정치단체의 임원이 되거나 적극적 정치활동을 금지한다. 또한 의원은 임명 전 5년간 경찰 또는 검찰의 직무를 행하는 직업적 공무원의 전력이 있으면 임명될 수 없다고 정함으로써 정치적 중립을 강하게 유지하고 있다는 점에서 큰 시사점을 얻을 수 있다(신현기 외, 비교경찰제도론, 법문사, 2015, pp. 140-141 참조).

26) 황문규, 새정부 자치경찰제 도입의 방향과 과제, 2017년 6개 학회 및 경찰교육원 공동학술대회 자료집, 2017, p. 172.

27) 서울특별시(신현기, 이상열, 남재성, 양재열), 서울시 특별사법경찰 10년, 자치경찰제로의 전환을 위한 발전방안 연구, 최종보고서, 2017, p. 247.

정인 (가칭)자치경찰위원회의 구성과 주요 관련 사무를 확정하는데 있어 매우 중요한 하나의 참고 사례가 될 수 있다고 본다.

또한 2017년 12월 기준으로 우리나라 국가경찰위원회는 아래와 같이 경찰법에 따라 총 7인의 경찰위원(위원장 포함)으로 구성되어 있으며, 이들은 국가경찰의 장비, 통신, 인사, 예산 등에 관한 주요정책과 국가경찰의 업무 관련 발전에 대한 사항 등을 핵심 내용으로 다루고 있다.

■ 국가경찰의원회의 의의

한편 국가경찰위원회는 다음과 같이 구성된다. 경찰의 중립성 보장과 민주성, 공정성 확보를 핵심 업무로 하고 있기도 하다. 경찰행정에 관하여 경찰법에 정한 사항을 심의·의결하기 위하여 안전행정부 산하에 경찰위원회를 설치·운영한다(경찰위원회규정/제정 1991.7.23 대통령령 제13432호 내무부). 말하자면 부분적이기는 하지만 경찰정책에 대한 심의·의결을 통하여 경찰행정의 합리성과 공정성을 확보하고 경찰행정의 대국민신뢰를 강화시키고자 하는 것이 경찰위원회의 가장 큰 설치목적이다.

■ 경찰위원회의 조직구성

경찰법 제5조에 근거해 경찰위원회가 구성된다. 경찰위원회는 위원장 1인을 포함한 7인의 위원으로 구성하되, 위원장 및 5인의 위원은 비상임, 1인의 위원은 상임으로 한다. 경찰위원은 학식과 사회적으로 덕망을 갖춘 민간인사로 한다. 그리고 경찰위원은 안전행정부장관의 제청으로 국무총리를 거쳐 대통령이 임명한다. 행자부장관은 위원을 제청함에 있어서 경찰의 정치적 중립이 보장되도록 하여야 한다. 위원 중 2인은 법관의 자격이 있는 자이어야 한다. 경찰위원회는 경찰청장에 대한 임명제청 전에 동의권과 주요 경찰정책 및 계획에 대한 심의와 의결권을 행사한다. 그래서 경찰행정에 국민의 의사를 반영하고 업무수행의 책임성과 독자성을 확보하는 기능을 수행해 나가고 있다(경찰청, 2015: 311).

그러나 다음 각 호의 1에 해당하는 자는 위원이 될 수 없다(경찰법 제6조).
1. 당적(黨籍)을 이탈한 날부터 3년이 지나지 아니한 사람
2. 선거에 의하여 취임하는 공직에서 퇴직한 날부터 3년이 지나지 아니한 사람
3. 경찰, 검찰, 국가정보원 직원 또는 군인의 직(職)에서 퇴직한 날부터 3년이 지나지 아니한 사람

4. 국가공무원법 제33조 각 호의 어느 하나에 해당하는 사람

경찰법 제7조에서 규정하는 위원의 임기 및 신분보장을 보면 위원의 임기는 3년으로 하며, 연임할 수 없다. 이 경우 보궐위원(補闕委員)의 임기는 전임자의 잔임기간(殘任期間)으로 한다. 위원은 정당에 가입하거나 경찰법 제6조 제4항 제2호 및 제3호에 따라 선거에 의해 취임하거나 경찰, 검찰, 국가정보원, 군인으로 임용되는 경우, 같은 법 제6조 제4호에 따라 국가공무원 임용 결격사유에 해당하게 된 때에는 당연히 퇴직된다. 또한 위원은 중대한 심신상의 장애로 직무를 수행할 수 없게 된 경우를 제외하고는 그 의사에 반하여 면직(免職)되지 아니한다. 그리고 경찰법 제8조에 따라 국가공무원법 제60조(비밀엄수의 의무) 및 제65조(정치운동의 금지)의 규정을 준용해야 하는 의무를 지고 있다. 한편 경찰위원회에는 간사[28] 1인을 두되, 간사는 경찰청 기획조정담당관이 된다. 간사는 위원장의 명을 받아 다음 사항을 처리한다. ① 의안의 작성 ② 회의진행에 필요한 준비 ③ 회의록 작성과 보관 ④ 기타 위원회의 사무 등이다.

■ 위원회의 심의 · 의결사항
경찰위원회의 경찰업무에 관한 심의 · 의결사항은 다음과 같다.

경찰법 제9조 제1항
1. 경찰인사 · 예산 · 장비 · 통신 등에 관한 주요정책 및 국가경찰 업무 발전에 관한 사항
2. 인권보호와 관련되는 경찰의 운영 · 개선에 관한 사항
3. 국가경찰의 부패 방지와 청렴도 향상에 관한 주요 정책사항
4. 국가경찰 임무 외의 다른 국가기관으로부터의 업무협조 요청에 관한 사항
5. 제주자치경찰에 대한 국가경찰의 지원 · 협조 및 협약체결의 조정 등에 관한 주요 정책사항
6. 그 밖에 행정안전부장관 및 경찰청장이 중요하다고 인정하여 위원회의 회의에 부친 사항

경찰위원회규정 제5조
1. 경찰인사에 관계되는 법규 · 훈령 · 예규 및 운영기준에 관한 사항
2. 경찰교육 기본계획
3. 경찰장비와 통신의 개발 · 보강 및 운영에 관한 기본계획

4. 경찰예산편성 기본계획
5. 경찰의 중·장기발전계획에 관한 사항
6. 국민의 권리·의무와 직접 관계되는 경찰행정 및 수사절차
7. 경찰행정과 관련되는 과태료·범칙금 기타 벌칙에 관한 사항
8. 경찰행정과 관련되는 국민의 부담에 관한 사항

■ 재의요구
행정안전부장관은 경찰법 제9조 제2항의 규정에 따라 경찰위원회의 심의·의결 사항이 적정하지 아니하다고 판단할 때에는 경찰위원회에 재의를 요구할 수 있으며 경찰위원회 위원장은 재의요구가 있는 경우에는 그 요구를 받은 날부터 7일 이내에 회의를 소집하여 다시 의결하여야 한다.

출처: 신현기, 2016: 20 재구성.

2) 사무(권한 및 기능)

서울시 자치경찰제 도입안은 현행 국가경찰을 광역시도의 단체장에게 이관하는 방안을 제시한 것이다. 현행 국가경찰을 향후 자치경찰로 전환하는데 있어서 그 추진논거와 추진모형은 다음과 같이 정리가 가능하다.[29]

첫째, 추진논거는 주민과 밀접한 자치경찰의 신속하고 실질적인 대응이 중요. 연방제 수준의 지방분권 취지에 맞도록 보충성의 원칙[30]에 따라 주민과 가장 가까이에서 밀착되어 있는 자치경찰이 모든 치안안정을 위한 경찰사무를 직접 수행하는 것이 이상적이라는 점이다. 무엇보다 치안현장에서 마주하게 되는 범죄에 대해 신속하고 효율적으로 대응하기 위해서는 수사권이 절대적으로 필요하기 때문에 수사권의 부여는 큰 의미를 지닌다. 예를 들어 2006년 7월 1일 시행된 제주

---

28) 간사는 일반적으로 경찰청 기획조정담당관이다. 하지만 실질적으로는 계장(경정급)이 파견되어 업무를 수행했었다. 그러나 최근에는 총경급 과장도 파견되어 근무하는 등 경찰위원회의 위상이 강화되었다. 더욱이 국가경찰위원회가 경찰청 내에서 업무를 수행했으나 약 2년 전부터는 경찰청 밖으로 세를 얻어 나갔는데, 이는 경찰위원회의 독립성과 위상을 강화하기 위한 일환에서라고 한다.
29) 서울시, 서울시 특별사법경찰 10년, 자치경찰제로의 전환을 위한 발전 방안 연구, 2017, p. 249.
30) 보충성의 원칙은 지방자치제의 경우에서 볼 때, 가장 하부단위에서 할 수 있는 것은 최대한 시행해보다가 정 안되면 그 위 단계 조직에서 수행하자는 의미를 지니고 있다. 예를 들어 시군구 기초단위에서 시행할 수 있는 것은 해보고 정녕 안 되면 시도단위로 이동해서 시행하자는 의미가 담겨있다.

자치경찰제에서 수사 권한이 부여되지 않았던 관계로 오늘날까지 무늬만 자치경찰이라는 국민들의 비판에 머물러 온 것이 사실이다. 이 때문에 문재인 정부에서 정부가 발표한 전국에 도입될 예정인 자치경찰제 모델은 2006년에 비해 한걸음 더 앞으로 나아간 발전을 보여주었다.

둘째, 국제범죄, 국가안보, 광역시·도 간 연계된 전국적 사건을 제외한 경찰사무의 이관과 수사권 부여.

무엇보다 자치경찰은 관할구역 내에서 이미 발생한 범죄를 모두 포함하여 교통, 생활안전, 경비 등 지역주민의 일상생활과 매우 밀접하게 관련되어 있는 치안서비스를 제공해 주는 것을 핵심으로 해야만 한다. 이 때문에 국가경찰은 기본적으로 외사, 대공, 정보, 마약, 테러, 위조화폐, 대규모 시위사건 등 국가안보와 국제범죄, 그리고 전국을 넘나드는 광범위 한 영역의 강력 범죄를 전적으로 담당하도록 하며, 자치경찰과의 관계에서는 상호 지원하며 협력하는 관계를 유지하는 것이 매우 중요하다. 따라서 새로 도입되는 향후 문재인 정부의 자치경찰제는 자치경찰에 모든 범죄에 대한 수사권을 부여해 줌으로써 범죄 현장에서 신속한 대응이 가능함은 물론 필요시 바로 조치하는 인프라를 구축해 줄 필요가 있다.[31]

일제 식민지에서 해방된 후 1945년 10월 21일 창설된 우리나라 국가경찰은 2019년 10월로 74주년을 맞았고 2023년 10월에는 78주년이다. 지금까지 경찰 사무는 국가경찰이 국가경찰사무는 물론이고 지방치안사무까지도 통틀어서 수행해 나오고 있다. 목하 국가경찰이 수행해 나가고 있는 약 250여개의 경찰사무[32] 중 약 36개의 기초자치단체 관련 업무들이 2006년 7월 1일을 기해 국내 최초로 시행된 제주자치경찰단에 전격 이관되는 역사가 있었다. 2013년 2월부터 2017년 5월 9일까지 통치한 박근혜 정부에서는 약 60~70여개의 경찰사무를 미래 자치경찰제 도입시 이관하겠다고 밝힌 바 있다. 하지만 아쉽게도 이러한 일련의 계획들은 2016년 10월 박근혜 대통령의 탄핵 사건으로 인해 정부가 임기 만료됨으로서 결국은 자동 폐기되는 결과를 낳고 말았다.

---

31) 서울특별시(신현기, 이상열, 남재성, 양재열), 서울시 특별사법경찰 10년, 자치경찰제로의 전환을 위한 발전방안 연구, 최종보고서, 2017, p. 249.
32) 이철성 경찰청장은 2017년 8월 17일 제주지방경찰청을 방문하여 출입기자들과 연 간담회에서 "경찰사무가 250개 분야정도 되는데 논의 범위에 따라 사무 100개 분야까지도 이양이 가능하다고 느낀다"고 말했다(연합뉴스, 2017. 8. 17). 이어서 이철성 경찰청장은 2017년 12월 18일 (경찰청 기자실) 가자단과의 정례브리핑에서 향후 자치경찰제 도입과 관련해 250여개 사무 중 40% 이상 넘어가도 될 것으로 본다(1백 수십여개가 이관될 수도 있음을 언급)고 언급하기도 했다.

국가경찰인 경찰청의 모든 사무는 경찰청 사무분장 규칙(제정 1991. 7. 31 경찰청훈령 제68호)에 근거해 업무가 이루어지고 있다. 특히 경찰청 사무분장 규칙은 1991년 제정되었는데, 그 이후 2017년 11월까지 총 64차례에 걸쳐 개정을 반복했다. 본 규칙의 제1장 총칙에는 "제1조(목적) 이 규칙은 경찰청의 각 담당관·과의 세부적인 사무분장에 관한 사항을 규정함을 목적으로 한다"라고 명시되어 있다. 이는 총 11장 33조와 부칙으로 이루어져 시행 중이다.

(1) 국가사무와 지방사무 배분 기준

사실상 서울시 자치경찰제 모델은 비교적 강한 자치경찰제 모델을 제시한 것으로 풀이된다. 바로 통합형 자치경찰 모델이다.[33] 서울시 자치경찰제 모델은 문재인 정부가 전국 17개 광역단위에 도입하는 자치경찰제 모델을 발표하기 훨씬 이전에 내놓았다. 즉 서울시 자치경찰제 모델은 2019년 6월 18일 기준으로 18개 지방경찰청 단위의 전체 경찰조직이 있는 그대로 광역자치단체장에게 자치경찰이라는 이름으로 온전하게 전환되는 것을 상정했었다. 하지만 정부에 의해 받아들여지지는 않았다. 그럼에도 불구하고 본 서울시 자치경찰모델은 우리나라가 언제인가 연방제 국가가 될 경우에는 그대로 적용될 가능성도 있을 것으로 평가된다. 위와 같은 서울시 자치경찰제 모델은 한국정책학회에 의뢰한 연구용역 보고서를 통해 나온 최종 연구용역 결과이며 서울시가 채택한 이른바 서울시 자치경찰제 공식 모델이었다. 본 연구보고서에서 제시된 서울시 자치경찰제 모델은 전국 광역시도들 중 대다수가 지지한 것으로 알려졌다.

서울시 자치경찰제 모델에 따르면 현행 국가경찰은 국가경찰이 수행해야 하는 고유의 치안업무만 담당하기 위해 대폭 축소되어야 한다. 향후 창설될 자치경찰제를 지원함과 동시에 자치경찰 간의 사무 등을 긴밀히 조정하고 협력하는 역할을 담당하는 것이 필요하다는 주장도 제시했다. 위에서 언급한 것처럼 어느 국가를 막론하고 국가경찰 사무와 자치경찰 사무는 이미 분명하게 구분되어 있다.[34]

첫째, 일반적으로 국가경찰의 고유사무는 정보, 보안(공안범죄), 광역연계 강력범죄, 외사 및 국제범죄(총기밀매, 마약밀매, 위조화폐 등), 부패범죄, 선거범죄, 사

---

33) 통합형은 현재 지방경찰청을 광역시도지사에게 넘겨 전환하는 방식이다. 그렇지 않으면 국가경찰조직은 하부단위가 갈기갈기 찢기게 될 가능성이 크기 때문이다.
34) 서울특별시(신현기, 이상열, 남재성, 양재열), 서울시 특별사법경찰 10년, 자치경찰제로의 전환을 위한 발전방안 연구, 최종보고서, 2017, p. 250.

〈표 7-1〉 국가경찰과 자치경찰 간 수사의 범위

국가경찰	자치경찰
광역적이며 국제적 차원에서 신속한 대응이 필요한 정보, 보안(공안범죄), 외사 및 국제범죄(총기밀매, 마약밀매, 위조화폐 등), 광역연계 강력범죄, 사이버범죄, 부패범죄, 선거범죄, 대규모집회 관련 범죄 등	지역주민 생활과 밀접하게 관련되는 업무, 즉 생활안전, 방범, 지역경비, 교통사건, 사기나 횡령 등 고소고발 사건, 절도나 폭력사건, 성풍속이나 도박 같은 풍속범죄 등 대부분의 지역치안사무 등

이버범죄 등이다. 즉 전국적이며 국제적 차원의 경찰업무들이 곧바로 여기에 해당한다고 정의된다.

둘째, 국가경찰사무를 제외한 자치경찰의 고유사무[35]는 예를 들어 생활안전, 방범, 사기나 횡령 등 고소 고발 사건, 지역경비, 절도나 폭력사건, 교통사건, 성풍속 및 도박 같은 풍속범죄는 대부분 지역치안사무들에 해당한다.[36] 무엇보다 자치경찰이란 주민생활 중심의 경찰서비스를 확보하고 제공하는데 그 중요한 의의가 담겨 있는 것이다.

무엇보다 국가경찰과 자치경찰은 서로 대등한 기관으로서 토대가 구축됨은 물론 동시에 지속적으로 발전해 나가야 할 것으로 본다. 특히 황문규의 연구에 따르면 2015년 기준으로 우리나라 총 범죄 1,861,657건 중 약 78.8%가 지방치안업무 분야에서 나타났다. 자세히 살펴보면 절도 245,853건(13.2%), 폭력 305,947건(16.4%), 사기 및 횡령 294,027건(15.8%), 풍속범죄 24,491건(1.3%), 교통범죄 596,665건(32.1%) 등이 그 좋은 예에 해당된다.[37] 이처럼 자치경찰 수사분야가 약 80%나 차지하고 나머지 국가경찰의 수사업무는 20% 정도에 해당하고 있다는 점에 주목해 볼 필요가 있다.[38]

---

35) 한국지방자치학회(최천근, 황문규 외 3인)가 2014년 6월 대통령 소속 지방자치발전위원회로부터 의뢰를 받아 수행한 「자치경찰 사무범위 조사 및 재원확보 방안 연구」라는 연구보고서에서 자치경찰사무를 총 266개로 분류하였다. 즉 교통분야 50개, 생활안전분야 72개, 여성청소년분야 9개, 112상황실분야 8개, 수사분야 12개, 정보분야 21개, 형사지원분야 51개, 경비작전분야 20개, 지구대분야 22개 등이다. 이는 경찰서를 대상으로 단위사무를 중심으로 분류한 것인데, 단위사무란 한사람 또는 한팀이 수행할 수 있는 가장 기본적인 경찰사무로써 2개 이상으로 분류될 수 없는 사무를 말한다. 자세한 내용은 서울특별시(신현기, 이상열, 남재성, 양재열), 서울시 특별사법경찰 10년, 자치경찰제로의 전환을 위한 발전방안 연구, 최종보고서, 2017, pp. 99-108를 참조 바람.

36) 황문규, 2017, p. 25.

37) 황문규, 2017, p. 26; 경찰청, 2015, p. 107.

38) 서울특별시(신현기, 이상열, 남재성, 양재열), 서울시 특별사법경찰 10년, 자치경찰제로의 전환

다. 예를 들어 어느 가정에서 5세 아이가 실종되었다고 가정하자. 부모는 같은 지역에 있는 국가경찰에 신고해야 하는지 아니면 자치경찰에 신고해야 하는지 헷갈릴 것이라는 우려이다. 이는 사실 시민의 입장에서 볼 때 상당히 비효율적인 운영형태가 아니냐는 혼란과 비판이 동시에 예상된다.[45)]

서울시 연구용역 보고서에 따르면 바람직한 자치경찰 형태는 현행 18개 지방경찰청이 17개 광역시도지사 소속으로 들어가는 자치경찰로 전환되는 것인 만큼 현재의 서울경찰청(청장, 치안정감)이 소속 경찰공무원들과 함께 모두 서울특별시로 그대로 이관되어 근무하는 방안을 제시하고 있다. 이렇게 하면 국가경찰들이 자치경찰로 전환되어 미래 자치경찰이 수행해야 할 업무 숙련도 역시 극대화 할 수 있다는 것이다. 더 나아가서 치안공백 역시 최소화될 수 있다는 주장을 내놓았다.

한편 경찰청이 발행한 경찰백서를 보면 2015년 12월 말 기준으로 전체 경찰공무원은 약 113,077명에 이른다. 이 중에서 과장급인 경정 계급 이하의 경찰공무원들은 약 99.5%이며 경위 이하 경찰관은 약 90.8%를 차지하고 있는 실정이다.[46)] 하위계급의 비율이 매우 높은 편이다. 물론 우리나라 경찰공무원의 수는 2019년까지 지속적으로 증원되어 약 122,913명에 육박한 것으로 나타났다. 2020년에도 신임경찰관을 5,000여명 신규 채용하는 등 2021년에도 꾸준히 증가할 것으로 보여 진다. 물론 퇴직으로 인한 감소분도 있지만 매년 다소 증가추세를 보여주고 있고, 2021년 12월 30일 자로 1961년 출생 경찰공무원들이 정년퇴직하게 된다.

서울경찰청의 경우 경찰인력은 약 27,000여명에 달한 상태다. 서울경찰청은

〈표 7-2〉 국가경찰관 계급별 인력구성

연도	총계	치안총감	치안정감	치안감	경무관	총경	경정	경감	경위	경사	경장	순경
2018	117,617명	1	6	27	63	538	2,600	8,148	16,477	24,960	30,573	34,224
2019	122,913명	1	6	27	64	545	2,706	9,040	15,853	25,268	31,545	37,858
비율	100%	0.01	0.01	0.02	0.05	0.45	2.2	7.4	12.9	20.5	25.7	30.8

출처: 경찰청, 「2020 경찰백서」, 2018, p. 386; 100% 비율은 2019년도 기준임.

---

45) 앞의 보고서, 2017, p. 253.
46) 경찰청, 「2016 경찰백서」 참고; 경찰청, 「2020 경찰백서」 참고.

전국 18개 시도경찰청 중에서 가장 많은 경찰인력을 확보하고 있다.[47] 앞으로 국가경찰을 자치경찰로 전격 전환할 경우 자치경찰인 시도경찰청장과 경찰서장은 다음의 절차에 따라 임명되는 것이 바람직하다고 평가된다.

(2) 시 · 도경찰청장

서울시가 한국정책학회에 의뢰해 나온 연구용역의 결과를 통해 시도경찰청장에 대한 임명을 어떻게 할 것인지도 하나의 과제이다. 이와 관련해 제시된 내용을 보면 다음과 같다. 서울시 보고서는 만일 향후 17개 광역시도에서 자치경찰제가 도입된다면 18명의 시 · 도경찰청장(이하 '자치경찰청장')은 자치경찰 내부 혹은 그 직위를 외부에 개방하여 공개모집하는 것이 바람직하다고 제시했다. 그리고 서울특별시의 (가칭)자치경찰청장후보를 각 광역시도의 자치경찰위원회가 공개방식으로 모집하여 최종적으로 3배수를 광역시도지사에게 추천하는 방식이 가장 바람직하다고 제시했다.[48]

무엇보다 여기서 가장 중요하게 강조되어야 할 것은 일련의 과정들이 투명하고 공정하게 이루어져야 한다는 점이다. 즉 본 보고서는 자치경찰의 인사권자인 전국 17개 광역시도지사가 자치위원회로부터 선발 추천된 3배수 중에서 최종적으로 우수한 1명을 임명하도록 하는 것이 바람직하다고 제시했다. 이러한 방식을 적극 활용한다면 각 광역자치단체장들은 자치경찰청장을 독단적으로 임명하지 못하도록 하는 동시에 민주성도 기할 수 있을 것이다. 결국 이와 같은 안전장치는 향후 자치경찰제가 실시된 이후 행여나 자치경찰공무원들이 지방토호세력들에 게 휘둘림으로써 제대로 된 자치경찰활동 및 기능을 수행하기 어려울 것이라는 비판을 불식시키는 데도 크게 기여할 수 있을 것으로 본다.

(3) 시 · 군 · 구경찰서장

서울시가 한국정책학회에 의뢰해 나온 연구보고서에 따르면 시군구경찰서장에 대한 입장은 어때야 할 것인가 하는 대안은 다음과 같다. 즉 전국 17개 광역시도에서 자치경찰제가 실시될 경우 시 · 군 · 구경찰서장(이하 '자치경찰서장)에 대한 임명도 역시 (가칭)자치경찰위원회에서 3배수를 선발해 이를 시도지사에게 추천하면 인사권자인 시도지사는 직접 1명을 낙점해서 임명하는 방법이 바람직하다고

---

47) 세종특별자치시에 세종지방경찰청이 2019년 6월 25일 창설되었다.
48) 앞의 보고서, 2017, p. 254.

〈표 7-3〉 자치경찰청장과 자치경찰서장의 선발을 위한 자치경찰위원회 구성

구분	추천권자	선발 방안
자치경찰 청장	자치경찰 위원회	• 자치경찰위원회(7인*)에서 자치경찰청장을 공개모집함. *현행 국가경찰위원회와 같이 7인의 위원으로 구성시 • 자치경찰위원회가 3배수를 시도지사에게 추천함. • 3배수 중에서 시도지사가 1명을 자치경찰청장으로 임명함.
자치경찰 서장	자치경찰 위원회	• 자치경찰위원회(7인*)에서 자치경찰청장을 공개모집함. * 현행 국가경찰위원회와 같이 7인의 위원으로 구성시 • 자치경찰위원회가 3배수를 시도지사에게 추천함. • 3배수 중에서 시도지사가 1명을 자치경찰서장으로 임명함.

출처: 황문규, 경찰개혁: '경찰을 경찰답게' 만들기 위한 경찰조직 재설계, 법학논총 제39집(숭실대학교 법학연구소), 2017, p. 317; 황문규, 문재인 정부의 광역단위 자치경찰제, 2017 서울연구원 분권포럼 세미나 발표 자료, p. 27 재구성; 서울특별시(신현기, 이상열, 남재성, 양재열), 서울시 특별사법경찰 10년, 자치경찰제로의 전환을 위한 발전방안 연구, 최종보고서, 2017, p. 246.

제시되었다. 그러나 시도지사의 경우는 업무협조를 위해 자치경찰서장을 임명할 때 시장, 군수 구청장과 상호 협의할 수 있다는 다소간의 여지도 남겨 놓았다.

(4) 자치경찰의 소속과 신분

서울시는 자치경찰제를 도입하는데 있어서 해당 자치경찰의 소속과 신분을 다음과 같이 제시하고 있다. 다시 말해 향후 광역단위에서 자치경찰이 도입될 때, 경찰공무원들은 물론 각각 전국 17개 광역시도 단위 지방자치단체의 지방직 공무원 신분을 지니게 된다. 따라서 자치경찰공무원들 역시 경찰직무를 수행하는 것이므로 이들을 특정직 지방공무원이라고 부를 수 있다고 본다. 이는 국가경찰의 경우 특정직국가공무원이라고 불리듯이 같은 맥락에서 이해될 수 있다고 본다.

예를 들어 일본 경찰의 경우 지방자치경찰 중 누군가가 경시정(한국의 총경급)으로 승진할 경우 지방공무원 신분에서 국가공무원 신분으로 바뀌게 된다. 그럼에도 불구하고 그들의 근무지는 그대로 47개 도도부현 광역자치단체 산하의 지방자치경찰본부에 근무하는 시스템을 운영하고 있다. 이에 반해 우리나라 자치경찰의 경우는 이렇게 할 필요는 물론 없다고 보여진다. 한편 국가경찰공무원들을 변경 없이 고스란히 자치경찰로 전환하는 것을 전제조건으로 한다. 이 때문에 총경 이상의 경찰공무원들도 자치경찰로 신분을 전환하는 것이 타당하다고 본다. 간단히 이야기해서 시도경찰청장들은 기존처럼 경찰청장의 지휘를 받는 게 아니라 시

도지사 산하로 소속되는 모델을 주장하였다. 따라서 경찰청장은 별도로 대규모 집회 등을 방어하기 위해 수십 개의 경찰기동대를 유지하면서 그야말로 국가경찰 업무 만을 관할하도록 해야 한다는 입장을 보여주었다. 무엇보다 문재인 정부가 계획한 대로 본 제도가 전격 도입되어 미래에 국가경찰공무원들이 자치경찰로 전환될 경우 이들 자치경찰공무원들의 신분은 물론 지방공무원으로 바뀌게 될 것이다. 원칙적으로 자치경찰들은 지방공무원이며, 이들 지방공무원들은 보수, 근속, 수당 등의 대우 면에 있어서 국가는 물론이고 타 광역단위 자치경찰과 비교해서도 반드시 차별받지 않도록 조치해야 할 것이다. 단지 일괄적인 지방공무원으로의 전환을 전개하는데 있어서 법적·제도적으로 어떤 절차적인 어려움이 상존한다면 그 혼란을 방지하기 위해 바람직한 방안을 강구해 나가야 한다고 본다. 예를 들어 국가경찰에서 이관되는 43,000여명의 국가경찰관들의 신분은 혼란을 방지하기 위해 초기에는 그대로 시·도지사가 지휘·감독권은 보유하는 국가직을 유지하도록 하면서 차차 시간이 흐른 뒤 중·장기적으로는 지방공무원으로 바꾸어 나가는 방안도 고려해 볼 수 있을 것이다.[49]

(5) 국가경찰과 자치경찰 간 인사교류

무엇보다 자치경찰과 국가경찰 간에 인사교류를 실시하는 것뿐만 아니라 각각의 자치경찰들 간에 상호 인사교류의 문호를 대폭 개방할 필요가 있다. 특히 일반국가기관, 국가경찰 기관 및 지방자치단체에서 공무원들 간의 통상적인 인사교류는 현재 18개 지방경찰청에서 행하고 있는데, 항상 1:1로 이루어지고 있다. 경찰의 경우 18개 지방경찰청별로 경찰공무원 인력을 모집하고 관리 중인데 1명이라도 그냥 타 시도경찰청으로 넘겨주지 않는다. 다시 말해 각 시도경찰청들은 각각 자기 고유의 경찰인력을 유지하고 있다. 이 때문에 물론 각 시도경찰청별로 인사교류를 할 수 있도록 문호는 개방되어 있다. 즉 상호간에 인사교류가 가능하다는 이야기이다. 인사교류란 A라는 시도경찰청에서 경찰관 한명이 B라는 시도경찰청으로 개인사정에 의해 옮겨 가면 역시 반대로 B 시도경찰청 소속 경찰공무원 1명도 A라는 시도경찰청으로 1명의 인력을 완전하게 이관시켜 주어야 한다.

인사교류는 이처럼 옮겨 가야 하는 사정이 있는 경찰관들을 위해 위에서 살펴본 바와 같이 좋은 장점을 가지고 있다. 이 밖에 인사교류는 또 다른 훌륭한 장

---

49) 서울특별시(신현기, 이상열, 남재성, 양재열), 서울시 특별사법경찰 10년, 자치경찰제로의 전환을 위한 발전방안 연구, 최종보고서, 2017, p. 255.

점을 가지고 있는데 바로 인사적체를 해소하는 데 도움이 되기도 한다. 예를 들어 승진대상자가 승진할 수 있는 자리가 없을 때 혹은 아직은 승진시키기에는 고민이 있는 경우 등, 다른 곳에 파견이나 인사교류를 갔다가 되돌아 와서 승진할 수 있는 시간을 벌 필요가 발생하는 경우도 활용될 수 있는 인사 방법이다. 다시 말해 경찰기관에서 관리하고 있는 인력들이 흘러넘치고 있고, 승진을 모두 해주기 어려운 관계로 인사교류를 행함으로써 다소 숨통을 트이는 데 큰 도움이 되는 경우도 있다.[50] 따라서 인사교류는 어느 한 공공조직에서 인사 적체를 해소함은 물론 경찰업무의 원활한 수행을 위해 매우 바람직하며 활용되면 좋은 제도로 평가된다.

예를 들어서 만일 제주자치경찰이 경찰공무원을 상위직위로 한번에 모두 승진시킬 수는 없기 때문에 어느 정도 수면기가 필요하다. 무조건 승진을 시킬 수 없는데 만일 상위직으로 올라갔을 때, 부여할 보직이 있어야 하는데 그렇지 못할 경우 고민에 빠지게 된다. 따라서 이 경우에 자치경찰기관이 자치경찰공무원을 국가경찰에서 운영하는 교육기관에 중장기 직무교육을 보낸다든가 아니면 국가경찰공무원과 상호 인사교류를 시켜서 시간을 벌 수 있을 것이다. 이렇게 시간을 벌고 난 후 승진 관련 자리에 있어 여력이 생기면 자치경찰조직에서 승진후보자를 곧바로 승진시키면 된다. 현재의 제주자치경찰은 국가경찰기관과 인사교류를 추진해 왔으나 제대로 이루어지지 못한 채 많은 시간이 흘렀다. 마침내 2017~2018년에 경정급이 경찰청 자치경찰단에 파견하는 것을 시작으로 또다른 자치경감 1명이 전국광역시도지사협의회에 파견되는 두 번째 인사교류 관련 변화가 다소 있었던 것은 좋은 사례이다. 이는 매우 바람직한 공공조직 간의 인사교류로 평가해 볼 수 있는 좋은 사례이다.[51]

---

50) 예를 들어 서울경찰청 경우 경위에서 경감으로 승진한 경우 경감이 너무 많고 보직을 다주기가 어려워 고민에 빠지기도 했다. 이 경우에 타 지방경찰청에 의무적으로 2~3년씩 인사교류 혹은 파견 제도를 활용해 서울지역을 떠나게 했고 2020년 초 현재도 이런 제도가 약간씩 활용되고 있다.

51) 독일의 경우는 16개주에서 경감과 경정급으로 승진하기 위해 반드시 노르트라인－베스트팔렌州 산하 뮌스터시에 위치한 독일경찰대학원(Deutsche Hochschule der Polizei)에 가서 2년(4학기) 동안 재교육을 받아야만 하는 제도를 행하고 있다. 2년간 재교육 후 행정학 석사학위도 수여받게 되며 자기 소속 경찰기관으로 되돌아가서 고참 경위는 경감으로, 고참 경감은 경정급으로 승진하고 있다. 중장기적으로 우리 경찰의 경우도 경찰교육원을 활용해 이러한 교육제도를 고려해 볼 필요가 있다.

4) 서울시 자치경찰조직

(1) 서울시특별시 (가칭)자치경찰위원회 설치

만일 문재인 정부의 계획에 따라 전국 17개 광역시도 단위에 더불어 민주당이 발의한 경찰법 전부개정안이 순조롭게 통과되고 이에 따라 희망했던 대로 자치경찰제의 도입이 실현된다면 전장에서 검토해 본 것처럼 서울특별시의 경우 미래에 임명될 예정인 자치경찰청장은 자치경찰위원회의 추천에 따라서 전국광역시도지사인 단체장이 임명하게 될 예정이다. 이러한 이유 때문에 미래에 자치경찰제가 도입되었을 때, 정치적 중립성을 최대한 확보해야 하는데, 이것을 위한 (가칭)자치경찰위원회의 자체 위상은 상당히 중요해질 가능성이 매우 높다.[52]

문재인 정부에서 향후 도입하게 될 전국광역시도 자치경찰제에서 많은 전문가들은 전국에 도입될 자치경찰제에서 정치적 중립성을 어떻게 잘 지켜 내느냐가 관건이 될 것이라고 우려한다. 이 문제는 물론 우리에게 핫이슈일 수밖에 없다. 국가경찰은 이미 1945년 10월 이후 청문감사관제도가 탄탄하게 체계화 되어 있고 스스로 징계권이 강하게 자리 잡혀 있어서 별반 문제가 없으나 자치경찰의 경우는 이제 도입되는 제도이므로 많은 문제가 나타날 수 있다고 본다. 특히 지방의 경우 한동네 초등학교, 중학교, 고등학교를 함께 다닌 동문들로 이루어진 경우가 비일비재하다. 이러한 상태에서 과연 자치경찰이 자기의 선후배, 동료, 친척 등을 비롯해 학연, 지연, 혈연관계가 강한 경우 그 중립성을 잘 지켜낼 수 있는지에 대한 문제가 핫이슈로 떠오를 수 있다는 점이다. 다시 말해 지역 정치가 등이 학연과 지연 등으로 똘똘 뭉쳐 있는데 여기서 나타날지도 모르는 수많은 병폐들을 어떻게 사전에 자치경찰 스스로가 예방하는 장치를 강구해 낼 수 있느냐이다. 이러한 테마는 향후 자치경찰제 도입에서 매우 중요한 과제 중 하나일 수밖에 없을 것으로 본다. 이러한 문제가 심히 우려되기 때문에 정부는 전국 자치경찰제 도입 시에 (가칭)자치경찰위원회를 설립시키려는 것이고 궁극적으로는 이러한 문제들을 해결해야 하는 목적 달성은 반드시 이루어져야 한다고 본다. 그리고 자치경찰위원회를 운영하는데 있어서 반드시 확실한 대안이 마련되어야 할 것으로

---

52) 문성호는 자신의 연구에서 서울시가 자치경찰제를 도입할 경우 서울지방경찰청이 서울시장 산하로 이관되는 방식이되 경찰서가 31개인 점을 고려하여 서울시 자치경찰위원회 위원 수는 최소 31명 정도가 임명되는 게 바람직하다고 주장하지만 위원회의 성격 등을 감안할 때 위원수가 너무 많아 현실적이라고 보기는 어렵다.

본다.

(2) 서울경찰청의 서울시로의 조직 이관

서울시가 2017~2018년 한국정책학회에 의뢰해 얻은 서울시 자치경찰제 모델은 다음과 같다. 즉 본 연구용역의 결론은 서울시의 경우 서울지방경찰청 산하 31개 경찰서 27,000여명의 경찰직원을 이관받아 직접 자치경찰제 이념에 따라 운영하는 방안이었다. 서울경찰청 산하 31개 경찰서와 그 소속하의 모든 지구대와 파출소들이 그대로 유지되는 상태에서 소속만 국가에서 광역자치단체로 바뀌게 되는 이른바 통합형 자치경찰제를 제시해 준 것이 바로 한국정책학회 연구용역의 핵심 포인트였다.

무엇보다 서울은 한국의 수도라는 큰 상징성을 갖고 있으며 동시에 모든 외국의 외교관들이 자리 잡고 있다. 서울경찰청은 인구도 가장 많고 경찰서도 무려 31개나 되며 전국 18개 시도경찰청 중에서 가장 많은 경찰직원을 보유하고 있는 대표적인 곳이다.

무엇보다 서울특별시의 경우 향후 문재인 정부에서 자치경찰제가 도입될 경우 물론 자치경찰제를 도입하고자 하는 정부안에 따라 자치경찰위원회가 만들어질 것이고 그 산하에는 서울경찰청 → 31개 경찰서 → 지구대(파출소)로 조직체계를 이루게 될 공산이 매우 크다고 본다. 이와 같이 서울특별시 입장에서는 서울경찰청이 그대로 서울시 산하의 자치경찰로 조직이 전환되는 것을 상정하고 있다.

(3) 국가경찰-자치경찰 중복 설치로 인한 혼란과 예산문제

만일 국가경찰과 자치경찰이 상존하게 되어 그야말로 이원화된 경찰제도가 향후 도입, 시행 및 정착된다면 이는 큰 문제가 아닐 수 없다. 즉 시민의 혼란이 상당히 크게 발생할 가능성이 있기 때문이다.[53] 한마디로 시민들이 비상 상황에 직면한 경우 국가경찰기관에 신고해야 할지 아니면 자치경찰기관에 신고해야 할지를 고민하게 되는 불편을 크게 겪을 가능성이 매우 농후하기 때문이다.

특히 이철성 경찰청장(2016. 8. 24~2018. 6. 30) 시절 경찰청 경찰개혁위원회의 권고안에 따르면 강력범죄로 의심되지 않는 실종자에 대한 수사권 정도는 자

---

53) 예를 들어 박원순 서울시장도 2018년 2월 6일 한국정책학회 수행 연구용역 최종보고회에서 입장을 밝혔듯이 서울특별시의 종로구에 국가경찰 소속의 파출소와 새로 생겨나게 될 자치경찰 소속의 파출소가 신설될 경우 서울시민들은 위의 양기관이 담당하는 치안사무를 정확하게 분류하여 신고하는 것이 쉬운 일이 아니다.

치경찰이 보유하도록 하고, 실종 수사 같은 경우는 물론 국가경찰이 계속 담당하겠다는 입장을 밝힌바 있다. 하지만 이것이 그리 간단한 문제는 아닌 것으로 이해된다. 무엇보다 이는 시민에게 큰 혼란을 줄 가능성이 매우 크기 때문이다. 이것이 의미하는 것은 예를 들어 시민이 강력범죄에 연루되었는지 아닌지에 대한 여부를 충분하게 확인한 다음에 어느 곳에 신고해야 하는지를 구분한 후 신고하기는 사실상 당황한 입장이기 때문에 그리 간단하지 않을 수 있다. 당사자에게는 매우 어려운 일이 될 수 있다.

또 하나는 국가경찰과 자치경찰이 이중으로 중복해서 설치 내지는 운영될 경우, 이른바 사무관할권이 명확하지 않은 관계로 함께 그리고 동시에 시행되고 있는 국가경찰과 자치경찰조직들이 경우에 따라서는 사사건건 충돌할지도 모르는 복잡한 양상이 벌어질 수 있다. 이 밖에 국가경찰과 자치경찰 간 중복 설치되는 경찰조직과 인력의 운영 그리고 이와 연계해서 많은 예산이 지출되기 때문에 그야말로 비효율적이며 시민들이 새로이 부담하게 될 과제들이 가중될 가능성이 매우 크다.

(4) 국가경찰의 새로운 조직 변화

서울시 자치경찰 모델에 따르면 국가경찰에는 현재의 경찰청 조직이 남게 된다. 나아가서 광역단위의 지역에 이른바 범죄수사본부를 전격 설치한 후 국가경찰의 광역수사체제를 구축하는 것도 하나의 방안이 될 수 있을 것이다. 경우에 따라서는 이것도 하나의 방안으로 강구해 볼 가치가 있다고 본다.

(5) 미래의 바람직한 서울시 자치경찰제 모델(안)

서울특별시가 만일 자치경찰제를 도입할 경우 바람직한 자치경찰의 모델은 도입 단위가 분명 광역지방자치단체이다. 그러므로 현행 국가경찰 조직인 18개 시도경찰청이 광역시도의 자치경찰제 방식으로 전격 이관되는 것이 바람직하다고 보고 다음과 같은 서울시 자치경찰제 모델(안)을 전격 제시하였다.[54]

서울시 자치경찰제 도입모델은 위에서 보는 바와 같이 국가경찰은 정보, 보안,

---

54) 서울시는 2018년 2월 6일 외부연구용역보고서의 정책제언에서 제시된 방안을 공식적으로 서울시 자치경찰제 공식 모델로 수용하였다. 바로 서울지방경찰청장이 31개 경찰서를 이끌고 서울시장 산하로 소속되어 자치경찰제가 시행되는 방안이 바로 그것이다. 하지만 대통령 소속 자치분권위원회 산하 자치경찰특별위원회에서 문재인 정부의 자치경찰모델로 받아들여지지는 않았다.

[그림 7-2] 바람직한 서울시 자치경찰제 모델(안)

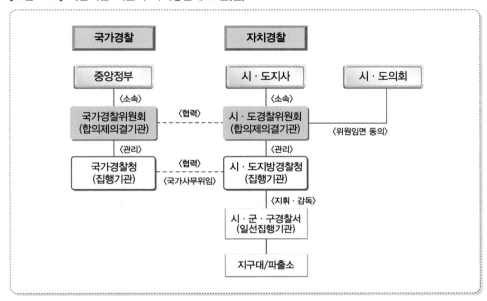

출처: 서울특별시(신현기, 이상열, 남재성, 양재열), 서울시 특별사법경찰 10년, 자치경찰제로의 전환을 위한
　　　발전방안 연구, 최종보고서, 2017, p. 258.

외사, 대규모집회 억제, 총기밀매, 위조화폐 단속 등 고유의 국가경찰사무만 수행
하고 나머지 시도경찰청 산하 모든 경찰기관은 광역시도지사에게 그대로 이관되
어야 한다는 주장을 펼쳤다. 예를 들어 서울시지방경찰청 산하 31개 경찰서 모두
는 서울시 산하로 이관되는 방안을 수용하고 견지하겠다는 것이었다. 이에 대한
서울시 자치경찰제 모델의 내용을 자세히 분석해보면 [그림 7-2]와 같다.

① 서울시 자치경찰제의 추진논거

　서울시의 자치경찰제 도입에 있어서 그 도입을 위한 추진논거는 도입과정에서
시민들에게 혼란을 준다거나 또는 새롭게 비용을 부담시키는 등의 새로운 부담을
주어서는 안 된다는 입장을 취했다. 동시에 전국 단위를 커버해 주어야 하는 임
무를 띤 경찰청을 제외하고 18개 지방경찰청은 일괄적으로 전국 17개 광역자치단
체로 일괄 전환되는 방식으로 자치경찰제가 도입 및 시행되어야 한다는 입장을
견지한 것이다. 그 이유는 이렇게 일원화 하는 방식이어야만 시민과 주민들이 향
후 경찰서비스를 이용하는데 있어서 예상되는 주민의 혼란과 치안 공백을 최소화
할 수 있다는 것이다.

2018년 우리나라 경찰법 제2조의 취지를 새롭게 도입하게 될 자치경찰제를 최대한 참고하여 적극 반영하는 일은 매우 의미가 있었다.[55] 정리해보면 서울특별시와 함께 16개 광역시도에 시도경찰청을 두고 기존의 경찰청으로부터 각각 경찰사무를 이관받아 자치경찰제를 수행해 나가야 한다는 입장이며 그 시도경찰청 산하에 경찰서와 지구대를 그대로 자치경찰에 존치시켜야 한다는 입장이었다.[56] 하지만 위에서 서울시 자치경찰제 모델이 제시한 주장 이외에 특히 광역단위로만 자치경찰의 권한과 역할이 집중화 될 경우 자칫 광역단위와 기초단위가 분리될 가능성이 큰데, 이로 인해 예상하지 못했던 비효율 문제가 발생하거나 각 지역의 치안 불균등성을 완화하는 과제도 생겨날 것으로 예상된다. 이러한 문제들 역시 동시에 풀어나가야 할 것으로 본다.

② 서울시 자치경찰제의 추진모형 제시

위에서 살펴본 바와 같이 서울시가 제시한 미래 자치경찰제 추진모형은 앞에서 지적한 바와 같이 18개 시도경찰청[57] 및 255개의 경찰서와 2,000여개의 지구대와 파출소를 자치경찰로 일괄 전환할 것을 주장했다. 다시 말해 서울시는 현재의 국가경찰제도를 그대로 자치경찰로 전환 혹은 이관하여 광역단위에서 이른바 광역형 자치경찰제를 전격 도입해야 한다는 점을 강조했다. 이것이 왜 바람직한지에 대한 당위성을 서울특별시는 다음의 이유에서 찾고 있다. 즉 현재 경찰사무를 보면 전체 경찰사무들 중 약 80%가량이 지방치안 사무라는 점에 주목해 볼 필요가 있다. 그리고 또한 경찰청은 고유 국가사무를 수행하기 위해 기존처럼 그대로 존속하되, 나머지 18개 시도경찰청과 전국 255개 경찰서 이하 모든 경찰조직(2,000여개 지구대와 파출소 포함)은 자치경찰로 전환하는 것이 당연한 것이므로 향후 자치경찰제가 도입되더라도 추가적으로 자치경찰조직을 신설할 필요도 없다는 주장을 내놓고 있다.

또한 서울시 자치경찰제 모델을 보면 자치경찰제 도입시 광역단위의 시·도경

---

55) 경찰은 2020년 12월 폐지되고 새롭게 국가경찰과 자치경찰의 조직 및 운영에 관한 법률이 제정되어 2021년 1월 시행에 들어갔다.

56) 서울특별시(신현기, 이상열, 남재성, 양재열), 서울시 특별사법경찰 10년, 자치경찰제로의 전환을 위한 발전방안 연구, 최종보고서, 2017, p. 258.

57) 2019년 6월 18일 세종특별자치시에 세종지방경찰청이 개청함으로써 총 18개의 지방경찰청 시대를 열었다. 그러나 전국광역시도는 아직도 17개에 머물고 있다. 경기도에 남부지방경찰청과 북부지방경찰청으로 나누어짐으로써 광역시도 간에 동일하지 않게 되어 결국 1개의 차이가 발생했다.

찰청의 기능을 더한층 강화하고 경찰서, 지구대 및 파출소 등은 시·도경찰청의 직속 집행기관으로서의 충실한 역할을 강화해야 한다고 제시하였다. 그러나 서울시 모델에서 한 가지 주목받는 것은 광역단위 자치경찰제의 주체인 서울시장이 자치경찰서장의 임명 시에 기초지방자치단체장과 협의하여 자치경찰서장을 임명할 수 있다는 입장을 내놓았다. 이는 전국시장군수구청장이라고 하는 기초자치단체장들이 흔쾌히 동의할 수 있을지에 대해서는 다소 의문이다. 경우에 따라서는 동의하겠지만 또 다른 면에서 보면 다소 논쟁의 대상이 될 여지도 있다.[58]

5) 서울시 자치경찰제 도입 시 재정

전국 17개 광역시도단위에서 자치경찰제를 전격 도입할 경우 가장 중요한 것은 바로 재정(예산)을 어떻게 확보하느냐이다. 경찰청에서 광역시도단위 자치경찰에게 단순히 업무만 넘겨준다면 17개 광역시도 지방자치단체는 자치경찰을 운용하기 위해 필요한 재정(예산)을 자체적으로 충당해야 하는데, 이것이 가능한 광역지방자치단체는 대부분 쉽지 않은 실정이다. 재정자립도가 높은 지방자치단체는 가능할지 모르나 사실상 이와는 반대로 재정이 열악한 광역지방자치단체 경우는 감당하는데 있어 그 부담이 매우 클 수밖에 없을 것이다. 이러한 제반 문제들을 해결하기 위한 바람직한 방안 중 하나로 우선적으로 고려해 볼 수 있는 방안으로 다음과 같은 것을 고려해 볼 수 있다. 즉 현재 국가경찰제를 자치경찰제로 전환한다는 것을 가정해 보면 현행 국가경찰의 예산을 (가칭)치안특별교부금으로 변경하여 활용하는 것을 생각해 볼 수 있다. 서울특별시는 자치경찰제가 시행될 경우 이로 인해 추가로 적지 않은 비용이 발생할 수 있는 만큼 이러한 부담을 가급적이면 최소화할 수 있는 여러 방안을 강구해 나갈 필요가 있다. 예를 들어 교부금과 지방세를 인상하는 것 이외에 범칙금이나 벌금 등 이른바 세외수입을 지속적으로 발굴해 나가야만 할 것이다. 그 밖에 지방소비세를 인상하는 방법 등으로도 자주재원을 마련하여 보완해 나가는 노력을 펼칠 필요가 있다.

(1) 바람직한 자치경찰제 시행을 위한 서울특별시의 예산(안)

우리나라 경찰의 예산은 매년 증가하고 있는데, 그 원인은 여러 가지가 있을 수 있다. 예를 들어 신임경찰관의 지속적 증원, 매년 기존 경찰관의 호봉상승 요

---

58) 서울특별시(신현기, 이상열, 남재성, 양재열), 서울시 특별사법경찰 10년, 자치경찰제로의 전환을 위한 발전방안 연구, 최종보고서, 2017, p. 260.

〈표 7-4〉 국가경찰 예산 변화 추이(2013~2019)

(단위: 억원)

구분	2013	2014	2015	2016	2017	2018	2019	2020
계	82,784	88,377	94,032	98,092	101,138	105,362	109,757	116,165
일반회계	81,761	86,717	92,367	96,874	100,406			
특별회계	1,023	1,660	1,665	1,218	732			
책임운영기관 특별회계	643	610	674	668	694			
지역발전 특별회계	270	271	192	54	38			
혁신도시건설 특별회계	110	779	799	496	−			

출처: 경찰청, 「2018 경찰백서」, 2018, p. 411 참조 재구성; 서울특별시(신현기, 이상열, 남재성, 양재열), 서울시 특별사법경찰 10년, 자치경찰제로의 전환을 위한 발전방안 연구, 최종보고서, 2017, p. 260.

인 및 물가상승률에 따른 운영비의 추가 발생 등 여러 가지 요인들로 집약된다. 2015년도 국가경찰예산은 총 9조 2,367억원과 특별회계 1,665억원 등을 합쳐 총 9조 4,032억원에 달했다. 시간이 흘러 3년 후인 2018년도 경찰청의 예산은 총 10조 9,757억원에 달했다. 이처럼 경찰예산은 기하급수적으로 증가하여 2019년도에 와서는 무려 11조 2,964억원으로 대폭 늘어난 상태다. 이는 2018년도 예산에 비해 약 3,207억원 정도가 증가한 수치다. 참고로 2020년 경찰청의 예산은 전년도보다 6,408억원 증가한 11조 6,165억원으로 확정되었다. 2021년 경찰청의 예산은 12조 3,099억원에 달했다. 이미 18개 시도경찰청은 각기 예산과 인력이 나누어져 있어서 그 조직과 인력을 고스란히 유지하면서 자치경찰제로 전환하는 방법이 바람직하다고 본다. 이것이 각 지방경찰청장들이 광역시도지사 밑으로 들어가는 방식, 즉 "통합형 자치경찰제"를 도입하는 것도 바람직하다고 본다.

(2) 우리나라 17개 시도경찰청별 예산의 활용

익히 알려진 바와 같이 경찰청에서는 1차적으로 예산을 짜서 행정안전부로 보낸다. 즉 경찰청 예산은 행정안전부가 기획재정부를 통해 대신 신청하고 받아서 전달해 주는 방식에 따른다. 매년 우리나라 국가경찰의 예산은 위에서 소개한 방식에 따라 편성된 후 행정안전부가 경찰청에 한 번에 예산을 다 넘겨주지는 않고 분기별로 나누어 전달해 주고 있다. 이에 따라 경찰예산은 이미 18개 시도경찰청에 분배되어 있으며 시도경찰청장이 주축이 되어 관리하고 필요한 만큼 산하 경찰서에도 배분되며 집행되는 방식에 따르고 있다. 이러한 예산 사용과정이 이루어져 있는 만큼 서울시 자치경찰제 모델에서는 이렇게 체계화되어 있는 시도경찰청이 그대로 광역시도로 전환되어 광역단위 자치경찰제가 시행되면 된다는 입장을 견지했다. 이처럼 국가예산으로 짜여져 활용되고 있는 국가경찰예산을 광역시도별로 전환될 미래의 자치경찰이 그대로 받아서 활용하는 방안을 활용하면 거의 재정상에 문제가 크지 않을 것이라는 입장이다.

앞장에서 누차 지적되었듯이 서울시는 현재 전국 18개 시도경찰청에서 수행되는 경찰업무들이 국가에서 위임한 일부 국가경찰업무만 제외하면 사실상 거의 대부분이 고유 지방치안업무에 해당된다는 점을 지적하고 있다. 이 때문에 간단하게 18개 시도경찰청 단계에서부터 자치경찰제를 도입 시행하면 국가경찰의 효율성과 안전성을 극대화함은 물론 현재 치안시스템의 장점을 최대한 살려 내는 동시에 경찰재정이나 인력의 부담을 최대한 줄일 수 있을 것이라는 주장을 내놓았다.[59]

또한 서울시는 2017년도에 국가경찰이 국가로부터 배정받은 예산이 대략 10조 1,138억원이었던 만큼,[60] 만일 국가경찰 소속의 시도경찰청들이 광역 단위 자치경찰제로 전환될 경우 바로 넘겨주기는 어렵기 때문에 다른 방법을 활용하면 되는데 바로 (가칭)치안특별교부금이다. 다시 말해 서울시의 자치경찰제 모델을 보면 위 예산 중 기존 18개 시도경찰청에 재배정되는 경찰예산을 이른바 (가칭)치안특별교부금으로 새로 신설한 다음 곧바로 광역시도에 새롭게 신설될 자치경찰청에 배정해 주면 가능하지 않겠느냐는 입장도 제시하였다. 즉 이러한 방식에 따르면 향후 광역시도에 도입될 예정인 자치경찰제 운영을 위한 예산을 확보하는데 있어 주요 예산상의 과제는 해결될 수 있다고 주장한다.

특히 서울시는 이러한 방식에 따를 경우 17개 광역시도별로 재정자립도에 있어 영향을 거의 받지 않아도 될 것이라는 입장을 견지한다. 물론 이는 미래에 시행할 자치경찰제 도입의 성공 여부에도 큰 영향을 미칠 수 있는 대목이다. 사실

---

59) 이영남, 2017, p. 49.

60) '17년 국가경찰의 예산은 2016년보다 3,046억원(3.1%)이 증액된 10조 1,138억원을 확보하게 되어 1945년 10월 창경 이래 최초로 국유기금을 제외한 일반예산 10조원 시대가 개막 되었다. 한편 2019년 경찰청 예산은 10조 9,757억원(국유기금 3,207억원 포함)이다. 이는 전년도인 2018년에 비해 4,784억원 증액된 수치다(신현기, 2017, p. 94).

어떤 새로운 제도를 새로 도입 시행한다는 것은 그렇게 생각만큼 간단한 문제가 아니다. 이러한 주장은 이미 노무현, 이명박, 박근혜(2003. 2~2017. 5) 정부에서 자치경찰제를 도입하자는 끝없는 논란의 선상에 서있던 숙제다. 이러한 논점들을 분석해 볼 때, 위의 주장은 물론 미래에 설치될 자치경찰의 재정자립도 문제와 함께 인력충원 문제를 한번에 해결할 수도 있는 좋은 대안이 될 수도 있다고 평가된다.

(3) (가칭)치안특별교부금과 지방세 발굴 등을 통한 자치경찰제 예산 확보

향후 문재인 정부가 전국 17개 광역시도 지방자치단체 차원에서 자치경찰제를 실시하게 될 경우 재정(예산) 확보를 어떻게 해결해 나가느냐가 가장 큰 최대의 관심 대상일 수밖에 없다. 전국 17개 광역시도가 현재의 재정자립도를 제대로 충당하지 못하고 열악한 처지에 놓여 있기 때문에 향후 도입될 예정인 자치경찰제의 소요 재정을 자치단체들이 스스로 감당하는 데는 일정한 한계가 있다. 특히 자치경찰의 인력과 조직이 아무리 훌륭해도 재정이 뒷받침 되어 주지 못하면 시행하고자 하는 자치경찰제는 어려움에 봉착할 수밖에 없는 문제다. 이런 의미에서 볼 때, 인력과 조직 및 재정 중에서 재정문제가 가장 중요한 과제라고 보여진다.[61]

서울시는 경찰청의 총예산 중 각각 시도경찰청별로 이미 나누어져 있는 경찰의 재정을 각 17개 광역시도지사가 그대로 이관받는 방법을 활용하면 가능할 것이라는 입장도 보여주었다.[62] 하지만 법적으로 볼 때, 그냥 간단하게 넘겨받을 수는 없고 이 예산을 기획재정부에서 (가칭)치안특별교부금이라는 과목 변경을 통해 재처리해서 지급해 주는 방법을 강구한다면 가능할 수도 있다는 입장이다. 여기서 특별교부금(特別交付金)이란 미처 예측하지 못했던 어떤 사유가 발생할지도 모르는 상황에 대비해 사전에 준비해 두었던 일종의 정부 비상금을 말하는 것이다. 예를 들어 어떠한 특정 지역에서 추가적으로 재정 수요가 새롭게 발생한다든지 혹은 반대로 재정 수입이 감소하게 된 경우에 교부되는 것을 의미한다. 이 치안특별교부금은 국가 업무를 수행하는 중앙정부가 지방재정의 지역 간 균형을 바로 잡

---

61) 문재인 정부에서 상정한 광역시도 자치단체에서 도입하게 될 예정인 전국단위 자치경찰제 시행을 위해 필요한 재정의 확보는 2019년 기준 10조 9,757억원을 재조정하여 사용하면 된다는 서울시의 입장도 나와 있다. 참고로 2020년 기준 경찰예산은 11조 6,165억원으로 책정되었다.
62) 서울특별시(신현기, 이상열, 남재성, 양재열), 서울시 특별사법경찰 10년, 자치경찰제로의 전환을 위한 발전방안 연구, 최종보고서, 2017, p. 261.

기 위하여 지방자치단체에 나누어 주는 일종의 지방재정교부금으로 이해된다. 그리고 위와 같은 방식을 활용한다면 전국의 광역시도 자치단체가 지니고 있는 열악한 재정자립도로 인해 발생할 수 있는 치안서비스의 차등문제는 물론이고 더 나아가서 우려될 수 있는 경찰관의 처우문제까지도 한 번에 극복할 수 있을 것이다.[63)]

한편 문재인 대통령은 선거공약으로 대통령에 당선될 경우 지방정부에 대해 재정을 더 부여해 주겠다고 공약한 바 있다. 즉 문재인 정부는 국세와 지방세의 비율에 있어서 현행 8:2에서 6:4로 개선하기로 했다. 물론 이것이 실현되기 위해서는 관련 법률을 개정함은 물론 여러 단계의 절차들이 이루어져야 할 것이다. 이 밖에도 지방자치단체에서 자치경찰제를 수행하기 위해서는 국고에서 지원되는 재원 이외에도 추가로 지방소비세의 인상 등을 비롯해 이른바 지방세원을 지속적으로 발굴해 나갈 필요가 있다.[64)]

한편 전국 17개 광역시도 대표가 모인 이른바 대한민국시도지사협의회는 다다익선인 만큼 국세와 지방세에서 6:4로 지방세의 징수 비율이 점차 증가하게 되면 훨씬 재정문제에서 자유로워질 수 있을 것으로 기대된다. 물론 모든 광역시도지사 입장에서는 중앙 정부의 세수조정을 통해서 더 많은 지방재원이 증대되기를 기대하고 있을 것이다. 장기적 차원에서 볼 때, 중앙정부는 스스로 지방세 징수영역을 넓혀주고 추가적으로 교통질서 위반과 관련해 발생하는 과태료와 범칙금 등의 부과징수권까지도 지방자치단체로 이관하는 과감한 정책결정도 필요하다고 본다.[65)]

이와 함께 현재 18개 지방경찰청이 보유하고 있는 국가재산인 각종 건물과 시설 및 순찰차 등을 포함한 수많은 장비 등을 모두 17개 광역시도로 이관해 주면 자치경찰제를 도입하게 되는 광역시도는 상당한 재정적 부담면에서 도움이 될 수 있을 것으로 평가된다. 한편 서울시 입장에서는 국가경찰에서 수행하던 경찰 사무(정보, 보안, 외사, 총기밀매와 위조화폐, 대규모 수사사건 등은 제외)와 경찰조직(지구대와 파출소 등) 등이 이관됨은 물론, 자치경찰 재정이 (가칭)치안특별교부금 지원방식을 활용해서든 아니면 또다른 국가보조금 방식을 통해서든, 세외수입 및 지방세원 발굴을 통해서든 충당이 가능해진다면 상당한 도움이 될 것으로 본다. 그리고 자치경찰 재정의 투명한 관리를 위해 반드시 지방의회의 통제영역 내에

---

63) 일요서울, 2017. 7. 28.
64) 서울특별시(신현기, 이상열, 남재성, 양재열), 서울시 특별사법경찰 10년, 자치경찰제로의 전환을 위한 발전방안 연구, 최종보고서, 2017, p. 262.
65) 황문규, 2017, p. 28.

〈표 7-5〉 서울시 자치경찰 도입 시 예산문제 해결 방안

구분	자치경찰 실시를 위한 예산해결 방안	비고
시범실시의 해	국가경찰인력 이관	서울시, 세종시, 제주도, 광역시 1개, 도 1개 〈총 5곳 선정 예정〉
자치경찰 전국 확대 시 첫해	(가칭) 치안특별교부금으로 실행	첫해에는 국가경찰예산의 이관을 통해 치안특별교부금으로 해결
자치경찰 전국 확대 시 두 번째 해	〈국세와 지방세의 세원 재조정〉 - 국세-지방세 조정을 통해 자치경찰 예산을 확보 하는 방안 - 중앙정부가 국세와 지방세 8:2 → 6:4 로 재조정 방안	지방세 증액에서 자치경찰세 마련

출처: 서울특별시(신현기, 이상열, 남재성, 양재열), 서울시 특별사법경찰 10년, 자치경찰제로의 전환을 위한 발전방안 연구, 최종보고서, 2017, p. 262.

(가칭)경찰예산위원회를 설치한 후 총체적으로 투명하게 관리하는 시스템 설치가 미래에 반드시 필요하다고 본다.[66]

3. 서울특별시 자치경찰제 모델(안)의 분석

이미 전장에서도 서울시 자치경찰제 도입을 위한 모델을 제시하면서 다음과 같이 조직, 인사, 신분, 사무기능, 광역수요, 재정부담 등을 밝힌 바 있다. 서울시 의 자치경찰제 도입을 위한 모델은 물론 주장 내지는 제언이고 최종적으로는 중 앙정부가 자기 고유의 자치경찰제 모델을 최종적으로 만들어 내게 되었다. 다만 서울시 모델은 참고 모델로 삼게 되었다. 전장에서도 소개했듯이 서울특별시의 자치경찰제 모델(안)은 현재 지방경찰청들이 온전하게 광역자치단체로 넘어가서 국가경찰이 자치경찰제로 전환되어야 한다는 주장을 내놓았음을 앞에서 살펴본바 와 같다.[67]

한편 서울시가 제시했던 자치경찰제 모델을 경찰청 경찰개혁위원회가 제시한 모델 및 제주자치경찰제와 비교해 보면 〈표 7-6〉과 같다.

---

66) 서울특별시(신현기, 이상열, 남재성, 양재열), 서울시 특별사법경찰 10년, 자치경찰제로의 전환 을 위한 발전방안 연구, 최종보고서, 2017, p. 262.
67) 추후 정부가 발표한 전국 시행 자치경찰제 모델을 보면 서울시가 제시한 자치경찰제 모델을 거의 수용하지 않았다. 하지만 우리나라가 통일이 되고 연방제가 가능하게 될 경우에는 위에서 소개한 통합형 자치경찰 모델로 갈 수밖에 없을 것으로 예측된다.

〈표 7-6〉 바람직한 서울특별시 자치경찰제 모델(안)

제주특별자치도 자치경찰 (현재 시행)	경찰청(안) ('17년 11월 경찰개혁위원회 권고안)	구분	바람직한 서울특별시 자치경찰제 모델(안) ('05년 전국시도지사협의회안과 유사)
이원화(병존형: 국가 경찰서·파출소 존치)	이원화(병존형: 국가 경찰서·파출소 존치)	국가경찰과의 관계	일원화(시·도 단위 국가 경찰조직 지방이관)
• 도지사 소속하에 자치경찰단을 두는 형태 • 자치경찰은(직속기관형) − 집행기관으로 자치경찰단을 둠 ※ 자치경찰단 아래 1관 2과 1대 1센터 − 시·군·구 단위 하부조직 부재	• 시·도지사 소속하에 자치경찰본부를 두고, 산하에 시·도 자치경찰대와 시·군·구 자치경찰대를 두는 형태 • 자치경찰은(독립기관형) − 합의제 의결기관으로 '시·도경찰위원회' 설치 − 집행기관으로 시·도 자치경찰본부와 시·도자치경찰대 및 시·군·구 자치경찰대를 둠	조직 시·도 지사 로부터의 독립성 여부 ① 직속기관형 ② 독립기관형	• 시·도지사 소속하에 시·도 지방경찰청을 두고, 그 산하에 경찰서를 두는 형태 − 기존 지방경찰조직인 지방경찰청 이하 경찰서, 파출소의 자치경찰화(조직이관) • 자치경찰은(독립기관형) − 합의제 의결기관으로 '시·도 경찰위원회' 설치 − 집행기관으로 국가경찰에서 이관받은 지방경찰청과 경찰서, 파출소를 둠
• 자치경찰단장: 도지사가 임명	• 시·도경찰위원: 지역의회 동의를 얻어 시·도지사가 임명 ※ 임기: 3년 • 자치경찰본부장: 시·도 경찰위원회 추천(3배수)으로 시·도지사가 임명 ※ 임기 2년(1회 연임 가능) • 시·군·구 자치경찰대장: 시·군·구청장의 동의를 받아 자치경찰본부장이 추천해 시·도지사가 임명	인사	• 시·도경찰위원: 시의회 동의를 거쳐 시·도지사가 임면 • 시·도지방경찰청장: 시·도 경찰위원회 추천(3배수)으로 시·도지사가 임명 • 경찰서장: 시·도 경찰위원회 추천(3배수)으로 시·도지사가 임명(필요시 시·군·구청장 협의)
• 지방공무원 • 정원 130명, 현원 125명(초기 국가 인계 38명 포함)	• 지방공무원 • 시·도에서 일괄선발. 초기소요 인력의 상당 부분을 국가경찰에서	신분 (인력)	• 지방공무원(현행 지방경찰청을 자치경찰로 이관하는데 따른 조치: 자치경찰을 위한 신규 채용 최소화)

	이직		• 다만 1단계 국가공무원 유지, 2단계 지방공무원화 검토 　– 일괄적인 지방공무원으로의 전환이 법적·제도적으로 한계가 있는 경우 시·도지사가 지휘·감독권을 보유하는 것을 전제로 추진 검토
• 원칙적으로 국가경찰 사무이고 열거된 사무만 자치경찰사무로 함 • 국가경찰 대비 사무분담정도 　– 축제·문화행사의 경비(단독)나 관광지 순찰(13.7%), 관광지 사범단속 (51%), 교통순찰 (4.5%), 지도 (1.2%) 등에 있어 보조적 역할 　– 특사경: 22개 분야 69개 법률 • 음주운전 조사권, 도로교통법 단속권한 외 수사권 불인정. 기초적인 비권력적 경찰작용	• 원칙적으로 국가경찰 사무이고 열거된 사무와 일부수사권을 자치경찰사무로 함 • 국가경찰: 수사, 정보, 외사, 대공 등 • 자치경찰: 생활관련 치안, 지역교통, 지역경비 ※ 특히 학교폭력·성폭력·가정폭력 범죄와 공무집행방해, 음주운전, 강력범죄가 의심되지 않는 실종, 동물안전관리 등 수사권 부여.	사무 (기능)	• 원칙적으로 현 경찰사무를 자치경찰 사무화(보충성 원칙 적용: 현행 국가경찰 조직에서 국가에 꼭 필요한 사무만 제한적으로 남기는 방안) 　– 국가경찰: '정보·대공·외사·전국적 수사 사무' 담당 　– 자치경찰: 국가경찰 사무 외 모든 사무 담당 ※ 생활안전, 여성·청소년, 교통, 경비, 방범, (모든) 수사 등 포함
• 예산: 국비 38억 / 도비 68억(2017년)	• 초기에 국가경찰에서 이관되는 인력과 필요 일부 장비 국가 부담 • 국가경찰 건물(지구대·파출소 등)에 대해 자치경찰과 공동활용 검토	재정부담	• 국세와 지방세 세원 조정과 연계 검토 필요 　– 조정 전까지는 현행 지방경찰청 예산을 자치경찰에 재배정하는 방안 제도화 ※ '치안특별교부금' 활용 • 사무(조직) 이관시 국가경찰 건물·장비 등도 시·도가 이관받는 것을 원칙으로 정함
프랑스·스페인과 유사	프랑스·스페인과 유사	해외사례	일본(변형)

출처: 서울특별시(신현기, 이상열, 남재성, 양재열), 서울시 특별사법경찰 10년, 자치경찰제로의 전환을 위한 발전방안 연구, 최종보고서, 2017, p. 264 재인용.

한편 서울시 자치경찰제 모델은 거의 연방제 수준의 자치경찰제에 버금갈 정도였다. 즉 현행 국가경찰제를 향후 전국 단위 자치경찰제로 그대로 전환할 경우 이는 매우 진전된 자치경찰제 모델이라는 학계의 지적과 평가도 나온바 있다.

4. 대통령 소속 자치분권위원회 자치경찰특별위원회의 자치경찰제 모델(안)

2018년 대통령 소속 자치분권위원회(2017 전반기 위원장 정순관; 2019 후반기 위원장 김순은) 산하 자치경찰제 특별위원회(9명)는 다음과 같이 문재인 정부의 자치경찰제 모델을 도출해 내었다.

1) 논의의 경과 과정

(1) 자치경찰제 특별위원회 구성과 의견수렴

2018년 3월 9일부터 자치경찰제 TF 및 특별위원회를 구성하고 본격적인 자치경찰제에 관한 논의를 시작했다. 우선 자치경찰제 도입의 원칙을 마련했는데 〈표 7-7〉과 같다.

본 특별위원회는 2018년 3월 16일~4월 14일까지 경찰청, 대검, 법무부, 지방 4대협의체 등으로부터 의견을 수렴했다. 특히 TF 및 특위 회의(18회), 대토론회 (5.3), 워크숍 등을 통해 논의하고 치안현장 방문, 일본경찰기관 방문(6월 5일~8일), 제주(4.17), 서울(4.19), 강원(4.25), 전남(7.13), 제주(8.29) 등 경찰기관을 현장 방문했다. 일본의 도도부현자치경찰제를 통해 우리나라가 도입할 자치경찰제 모델을 완성하는데 참고할 것이 있는지를 견학한 것이다. 일본을 방문했던 자치경찰위원들은 일본의 경우 국가경찰의 경비부장, 경무부장, 수사부장, 형사부장 4명

〈표 7-7〉 자치경찰특별위원회의 도입 원칙

정책방향	경찰권의 민주적 설계 및 정치적 중립성 확보
	주민밀착 치안 활동력 증진
고려사항	치안력 약화 및 치안 불균형 방지
	재정투입 최소화
	제도 도입에 따른 치안혼란 최소화

출처: 대통령 소속 자치분권위원회, 자치경찰제 특별위원회안 발표 및 정책토론회 발표자료, 2018. 11. 13, p. 8.

만 47개 광역도도부현경찰본부에 각각 나와서 관리하고 있다. 나머지 경찰인력은 모두 47개 도도부현에서 순경으로 임용하고 승진해서 올라온 자치경찰관들로 운영되고 있다.[68] 참고로 일본의 47개 도도부현 지방자치경찰공무원의 수는 약 300,000여만명 가까이 된다.

(2) 기존안의 비교검토와 특별위원회(안) 마련

자치경찰제의 주요 모델인 경찰개혁위원회 권고안(이원화 모형) 및 서울시 건의안(일원화 모형)은 물론 외국 모형 등을 종합적으로 검토했다고 한다. 본 위원회는 현장점검과 의견수렴 및 전문가의 검토를 거쳐 최종안을 마련했는데, 다음의 4가지가 그 핵심을 이룬다.

- 지역 밀착 부서인 지구대와 파출소 경우는 사무배분에 따라서 자치경찰에 이관
- 정치적 중립장치로 합의제 행정기관의 역할을 하게 될 광역단위 시·도경찰위원회 설치
- 긴급조치가 필요한 사건 및 사고의 현장에서 현장보존을 위한 범인검거 등 초동조치권의 부여
- 급격한 제도변화에 따라 발생할지도 모를 부작용의 방지를 위한 단계적 도입[69]

2) 자치경찰제 도입방안

(1) 자치경찰과 인력 운영

① 자치경찰의 조직체계

시·도에 자치경찰본부를 그리고 시군구에 자치경찰대를 신설한다는 것이다. 그리고 국가경찰은 2021년 4월 현재 18개 시도경찰청과 257개 경찰서 체계를 유지하면서 주민밀착 치안활동을 위해 지구대와 파출소는 사무배분에 따라 자치경찰로 이관한다. 그리고 국가경찰의 중대하고 긴급한 각종 사건 사고의 대응에 필요한 지역순찰대의 경찰인력 및 거점시설은 지속적으로 존치한다는 입장이다.[70]

---

68) 참고로 일본은 국가경찰 7,800여명과 지방자치경찰관 30여만명으로 이루어져 있다.
69) 대통령 소속 자치분권위원회, 자치경찰제 특별위원회안 발표 및 정책토론회 발표자료, 2018. 11. 13, p. 8.
70) 현재 지역순찰대는 서울의 경우 31개 경찰서에 대부분 설치되어 있는데 의무경찰 인력으로 구성되어 있다. 정부는 이들 의경인력을 2023년까지 모두 정규경찰인 순경으로 대체선발하기로

[그림 7-3] 자치경찰제 도입이후 경찰조직의 변화

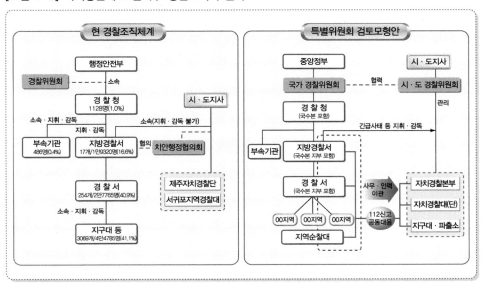

출처: 대통령 소속 자치분권위원회(2018. 11. 13); 뉴시스, http://www.newsis.com/view/?id(검색일: 2018. 11. 14).

특히 국민과 경찰 간에 혼선이 없도록 일선 현장조직은 그 일련의 전환과정에서 합동근무의 형태를 계속 유지하겠다는 복안이다. 그리고 112상황실은 국가경찰 소속으로 운영하며 정보화 기능을 자치경찰과 밀접하게 공유함은 물론 협조체제를 구축하겠다는 것이다.

② 인력 전환의 규모

무엇보다 자치단체 산하 신규 자치경찰 인력의 증원 없이 향후 자치경찰의 사무수행에 필요한 인력은 국가경찰로부터 이관하는 것을 원칙으로 한다는 점이다. 바꾸어 말하면 지방자치단체가 신규 인력을 선발하지 않고 국가경찰인력만 자치단체로 일정 수만 간단하게 이관하면 된다는 것이다.

오직 지구대와 파출소에 근무하는 지역경찰과 교통 등 국가경찰 인력 중 총 43,000여명 이상을 기꺼이 자치경찰로 이관하겠다는 입장이다. 여기서 43,000여

했다. 따라서 의무경찰은 없어지게 된다. 아마도 국가경찰이 현재 25,000여명의 의경으로 구성된 지역순찰대 조직을 지속적으로 유지하겠다고 주장하는 의도는 이들 인력이 향후 순경으로 선발 대체될 경우 고스란히 국가경찰인력을 다시 확보할 수 있는 기대효과를 대비하는 것으로 읽혀진다.

〈표 7-8〉 자치경찰의 인력이관 규모

국가경찰 (118천명/99.9%)				국가경찰
자치경찰 (137명/ 0.1%)	7~8천명 (자치경찰사무 약 50%)	3만~3만 5천명 (자치경찰사무 약 70~80%)	4만 3천명 (자치경찰사무 100%)	자치경찰 (평가 후 추가확대)
현행 (지역·사무)	1단계 (일부지역＋일부 사무)	2단계 (전국＋일부사무)	3단계 (전국＋전체사무)	최종단계

출처: 대통령 소속 자치분권위원회, 자치경찰제 특별위원회안 발표 및 정책토론회 발표자료, 2018. 11. 13,
　　　p. 10.

명은 국가경찰에서 이관되는 인력으로서 국가경찰의 집행부는 적극적으로 찬성하고 있다. 다만 사무이관 범위에 상응한 분야별 국가경찰 인력을 단계적으로 이관한다는 계획인데, 그 내용을 보면 〈표 7-8〉과 같다.

(2) 인사와 신분

첫째, 인사운영의 문제이다. 자치경찰의 본부장은 (가칭)시·도경찰위원회로부터 2배수의 추천을 받아 해당 시·도지사가 임명한다는 것이다. 여기서 자치경찰대장은 시·도경찰위원회가 시군구청장의 의견을 수렴한 후 적임자를 추천하여 시·도 지사가 임명한다는 것이다. 그리고 국가경찰과 자치경찰 간 자치경찰의 인사교류는 가능하다. 사실상 국가경찰이 광역시도의 자치경찰로 그대로 이관된 것이니 당연히 인사교류가 가능한 게 맞다고 본다.[71]

둘째, 신분전환이다. 국가경찰에서 이관되는 미래의 자치경찰은 특정직 지방공무원으로 전환되는 개념이고 지방재정부담과 신분변동의 혼란을 최소화하기 위해 국가직을 유지하고 점차적으로 전환하겠다는 복안인데, 경찰청이 추가로 발표한 바에 따르면 국가경찰 신분을 계속 유지하고 광역시도의 자치경찰로 근무하도록 하겠다는 법 개정을 예고했다. 현행 교사들이 국가공무원 신분이면서 광역시도 교육청에 소속되어 근무 중에 있는 원리에 맞추겠다는 계획이다. 이러한 대안 마련은 이관되는 경찰들의 불안정을 해소해 주기 위한 대안으로 이해된다.

한편 전국 광역시도지사가 임명하게 될 자치경찰본부장과 자치경찰대장은 자

---

71) 인사교류란 1:1로 상호간 1명씩 맞교환하는 것을 의미한다.

치경찰제 도입을 위한 시범운영 단계에서부터 지방 특정직공무원으로 임명하겠다는 계획이다. 또한 자치경찰제의 안정적 정착을 위해 이관되는 인력과 추후 신규 채용 인력은 국가경찰에서 교육과 훈련 및 직무교육을 담당하기로 했다. 부언하면 신분전환에 맞추어 자치경찰을 운용하는 본부 단위로 각각 교육과 훈련을 함께 맡겠다는 것이다.

(3) 자치경찰의 사무배분

첫째, 기본원칙이다. 즉 기본원칙의 내용을 보면 다음과 같이 국가경찰사무와 자치경찰사무로 나누어진다.

- 자치경찰사무: 여청, 교통, 생활안전, 지역경비 등 주민과 밀착한 민생치안활동 그리고 이와 밀접한 수사를 진행한다.
- 국가경찰사무: 국가의 존립 및 안위에 필요한 정보, 보안, 수사를 비롯한 사무, 수사, 민생치안사무 중 전국적 규모라든가 혹은 통일적인 처리를 필요로 하는 일련의 사무 등

주목할 것은 수사의 경우 원칙적으로 국가사무이기는 하지만 성폭력, 학교폭력, 음주운전, 공무수행방해 가정폭력, 교통사고 등의 경우 이것은 자치경찰도 담당하도록 하겠다는 것이다. 특히 긴급하게 조치해야 할 현장성 있는 사건의 현장 보존과 범인검거 등 초동조치는 자치경찰과 국가경찰의 공동 의무사항으로 했다.

무엇보다 검경수사권 조정안과 관련해서 볼 때, 자치경찰제 도입취지 그리고 지방분권법(§9)의 국가 및 자치단체 간 중복배제, 보충성, 포괄적 사무배분 원칙을 충실히 반영하고 동시에 현행 제주자치경찰제의 틀을 넘어서는 자치경찰제를 실현하겠다는 것이다. 다만 긴급사태 등 발생 시 경찰청장은 시도자치경찰에 대한 직접 지휘 감독이 가능하다(경찰법 §25).[72]

전국적 균질성과 형평성을 가급적 유지하면서 지역특성과 여건에 알맞는 치안 서비스 제공을 위한 보다 구체적 사무의 범위는 업무협약을 통해 결정하겠다는 것이다.

---

72) 대통령 소속 자치분권위원회, 자치경찰제 특별위원회안 발표 및 정책토론회 발표자료, 2018. 11. 13, p. 11.

〈표 7-9〉 자치경찰 및 국가경찰의 사무배분

구분	자치경찰	국가경찰
주요사무	− 생활안전, 여성청소년, 교통, 지역경비 등 주민밀착형 사무 및 지역경찰(지구대, 파출소) − 민생치안 밀접 수사(교통사고, 가정폭력 등)	− 정보, 보안, 외사, 112상황실 − 수사(광역범죄, 국익범죄, 일반형사 등) − 민생치안사무 중 전국적 규모나 통일적인 처리를 필요로 하는 사무(협약으로 규정) 및 지역순찰대

출처: 대통령 소속 자치분권위원회, 자치경찰제 특별위원회안 발표 및 정책토론회 발표자료, 2018. 11. 13, p. 12.

둘째, 초동조치 등 공동의무 사항이다.

명확한 사무배분이 곤란한 실종, 성폭력, 학교폭력, 가정폭력 등 생활주변에서 발생하는 각종 사건 처리의 혼선 방지를 해결하기 위한 각종 대책들이 긴요하다. 그리고 자치경찰공무원들에게도 모든 생활현장의 각종 사건에 대한 현장 출동, 조치 및 권한과 함께 의무를 부여하고 상호 간 밀접한 협력과 응원을 명시하는 방안에 대해 적극 검토하겠다는 것이다. 또한 지역치안활동 관련 계획들도 자치경찰과 국가경찰이 상호 협력해서 공동으로 수립함은 물론이고 수시로 협의하도록 한다는 것이다.

〈표 7-10〉 자치경찰 및 국가경찰 간 공동의무 사항

공동 의무사항	− 지역치안활동 관련 계획 공동 수립 및 수시 협의 − 긴급조치가 필요한 사건 및 사고현장에서의 초동조치(예: 순찰 중 우연히 범죄현장을 목격한 경우, 사건현장 부근에서 관계자나 목격자로부터 직접 신고를 접수한 경우 등) − 112상황실 합동근무 및 상호간 경찰 응원 등

그리고 자치경찰과 국가경찰의 사건처리 절차의 기준도 마련했는데 그 내용은 〈표 7-11〉과 같다.

〈표 7-11〉 단계별 사건처리 절차

구분		자치경찰 사무	국가경찰 사무
사건초기	현장성 없음	자치경찰이 소관 사무 처리	자치경찰이 소관 사무 처리
	현장성 있음	국가경찰은 중대·긴급신고, 자치경찰은 일상·비긴급신고 처리를 원칙으로 하되, 사건현장 경찰관이 있는 경우 우선 초동조치 후 소관경찰에 인계 등.	
중간 이후		자치경찰이 소관 사무 처리	국가경찰이 소관 사무 처리

출처: 대통령 소속 자치분권위원회, 자치경찰제 특별위원회안 발표 및 정책토론회 발표자료, 2018. 11. 13, p. 12.

(4) 시·도경찰위원회를 통한 정치적 중립 확보 방안

시·도경찰위원회를 통한 정치적 중립 확보 방안과 관련해서 다음과 같이 제시되었다.

첫째, 설치방안이다.

- 소속: 시·도지사 소속으로 시·도경찰위원회를 설치
- 구성: 위원은 총 5명(상임위원 1명 포함)으로 하고 시·도지사가 임명한다. 시·도지사가 1명을 추천하고 시도의회가 2명(여야 각 1명)을 추천하며 대법원도 1명을 추천한다. 그리고 국가경찰과 관련해서 행정안전부 산하 국가경찰위원회도 1명을 추천하는 것으로 상정했다.
- 성격: 합의제 행정기관으로 설치해야 하고 시·도지사로부터도 역시 독립적으로 직무를 수행한다. 시·도경찰위원회 사무는 자치경찰본부에서 담당한다. 예를 들어 서울, 광주, 세종, 제주에서 감사위원회를 합의제 행정기관으로 설치 및 운영하고 있음을 참고할 수 있을 것으로 본다.

둘째, 주요기능이다.

- 자치경찰 관련: 주요 정책 심의 및 의결, 인사추천, 감찰 및 징계 요구 등이다.
- 국가경찰 관련: 시·도국가경찰과 국가경찰위원회 및 협력과 의견의 개진 등이다.

<표 7-12> 시·도경찰위원회의 주요 기능

구분		주요 내용	비고
자치경찰 관련	기본임무	자치경찰 활동 목표의 수립 및 평가, 자치경찰 인사, 예산, 장비, 통신 등에 관한 주요정책 심의·의결 및 집행 관리	
	인사추천	자치경찰본부장(2배수) 및 자치경찰대장 임명 추천	
	감찰징계요구	시·도자치경찰 사무, 국민·자치경찰공무원 민원, 자치경찰공무원 주요 비위사건 등	
	개선권고	자치경찰에 의한 인권침해, 경찰권 남용 소지 제도·법령·관행 등	
국가경찰 관련	시도경찰	자치경찰 직무수행과 관련된 업무협약 체결·변경, 국가·지자체 공동사무 수행 및 분쟁조정 관련 의견제시	의견제시
	국가경찰 위원회	－ 시·도경찰청과 1차 협력·조정 곤란 시 2차 심의·조정 요구 － 시·도 지역 내에서 국가경찰관의 인권침해, 법령위반 등, 비위사건에 대한 관련 실태분석 및 감찰 등 개선요청	

출처: 대통령 소속 자치분권위원회, 자치경찰제 특별위원회안 발표 및 정책토론회 발표자료, 2018. 11. 13, p. 13.

(5) 재정지원 및 시설과 장비 운영

첫째, 재정지원이다. 자치경찰제 시행에 필요한 초창기의 예산은 국가에서 부담함을 원칙으로 한다는 것이다. 위에서 언급한 기본적인 사무이관은 물론이고 동시에 현행 국가경찰의 인력 43,000여명도 1차, 2차, 3차에 걸쳐 17개 광역시도 자치경찰로 이관되기 때문에 인건비를 위해 필요한 추가적 비용 부담은 거의 없을 것으로 예상된다. 특히 먼저 시행되는 시범운영 예산은 국비로 지원되고 이후 단계적이고 점차적으로 광역시도지자체가 부담하되, 물론 그것도 재정자립도를 감안해 자치경찰교부세 제도 등의 도입을 적극 검토해 보겠다는 것이다. 지방자치단체는 자치경찰사무를 위한 소속 직원의 인건비, 경비, 조직, 행정관리를 위한 운영비 등을 부담하고, 이에 반해 국가는 17개 광역시·도경찰이 수행하게 될 전국적인 장비·통신 유지의 비용이나 국가경찰사무의 경비 등을 스스로 부담하도록 한다는 계획이다.

둘째, 시설과 장비의 공동사용이다. 자치경찰은 신규채용 없이 국가경찰로부터 이관되기 때문에 이관 이후 국가경찰에서 발생한 잉여분의 시설이나 각종 장비는 향후 창설될 자치경찰과 공동으로 활용함을 원칙으로 한다는 것이다. 또한 일부 지구대와 파출소, 치안센터의 전부 등의 각종 경찰시설을 자치경찰과 공유하여 재정 부담을 최소화 하겠다는 계획이다. 나아가서 경찰장구 및 차량 등 일련의 경찰장비도 인력이관의 규모에 따라서 일정 부분 이관하되, 불가피하게 추가로 발생하는 것들은 국가에서 그 비용을 지원할 것을 검토하겠다는 계획도 있다.[73]

(6) 단계적 도입과 추진

국가경찰을 자치경찰로 전환하는데 있어 급격한 제도 도입 시 발생하는 혼동과 혼란의 사전 예방 강구 및 국민의 불편사항의 사전 방지를 위한 자치경찰의 사무, 실시지역 등을 4단계로 구분해 시행하겠다는 것이다. 즉 2019년 서울, 세종, 제주, 추가 2곳 등 최소 5개 혹은 최대 7개 지역(자치경찰의 사무 50%) 및 2021년을 기해 전국 단위에서 일부 사무의 시행(자치경찰사무 중 70~80%) 이후 엄밀한 평가를 거친 후 전체사무(자치경찰사무 100%)로 전격 확대하겠다는 것이다. 최종단계에서 정착수준에 맞도록 사무와 인력을 추가로 확대해 나가겠다는 복안인 것으로 알려졌다.

〈표 7-13〉 자치경찰제 단계별 도입 방안

구분	1단계 (일부지역 + 일부사무)	2단계 (전국 + 일부사무)	3단계 (전국+전체사무)	최종단계
대상지역	5개지역 (서울, 세종, 제주 외 2개 시·도)	전국	전국	전국
사무	자치경찰 사무 약 50% (일부 수사권 포함)	자치경찰 사무 약 70~80% (일부 수사권 포함)	자치경찰 사무 100%	평가 후 추가 확대
인력	7,000~8,000명	30,000~35,000명	43,000명	
시점	2019년	2021년	2022년	정착수준에 맞춰 평가 후 판단

출처: 대통령 소속 자치분권위원회, 자치경찰제 특별위원회안 발표 및 정책토론회 발표자료, 2018. 11. 13, p. 16.

---

73) 대통령 소속 자치분권위원회, 자치경찰제 특별위원회안 발표 및 정책토론회 발표자료, 2018. 11. 13, p. 15.

3) 자치경찰제 도입을 위한 향후 추진계획

자치경찰제 도입을 위한 향후 추진계획을 보면 다음과 같다.

첫째, 시행방안의 확정이다. 자치분권위원회의 경우를 보면 자치경찰제 도입방안에 대한 심의·의결을 2018년에 완료하겠다는 것이다. 경찰청도 자치경찰제 도입을 위한 실천계획을 수립하고 관련 법안을 마련하여 2018년~2019년 상반기까지 자치분권위에 제출하겠다는 계획을 세웠다.

둘째, 입법지원 및 시범실시이다.

자치경찰제 도입을 위한 관련 법안을 마련하고 국회 심의를 2018년~2019년 상반기까지 마무리하겠다고 발표하였다. 그리고 2019년부터 5개~7개 지역에서 자치경찰제 시범실시를 위한 사전 준비 및 시행을 본격화 하겠다는 계획을 제시했다. 물론 단계별 시행에 맞추어 자치경찰제 시범운영에 대한 종합평가를 병행하겠다는 것이다. 그리고 2021년부터 5개 시도에서 전국으로 자치경찰제를 점차 확대하겠다는 것이다.

향후 자치경찰제를 도입하는데 있어서 가장 중요한 것은 (가칭)자치경찰법안을 만들어 내는 것이며, 이것을 국회에서 입법화하는 작업이 매우 긴요하다고 본다.

4) 홍익표 의원의 경찰법 전부개정안

2018년 더불어 민주당의 간사였던 홍익표 의원은 그 당시 경찰법 전부개정법률안을 국회에 전격 발의했다.[74] 위의 전장에서 살펴보았듯이 1, 2, 3차례에 걸쳐 국가경찰 43,000명이 자치경찰로 이관되도록 한다는 전제하에 그 당시 경찰법을 전부개정하는 법적 토대를 재구현하고자 하는 방안이었다. 한편 2019년 하반기 홍익표 의원은 임기가 만료되어 물러났고 자치경찰법과 관련해서는 향후 국회 행안위원회가 다루게 될 예정이었지만 2020년 2월까지 전혀 후속논의가 없고 여야 간 대립만 격화되는 듯 보였다.[75] 향후 우리나라에 자치경찰제가 도입되기 위한

---

74) 하지만 홍익표 의원의 본 법률안은 2020년 5월 말 20대 국회의 임기만료와 함께 자동 폐기되었다. 그리고 21대 국회가 출범했고 2020년 8월 4일 역시 민주당의 김영배 의원이 경찰법과 경찰공무원법 전부개정안을 국회 행안위원회에 발의하게 되었다.

75) 유기준 의원은 이명박 정부 시절(2008. 2. 25~2013. 2. 25)에 자치경찰제는 시군구 기초자치단체 차원에서가 아니라 17개 광역시도 차원에서 시행되어야 한다고 주장한 바 있어서 현재 문재인 정부가 추진하는 광역단위 자치경찰제안에 밀접한 협조가 이루어질 수 있을지 귀추가 주목된다.

법적 토대 구축이 가장 큰 과제 중 하나였다.[76] 결국 2020년 4월 15일 21대 국회 의원 선거에서 당선된 새 의원들이 5월 말 출범하면서 위 자치경찰안은 자동 폐 기되는 수순을 밟았다.

제 3 절 더불어민주당 김영배 의원의 일원화 자치경찰제(안)

1. 자치경찰 법안의 주요내용 및 시도지사 · 자치경찰위원회 권한

1) 주요 내용

문재인 정부에서 자치경찰제 도입안은 크게 2019년 홍익표 의원의 국가경찰 제와 자치경찰제라는 이원화 자치경찰제 모델(경찰법 전부개정법률안)과 2020년 8 월 김영배 의원의 일원화 자치경찰제 모델로 대변되었다. 홍익표 의원의 자치경 찰제 모델은 제주자치경찰제 모델에서 약간 발전된 모델이었다. 즉 기존의 제주 자치경찰제 모델에다가 국가경찰관 43,000여명을 17개 광역시도의 자치경찰위원 회 산하로 이관하여 자치경찰제를 시행하는 방안이었지만 20대 국회에서 여야 간 에 합의를 이루지 못했으며 결국 2020년 5월 말 20대 국회의 임기만료와 함께 자동 폐기되었다. 이어서 2020년 5월 말 새로 구성된 21대 국회 경우는 여당인 더불어 민주당이 2020년 4월 15일 실시된 선거에서 무려 180석이 넘는 의석을 차지하게 되는 기염을 토했다. 이 결과 향후 더불어민주당은 21대 국회의 각종 입법활동에서 어떤 법안이든 통과시킬 수 있는 유리한 입장에 설수 있게 되었다.

2020년 8월 4일 더불어민주당 소속 김영배 의원은 기존의 홍익표 의원 안이 폐지되었기 때문에 그의 뒤를 이어 새로운 자치경찰제모델을 제시하게 되었다.

---

76) 2020년 1월 중순 국회는 패스트 트렉 법안들을 전격 통과시켰는데 여기에는 검경수사권조정법 안도 있었으며 이것이 통과되어 경찰도 수사종결권을 가지게 되는 발전이 있었다. 특히 검경수 사권조정 문제가 해결되기 위해서는 이전보다 엄청나게 국가경찰의 권한이 강력해진 상태이다. 따라서 막강해진 국가경찰의 권한을 자치경찰제 도입을 통해 분권해야 하는 엄중한 과제에 직 면하게 되었다. 2020년에는 이 문제가 정부의 핫 이슈 중 하나가 되었다. 향후 풀어야 할 과제 는 경찰법 전부개정안이 국회에서 통과되어야 하며 정부는 전국 17개 광역시도를 대상으로 시 범지역도 선발해야 한다. 특히 경찰법 전부개정안이 국회에서 통과되면 6개월 후에 시행에 들 어갈 수 있는 만큼 정부와 경찰청 자치경찰단은 철저하게 준비작업을 펼쳐나가야 할 것이다.

이것이 바로 정부안인 일원화 모델이다. 하지만 이 법안 역시 새롭게 단독 자치
경찰법안을 내놓은 것이 아니라 경찰법과 경찰공무원법을 전부개정안으로 제시한
것이다. 김영배 의원이 이와 같은 법안을 의원입법하게 된 것은 Covid-19, 즉 코
로나바이러스의 세계적 대유행으로 인해 국내 및 전세계의 경기 위축 등으로 국
가경제가 엄청난 어려움에 처했기 때문에 가급적이면 국가예산이 다소라도 적게
들어가는 차원에서 자치경찰제를 도입해야 한다는 국가적 입장을 심층 감안해 그
실현 가능성을 찾자는 취지로 이해된다. 김영배 의원의 경찰법 전부개정법률안과
경찰공무원법 전부개정법률안에서 제시한 일원화 자치경찰 모델은 결국 홍익표
의원의 기존 이원화 자치경찰 모델을 다시 일원화 모델로 변경하여 의원입법 발
의하게 된 것이다.

　가장 눈에 띄는 변화는 기존에 17개 시도지사 소속 시도경찰위원회 산하의 자
치경찰본부 및 자치경찰대와 지구대/파출소에서 자치경찰제를 시행하는 모델이었
지만, 김영배 의원의 일원화 모델에서 자치경찰사무는 시도경찰위원회만 조직된
후 기존에 자치경찰본부 산하 자치경찰대와 지구대 등이 수행하고자 했던 자치경
찰 사무(예, 생활안전, 교통, 지역경비 사무 및 교통/학교·가정·성폭력 등의 수사 등)

[그림 7-4] 자치경찰 도입 모델 (이원화 → 일원화)

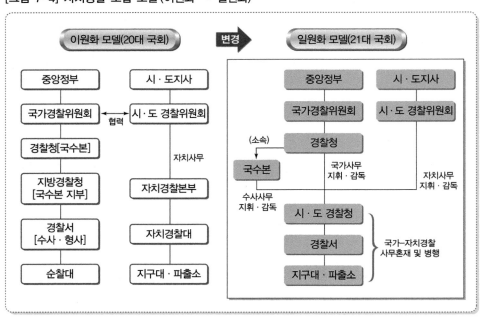

출처: 장일식(2020. 10).

를 기존의 국가경찰이 그대로 수행하게 되는 모델이라고 요약된다.

2021년 김영배 의원의 일원화 모델은 물론 당정청의 협의 하에 집약되어 발표된 사실상의 정부 모델이다. 이에 대한 세부내용을 정리해 보면 [그림 7-4]와 같다.

2) 조 직

(1) 기존 조직인 시·도경찰청, 경찰서, 지구대·파출소에서 국가·자치경찰 사무 병행

우선 정치적 중립을 위해 이른바 합의제 행정기관으로서 '시·도자치경찰위원회'를 설치하게 된다. 그리고 지역경찰 기관인 현재의 '지구대·파출소'는 경찰서장 소속으로 존속함은 물론 국가-자치경찰의 사무를 그대로 병행하는 것으로 예상된다.

(2) 인 사

경찰서장급인 총경 이상은 경찰청장 추천(대통령 임용)에 따른 임용권의 일부를 17개 광역시·도지사에게 위임이 가능할 수 있다. 현재 시·도경찰청장은 경찰청장이 시·도자치경찰위원장과 협의하여 추천하면 대통령이 임용하는 것으로 예정했다. 그리고 17개 광역시·도지사는 승진명부의 작성권은 있으나 승진심사위원회는 시·도경찰청에 둔다는 것이며 역시 징계도 유사한 방식을 예정했다.

(3) 신 분

국가경찰공무원(국가직)을 그대로 유지하며, 현 계급 체계도 역시 동일하다.

(4) 사 무

경찰 임무를 크게 국가경찰·수사경찰·자치경찰 사무 등 3가지로 구분하게 된다. 즉 국가경찰사무는 자치경찰사무를 제외한 경찰의 임무를 수행하게 된다. 그리고 자치경찰사무는 생활안전, 교통, 지역경비 사무 및 교통/학교·가정·성폭력 등의 수사를 담당하게 된다고 예정했다.

(5) 지 휘

크게 3가지로 나뉘어져 국가사무는 경찰청장이, 수사사무는 새로 창설되는 국가수사본부장이 그리고 자치사무의 경우는 17개 광역시도의 자치경찰위원회가 각

각 담당하게 된다.

(6) 자치경찰위원회

광역시도에 창설되는 자치경찰위원회 위원은 7명(시도지사 1, 시도의회 2, 국가경찰위 2, 시도자치경찰위 추천위원회 2 추천)을 상정했다. 물론 시도지사가 위원장과 상임위원 및 위원들에게 임명장을 주게 되었다.[77] 그리고 그 산하에 사무기구가 설치된다. 또한 경찰공무원 설치(파견 형태 예상)가 가능함을 예정했다.

(7) 재 정

이관 자치경찰사무를 위해 소요되는 인력·장비의 비용은 물론 국가지원으로 하며, 17개 광역시·도지사가 예산을 수립하게 된다.

(8) 시 행

그 시행일은 이미 2021년 1월 1을 기해 전국 동시 시행(법시행 전에 시행 준비 행위 및 시범운영 가능)이라고 김영배 의원이 발의한 경찰법 전부개정안을 통해 이미 발표되었다. 하지만 2020년 11월 정기국회에서 법이 통과된다고 해도 시행에 들어가기까지는 최소 6개월 정도의 준비 시간이 필요하다고 본다. 이 기간 동안에는 서울, 세종 등에서 시범 실시도 해봐야 하는 등의 중요한 향후 과제들이 다수 남아 있었다.

2. 광역시·도지사와 시·도자치경찰위원회의 권한

17개 광역시·도지사와 시·도자치경찰위원회가 가지게 되는 해당 권한을 살펴보면 다음과 같다. 시도지사의 경우 위원회 구성, 인사, 조직, 예산, 위원회 회의 등에서 직간접의 권한을 가지는 것으로 정리되었다. 한편 자치경찰위원장도 시·도경찰청장 임용에 대해 경찰청장과 협의권, 자치경찰위원회 상임위원 제청권, 의제 발안권 및 임시회의 개최 요구권, 경찰청장의 부당한 비상사태 지휘·명령에 대한 중단 요청권 등을 가지는 것으로 짜여졌다. 하지만 이것은 어디까지나 하나의 안이고 국회의 행안위와 법사위 등을 거치면서 어떻게 변경될지는 아직 모른다. 이에 대한 변화들은 다음의 관련 장에서 후술하기로 한다.

---

77) 추후 최종적으로는 국가경찰위원회 추천이 2명에서 1명으로 축소되고, 추가로 시도교육감이 1명의 위원을 추천하는 것으로 결정되었다.

〈표 7-14〉 광역시도지사와 자치경찰위원회

구 분		주요권한
시·도지사	위원회 구성	• 위원 7인 임명권, 7인 중 1인은 단독 지명권 • **위원장 및 상임위원 임명권** – 상임위원은 시·도자치경찰위원회 의결 후 위원장 제청 필요 ※ 위원장 및 상임 위원 1명은 지방자치단체 공무원으로 함 • 자치경찰위원회 위원추천위원회 설치·구성권
	인사	• 대통령령에서 위임받는 **경찰공무원 임용권 일부** – 시·도자치경찰위원회, 시·도경찰청장에게 재위임 가능
	조직	• 시·도자치경찰위원회 사무기구 조직권
	예산	• 자치경찰사무 수행에 필요한 예산 수립권 – 자치경찰위원회가 경찰청장 의견을 들어 심의·의결 필요
	위원회 회의	• 의제 발안권 및 임시회의 개최 요구권 • 자치경찰위원회 의결에 대한 재의 요구권
자치경찰	위원장	• **시·도경찰청장 임용에 대해 경찰청장과 협의권** • 자치경찰위원회 상임위원 제청권 • 의제 발안권 및 임시회의 개최 요구권 • 경찰청장의 부당한 비상사태 지휘·명령에 대한 중단 요청권
	위원회	• **자치경찰사무(수사사무 제외)에 대한 시·도 경찰청장 지휘·감독권** – 감사·감사의뢰, 주요 비위사건 감찰·감찰요구, 징계요구, 고충심사, 중요 사건·사고 및 현안 점검 • **자치경찰사무 담당 공무원 임용권(인사위원회 운용)** – 대통령령에 따라 시·도시자로부터 재위임 받아 행사 가능 • 자치경찰사무 목표수립 및 평가권 – **경찰서장의 사무수행 평가결과를 경찰청장에게 정기 통보** • 자치경찰사무 예산·인력·장비·통신 주요정책 등 심의·의결권 • 자치경찰사무에 관한 규칙 제정·개정·폐지권 • 국가·자치경찰사무 및 지방·치안해정에 대한 협의·조정권 • 국가경찰위원회에 대한 심의·조정 요청권

3. 현행 제주자치경찰제와 김영배 의원의 일원화'안'의 비교

김영배 의원안은 17개 광역시도에 자치경찰 조직을 새로 신설하지 않고 기존의 국가경찰공무원(국가직)이 그대로 국가경찰의 신분을 유지하면서 자치경찰기능까지 100% 맡아서 수행하게 되는 일원화 모델을 제시한 것이다.

〈표 7-15〉 김영배 의원안의 핵심 내용

구분	제주자치경찰	김영배 의원 '안'	영향 등 (제주 자치경찰)
조직	• **별도의 자치경찰 조직으로** 도지사 소속 **자치경찰단** 설치	• 자치경찰 조직 신설 없음 　- 시·도지방경찰청과 경찰서 내에서 자치 경찰사무 구분 수행 　- 지구대·파출소도 경찰서장 소속으로 현재와 동일	• 국가경찰과 통합(조직 일원화)
인사	• 자치경찰 **인사권자는 도지사** • 자치경찰 인사위원회 설치 (도지사 소속)	• 총경 이상, 경찰청장이 추천 • **경정 이하, 시·도지사 위임 가능**	• 위임 범위는 대통령령에 위임(인사권 축소예상)
신분	• **자치경찰공무원(지방직)**	• **국가경찰공무원(국가직) 유지**	
사무	• **생활밀착 사무, 일부수사 사무** 　- 생활안전 및 지역교통 활동 　- 공공시설 등 경비 　- 사법경찰관리직무 　- 즉결심판청구	• 국가·자치경찰, 수사 사무 분리 　- 국가경찰사무: 자치경찰사무를 제외한 경찰의 임무 수행 　- **자치경찰사무: 생활안전, 교통, 지역경비 사무 및 교통/학교·가정·성폭력 등의 수사**	• 국가경찰 조직 내에서 자치경찰사무 수행 (국가경찰화)
지휘 감독	• **도지사의 지휘·감독권 일원화**	• 사무별 지휘·감독권한 분리 　- 국가경찰 사무: 경찰청장 　- **자치경찰 사무: 시·도경찰위원회** 　- 수사 사무: 국가수사본부장	
위원 회	• 치안행정위원회(12명*) 설치 　- 역할: 국가경찰과 업무 협조 등 　* 12인: 도의회 3, 지방경찰청장 3, 도지사 4, 당연직 2	• **시·도경찰위원회 설치(7명*, 합의제 행정기관) 및 자체 사무기구 운영** 　- 역할: 자치경찰사무 관장 　* 7명: 의회 2, 국가경찰위 2, 시·도경찰위 추천위 2, 시·도지사 1 명	
재정	• 자치경찰 설치·운영비 국가지원 • **이관인력(38명) 인건·운영비 지원**	• 국가의 재정적 지원의무 부여 　- **예산은 시·도지사가 수립**	
도입	• '06. 7월: 자치경찰대 출범 • '12. 1월: 자치경찰단 확대	• '21. 1. 1. 전국 전면시행 　- 사전 준비 및 시범운영 가능	• 제주 자치경찰 폐지

4. '국가경찰과 자치경찰조직 및 운영에 관한 법률'과 입법예고 시행령

2020년 12월 9일 국회 본회의에서 여야합의로 '국가경찰과 자치경찰조직 및 운영에 관한 법률'이 전격 통과되었다. 이는 위에서 살펴본 김영배 의원의 경찰법과 경찰공무원법 전부개정법률안에 근거해서 만들어진 공식 법률이다. 이는 권력기관 개혁방안의 일환으로 만들어진 것이므로 일명 경찰개혁법이라고 부르기도 한다. 이번에 경찰개혁을 시도한 것은 검경수사권 조정이 이루어지기 때문에 경찰권력이 한꺼번에 너무 비대해지는 것을 분산시키자는 것이 핵심내용이었다. 12월 9일 통과된 '국가경찰과 자치경찰조직 및 운영에 관한 법률'에 이어 2020년 12월 12일 입법예고 된 시행령이 나왔다. 1945년 10월 국가경찰이 창설된 지 꼭 76년 만에 공식적으로 자치경찰제를 단일법으로 도입하게 된데서 큰 의미가 있다.[78] 이제 자치경찰제는 시행령에 따라 시도지사 소속으로 두는 시도자치경찰위원회가 2021년 초부터 7월 1일 이전에 연이어서 설치되었다. 서울특별시를 예로 들어 보면 다음과 같다. 즉 서울시자치경찰위원회가 '합의제독립행정기관'[79]으로 서울시경찰청과 산하 31개 경찰서에서 자치경찰사무로 분류된 방범순찰 관련 주민생활안전, 교통법규 위반단속 관련 교통활동, 각 지역의 다중운집행사 시에 교통 및 안전관리 경비, 여성청소년과 학교폭력 관련 범죄 및 실종아동 수색 등의 수사활동을 담당한다. 시행령에 따르면 서울시자치경찰위원은 총 7명으로 구성되는데 서울시장이 지명하는 1명, 서울시 교육감 1명, 국가경찰위원회 1명, 서울시의회 2명 그리고 5명으로 구성되는 위원추천위원회(시장군수협의회, 시군의장협의회, 경찰청장, 법원장이 추천하는 위원, 시청기획조정실장 등)에서 2명 추천 등이 바로 그것이다.

자치경찰의 인사와 관련해 시행령에 따르면 경찰공무원은 모두 국가직신분을 그대로 유지한다. 국가경찰관 중에 경정의 전보 및 경감이하의 임용권(신규채용과 면직은 제외) 경우는 서울시장에게 위임할 수 있다. 그리고 시행령은 서울시장이

78) 제주자치경찰제는 단일법이 아니고 제주특별법의 조문에 따라 제주도의회가 조례를 만들어 2006년 7월부터 시행해 오고 있는 것이 큰 차이 점이다.
79) 합의제독립행정기관은 자체적으로 사무국을 설치할 수 있다. 참고로 국가경찰위원회는 심의의결기관으로서 사무국 설치가 불가능하므로 경찰청이 사무를 파견 지원해 주고 있다. 이런 점에서 자치경찰위원회의 위상이 국가경찰위원회보다 높다고 볼 수 있다. 이는 향후 법률개정을 통해 동격으로 맞추어야 할 과제라고 본다.

경감과 경위의 승진을 제외한 기타의 임용권을 서울시자치경찰위원회에 재위임할 수 있도록 허용하였다. 이 밖에 서울시자치경찰위원회가 향후 자치경찰사무에 대한 장비, 예산, 인사 및 통신정책수립, 이를 담당하는 공무원의 임용과 평가, 감찰과 감사 등은 물론이고 서울시경찰청장에 대한 임용협의권 및 31개 경찰서장의 자치경찰사무를 위한 수행평가권까지 보유하게 되었다.

제주특별자치도에서도 역시 위 시행령에 따라 동일하게 제주자치경찰위원회가 설치되어 지난 15년간 유지되어 온 제주자치경찰단 소속 자치경찰공무원 156명은 즉시 제주자치경찰위원회의 지휘를 받게 된다. 지금까지 제주자치경찰은 제주도 특정직 지방공무원으로 제주도지사가 인사권자로 관리해 왔으나 이제는 '국가경찰과 자치경찰조직 및 운영에 관한 법률'에 이어 2020년 12월 12일 입법예고된 시행령에 따라 제주특별자치도자치경찰위원회가 관리하는 큰 변화를 맞게 되었다.

제 4 절   제주도의회와 제주특별자치도 및 제주자치경찰단의 입장

1. 일반현황

김영배 의원의 자치경찰 일원화 모델에 따르면 2006년 7월 1일부터 2021년 기준 15년째 시행해 온 제주자치경찰제는 없어지는 것으로 했다. 왜냐하면 그의 자치경찰제 도입 모델은 경찰법과 경찰공무원법 전부개정법률안을 국회 행안위원회에 상정했으며 이 내용 중에는 향후 우리나라 자치경찰제가 국가경찰과 자치경찰이라는 2원화로 시행하는 것이 아니라 국가경찰이 국가경찰업무와 자치경찰업무를 동시에 수행하게 되는 것을 담고 있기 때문이다. 부언하면 결국 김영배 의원은 경찰법 전부개정법률안과 경찰공무원법 전부개정법률안을 대표발의 하면서 코로나바이러스 때문에 국가예산도 어려운 만큼 이전의 홍익표 의원이 대표발의 했던 자치경찰제 2원화 모델을 다시 21대 국회에서 발의해 주는 것이 아니라 국가경찰-자치경찰 일원화 자치경찰제 모델을 새롭게 발의함으로써 결국에는 기존에 15년째 제주도지사가 운영하던 제주자치경찰제 모델은 사라지고 국가경찰이 모두 운영 주체가 됨으로써 기존의 제주자치경찰공무원들은 다시 국가경찰로 소속이 변경되어야 하는 엄청난 변화를 맡게 된 것이다. 물론 김영배 의원의 국가경찰법 전부개정안이 2020년 11월과 12월 가을 정기 국회에서 그대로 통과될 경우에는 기존의 제주자치경찰단에서 엄청난 파장이 나타나게 되는 문제에 직면했었다.

하지만 2006년 7월부터 제주자치경찰제는 전국 지역으로 미래 자치경찰제를 확대 실시하기 위한 시범실시의 의미를 크게 지니고 있었다. 이는 당정청의 직간접적 지원하에 경찰청이 핵심 주체가 되어 광역시도 중 하나인 제주특별자치도에서 제주자치경찰제를 나머지 16개 전국 광역시도로 확대해 나가기 위한 시범실시의 의미가 매우 컸던 것인데, 갑자기 자치경찰제 이원화 모델이 일원화 모델로 방향을 급격히 틀게 된 것이다.

갑자기 이러한 김영배 의원의 자치경찰제 모델과 함께 경찰법 전부개정법률안이 나오면서 제주도 의회는 강하게 반발했다.

2. 제주자치경찰제의 폐지 위기

제주자치경찰은 2006년 7월 1일 제주특별자치도 출범과 함께 제주특별법에 의해 이미 15년째 운영 중인데 이번 김영배 의원의 자치경찰법 발의에 의해 전격 폐지되어야 할 위기에 처했다.

그동안 꾸준히 인력과 업무가 증가해서 애초 국가경찰 38명으로 시작해 지금은 156명의 자치경찰관과 19명의 일반직공무원이 근무 중이다.[80] 그리고 제주경찰청에서 2018년 4월부터 파견된 경찰인력까지 모두 419명이 근무하고 있는 중이다.[81] 제주자치경찰의 업무도 ① 교통시설물 심의, ② 관광지 순찰 및 관광사범 단속, ③ 특별사법경찰 수사, ④ 교통정보센터 운영 등으로 제한되었다가 점차 늘어나서 2018년 국가경찰로부터 사무와 인력을 이관받은 후에는 ① 중산간지역 행정복합치안센터, ② 유실물통합관리센터, ③ 주취자 응급의료센터, ④ 학교안전전담경찰관, ⑤ 어린이통학로 개선업무 일원화, ⑥ 관광신고센터 운영, ⑦

---

80) 고창경, 제주자치경찰단 내부자료(2020. 10 현재).
81) 2018년 4월부터 2020년 초까지 제주지방경찰청에서 국가경찰이 제주자치경찰단으로 파견된 인력인 2020년 10월 기준 총 228명에 달한다. 제주자치경찰단은 파견 국가경찰관 228명 중에서 파견 후 수사업무에 근무하고 있는 77명을 자치경찰공무원으로 완전히 이관해 달라고 요청하고 있다.

연합청년회와 치안파트너 체계 구축 등 국가경찰에서 시행하지 못하는 영역까지 확대되어 활발하게 운영되고 있었다.

3. 제주도의회의 제주자치경찰제 존치를 위한 입장

2020년 8월 4일 여당인 더불어 민주당 소속의 김영배 의원이 향후 자치경찰제를 도입하는데 있어서 기존 정부에서 추진하던 국가경찰-자치경찰 이원화 모델을 일원화 모델로 가겠다는 경찰법 전부개정법률안을 발표함으로써 궁극적으로는 제주자치경찰제가 사라지게 된데 따른 제주도의회는 다음과 같이 강하게 반발하는 입장을 표명했다.

민주당이 다수당인 제주도의회도 제주자치경찰 존속 및 자치경찰에 대한 예산과 인력 지원을 위한 특례 조항 신설을 촉구하는 결의안을 채택했다. 제주도의회는 지난 10일 제386회 임시회 제1차 본회의에서 '제주도의 자치분권 핵심제도인 자치경찰 존치를 위한 경찰법개정(안) 특례조항 신설 촉구 결의안'을 재석의원 38명 만장일치로 채택했다. 도의회는 "제주특별법에는 '국가는 제주자치도의 지방자치를 보장하고 국제자유도시를 실현하기 위한 관련 법령을 지속적으로 정비하는 등 입법·행정 조치를 해야 한다'고 명시하고 있다"며 "제주특별법 제정 취지에 맞도록 경찰법 개정안에 자치분권의 핵심제도인 제주자치경찰을 존속시킬 수 있는 특례 조항을 마련해 고도의 자치권의 보장될 수 있기를 요구한다"고 밝혔다. 제주자치경찰 내부도 술렁이고 있다. 고창경 제주자치경찰단장은 "고도의 지방분권 실현을 위해 제정한 제주특별법의 핵심이 자치경찰"이라며 "자치경찰이 국가경찰에 흡수된다면 제주특별법 취지에 반해 제주자치경찰제도를 크게 후퇴시킬 것"이라고 말했다. 제주출신 오영훈 의원(더불어민주당, 제주시을)은 "제주자치경찰은 지난 14년간 많은 성과를 냈고, 이를 이어가는 것이 바람직하다"며 "(경찰법 개정안 등에 대한) 국회 논의과정에서 제주자치경찰 존치 등 특례 조항 신설을 협의해 나가겠다"고 말했다.

출처: ksn@news1.kr/ 뉴스1 © News1 박세연 기자

4. 제주특별자치도와 제주자치경찰단의 입장

제주도(도지사: 원희룡)와 시민들도 갑자기 발표된 김영배 의원의 자치경찰제 도입을 위한 국가경찰-자치경찰 일원화 모델의 전격 발표에 놀라기는 마찬가지였던 것으로 이해된다.

"제주자치경찰 존치 특례 담아야"
제주자치경찰 폐지 법안이 발의되자 지역사회가 반발하고 있다. 제주도는 원희룡 지사 명의의 11일 김영배 의원이 발의한 경찰법 · 경찰공무원법 전부개정안에 대한 입장문을 내고 "제주자치경찰을 국가경찰로 일원화하는 것은 지방자치의 퇴행이자 역사의 후퇴"라고 지적했다. 원 지사는 "이번 (경찰법 등) 개정안은 2006년 제주도민들이 주민투표를 통해 정부의 자치분권 강화 방안을 받아들인 자치분권을 위한 주민들의 결정권을 무시해버리는 처사다"며 "제주자치경찰은 제주특별법에 의한 '자치조직'이지 '국가경찰'의 권력 분산 대상이 아니다"라고 강하게 반발했다. 원 지사는 12일에는 국회를 방문, 김영배 의원을 만나 개정 경찰법과 경찰공무원법에 제주자치경찰의 존치와 국가경찰의 인력과 예산을 지원하는 특례 조항을 둘 것을 요청했다.

출처: 뉴스1 © News1 박세연 기자

제주경찰사를 가만히 들여다보면 애초 2006년 7월 1일 제주자치경찰제가 창설될 시에 제주도민들이 원해서 이루어진 것이 아니라는 사실에 주목해 볼 필요가 있다. 2003년 2월부터 2008년 2월까지 집권한 노무현 정부에서 제주특별법 시행시 사실상 덤으로 끼워넣어져 시행에 들어갔다고 해도 과언이 아니다. 제주자치경찰제는 참여정부 시절인 2006년 7월 1일 제주특별자치도 출범과 동시에 이른바 「제주특별자치도 설치 및 국제자유도시조성을 위한 특별법」(제주특별법)에 따라 창설되었으며 만 15년째의 역사를 가지고 운영 중이다.[82]
더욱이 이 당시에 제주자치경찰제 시행은 제주자치경찰법이라고 하는 단일법도 없이 제주특별법 중 하나의 조문에 제주특별자치도에는 자치경찰제를 도입하여야 한다라는 조문에 의해 제주도의회가 조례를 만들고 그에 근거해 제주자치경

---

82) https://www.news1.kr/articles/?4026099(검색일: %202020.8.14(검색일: 2020. 10. 15).

찰제가 시행되어 내려 온 것이다. 이처럼 제주특별자치도가 스스로 원해서 시행한 것도 아니면서 그동안 많은 도비가 투입되었는데 폐지되어야 한다는 난제에 갑자기 부딪친 것이다.

제주특별자치도는 그동안 운영되어 온 제주자치경찰단 운영에 있어서 100억원이 넘는 예산 중 국고에서는 이전에 국가경찰관 38명의 특별임용에 따른 월급과 연금 및 운영비로 35억원 정도만 지원해 왔고 대부분의 예산은 제주도비로 충당해 오면서 유일하게 자치경찰제를 정착시켜 나왔다. 그리고 제주자치경찰제는 정부 주도하에 우리나라 자치경찰제를 전국적으로 확대 실시해 나가기 위한 시범사례의 모델로서도 훌륭한 역할도 수행해 나왔다.

이제 김영배 의원이 발의한 경찰법 전부개정법률안에 의해 제주자치경찰제가 하루아침에 사라져야 하는 문제에 직면한 것이다.

결국 새로운 대안을 찾아서 향후 국회에서 통과를 앞둔 김영배 의원 법안 중본 조문이든 아니면 부칙에라도 기존의 제주자치경찰제는 그대로 존속한다는 근거를 남겨서 그 법안을 통과시키는 방안도 존재했다. 또 하나의 방안은 제주자치경찰제의 경우 갑자기 폐지하는데 따른 국가적 손실이 크게 예상되었다. 따라서 제주도는 그대로 존치하면서 전국 16개 시도들이 자치경찰제를 도입한 후 서서히 제주자치경찰제도 일원화 방안으로 나아가는 것도 하나의 좋은 대안이 될 수 있었던 것이다.

5. 대한민국시도지사협의회 입장

더불어 민주당의 김영배 의원이 2020년 8월 4일 발의한 '경찰공무원법' 개정안이 시행되는 즉시 제주자치경찰들은 해체되어 제주경찰청에 소속되어 그 상응하는 계급에 국가경찰공무원으로 신분이 바뀌게 된다. 또한 제주자치경찰의 법적근거인 「제주특별법」 제106조부터 제119조까지 모두 삭제될 예정이다. 이 때문에 제주의 모든 도민과 도지사, 의회, 자치경찰단 직원 모두는 제주자치경찰제 폐지에 대해 많은 우려감을 표하고 있다.[83]

한편 대한민국시도지사협의회는 정부의 「경찰법」・「경찰공무원법」 전부개정안이 발의(김영배 의원안, 2020. 8. 4)되어 2020년 11월 경에 국회를 통과해 2021

---

83) 뉴스, https://www.news1.kr/articles/?4026099(검색일: 2020. 8. 14.).

년 1월 1일부터 시행될 예정이 발표된데 대해 다음과 같은 입장을 견지했다. 즉 주요 쟁점사항으로서

○ 정부안(김영배 의원안) 마련 과정에 대한 시·도의견 수렴절차 부재
○ 지역·주민 대표인 시·도지사의 권한 부족으로 정부안의 실효성 한계
○ 전국 동시시행일('21.1.1) 대비 준비기간 태부족으로 초기 경착륙 우려
○ 제주자치경찰 폐지로 국내 유일의 15년간 자치경찰 경험 상실 우려

등을 제시하였다.[84]

그리고 대한민국시도지사협의회는 정부(안)에 대해 건의사항을 공개질의하기도 했는데 그 구체적인 내용인 8개항은

○ 국회 입법과정상 대한민국시도지사협의회(시·도 공동의견) 적극반영
○ 자치경찰사무 집행기관에 대한 시·도지사의 통제권 확보
○ 시·도지사 법률안 의견제출권 보장
○ 자치경찰사무 범위 확대
○ 국가 재정지원 보장 및 확대 명확화
○ 시·도자치경찰위원회 구성·운영 등 자율권 강화
○ 전국 동시시행 대비 6개월 이상 준비기간 확보
○ 제주자치경찰 현행존치 특례 부여

등이다.[85]

특히 17개 광역시도지사들의 모임인 협의회는 자치경찰제 실시와 관련해 정부안에서 지난 15년간 시행해 나온 제주자치경찰제의 존치를 함께 정부에 건의하고 있다. 이미 지난 15년간 제주자치경찰제는 기능·인력·조직 확대 등으로 자치행정과 연계·협력 강화 그리고 제주도민들의 만족도 역시 향상되어 있을뿐 아니라 우리나라 최초의 자치경찰제 도입 및 실시에서 커다란 상징성이 있는 만큼 과거 2006.7.1 출범 이전이나 폐지로 회귀가 아닌 현재 수준의 존치가 필요함을 강하게 피력한 바 있다.

---

84) 대한민국시도지사협의회, 내부자료(2020).
85) 대한민국시도지사협의회, 내부자료(2020).

6. 김영배 자치경찰제법안의 문제점 분석

국가경찰 중 38명을 특별임용하여 시작한 제주자치경찰은 점차 규모가 확대돼 156명의 자치경찰과 일반직공무원으로 이루어져 있고 2018년부터 파견 근무 중인 국가경찰까지 더하면 419명이 근무 중이다.

소위 김영배 의원의 「일원적 자치경찰제 모델」은 다음과 같은 점이 지적되고 있다. 즉 국가경찰이 자치경찰 업무로 분류된 다음의 △생활안전, △교통, △경비 및 학교폭력, 가정폭력, 아동학대, 교통사고, 성폭력, 가출인·실종아동 등 범죄의 수사사무 등을 모두 맡아서 수행해 나가겠다는 모델인데, 본 모델에 따르면 하나의 경찰서 속에서 국가경찰, 수사경찰, 자치경찰이라는 3자가 합동근무를 해야 하는 상황이 전개될 것으로 보인다. 본 법안은 국회 법사위원회 산하에 소위원회가 세부적으로 다룬 후 법사위가 확인하고 본회의를 통과한다면 2021년 1월부터 시행에 들어간다는 점에서 자치경찰제 도입의 발걸음은 가까워지고 있다.

김영배 의원으로부터 경찰법과 경찰공무원법 전부개정안을 통해 내놓은 자치경찰법안은 몇 가지 점에서 문제점을 지니고 있다. 문재인 정부에서 2019년 초에 제시한 자치경찰제 모델은 광역시도지사가 시도자치경찰위원회를 통해 국가경찰 43,000여명을 이관받아 자치경찰제를 시행하는 모델이었으나 이번 새롭게 제시한 모델은 형식상의 자치경찰제라는 비판이 제기되고 있다. 자치경찰 사무로 분류된 내용을 국가경찰기관이 그대로 수행하면 되기 때문에 자치경찰 조직이 창설되지 않는 방법을 택한 것이다. 사실상 광역시도지사 산하에 설치되는 시도자치경찰위원회를 심의 의결기관으로만 규정했을 뿐 민주성과 효율성 면에서는 문제점을 보여줄 가능성도 있다는 것이다. 이렇게 되면 분권의 의미를 가진 자치경찰제 도입의 의미가 상당히 상실되는 것으로 해석할 수밖에 없다고 본다. 특히 본 자치경찰제도를 도입하고자 했던 애초의 의도는 살리기 어렵다고 본다.

지금까지 위에서 전반적으로 살펴본 제주자치경찰제와 관련해 핵심진행 과정을 다음과 같이 정리할 수 있다. 무엇보다 제주자치경찰제는 우리나라에서 처음으로 제주도지역에서만 유일하게 이미 2006년부터 시행해 왔고 여기서 쌓인 노하우들을 전국단위의 자치경찰제 도입 및 시행에 있어서 중요한 시행착오를 예방할 수 있는 좋은 모델이었다는 차원에서 절대적으로 볼 때 그 존치가 필요하다고 본다.

7. 제주자치경찰단의 존재와 국회 행안위원회 법안 결정

1) 김영배 의원의 정부모델안과 제주자치경찰의 존재 여부

문재인 정부, 즉 당·정·청은 20대 국회에서 홍익표 의원을 통해 정부의 자치경찰제 이원화안을 제시했는데 핵심 내용은 2006년 7월 1일 출범한 지난 15년간 정착시켜 온 제주자치경찰제 모델을 기본토대로 해서 현재의 국가경찰을 국가경찰인 시도경찰청과 자치경찰인 자치경찰본부로 완전히 분리해 각각 독립체로서 분리된 사무를 수행한다는 방안을 추진했고 이미 제주자치경찰단에 2018년 4월부터 2020년 2월까지 총 268명을 파견해 시범실시까지도 진행해 왔다. 이것이 갑자기 변경되었다. 즉 당·정·청은 2020년 7월 30일 이른바 '국민을 위한 권력기관 개혁 당·정·청 협의'라는 회의를 개최하고 스스로 2019년 초에 제시했던 정부모델안을 포기하고 그 대신 국가경찰-자치경찰 이원화 모델 대신 국가경찰-자치경찰 일원화 모델로 간다는 방안을 추진하겠다고 방향을 급선회 하는 김영배 의원의 정부안을 갑자기 내놓게 된 것이다. 전장에서 간략하게 언급했던 바와 같이 이번 김영배 의원의 일원화 정부계획안이 나온 배경은 코로나19의 세계적 대유행으로 인해 어려움이 많고 무엇보다 국가경찰-자치경찰 이원화로 진행할 경우 3조 6,000억원으로 예상되는 예산 마련이 쉽지 않다는 현실 문제에 기인하고 있었다. 따라서 일원화 방안의 핵심은 추가로 별도의 자치경찰조직(자치경찰 인력 포함)을 설치하지 않고 기존 경찰 내부 사무를 크게 국가행정경찰과 국가자치경찰 및 국가수사경찰 등 3개의 업무 분야를 구분하여 그대로 국가경찰이 3개 영역을 모두 다 담당하는, 즉 지휘·감독만 분리하는 것이 바로 그 핵심 내용이다. 다만 이렇게 될 경우 당연히 국가행정경찰 사무는 기존대로 경찰청의 지휘·감독에 따르며, 역시 국가경찰공무원들이 맡게 되는 자치경찰 사무는 시·도지사 소속으로 설치되는 이른바 시·도자치경찰위원회의 지휘·감독 산하에 놓여졌다. 역시 국가 사무를 수행하는 수사경찰의 경우는 그 독립성이 필요해 경찰청 산하에 새로 국가수사본부가 설치된 후 임명되는 국가수사본부장이 지휘·감독을 맡게 되었다.

전장에서 논의한 바와 같이 2020년 8월 4일 김영배 의원이 경찰법-경찰공무원법 전부개정법률안을 통해 내놓은 정부안에 대해 제주도, 지역의회 등 정치권, 제주시민단체, 학계 등은 지난 15년간 정착되어 온 제주자치경찰제의 존치 필요성을 주장했다. 김영배 의원이 발의한 이른바 경찰청법 전부개정법률안에서는 부칙 제6조 제54항 속에 일명 「제주특별자치도 설치 및 국제자유도시 조성에 관한 특별법」(제특법) 제7장에 규정되어 시행해 오던 제주자치경찰과 관련한 법적 근거(자치공무원은 제외) 자체를 아예 삭제한다고 명시하고 있다.[86]

　제주자치경찰제는 폐지되어 사라진다는 이야기다. 궁극적으로는 이렇게 될 경우 제주자치경찰제는 독립조직으로서 기능과 권한이 없어지게 되는 것이다. 무엇보다 이렇게 결정될 경우 제주자치경찰은 제주특별법에 근거해 운영되던 법적 토대가 사라지고 이번에 개정될 이른바 경찰청법에 의해 전국과 동일한 경찰조직으로 격하되는 수순을 밟게 됨으로써 결국에는 국가경찰인 제주경찰청 소속의 국가경찰로 소속시키겠다는 것이었다. 이것은 최악의 시나리오이며 대안이 전혀 없는 것은 물론 아니었다. 그 대안으로 특례조항이 논의되어 왔다. 예를 들어 제주도의 주장은 경찰법 제36조에다가 추가로 특례조항을 하나 더 신설하여 현재의 제주특별법 제7장에서 명시하고 있는 제주자치경찰 관련 규정을 적용하도록 하면 된다는 주장이 바로 그것이다. 이러한 법적 토대가 구축되면 제주도의 자치경찰제는 김영배 의원의 정부안인 국가경찰-자치경찰의 일원화안에서 완전히 제외될 수 있는 것이었다.[87]

　이와는 별도로 제주자치경찰단은 또 하나의 고민을 가지고 있는데, 기존의 순수 자치인력으로는 제주자치경찰제의 운영이 무늬만 자치경찰인 만큼 지구대와 파출소 시스템을 운영할 수 있도록 현재 제주국가경찰에서 파견 나와 있는 인력이 함께 이관되어야 한다는 입장을 내놓고 있었다. 이것이야말로 실질적 자치경찰제가 되기 위한 기본 필수조건을 갖추는 길이기 때문이다. 제대로된 제주자치경찰제가 시행되기 위해서는 제주자치경찰의 경우 국가경찰의 인력이 함께 넘어오는 것이 맞다고 본다. 더욱이 현재 문재인 정부에서 김영배 의원을 통해 내놓은 정부의 일원화안은 영구적인 것이 아니라 코로나19로 인한 재정부족에 따른

---

86) 김정호 기자, "제주의 소리, 제주자치경찰 존치하나? 여야 2020년 12월 1일 법률 개정안 합의"(newss@hanmail.net), 2020. 11. 27.

87) 제주도는 제주특별자치도 설치 및 국제자유도시 조성에 관한 특별법에 근거해 2006년 7월 1일부터 전국 최초로 자치경찰제도를 도입해 2020년 말 현재까지 전국 유일하게 운영 중이다. 2018년 대통령 직속 자치분권위원회가 자치경찰제도 도입안, 즉 국가경찰-자치경찰 이원화 방안을 마련해 추진하면서 같은 해 4월 30일 제주지방경찰청 소속 국가경찰이 1차로 27명이 제주자치경찰로 파견되어 전국 첫 지방자치 확대시범 운영이 시작되었으며 연이어서 같은해 7월 18일자로 제2차 지역경찰 등 96명이 파견되었으며 추가로 2019년 1월 31일자로 137명, 그리고 2020년 2월에도 추가 8명 등 총 4차례 268명이 현재 자치경찰에서 파견활동을 펼치고 있다(김정호 기자, "제주의 소리, 제주자치경찰 존치하나? 여야 2020년 12월 1일 법률 개정안 합의" 기사를 참조).

임시안으로 이해해 볼 때, 머지않아 정치와 예산 문제가 안정될 경우 지방자치 이념에 맞게 광역시도에서 자치경찰제를 시행하는 이원화 자치경찰제로 변화되어 갈 것으로 보이며 또한 반드시 가는 것이 맞다고 본다. 최소한 1991년부터 지방 자치제가 시행되고 있고, 국가경찰의 업무와 자치경찰의 업무가 분명히 따로 있다는 차원에서 볼 때 그렇다는 이야기다.

2) 김영배 의원이 제시한 정부의 일원화 자치경찰제 모델

본 저자는 위에서 살펴본 바와 같이 제주자치경찰제에 대한 존치의 당위성은 매우 많다고 보았다. 15년간 운영된 제주자치경찰제를 한번에 폐지해 버리는 데서 오는 조직과 인력 및 예산 구조와 기능들 차원에서 후유증도 만만치 않기 때문이었다. 이런 의미에서 행안위원회도 고민이 많았던 것이 사실이다.

한편 국민의힘 정당 측에서 서범수의원도 경찰법개정안을 의원발의 했는데 핵심 내용은 김영배 의원 정부안에서 국가경찰이 맡도록 한 노숙자, 행려병자에 대한 보호, 공공청사 경비, 축제시 질서유지, 재난시 주민보호, 사회질서유지(예, 쓰레기 무단투기 단속), 주취자 문제 등의 업무를 제외시키기로 한 부분도 모두 포함하여 국회 행안위소위원회를 열어야 하는 과제에 직면해 있었다.[88] 다시 말해 국회 행안위소위원회는 향후 제주자치경찰제도를 존치시키느냐 여부에 대해 여야가 2020년 12월 1일 법률 개정안을 합의한다고 알려진 바 있다.[89] 그리고 더불어 민주당이면서 국회 행안위원회 소속의 김영배 의원은 2020년 8월 4일 당정청이 합의하여 만들어 낸 자치경찰제 정부안 모델을 대표발의 했는데, 그동안 공청회 및 다방면의 의견 수렴 없이 졸속 진행되었다는 비판이 적지 않았다. 이러한 의미에서 김영배 의원실은 2020년 11월 3일 대한민국시도지사협의회 및 경찰청과 공동으로 국회에서 "자치경찰제 도입방안 논의를 위한 국회토론회"를 개최하고 다양한 의견을 수렴했다. 연이어 2020년 11월 13일 서영교 행안위원장과 행안위원 5명은 11월 16일 이른바 자치경찰과 국가경찰 일원화방안을 담은 "경찰법 및 경찰공무원법 전부개정법률안" 관련 공청회를 개최하기 전에 미리 제주도청을 방문해

---

88) 마침내 국회 행정안전위원회는 2020년 12월 1일 법안심사소위원회를 개최하고 더불어민주당 김영배 의원과 국민의힘 서범수 의원이 대표발의 한 경찰법 개정안의 합의 처리 시도를 예고하기도 했다.

89) 애초 행안위원회는 2020년 11월 23일과 26일에 본격적으로 소위원회를 개최해 경찰법개정안을 다루기로 했으나 모두 무산된 것으로도 알려졌으며 12월 1일 다시 다룰 것이라는 등 여러 추측들이 나오기도 했다.

김영배 의원의 정부안에서 폐지하기로 한 제주특별자치도의 자치경찰제를 존치시켜야 하는지에 대한 당위성 관련 의견을 듣기 위해 제주도청을 방문하기도 했다. 연이어 2020년 11월 16일 '경찰법·경찰공무원법 개정안(김영배 의원안) 공청회'를 통해 심층논의가 있었으며 행안위원회법안심사소위원회가 11월 23일과 27일 그리고 12월 1일 위 법안에 대해 집중적으로 다루면서 역시 제주자치경찰제의 존재여부에 대해 다루었으며 여기서 핵심쟁점은 제주자치경찰제가 법조문에 특례나 부칙 등의 방법을 통해 전국의 유일한 독립조직으로 계속해서 운영해 나갈 수 있는지에 대한 고민이 컸었다.[90)]

8. 제주자치경찰제도의 존치결정과 제주국가경찰협의회의 인력이관 반대

1) 제주경찰 직장협의회 "국가경찰 이관시 치안력 감소"로 이관 반대 표명

위에서 논의한대로 2020년 12월 30일자 제주도민일보[91)]를 보면 김영배 의원의 자치경찰제 관련 정부안에서 제주자치경찰제는 폐지되는 것으로 개정안이 발표되었다. 이것이 2020년 12월 1일 국회행안위원회 제2소위원회에서 최종결정되었다. 제주지방경찰청 산하 경찰서에 조직되어 있는 직장협의회[92)]에서는 "제주자치경찰 존치 및 인력이관 반대"에 관한 성명을 전격적으로 발표했다. 제주국가경찰협의회가 내놓은 주장들은 다음과 같이

- "자치경찰 이원화 운영으로 치안력이 감소한다면 그에 대한 책임은 누가 지는가?"
- "도민의 안전을 위해 신중한 결정을 해야 할 때"
- "2020년말 현재 국회에서는 단일한 국가경찰조직에서 국가경찰 사무와 자치경찰 사무를 모두 처리하되, 시도자치경찰위원회를 통해 경찰사무를 통제 받도록 하는 내용의 '자치경찰일원화법(경찰법 등 개정안)'이 김영배 의원의 대표발의에 의해 논의 중"

---

90) 김정호 기자, "제주의 소리, 제주자치경찰 존치하나? 여야 2020년 12월 1일 법률 개정안 합의" (newss@hanmail.net), 2020. 11. 27.

91) 제주도민일보(홍석형 기자), 제주경찰직장협의회 "국가경찰 이관시 치안력 감소"로 이관 반대 2020. 11. 30.

92) 2020년 12월 현재 법적으로 경찰서 단위에서만 경감 이하 유니폼 경찰들에게 직장협의회 조직이 허용되고 있다. 즉 경찰서 단위 이외에는 아직까지 직장협의회 구성이 여전히 금지되어 있다.

- "제주자치경찰은 국가경찰과 자치경찰을 둘로 나눠 운영하자는 이원화를 주장하고 있다"
- "국가경찰이 파견되기 전까지의 자치경찰은 '무늬만 경찰'이라는 곱지 않은 시선을 받기도 했으며, 더 나아가서 자치경찰의 수사 능력, 업무능력의 향상은 국가경찰 파견 이후라고 보는 시각이 많다"
- "그래서 자치경찰의 노하우는 14년간의 노하우라기보다는 국가경찰에서 인력을 파견하기 시작한 2018년 4월 이후부터라고 보는게 맞다는 의견도 타당하다고 본다"
- "2020년 7월 30일 당·정·청 협의를 거쳐 2020년 8월 4일 더불어민주당 김영배 의원이 경찰법. 경찰공무원법 전부개정안을 발의하면서 제주자치경찰은 폐지로 가닥을 잡았는데, 제주도와 제주도의회에서 제주특별자치도법의 입법취지에 배치된다며 반발했고 제주자치경찰단의 존치와 현 시범운영 수준의 인력 이관을 요구하고 있다"
- "당초 이원화 방안으로 추진돼 왔던 정부의 자치경찰제 안이 일원화로 변경돼 추진되고 있기에, 이원화 방안의 효과성 검증 등을 위해 추진돼 온 제주자치경찰확대 시범운영은 더 이상 지속해야 할 이유와 필요성이 사라지게 됐다"
- "시범운영을 위해 자치경찰단으로 임시 파견됐던 국가경찰 인력은 시범운영 종료와 동시에 국가경찰로 전원 복귀돼야 함은 당연한 이치"
- "그럼에도 불구하고 제주자치경찰단은 자치경찰 존치에서 더 나아가 이원화 방안 시범운영을 위해 임시 파견된 국가경찰 인력 전원을 즉각 넘겨달라고 요구하고 있다"
- "제주자치경찰 확대가 필요하면 자치적으로 인력을 충원하면 된다. 왜 치안의 공백과 도민의 불편함을 감수하면서까지 국가경찰의 인력을 이관받아 자치경찰의 몸집을 키우려 하는가"
- "그건 '자치경찰단 자체 인력만으로는 자치경찰제를 시행할 능력이 없다는 것은 아닐까?'라는 의구심이 든다"
- "그러한 이원화라면 오히려 일원화를 해 집중적이고 체계적인 관리 및 운영이 더 필요하다"
- "제주도만 국가와 자치를 둘로 나눌 필요없이 전국적으로 시행하고 있는 국가경찰 일원화가 도민들의 혼선을 막을 수 있고 질 높은 치안 서비스를 제공할 수 있다"
- "이원화 경찰제도는 지방분권이라는 큰 명제와 함께 가야 하는 제도라는 데는

공감한다"
- "하지만 현시점 제주에서의 이원화가 최선의 선택인지는 고려해야 할 점이 많다"
- 중복 출동 문제를 우려한다. 즉 112신고 총 57종 중 45종은 국가경찰, 12종은 자치경찰이 분담해서 처리하고 있지만 현장의 상황에 따라 이중 출동을 해야 하거나 이첩을 해야 하는 문제가 발생해 사건처리 시간이 일원화보다 많이 걸린다.
- "지금은 자치경찰에 파견 간 직원이 국가경찰에 함께 있었던 직원이라 상대의 업무라도 먼저 조치를 해주면서 서로 이해하며 원활하다지만 명백히 이원화가 되면 서로의 업무가 맞는지 아닌지에 대한 다툼과 혼선은 보지 않아도 뻔하다"
- "국가경찰은 112출동 외에도 범죄예방, 수사, 치안정보 수집, 경비 등의 업무를 동시에 담당하고 있다. 자치경찰로 인원을 이관하면 업무부담 증가는 당연한 이야기"
- "그렇지 않아도 지역경찰 인원이 모자란 상황임에도 일부를 자치경찰로 이관을 하게 되면 인력난으로 인한 피해는 오롯이 도민의 몫인 것이다. 이런 문제로 자치경찰로 인력 이관을 반대한다"
- "2019년 제주 자치경찰 치안만족도 조사 결과 '자치경찰 교통안전활동 만족도'는 7.3%에 불과했다"
- "교통안전활동은 특히 지역경찰 등 타 부서.기능의 지원.협력이 필요하지만 자치경찰의 협업 수준은 의문점이 많다"
- "교통환경이 상대적으로 열악한 제주는 한정된 인력을 분산하기보다는 국가경찰로 일원화해 운영하는 것이 바람직하다"
- "잘 알려진 것처럼 제주의 치안여건은 그다지 좋지 않고 경찰인력은 늘 부족한 상태. 안전지수가 매년 전국 꼴찌이고 인구 10만명당 사건사고 발생비율은 전국에서 최상위권"
- "자치경찰에 인력을 이관한다면 그에 대한 책임은 누가 질 것인가? 도민의 안전을 위해 신중한 결정을 해야 할 때"

라는 입장을 내놓았다.

2) 국회 행정안전위원회 법안심사 제2소위원회 「경찰법」·「경찰공무원법」 심의결과

예상했던 대로 2020. 12. 1(화) ~ 12. 2(수) 사이에 국회 행정안전위원회 회의

실에서 행안위원회 소속의 박완수 소위원장, 이해식 위원, 김영배 위원, 양기대 위원, 오영환 위원, 임호선 위원, 김용판 위원, 서범수 위원, 이은주 위원이 모여 위에서 살펴본 김영배 의원안과 서범수 의원이 발의한 법안에 대해 심의했다.[93] 즉 이번 행안위원회 제2법안소위원회 심의 결과는 매우 진보적이었다. 그동안 적지 않은 쟁점이 되었던 안건들이 합의를 이끌어 냈고 다음과 같이 합의안이 발표되었는데, 이는 2020년 12월 9일 국회 본회의에서 통과를 예정했다. 그리고 2021년 1월부터 6월 말까지 시범실시에 들어간다는 복안도 함께 나왔다.

〈표 7-16〉 행안위원회 제2법안소위원회 심의 결과

구 분	김영배 의원안(8.4)	제2법안소위 심의결과
자치경찰 사무	◦ 안전사고 및 재해・재난 등으로부터 주민보호	◦ 안전사고 및 재해・재난 시 긴급구조지원
	◦ 노숙인・주취자・행려병자 보호조치	◦ 〈 삭 제 〉
	◦ 주민일상생활과 관련된 위반 행위 지도・단속	◦ 좌동. 다만, 지자체 등 다른 행정청 사무 제외
	◦ 공공시설과 지역행사장 등 지역경비 사무	◦ 지역 내 다중운집 행사 관련 혼잡 교통 및 안전관리
	◦ 지방자치단체 관리 공공청사 경비	◦ 〈 삭 제 〉
	◦ 지역축제 등 각종 다중운집 행사 관련 혼잡 교통 및 안전 관리	◦ 〈 삭 제 〉
	◦ 학교폭력 범죄	◦ 학교폭력 등 소년범죄
	◦ 성폭력 범죄	◦ 공연음란, 성적목적 다중이용장소 침입죄
	◦ 가출인・실종아동 등 관련 범죄	◦ 가출인・실종아동 등 관련 수색・수사
국가경찰 위원회	◦ 〈 신 설 〉	◦ 위원의 특정 성(性)이 10분의 6 초과 불가
	◦ 〈 신 설 〉	◦ 제주특별자치도 자치경찰에 대한 국가경찰의 지원・협조 및 협약체결 조정 등 주요 정책 사항

---

93) 자료출처: 대한민국시도지사협의회(2020. 12. 2).

경찰 지역 분장	◦ 시·도지사 소속으로 시·도 경찰청을 두고	◦ 시·도에 시·도경찰청을 두고
시·도 자치 경찰 위원회	◦ (추천) 시·도의회 2명, 국가 경찰위원회 2명시·도자치경 찰위원회 위원추천위원회 2명 ◦ (지명) 시·도지사 1명	◦ (추천) 시·도의회 2명, 국가경찰위원회 1명 　　　　 시·도 교육감 1명 　　　　 시·도자치경찰위원회 위원추천위원회 2명 ◦ (지명) 시·도지사 1명
	◦ 위원자격 판사·검사 또는 변호사 직에 3년 이상	◦ 위원자격 판사·검사·변호사 또는 경찰의 직에 5년 이상
	◦ 위원제한 사유 중 국가 및 지방자치단체 공무원 퇴직 후 1년	◦ 위원제한 사유 중 국가 및 지방자치단체 공무원 퇴직 후 3년
	◦ 〈 신 설 〉	◦ 위원의 특정 성(性)이 10분의 6 초과 불가
	◦ 시·도자치경찰위원회 위원 1회 연임	◦ 시·도자치경찰위원회 위원 연임 불가, 전임자의 남은 임기 1년 미만인 경우 1회 한하여 연임 가능
	◦ 비위사건에 대한 감찰 및 감찰요구	◦ 비위사건에 대한 감찰요구〈감찰 삭제〉
	◦ 시·도자치경찰위원회 사무기구에 경찰공무원 둘 수 있도록 임의규정	◦ 시·도자치경찰위원회 사무기구에 경찰공무원 둘 수 있도록 의무규정
전국적 치안 유지	◦ 〈 신 설 〉	◦ 경찰청장은 자치경찰사무와 관련하여 시·도의 경찰력으로 공공의 안녕과 질서유지가 어렵다고 인정할 때에는 시·도경찰청장 지원·조정
국가 재정지원	◦ 〈 신 설 〉	◦ 자치경찰사무 담당 공무원 조례에서 정하는 예산범위 내 재정 지원
	◦ 〈 신 설 〉	◦ 시·도의회 예산의 효율적 관리를 위해 시·도자치경찰위원장 출석 요구
제주도 경찰 기관 특례	◦ 〈 신 설 〉	◦ 제주특별자치도의 경우 시·도자치경찰위원회 설치, 자치경찰사무 지휘·감독(제주자치경찰단 포함) ◦ 인력이관 부처 간 협의 진행(대통령령 위임)
시범운영 특례	◦ 〈 신 설 〉	◦ 시·도경찰청장과 시·도자치경찰위원회 협의, 시범운영 실시(2021. 6. 30까지)

출처: 대한민국 시도지사협의회, 내부자료(2020).

그동안 국가경찰측에서 반대해 온 노숙인·주취자·행려병자 보호조치 관련 업무는 자치경찰 직무를 수행하는 국가경찰이 맡지 않고 기존대로 지방자치단체가 맡는 것으로 정리되었다.

9. 제주자치경찰제의 존치와 제주자치경찰의 소속변경

국회 행정안전위원회 법안심사 제2소위원회는 2020년 12월 1일과 2일에 걸쳐 국가수사본부 신설과 자치경찰 도입, 정보경찰 개혁 등의 내용을 담은 경찰법 개정안 등에 합의했다.[94] 이제 본 법안이 2020년 12월 9일 본회의에서 의결되면 현행 경찰의 업무는 향후 3가지로 나누어진다. 즉 국가경찰과 자치경찰로 나누어진다. 그리고 향후 자치경찰 사무는 시·도자치경찰위원회에서 지휘·감독하게 될 예정이다. 또한 검경수사권 조정에 따라 국가경찰에 전격 이관되는 수사기능은 새로 창설되게 되는 이른바 국가수사본부에서 전담하게 될 것이다.

특히 그동안 비상한 국민의 관심 대상이었던 제주자치경찰제는 기존대로 존치시키는 것으로 최종결론이 났다. 다만 제주자치경찰은 그동안 제주특별자치도지사 소속으로 운영되어 왔는데 이것을 현행 도지사 관할에서 향후 새로 생기게 될 일명 제주자치경찰위원회로 소속되도록 최종 결론이 났다. 이는 다른 16개 광역시도와 형평성을 맞추는 형태로 결론을 맺게 되었다.

10. 제주자치경찰단에 파견된 국가경찰의 원대복귀

2018년부터 제주자치경찰에 파견되어 시범실시를 수행하던 제주지방경찰청과 산하 경찰서 소속의 파견 국가경찰관 268명은 「국가경찰과 자치경찰의 조직 및 운영에 관한 법률」에 따라서 2020년 12월 31일을 기해 모두 원대복귀하였다. 이로써 제주자치경찰은 원래대로 자체 조직만으로 근무하는 체제로 되돌아갔다. 이제 위의 법률에 따라 제주도청에 제주자치경찰위원회(위원 7명)가 창설되면 이들 제주자치경찰은 그 산하에 소속되어 지휘를 받으며 운영된다. 이에 따라 제주자치경찰위원회는 기존의 자치경찰관과 위원회 산하에서 자치경찰업무를 수행하게 되는 국가경찰조직을 지휘·관리하게 되었다.

---

94) [KBS 제주] 보도(문준영 기자): https://news.v.daum.net/v/20201202221626970?f(검색일: 2020. 12. 2).

제 **2** 편

국가경찰과 자치경찰제
관련 법률

제 8 장

'국가경찰과 자치경찰조직 및 운영에 관한 법률(경찰법)' 분석

제 1 절 법적 측면

　문재인 정부에서 자치경찰제를 전국 단위로 창설 시행하게 된 당위성은 다음과 같이 정리가 가능하다. 즉 지난 오랜 동안 경찰청에서 전국단위로 일률적으로 기획하여 내려보내던 치안서비스 방식을 전국의 해당 지역별로 자기지역의 특성과 주민의 요구를 반영한 맞춤형 치안서비스로 전환하고자 했던 것이다.

　무엇보다 자치경찰제는 지난날 경찰활동의 민주성·분권성·주민지향성을 높이기 위한 방안으로 도입해야 한다는 필요성이 끝임없이 제기되어 왔던 것이다. 익히 알려진 바와 같이 이미 1990년대 초 지방자치제 전격 실시와 동시에 우리나라 자치경찰제가 본격적으로 논의[1]되기 시작했고, 노무현 정부 시절인 2004년 지방분권특별법[2]에 제도 도입이 최초로 명문화되기도 했다. 이 당시 자치경찰제 도입의 기조는 다음과 같이 지역 실정을 잘 이해하고 있는 자치경찰이 지역의 특성과 주민의 요구를 반영해 보다 신속히 치안서비스 제공을 위해 도입해야 한다는 데 초점을 두었다. 그러나 이러한 기조대로 이원화 자치경찰제모델로 도입하려던 계획이 급격히 회전하여 국가경찰이 자치경찰사무를 그대로 맡아 수행하는 이른바 일원화 자치경찰모델로 시행에 들어가는 대변혁이 있었던 것이며, 현재까지 진행 중이다.

---

1) 우리나라 최초 자치경찰제는 2006. 7. 1. 국내 최대 섬지역인 제주특별자치도에서 시행하여 오늘에 이르고 있다. 2023년 7월 이미 17주년을 맞이했다.

2) 제10조 제3항(현 지방분권법 제12조 제3항)을 보면 "국가는 지방행정과 치안행정의 연계성을 확보하고 지역 특성에 적합한 치안서비스를 제공하기 위하여 자치경찰제도를 도입하여야 한다"라고 명시되어 있다. 본 법률에서 우리나라 자치경찰제 도입을 이미 명시하고 있었다.

1. 경찰법의 법적 토대

문재인 정부 시절인 2021년 더불어민주당 김영배 의원이 기존의 경찰법과 경찰공무원법을 전면 개정하는 경찰법을 전격 발의하였는데, 이것이 국회를 통과함으로써 이른바 "국가경찰과 자치경찰의 조직 및 운영에 관한 법률(약칭: 경찰법)"이 새로 제정되었다. 우리는 이것을 약칭해서 "경찰법"이라고 부른다.[3] 국회 본회의를 통과 한 날자는 2020년 12월 8일이었으며 본격 시행에 들어간 것은 2021년 1월 1일이었다(법률 제17990호, 2021년 3월 30일 일부개정). 본 경찰법의 주무부서는 경찰청 혁신기획조정담당관이다. 본 법률의 목적은 경찰의 민주적인 관리 운영과 효율적인 임무수행을 위하여 경찰의 기본조직 및 직무 범위와 그 밖에 필요한 사항을 규정하는 것이다(본법 제1조).

2. 국가경찰과 자치경찰의 조직 및 운영에 관한 법률의 구성

본 법률은 제8장 보칙 등 총 36조 및 부칙으로 이루어져 있다. 제1장은 총칙, 제2장은 국가경찰위원회, 제3장은 경찰청, 제4장은 시도자치경찰위원회, 제5장은 시도경찰청 및 경찰서 등, 제6장은 비상사태 등 전국적 치안유지를 위한 경찰청장의 지휘 명령, 제7장은 치안분야의 과학기술진흥, 제8장 보칙, 그리고 부칙 제3조로 이루어져 있다.

3. 국가와 지방자치단체의 책무

국가와 지방자치단체는 국민의 생명·신체 및 재산을 보호하고 공공의 안녕과 질서유지에 필요한 시책을 수립·시행하여야 한다(경찰법 제2조)라고 명시하였다. 이에 따라 국가와 지방자치단체는 주어진 의무에 최선을 다해야 한다.

---

3) 본 "국가경찰과 자치경찰의 조직 및 운영에 관한 법률(약칭: 경찰법)"은 2022년 3월 개정(경기 북부자치경찰위원회 설치 관련 김민철 의원)이 있었고 2022년 11월 15일 2차례에 걸쳐 개정 (경찰법 제36조 삭제 관련: 세종특별자치시 상임위원장과 상임위원 〈사무국장〉)이 이루어졌다.

4. 경찰의 임무

경찰의 임무는 국민의 안위를 위해 다음과 같이 의무를 부여받고 있다. 이러한 경찰의 의무는 경찰관직무집행법에도 다음의 각호와 같이 동일하게 주어져 있다.

- 국민의 생명·신체 및 재산의 보호
- 범죄의 예방·진압 및 수사
- 범죄피해자 보호
- 경비·요인경호 및 대간첩·대테러 작전 수행
- 공공안녕에 대한 위험의 예방과 대응을 위한 정보의 수집·작성 및 배포
- 교통의 단속과 위해의 방지
- 외국 정부기관 및 국제기구와의 국제협력
- 그 밖에 공공의 안녕과 질서유지 등이다(경찰법 제3조).

위와 같이 8개의 각호는 엄청나게 큰 의미를 담고 있는 것이다. 위의 각호에서 자유로울 수 있는 국민은 없다. 즉 경찰의 임무 8가지 속에는 엄청나게 폭넓은 구속력을 가지고 있다는 의미이다.

5. 경찰의 사무

우리나라 경찰의 사무는 본 경찰법에 두 가지, 즉 국가경찰 사무와 자치경찰 사무를 함께 담아 놓고 있다(경찰법 제4조).

1) 국가경찰 사무

국가경찰 사무는 아래의 자치경찰 사무를 제외한 나머지 모든 사무들을 말한다.

2) 자치경찰 사무

자치경찰사무는 경찰법 제3조에서 정한 경찰의 임무 범위에서 관할 지역의 생활안전·교통·경비·수사 등에 관한 다음 각 목의 사무를 의미한다(경찰법 제4조).

(1) 지역 내 주민의 생활안전 활동에 관한 사무
- 생활안전을 위한 순찰 및 시설의 운영

- 주민참여 방범활동의 지원 및 지도
- 안전사고 및 재해·재난 시 긴급구조지원
- 아동·청소년·노인·여성·장애인 등 사회적 보호가 필요한 사람에 대한 보호 업무 및 가정폭력·학교폭력·성폭력 등의 예방
- 주민의 일상생활과 관련된 사회질서의 유지 및 그 위반행위의 지도·단속. 다만, 지방자치단체 등 다른 행정청의 사무는 제외한다.
- 그 밖에 지역주민의 생활안전에 관한 사무

(2) 지역 내 교통활동에 관한 사무

- 교통법규 위반에 대한 지도·단속
- 교통안전시설 및 무인 교통단속용 장비의 심의·설치·관리
- 교통안전에 대한 교육 및 홍보
- 주민참여 지역 교통활동의 지원 및 지도
- 통행 허가, 어린이 통학버스의 신고, 긴급자동차의 지정 신청 등 각종 허가 및 신고에 관한 사무
- 그 밖에 지역 내의 교통안전 및 소통에 관한 사무

(3) 지역 내 다중운집 행사 관련 혼잡 교통 및 안전 관리

(4) 다음의 어느 하나에 해당하는 수사사무

- 학교폭력 등 소년범죄
- 가정폭력, 아동학대 범죄
- 교통사고 및 교통 관련 범죄
- 「형법」제245조에 따른 공연음란 및 「성폭력범죄의 처벌 등에 관한 특례법」제12조에 따른 성적 목적을 위한 다중이용장소 침입행위에 관한 범죄
- 경범죄 및 기초질서 관련 범죄
- 가출인 및 「실종아동등의 보호 및 지원에 관한 법률」제2조제2호에 따른 실종아동등 관련 수색 및 범죄

특히 위의 경찰법 제4조 제1항 제2호 가목부터 다목까지의 자치경찰사무에 관한 구체적인 사항 및 범위 등은 대통령령으로 정하는 기준에 따라 시·도조례로 정하도록 명시하고 있다. 그리고 경찰법 제4조 제1항 제2호 라목의 자치경찰사무에 관한 구체적인 사항 및 범위 등은 대통령령으로 정하도록 하고 있다. 여기서

대통령령과 도조례는 분명히 큰 차이가 있다. 도조례는 각 시도의회에서 정하는 것이며 대통령령은 법률로 되어 있다.

6. 권한 남용의 금지

경찰법 제5조에 근거하여 경찰은 그 직무를 수행할 때 헌법과 법률에 따라 국민의 자유와 권리 및 모든 개인이 가지는 불가침의 기본적 인권을 보호하고, 국민 전체에 대한 봉사자로서 공정·중립을 지켜야 하며, 부여된 권한을 남용하여서는 아니 된다(경찰법 제5조).

7. 직무 수행

경찰공무원은 상관의 지휘·감독을 받아 직무를 수행하고, 그 직무수행에 관하여 서로 협력하여야 한다. 그리고 경찰공무원은 구체적 사건수사와 관련된 제1항의 지휘·감독의 적법성 또는 정당성에 대하여 이견이 있을 때에는 이의를 제기할 수 있다. 또한 경찰공무원의 직무수행에 필요한 사항은 따로 법률로 정한다라고 명시하고 있다(경찰법 제6조).

제 2 절   조직적 측면

1. 국가경찰위원회

1) 국가경찰위원회의 설치

국가경찰행정에 관하여 경찰법 제10조 제1항 각 호의 사항을 심의·의결하기 위하여 행정안전부에 국가경찰위원회를 두고 있다. 국가경찰위원회는 위원장 1명을 포함한 7명의 위원으로 구성하되, 위원장 및 5명의 위원은 비상임(非常任)으로 하고, 1명의 위원은 상임(常任)으로 한다. 특히 위원 중 상임위원은 정무직으로 한다(경찰법 제7조).[4]

---

4) 일반적으로 경찰청에서 치안정감으로 퇴직하고 3년이 지난 전임자가 주로 국가경찰위원회 상임위원을 맡아 왔다. 이는 정무직 차관급이다. 유일하게 상근직이다. 나머지 6명의 위원은 비상근

2) 국가경찰위원회 위원의 임명 및 결격사유 등

국가경찰위원회 위원은 행정안전부장관의 제청으로 국무총리를 거쳐 대통령이 임명한다. 행정안전부장관은 위원 임명을 제청할 때 경찰의 정치적 중립이 보장되도록 하여야 한다. 위원 중 2명은 법관의 자격이 있는 사람이어야 한다. 위원은 특정 성(性)이 10분의 6을 초과하지 아니하도록 노력하여야 한다. 그리고 다음 각 호의 어느 하나에 해당하는 사람은 위원이 될 수 없으며, 위원이 다음 각 호의 어느 하나에 해당하는 경우에는 당연퇴직한다.

- 정당의 당원이거나 당적을 이탈한 날부터 3년이 지나지 아니한 사람
- 선거에 의하여 취임하는 공직에 있거나 그 공직에서 퇴직한 날부터 3년이 지나지 아니한 사람
- 경찰, 검찰, 국가정보원 직원 또는 군인의 직에 있거나 그 직에서 퇴직한 날부터 3년이 지나지 아니한 사람
- 「국가공무원법」 제33조 각 호의 어느 하나에 해당하는 사람. 다만, 「국가공무원법」 제33조 제2호 및 제5호에 해당하는 경우에는 같은 법 제69조 제1호 단서에 따른다. 또한 위원에 대해서는 「국가공무원법」 제60조 및 제65조를 준용한다(경찰법 제8조).

3) 국가경찰위원회 위원의 임기 및 신분보장

위원의 임기는 3년으로 하며, 연임(連任)할 수 없다. 이 경우 보궐위원의 임기는 전임자 임기의 남은 기간으로 한다. 위원은 중대한 신체상 또는 정신상의 장애로 직무를 수행할 수 없게 된 경우를 제외하고는 그 의사에 반하여 면직되지 아니한다(경찰법 제9조).

4) 국가경찰위원회의 심의·의결 사항 등

다음 각 호의 사항은 국가경찰위원회의 심의·의결을 거쳐야 한다.

- 국가경찰사무에 관한 인사, 예산, 장비, 통신 등에 관한 주요정책 및 경찰 업무 발전에 관한 사항

직으로 위원회 정기회의와 임시회의에만 참석한다.

- 국가경찰사무에 관한 인권보호와 관련되는 경찰의 운영·개선에 관한 사항
- 국가경찰사무 담당 공무원의 부패 방지와 청렴도 향상에 관한 주요 정책사항
- 국가경찰사무 외에 다른 국가기관으로부터의 업무협조 요청에 관한 사항
- 제주특별자치도의 자치경찰에 대한 경찰의 지원·협조 및 협약체결의 조정 등에 관한 주요 정책사항
- 제18조에 따른 시·도자치경찰위원회 위원 추천, 자치경찰사무에 대한 주요 법령·정책 등에 관한 사항, 제25조 제4항에 따른 시·도자치경찰위원회 의결에 대한 재의 요구에 관한 사항
- 제2조에 따른 시책 수립에 관한 사항
- 제32조에 따른 비상사태 등 전국적 치안유지를 위한 경찰청장의 지휘·명령에 관한 사항
- 그 밖에 행정안전부장관 및 경찰청장이 중요하다고 인정하여 국가경찰위원회의 회의에 부친 사항

행정안전부장관은 제1항에 따라 심의·의결된 내용이 적정하지 아니하다고 판단할 때에는 재의(再議)를 요구할 수 있다(경찰법 제10조).

5) 국가경찰위원회의 운영 등

국가경찰위원회의 사무는 경찰청에서 수행한다. 국가경찰위원회는 아직 법상 자체적으로 독자적인 사무국을 설치할 근거가 마련되어 있지 않기 때문이다.[5] 국가경찰위원회의 회의는 재적위원 과반수의 출석과 출석위원 과반수의 찬성으로 의결한다. 이 법에 규정된 것 외에 국가경찰위원회의 운영 및 제10조 제1항 각 호에 따른 심의·의결 사항의 구체적 범위, 재의 요구 등에 필요한 사항은 대통령령으로 정한다(경찰법 제11조).

2. 경찰청

1) 경찰의 조직

치안에 관한 사무를 관장하게 하기 위하여 행정안전부장관 소속으로 경찰청을 둔다(경찰법 제12조).

---

5) 이에 반해 자치경찰위원회는 경찰법 제18조~27조 참조.

2) 경찰사무의 지역적 분장기관

경찰의 사무를 지역적으로 분담하여 수행하게 하기 위하여 특별시·광역시·특별자치시·도·특별자치도(이하 "시·도"라 한다)에 시·도경찰청을 두고, 시·도경찰청장 소속으로 경찰서를 둔다. 이 경우 인구, 행정구역, 면적, 지리적 특성, 교통 및 그 밖의 조건을 고려하여 시·도에 2개의 시·도경찰청을 둘 수 있다(경찰법 제13조).

3) 경찰청장

경찰청에 경찰청장을 두며, 경찰청장은 치안총감(治安總監)으로 보한다. 경찰청장은 국가경찰위원회의 동의를 받아 행정안전부장관의 제청으로 국무총리를 거쳐 대통령이 임명한다. 이 경우 국회의 인사청문을 거쳐야 한다. 경찰청장은 국가경찰사무를 총괄하고 경찰청 업무를 관장하며 소속 공무원 및 각급 경찰기관의 장을 지휘·감독한다. 경찰청장의 임기는 2년으로 하고, 중임(重任)할 수 없다. 경찰청장이 직무를 집행하면서 헌법이나 법률을 위배하였을 때에는 국회는 탄핵 소추를 의결할 수 있다. 경찰청장은 경찰의 수사에 관한 사무의 경우에는 개별 사건의 수사에 대하여 구체적으로 지휘·감독할 수 없다. 다만, 국민의 생명·신체·재산 또는 공공의 안전 등에 중대한 위험을 초래하는 긴급하고 중요한 사건의 수사에 있어서 경찰의 자원을 대규모로 동원하는 등 통합적으로 현장 대응할 필요가 있다고 판단할 만한 상당한 이유가 있는 때에는 제16조에 따른 국가수사본부장을 통하여 개별 사건의 수사에 대하여 구체적으로 지휘·감독할 수 있다. 경찰청장은 제6항 단서에 따라 개별 사건의 수사에 대한 구체적 지휘·감독을 개시한 때에는 이를 국가경찰위원회에 보고하여야 한다.

경찰청장은 제6항 단서의 사유가 해소된 경우에는 개별 사건의 수사에 대한 구체적 지휘·감독을 중단하여야 한다. 경찰청장은 제16조에 따른 국가수사본부장이 제6항 단서의 사유가 해소되었다고 판단하여 개별 사건의 수사에 대한 구체적 지휘·감독의 중단을 건의하는 경우 특별한 이유가 없으면 이를 승인하여야 한다. 제6항 단서에서 규정하는 긴급하고 중요한 사건의 범위 등 필요한 사항은 대통령령으로 정한다(경찰법 제14조)라고 명시하고 있다.

4) 경찰청 차장

경찰청에 차장을 두며, 차장은 치안정감(治安正監)으로 보한다. 차장은 경찰청 장을 보좌하며, 경찰청장이 부득이한 사유로 직무를 수행할 수 없을 때에는 그 직무를 대행한다(경찰법 제15조).

5) 국가수사본부장

경찰청에 국가수사본부를 두며, 국가수사본부장은 치안정감으로 보한다. 국가 수사본부장은 「형사소송법」에 따른 경찰의 수사에 관하여 각 시·도경찰청장과 경찰서장 및 수사부서 소속 공무원을 지휘·감독한다. 국가수사본부장의 임기는 2년으로 하며, 중임할 수 없다. 국가수사본부장은 임기가 끝나면 당연히 퇴직한 다. 국가수사본부장이 직무를 집행하면서 헌법이나 법률을 위배하였을 때에는 국 회는 탄핵 소추를 의결할 수 있다. 국가수사본부장을 경찰청 외부를 대상으로 모 집하여 임용할 필요가 있는 때에는 다음 각 호의 자격을 갖춘 사람 중에서 임용 한다.

- 10년 이상 수사업무에 종사한 사람 중에서 「국가공무원법」 제2조의2에 따른 고위공무원단에 속하는 공무원, 3급 이상 공무원 또는 총경 이상 경찰공무원으 로 재직한 경력이 있는 사람
- 판사·검사 또는 변호사의 직에 10년 이상 있었던 사람
- 변호사 자격이 있는 사람으로서 국가기관, 지방자치단체, 「공공기관의 운영에 관한 법률」 제4조에 따른 공공기관(이하 "국가기관등"이라 한다)에서 법률에 관한 사무에 10년 이상 종사한 경력이 있는 사람
- 대학이나 공인된 연구기관에서 법률학·경찰학 분야에서 조교수 이상의 직이 나 이에 상당하는 직에 10년 이상 있었던 사람
- 제1호부터 제4호까지의 경력 기간의 합산이 15년 이상인 사람
- 국가수사본부장을 경찰청 외부를 대상으로 모집하여 임용하는 경우 다음 각 호의 어느 하나에 해당하는 사람은 국가수사본부장이 될 수 없다.
- 「경찰공무원법」 제8조제2항 각 호의 결격사유에 해당하는 사람
- 정당의 당원이거나 당적을 이탈한 날부터 3년이 지나지 아니한 사람
- 선거에 의하여 취임하는 공직에 있거나 그 공직에서 퇴직한 날부터 3년이 지 나지 아니한 사람

- 제6항제1호에 해당하는 공무원 또는 제6항제2호의 판사 · 검사의 직에서 퇴직한 날로부터 1년이 지나지 아니한 사람
- 제6항제3호에 해당하는 사람으로서 국가기관 등에서 퇴직한 날로부터 1년이 지나지 아니한 사람 등이다(경찰법 제16조).[6)]

6) 하부조직

경찰청의 하부조직은 본부 · 국 · 부 또는 과로 한다. 경찰청장 · 차장 · 국가수사본부장 · 국장 또는 부장 밑에 정책의 기획이나 계획의 입안 및 연구 · 조사를 통하여 그를 직접 보좌하는 담당관을 둘 수 있다. 경찰청의 하부조직의 명칭 및 분장 사무와 공무원의 정원은 「정부조직법」 제2조 제4항 및 제5항을 준용하여 대통령령 또는 행정안전부령으로 정한다(경찰법 제17조).

제 3 절   시도자치경찰위원회의 조직, 인사, 권한 및 운영 측면

1. 법적 토대

경찰법은 제18조부터 제27조까지 시도경찰위원회에 관해 세세하게 명시하고 있다. 시도자치경찰위원회의 조직, 인사, 권한 및 운영 측면에 관해 살펴보면 다음과 같다.

먼저 우리나라 자치경찰제의 법적 기본 토대의 전체를 한 눈으로 이해할 수 있도록 각 분야별 핵심 내용상의 뼈대를 살펴보고자 한다. 이렇게 기본 뼈대의 핵심 내용을 살펴보면 아래에서 소개하는 "국가경찰과 자치경찰의 조직 및 운영에 관한 법률"의 각 조문 내용을 자세하게 이해할 수 있을 것이다.

---

6) 제1대 국가수사본부장은 남구준 치안정감(2021.2.~2023.2)이 맡아 임기 2년을 성공적으로 마무리했다. 제2대 국가수사본부장은 우종수 경기남부경찰청장(치안정감)이 2023년 3월 29일 자로 취임하여 2년 임기를 시작했다.

○ (조 직) 도지사 소속으로 합의제 행정기관인 자치경찰위원회 설치
 − 위원장, 상임위원(사무국장) 각 1명 포함 7명*으로 구성
 * 시·도지사(1), 의회(2), 위원추천위원회(2), 국가경찰위원회(1), 교육감(1) 추천
○ (지휘·감독) 국가경찰사무, 자치경찰사무, 수사사무 삼원적 지휘체계
 ※ 해당 시·도의 경찰력만으로 치안유지가 어려운 상황 등 예외적인 경우 경
  찰청장의 보충적 지원·조정 가능

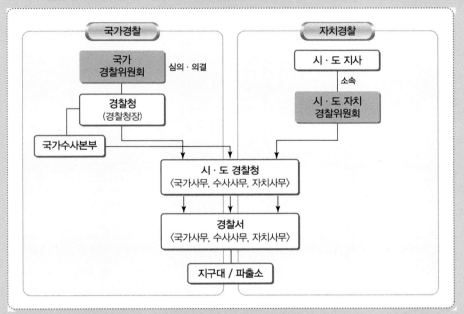

○ (신분·인사) 경찰공무원은 국가직, 現 계급 유지
 − 경찰청장의 자치경찰사무 경찰관 임용권(경정 이하)을 시·도지사에게 위임
○ (재정지원) 자치경찰사무 수행을 위해 인력·장비 등 소요비용 국가지원
○ (예 산) 자치경찰위 심의·의결(경찰청장 의견 청취)거쳐 시·도지사 수립
○ (주요 법령 및 조례)
 − (법률) 국가경찰과 자치경찰의 조직 및 운영에 관한 법률, 경찰공무원법
 − (대통령령 및 부령) 자치경찰사무와 시·도자치경찰위원회의 조직 및 운영
  등에 관한 규정, 지방자치단체의 행정기구와 정원기준 등에 관한 규정 등
 − (조례) 경기도 자치경찰사무와 자치경찰위원회의 구성 및 운영 등에 관한
  조례

이어서 "국가경찰과 자치경찰의 조직 및 운영에 관한 법률"의 핵심 내용을 정리해 보면 추가적으로 아래의 법률 내용을 한눈에 보면서 쉽게 이해하는 데 있어 큰 도움이 될 것으로 본다. 사무구분, 조직, 지휘 감독, 자치경찰사무, 수사사무 (여청 분야) 등을 살펴보면 다음과 같다.

○ (사무구분) 국가경찰사무와 자치경찰사무로 구분
  – (국가경찰사무) 경찰의 임무 수행을 위한 경찰 사무(자치경찰 사무 제외)
  – (자치경찰사무) 생활안전, 교통활동, 지역경비, 일부 수사
  ※ 국가경찰사무와 자치경찰사무를 구분하면서 일반경찰과 수사경찰을 분리
○ (조 직) 시·도지사 소속으로 시·도자치경찰위원회 설치
  – (국가경찰 조직) 경찰청, (자치경찰 조직) 시·도자치경찰위원회
  ※ 경찰사무의 지역적 분담기관: 시·도경찰청 – 경찰서 – 지구대·파출소
○ (지휘·감독) 국가경찰사무, 자치경찰사무, 수사사무 각 삼원적 지휘체계
  – (국가경찰사무) 경찰청장이 시·도경찰청장, 시·도경찰청장이 경찰서장 지휘·감독
  – (자치경찰사무) 자치경찰위가 시·도경찰청장, 시·도경찰청장이 경찰서장 지휘·감독
  – (수사사무) 국수본부장이 시·도경찰청장, 경찰서장 지휘·감독
○ (위원회) 합의제 행정기관, 위원회 사무 처리를 위해 별도 사무기구 설치
  – (구 성) 위원장, 상임위원 1명 포함 7명
  ※ 시도지사 위원 및 위원장 임명
  – (추천·지명권) 시·도지사(1명), 의회(2명), 국가경찰위원회(1명) 추천위원회*(2명), 교육감(1명)
    * 추천위 구성: 시장·군수·구청장 협의체 1명, 시·군·구의장단 협의체 1명, 경찰청장 1명, 지방법원장 1명, 시·도 기획조정실장 등
  – (사 무) 자치경찰사무 관련 목표수립 및 평가, 감사, 감찰요구 및 징계요구 등
○ (신분·인사) 경찰공무원은 국가직, 現 계급 유지
  – 경찰청장의 자치경찰사무 경찰관 임용권을 시·도지사에게 위임 가능
○ (재정지원) 자치경찰사무 수행을 위해 인력·장비 등 소요비용 국가지원
○ (예 산) 자치경찰위 심의·의결(경찰청장 의견청취)을 거쳐 시도지사 수립
  ※ 자치경찰사무 추진 시 도비 투입 가능, 시·도의회의 자치경찰위원장 출석 및 자료제출 요구권 규정

○ (시행일 및 시범운영) 시행일('21. 1. 1.), 시범운영 가능('21.6.30. 까지), 전면
시행('21. 7. 1.)
 ※ 시·도경찰청장과 시·도자치경찰위원회와 협의하여 시범운영 실시

무엇보다 "국가경찰과 자치경찰의 조직 및 운영에 관한 법률"의 핵심 내용을
이해하고 다음에서는 각 경찰법의 조문별 내용을 세부적으로 살펴보기로 한다.

2. 시·도자치경찰위원회의 설치

자치경찰사무를 관장하게 하기 위하여 특별시장·광역시장·특별자치시장·
도지사·특별자치도지사(이하 "시·도지사"라 한다) 소속으로 시·도자치경찰위원
회를 둔다. 다만, 제13조 후단에 따라 시·도에 2개의 시·도경찰청을 두는 경우
시·도지사 소속으로 2개의 시·도자치경찰위원회를 둘 수 있다〈개정 2021. 3.
30.〉. 시·도자치경찰위원회는 합의제 행정기관으로서 그 권한에 속하는 업무를
독립적으로 수행한다. 제1항 단서에 따라 2개의 시·도자치경찰위원회를 두는 경
우 해당 시·도자치경찰위원회의 명칭, 관할구역, 사무분장, 그 밖에 필요한 사항
은 대통령령으로 정한다〈신설 2021. 3. 30.〉.[7]

3. 시·도자치경찰위원회의 구성

시·도자치경찰위원회는 위원장 1명을 포함한 7명의 위원으로 구성한다. 위원
장과 1명의 위원은 상임으로 하고 5명의 위원은 비상임으로 한다. 위원은 특정
성(性)이 10분의 6을 초과하지 아니하도록 노력하여야 한다. 위원 중 1명은 인권
문제에 관하여 전문적인 지식과 경험이 있는 사람이 임명될 수 있도록 노력하여
야 한다(경찰법 제19조).

4. 시·도자치경찰위원회 위원의 임명 및 결격사유

국가경찰과 자치경찰의 시·도자치경찰위원회 위원은 다음 각 호의 사람을
시·도지사가 임명한다.

---

7) 이에 대한 자세한 내용은 경찰법 제18조를 참조할 것.

- 시·도의회가 추천하는 2명
- 국가경찰위원회가 추천하는 1명
- 해당 시·도 교육감이 추천하는 1명
- 시·도자치경찰위원회 위원추천위원회가 추천하는 2명
- 시·도지사가 지명하는 1명

 시·도자치경찰위원회 위원은 다음 각 호의 어느 하나에 해당하는 자격을 갖추어야 한다.

- 판사·검사·변호사 또는 경찰의 직에 5년 이상 있었던 사람
- 변호사 자격이 있는 사람으로서 국가기관 등에서 법률에 관한 사무에 5년 이상 종사한 경력이 있는 사람
- 대학이나 공인된 연구기관에서 법률학·행정학 또는 경찰학 분야의 조교수 이상의 직이나 이에 상당하는 직에 5년 이상 있었던 사람
- 그 밖에 관할 지역주민 중에서 지방자치행정 또는 경찰행정 등의 분야에 경험이 풍부하고 학식과 덕망을 갖춘 사람

 시·도자치경찰위원회 위원장은 위원 중에서 시·도지사가 임명하고, 상임위원은 시·도자치경찰위원회의 의결을 거쳐 위원 중에서 위원장의 제청으로 시·도지사가 임명한다. 이 경우 위원장과 상임위원은 지방자치단체의 공무원으로 한다. 위원은 정치적 중립을 지켜야 하며, 권한을 남용하여서는 아니 된다. 공무원이 아닌 위원에 대해서는 「지방공무원법」 제52조 및 제57조를 준용한다. 공무원이 아닌 위원은 그 소관 사무와 관련하여 형법이나 그 밖의 법률에 따른 벌칙을 적용할 때에는 공무원으로 본다.
 다음 각 호의 어느 하나에 해당하는 사람은 위원이 될 수 없다. 위원이 각 호의 어느 하나에 해당한 경우에는 당연퇴직한다.

- 정당의 당원이거나 당적을 이탈한 날부터 3년이 지나지 아니한 사람
- 선거에 의하여 취임하는 공직에 있거나 그 공직에서 퇴직한 날부터 3년이 지나지 아니한 사람
- 경찰, 검찰, 국가정보원 직원 또는 군인의 직에 있거나 그 직에서 퇴직한 날부터 3년이 지나지 아니한 사람
- 국가 및 지방자치단체의 공무원(국립 또는 공립대학의 조교수 이상의 직에 있

는 사람은 제외한다. 이하 이 조에서 같다)이거나 공무원이었던 사람으로서 퇴직한 날부터 3년이 지나지 아니한 사람. 다만, 제20조 제3항 후단에 따라 위원장과 상임위원이 지방자치단체의 공무원이 된 경우에는 당연퇴직하지 아니한다.

－ 「지방공무원법」 제31조 각 호의 어느 하나에 해당하는 사람. 다만, 「지방공무원법」 제31조제2호 및 제5호에 해당하는 경우에는 같은 법 제61조제1호 단서에 따른다.

그 밖에 위원의 임명방법 등에 관하여 필요한 사항은 대통령령으로 정하는 기준에 따라 시·도조례로 정한다(경찰법 제20조).

5. 시·도자치경찰위원회 위원추천위원회

시·도자치경찰위원회 위원 추천을 위하여 시·도지사 소속으로 시·도자치경찰위원회 위원추천위원회를 둔다. 시·도지사는 시·도자치경찰위원회 위원추천위원회에 각계각층의 관할 지역주민의 의견이 수렴될 수 있도록 위원을 구성하여야 한다. 시·도자치경찰위원회 위원추천위원회 위원의 수, 자격, 구성, 위원회 운영 등에 관하여 필요한 사항은 대통령령으로 정한다(경찰법 제21조). 자세한 내용은 후술하기로 한다.

6. 시·도자치경찰위원회 위원장의 직무

시·도자치경찰위원회 위원장은 시·도자치경찰위원회를 대표하고 회의를 주재하며 시·도자치경찰위원회의 의결을 거쳐 업무를 수행한다. 시·도자치경찰위원회 위원장이 부득이한 사유로 직무를 수행할 수 없을 때에는 상임위원, 시·도자치경찰위원회 위원 중 연장자순으로 그 직무를 대행한다(경찰법 제22조).

7. 시·도자치경찰위원회 위원의 임기 및 신분보장

시·도자치경찰위원회 위원장과 위원의 임기는 3년으로 하며, 연임할 수 없다. 보궐위원의 임기는 전임자 임기의 남은 기간으로 하되, 전임자의 남은 임기가 1년 미만인 경우 그 보궐위원은 제1항에도 불구하고 한 차례만 연임할 수 있다.

위원은 중대한 신체상 또는 정신상의 장애로 직무를 수행할 수 없게 된 경우를 제외하고는 그 의사에 반하여 면직되지 아니한다(경찰법 제23조).

8. 시·도자치경찰위원회의 소관 사무

시·도자치경찰위원회의 소관 사무는 다음 각 호로 한다.

- 자치경찰사무에 관한 목표의 수립 및 평가
- 자치경찰사무에 관한 인사, 예산, 장비, 통신 등에 관한 주요정책 및 그 운영지원
- 자치경찰사무 담당 공무원의 임용, 평가 및 인사위원회 운영
- 자치경찰사무 담당 공무원의 부패 방지와 청렴도 향상에 관한 주요 정책 및 인권침해 또는 권한남용 소지가 있는 규칙, 제도, 정책, 관행 등의 개선
- 제2조에 따른 시책 수립
- 제28조제2항에 따른 시·도경찰청장의 임용과 관련한 경찰청장과의 협의, 제30조제4항에 따른 평가 및 결과 통보
- 자치경찰사무 감사 및 감사의뢰
- 자치경찰사무 담당 공무원의 주요 비위사건에 대한 감찰요구
- 자치경찰사무 담당 공무원에 대한 징계요구
- 자치경찰사무 담당 공무원의 고충심사 및 사기진작
- 자치경찰사무와 관련된 중요사건·사고 및 현안의 점검
- 자치경찰사무에 관한 규칙의 제정·개정 또는 폐지
- 지방행정과 치안행정의 업무조정과 그 밖에 필요한 협의·조정
- 제32조에 따른 비상사태 등 전국적 치안유지를 위한 경찰청장의 지휘·명령에 관한 사무
- 국가경찰사무·자치경찰사무의 협력·조정과 관련하여 경찰청장과 협의
- 국가경찰위원회에 대한 심의·조정 요청
- 그 밖에 시·도지사, 시·도경찰청장이 중요하다고 인정하여 시·도자치경찰위원회의 회의에 부친 사항에 대한 심의·의결

시·도자치경찰위원회의 업무와 관련하여 시·도지사는 정치적 목적이나 개인적 이익을 위해 관여하여서는 아니 된다(경찰법 제24조) 등이다.

9. 시 · 도자치경찰위원회의 심의 · 의결사항 등

시 · 도자치경찰위원회는 제24조의 사무에 대하여 심의 · 의결한다. 시 · 도자
치경찰위원회의 회의는 재적위원 과반수의 출석과 출석위원 과반수의 찬성으로
의결한다. 시 · 도지사는 제1항에 관한 시 · 도자치경찰위원회의 의결이 적정하지
아니하다고 판단할 때에는 재의를 요구할 수 있다. 위원회의 의결이 법령에 위반
되거나 공익을 현저히 해친다고 판단되면 행정안전부장관은 미리 경찰청장의 의
견을 들어 국가경찰위원회를 거쳐 시 · 도지사에게 제3항의 재의를 요구하게 할
수 있고, 경찰청장은 국가경찰위원회와 행정안전부장관을 거쳐 시 · 도지사에게
재의를 요구하게 할 수 있다. 시 · 도자치경찰위원회의 위원장은 재의요구를 받은
날부터 7일 이내에 회의를 소집하여 재의결하여야 한다. 이 경우 재적위원 과반
수의 출석과 출석위원 3분의 2 이상의 찬성으로 전과 같은 의결을 하면 그 의결
사항은 확정된다(경찰법 제25조).

10. 시 · 도자치경찰위원회의 운영 등

시 · 도자치경찰위원회의 회의는 정기적으로 개최하여야 한다. 다만 위원장이
필요하다고 인정하는 경우, 위원 2명 이상이 요구하는 경우 및 시 · 도지사가 필
요하다고 인정하는 경우에는 임시회의를 개최할 수 있다. 시 · 도자치경찰위원회
는 회의 안건과 관련된 이해관계인이 있는 경우 그 의견을 듣거나 회의에 참석하
게 할 수 있다. 시 · 도자치경찰위원회의 위원 중 공무원이 아닌 위원에게는 예산
의 범위에서 직무활동에 필요한 비용 등을 지급할 수 있다. 그 밖에 시 · 도자치
경찰위원회의 운영 등에 필요한 사항은 대통령령으로 정하는 기준에 따라 시 · 도
조례로 정한다(경찰법 제26조).

11. 사무기구

시 · 도자치경찰위원회의 사무를 처리하기 위하여 시 · 도자치경찰위원회에 필
요한 사무기구를 둔다. 사무기구에는 「지방자치단체에 두는 국가공무원의 정원에
관한 법률」에도 불구하고 대통령령으로 정하는 바에 따라 경찰공무원을 두어야
한다. 제주특별자치도에는 「제주특별자치도 설치 및 국제자유도시 조성을 위한

특별법」 제44조 제3항에도 불구하고 같은 법 제6조 제1항 단서에 따라 경찰법 제27조 제2항을 우선하여 적용한다. 사무기구의 조직·정원·운영 등에 관하여 필요한 사항은 경찰청장의 의견을 들어 대통령령으로 정하는 기준에 따라 시·도 조례로 정한다(경찰법 제27조).

제 4 절   시도경찰청 및 경찰서 등

1. 시도경찰청장

시·도경찰청에 시·도경찰청장을 두며, 시·도경찰청장은 치안정감·치안감 (治安監) 또는 경무관(警務官)으로 보한다. 「경찰공무원법」 제7조에도 불구하고 시·도경찰청장은 경찰청장이 시·도자치경찰위원회와 협의하여 추천한 사람 중에서 행정안전부장관의 제청으로 국무총리를 거쳐 대통령이 임용한다. 시·도경찰청장은 국가경찰사무에 대해서는 경찰청장의 지휘·감독을, 자치경찰사무에 대해서는 시·도자치경찰위원회의 지휘·감독을 받아 관할구역의 소관 사무를 관장하고 소속 공무원 및 소속 경찰기관의 장을 지휘·감독한다. 다만, 수사에 관한 사무에 대해서는 국가수사본부장의 지휘·감독을 받아 관할구역의 소관 사무를 관장하고 소속 공무원 및 소속 경찰기관의 장을 지휘·감독한다. 제3항 본문의 경우 시·도자치경찰위원회는 자치경찰사무에 대해 심의·의결을 통하여 시·도 경찰청장을 지휘·감독한다. 다만, 시·도자치경찰위원회가 심의·의결할 시간적 여유가 없거나 심의·의결이 곤란한 경우 대통령령으로 정하는 바에 따라 시·도 자치경찰위원회의 지휘·감독권을 시·도경찰청장에게 위임한 것으로 본다(경찰법 제28조).

2. 시도경찰청 차장

시·도경찰청에 차장을 둘 수 있다. 차장은 시·도경찰청장을 보좌하여 소관 사무를 처리하고 시·도경찰청장이 부득이한 사유로 직무를 수행할 수 없을 때에는 그 직무를 대행한다(경찰법 제29조).

3. 경찰서장

경찰서에 책임자로 경찰서장을 두며, 경찰서장은 경무관, 총경(總警) 또는 경정(警正)으로 보한다. 경찰서장은 시·도경찰청장의 지휘·감독을 받아 관할구역의 소관 사무를 관장하고 소속 공무원을 지휘·감독한다. 경찰서장 소속으로 지구대 또는 파출소를 두고, 그 설치기준은 치안수요·교통·지리 등 관할구역의 특성을 고려하여 행정안전부령으로 정한다. 다만, 필요한 경우에는 출장소를 둘 수 있다. 시·도자치경찰위원회는 정기적으로 경찰서장의 자치경찰사무 수행에 관한 평가결과를 경찰청장에게 통보하여야 하며 경찰청장은 이를 반영하여야 한다(경찰법 제30조).

4. 직   제

시·도경찰청 및 경찰서의 명칭, 위치, 관할구역, 하부조직, 공무원의 정원, 그 밖에 필요한 사항은 「정부조직법」 제2조제4항 및 제5항을 준용하여 대통령령 또는 행정안전부령으로 정한다(경찰법 제31조).

제5절   비상사태 등 전국적 치안유지를 위한 경찰청장의 지휘·명령

경찰청장은 다음 각 호의 경우에는 제2항에 따라 자치경찰사무를 수행하는 경찰공무원(제주특별자치도의 자치경찰공무원을 포함한다)을 직접 지휘·명령할 수 있다.

- 전시·사변, 천재지변, 그 밖에 이에 준하는 국가 비상사태, 대규모의 테러 또는 소요사태가 발생하였거나 발생할 우려가 있어 전국적인 치안유지를 위하여 긴급한 조치가 필요하다고 인정할 만한 충분한 사유가 있는 경우
- 국민안전에 중대한 영향을 미치는 사안에 대하여 다수의 시·도에 동일하게 적용되는 치안정책을 시행할 필요가 있다고 인정할 만한 충분한 사유가 있는 경우

‒ 자치경찰사무와 관련하여 해당 시·도의 경찰력으로는 국민의 생명·신체·재
산의 보호 및 공공의 안녕과 질서유지가 어려워 경찰청장의 지원·조정이 필
요하다고 인정할 만한 충분한 사유가 있는 경우

경찰청장은 제1항에 따른 조치가 필요한 경우에는 시·도자치경찰위원회에
자치경찰사무를 담당하는 경찰공무원을 직접 지휘·명령하려는 사유 및 내용 등
을 구체적으로 제시하여 통보하여야 한다. 제2항에 따른 통보를 받은 시·도자치
경찰위원회는 정당한 사유가 없으면 즉시 자치경찰사무를 담당하는 경찰공무원에
게 경찰청장의 지휘·명령을 받을 것을 명하여야 하며, 제1항에 규정된 사유에
해당하지 아니한다고 인정하면 시·도자치경찰위원회의 의결을 거쳐 경찰청장에
게 그 지휘·명령의 중단을 요청할 수 있다. 경찰청장이 제1항에 따라 지휘·명
령을 하는 경우에는 국가경찰위원회에 즉시 보고하여야 한다. 다만, 제1항 제3호
의 경우에는 미리 국가경찰위원회의 의결을 거쳐야 하며 긴급한 경우에는 우선
조치 후 지체 없이 국가경찰위원회의 의결을 거쳐야 한다. 제4항에 따라 보고를
받은 국가경찰위원회는 제1항에 규정된 사유에 해당하지 아니한다고 인정하면 그
지휘·명령을 중단할 것을 의결하여 경찰청장에게 통보할 수 있다. 경찰청장은
제1항에 따라 지휘·명령할 수 있는 사유가 해소된 때에는 경찰공무원에 대한 지
휘·명령을 즉시 중단하여야 한다. 시·도자치경찰위원회는 제1항 제3호에 해당
하는 경우 의결로 지원·조정의 범위·기간 등을 정하여 경찰청장에게 지원·조
정을 요청할 수 있다. 경찰청장은 제주특별자치도경찰청의 관할구역에서 제1항의
지휘·명령권을 제주특별자치도경찰청장에게 위임할 수 있다(경찰법 제32조).

제 6 절 치안분야의 과학기술진흥

1. 치안에 필요한 연구개발의 지원 등

경찰청장은 치안에 필요한 연구·실험·조사·기술개발(이하 "연구개발사업"이
라 한다) 및 전문인력 양성 등 치안분야의 과학기술진흥을 위한 시책을 마련하여
추진하여야 한다. 경찰청장은 연구개발사업을 효율적으로 추진하기 위하여 다음
각 호의 어느 하나에 해당하는 기관 또는 단체 등과 협약을 맺어 연구개발사업을

실시하게 할 수 있다.

- 국공립 연구기관
- 「특정연구기관 육성법」 제2조에 따른 특정연구기관
- 「과학기술분야 정부출연연구기관 등의 설립·운영 및 육성에 관한 법률」에 따라 설립된 과학기술분야 정부출연연구기관
- 「고등교육법」에 따른 대학·산업대학·전문대학 및 기술대학
- 「민법」이나 다른 법률에 따라 설립된 법인으로서 치안분야 연구기관 또는 법인 부설 연구소
- 「기초연구진흥 및 기술개발지원에 관한 법률」 제14조의2 제1항에 따라 인정받은 기업부설연구소 또는 기업의 연구개발전담부서
- 그 밖에 대통령령으로 정하는 치안분야 관련 연구·조사·기술개발 등을 수행하는 기관 또는 단체

경찰청장은 제2항 각 호의 기관 또는 단체 등에 대하여 연구개발사업을 실시하는 데 필요한 경비의 전부 또는 일부를 출연하거나 보조할 수 있다. 제2항에 따른 연구개발사업의 실시와 제3항에 따른 출연금의 지급·사용 및 관리 등에 필요한 사항은 대통령령으로 정한다(경찰법 제33조).

2. 자치경찰 관련 치안 프로젝트 발주 사례

위의 법률에 근거해 2023년 3월 윤희근 경찰청장은 2023년도 자치경찰수요기반 지역문제해결사업 신규과제 선정계획 공고를 내놓았다. 사업명은 "자치경찰수요기반 지역문제해결사업"이다.

사업목적은 지역사회 특성과 자치경찰사무범위 치안수요를 반영하고 지역별 치안 문제를 스스로 해결할 수 있도록 과학치안 역량 강화 및 현장 활용성 향상 지원이다.

사업내용은 지역 주도의 실증형 과학치안 연구개발 기반(Spoke) 및 자치경찰 R&D 연계–공통자원 조합관리기반(Hub) 구축이다.

지원 분야는 지역실증거점형 Spoke로 시·도자치경찰과 연구기관 간 협력체계를 구축하여, 지역별 자치경찰 치안 수요를 상시 발굴·해결하기 위한 거점형 Spoke 구축이다. 특히 자치경찰 치안역량 강화 및 지역사회 안전을 포함한 자치

경찰사무 범위[8] 내 과학치안 기술개발을 하는 것을 원칙으로 했다.

구분을 보면 지역 내 주민의 생활안전 활동에 관한 사무, 지역 내 교통 활동에 관한 사무, 지역 내 교통 활동에 관한 사무, 지역 내 다중운집 행사 관련 혼잡 교통 및 안전 관리, 일부 수사사무 등이며, 본래 경찰법이 명시하고 있는 자치경

〈표 8-1〉 사업별 지원분야

구분	자치경찰사무 내용
지역 내 주민의 생활안전 활동에 관한 사무	1) 생활안전을 위한 순찰 및 시설의 운영 2) 주민참여 방범활동의 지원 및 지도 3) 안전사고 및 재해·재난 시 긴급구조지원 4) 아동·청소년·노인·여성·장애인 등 사회적보호가 필요한 사람에 대한 보호 업무 및 가정폭력·학교폭력·성폭력 등의 예방 5) 주민의 일상생활과 관련된 사회질서의 유지 및 그 위반행위의 지도·단속. 단, 지방자치단체 등 다른 행정청의 사무는 제외 6) 그 밖에 지역주민의 생활안전에 관한 사무
지역 내 교통 활동에 관한 사무	1) 교통법규 위반에 대한 지도·단속 2) 교통안전시설 및 무인 교통단속용 장비의 심의·설치·관리 3) 교통안전에 대한 교육 및 홍보 4) 주민참여 지역 교통활동의 지원 및 지도 5) 통행 허가, 어린이 통학버스의 신고, 긴급자동차의 지정 신청 등 각종 허가 및 신고에 관한 사무 6) 그 밖에 지역 내의 교통안전 및 소통에 관한 사무
지역 내 다중운집 행사 관련 혼잡 교통 및 안전 관리	지역 내 다중운집 행사 관련 혼잡 교통 및 안전 관리 사무
일부 수사사무	1) 학교폭력 등 소년범죄 2) 가정폭력, 아동학대 범죄 3) 교통사고 및 교통 관련 범죄 4) 「형법」 제245조에 따른 공연음란 및 「성폭력범죄의 처벌 등에 관한 특례법」 제12조에 따른 성적 목적을 위한 다중이용장소 침입행위에 관한 범죄 5) 경범죄 및 기초질서 관련 범죄 6) 가출인 및 「실종아동 등의 보호 및 지원에 관한 법률」 제2조제2호에 따른 실종아동 등 관련 수색 및 범죄

출처: 경찰청 공모용 내부자료(2023. 3. 23).

---

8) 그 외 각 시도별 조례 등에 근거한 자치경찰 사무 범위도 포함 가능이다.

찰의 고유사무 들을 중심으로 하고 있다.

본 프로젝트는 2023년부터 2027년까지 진행되며 연간 10억원 내외로 1차년도에 7억 5천이며 2~5차년도에는 각 10억원으로 비교적 큰 편이다. 그리고 3차년도부터는 광역시도가 연구개발 과제별 국비의 25% 이상을 매칭펀드로 지원해야한다. 핵심 내용은 예를 들어 드론과 같은 장비 기술을 가미해 지역 치안 안전에 기여할 수 있는 시스템을 구축하는데 초점이 맞추어진 것으로 보인다.

아무튼 경찰법 제33조의 치안분야 과학기술진흥이라는 법적 근거에 따른 첫 시도라는데서 큰 의미를 지녔다. 특히 본 경찰법 제33조에 "경찰청장은 치안에 필요한 연구·실험·조사·기술개발(이하 "연구개발사업"이라 한다) 및 전문인력 양성 등 치안분야의 과학기술진흥을 위한 시책을 마련하여 추진하여야 한다"라는데 따른 큰 의미를 지닌 프로젝트로서 도민의 안전에 크게 기여할 것으로 분석된다.

3. 경찰법의 부칙

애초에 경찰법 제정시에 세종특별자치시의 자치경찰위원회는 위원장과 위원 모두 비상근 직제로 출발하였다. 타 17개 시도자치경찰위원회는 사무국을 꾸리고 위원장과 사무국장(상임위원)은 상근직인데 반해 세종특별자치시의 자치경찰위원회는 모두 비상근으로 출발했던 것이다. 이것이 경찰법 제36조에 명시되어 있었는데, 2022년 11월 15일 본 법이 개정되어 제36조를 삭제하게 된 것이다. 이에 따라 세종특별자치시의 자치경찰위원회도 타 자치경찰위원회처럼 상근 위원장과 상임이사 및 사무국을 꾸린 후 3개월 후인 2023년 2월 16일 본격 출발하였다. 그 이전에는 경찰법상 사무국이 없어서 자치경찰위원회는 7명 모두 비상근직으로 위원회의 정기회의와 임시회의를 세종자치경찰청 사무실을 빌려서 진행하였던 역사를 가지고 있다.

1) 세종특별자치시자치경찰위원회 위원장의 상임화에 관한 경과조치

이 법 시행 당시 종전의 규정에 따라 임명된 세종특별자치시자치경찰위원회의 위원장은 제19조 및 제20조의 규정에 따라 임명된 상임인 위원장으로 보되, 그 임기는 종전 임기의 남은 기간으로 한다.

2) 세종특별자치시자치경찰위원회의 위원장

세종특별자치시자치경찰위원회의 위원장이 아닌 위원 중 1명의 상임화에 관한 경과조치) 세종특별자치시자치경찰위원회, 세종특별자치시자치경찰위원회 위원장 및 세종특별자치시장은 이 법 시행 이후 3개월 이내에 제20조 제3항에 따른 상임위원 임명 절차를 완료하여야 하고, 상임위원으로 새로 임명된 위원의 임기는 종전 비상임위원으로서의 임기의 남은 기간으로 한다.

제 7 절 예산 측면

1. 법적 토대

2023년 1월부터 경찰법에 따라 자치경찰사무인 생활안전, 여청, 교통 분야의 치안예산은 국가에서 지방이양사업으로 광역시도로 완전히 넘어갔다. 이에 따라 17개 광역시도 예산실에서 자치경찰 사무 관련 예산을 모두 짜게 되었고, 각시도의회 상임위원회와 예산결산위원회를 거쳐 본회의를 통과한 후 2023년 예산이 확정되었다. 그러나 경찰법 제35조에 따라서 자치경찰 예산은 시도자치경찰위원회가 경찰청장의 의견을 듣도록 하고 있다.

2. 자치경찰사무에 대한 재정적 지원

자치경찰사무의 수행에 필요한 예산은 시·도자치경찰위원회의 심의·의결을 거쳐 시·도지사가 수립한다. 이 경우 시·도자치경찰위원회는 경찰청장의 의견을 들어야 한다. 시·도지사는 자치경찰사무 담당 공무원에게 조례에서 정하는 예산의 범위에서 재정적 지원 등을 할 수 있다. 시·도의회는 관련 예산의 효율적인 관리를 위하여 의결로써 자치경찰사무에 대해 시·도자치경찰위원장의 출석 및 자료 제출을 요구할 수 있다(경찰법 제35조).

이상으로 "국가경찰과 자치경찰의 조직 및 운영에 관한 법률"이 각각 어떤 내용을 담고 있는지에 대해 세부적으로 살펴보았다.

제9장

전국 18개 시도자치경찰위원회 운영 현황 분석

1. 각 시도의 자치경찰위원회 출범

2021년 전국 18개 시도자치경찰위원회가 각각 출범하였는데, 가장 빠른 곳이 강원자치경찰위원회였다. 전국 자치경찰위원회 중 가장 빨리 2021년 4월 초순에 출범하였다. 이에 반해 가장 늦게 위원회를 출범시킨 곳은 경기도남·북부자치경찰위원회였다. 그 가장 큰 이유는 2021년 1월 경찰법이 시행에 들어간 후 3월에 경기북부자치경찰위원회가 추가로 출범하는 경찰법 개정이 이루어지는 절차가 있었기 때문이었다. 결국 경기도자치경찰위원회는 남북부 2개가 2021년 6월 30일 출범하였다. 연이어서 7월 1일 전국 18개 시도자치경찰위원회가 세종특별자치시 정부청사인 행안부 주관으로 함께 출범식을 가졌다. 우리나라 국가경찰이 1945년 10월 21일 창설된 이후 76년 만이었다. 이제 국가경찰 이외에 자치경찰이라는 주체가 하나 더 탄생하게 된 것이다.

1) 시도자치경찰위원회의 구성

시도자치경찰위원회는 시도지사가 유일하게 임명한 위원장 1명을 포함해서 모두 7명으로 구성된다. 이 위원장을 제외한 위원 6명 중에서 사무국장 1명이 해당 시도자치경찰위원회에서 선출되면 역시 시도지사가 상임위원으로 임명한다. 즉 7명 중 위원장과 1명의 상임위원(사무국장 겸임)을 상임으로 하고 나머지 5명의 위원은 비상임으로 한다. 그리고 위원은 특정 성이 10분의 6을 초과하지 않도록 노력하여야 한다고 개정 경찰법에 명시되어 있다. 그러나 초대 18명의 위원장 중 18명 모두가 남성으로 임명됨으로써 남성이 절대적 우위를 차지하는 문제가 야기되었다. 이에 대한 자세한 내용은 후술하기로 한다. 그리고 위원 중 1명은 인권문제에 관한 전문적인 지식과 경험을 가진 사람이 임명될 수 있도록 노력하여야 한다고 개정 경찰법에 명시되어 있다. 그러나 이는 강제조항이 아니라서 향후 개정이 필요한데 바로 "…하여야 한다"로 의무화 할 필요가 있다고 본다. 현 상태로는 하여야 한다가 아니고 노력하여야 한다로 제정되어 있는 관계로 뒤집어서보면 어떤 의무가 따르는 노력을 굳이 안해도 되는 허점을 드러내고 있다.[1]

개정 경찰법 제20조에서 명시하고 있는 시도자치경찰위원은 시도지사가 임명하도록 명시되어 있다. 다만 시도지사가 애초부터 직접 임명을 하는 것은 단지 자치경찰위원장 1명뿐이다. 나머지 6명의 위원은 다른 기관이 선발해서 보내오게된다. 즉 시도의회가 2명을 추천한다. 국가경찰위원회도 1명을 추천한다. 그리고 해당 시도교육감도 1명을 추천한다. 시도가 주관이 되고 국가경찰위원회, 시군구장 협의회, 법원 등에서 추천한 사람을 대상으로 자치경찰위원회 위원추천위원회가 선발 및 추천하는 2명도 있다. 이렇게 6명이 시도지사에게 임용해 달라고 보내온다. 마지막으로 시도지사도 단지 1명을 추천할 수 있는데 바로 자치경찰위원회 위원장 자리이다. 결국 시도지사는 위원장만 직접 임용하는 1표를 가지고 있고, 나머지 위원들은 모두 타 기관에서 추천하면 시도지사가 단순 임명만 하는 방식이다. 시도지사에게 거의 권한이 주어지지 않았다. 따라서 시도지사는 책임만 지고 권한이 아무것도 없다는 비판과 불만이 나오는 이유다. 이는 임명권자인 시도지사가 정치적 중립성을 지키도록 하는데 초점을 둔 것으로 이해된다.[2]

여기서 7명의 위원 중 위원장과 상임위원(사무국장)은 지방자치단체의 3년 단임제인 정무직공무원으로 신분을 보장받게 된다(개정 경찰법 제20조 3항).

각 시도경찰청 소속의 생활안전과, 교통과, 여성청소년과의 자치경찰에 관해서는 시도경찰위원회가 시도경찰청장을 지휘 감독하도록 되어 있다. 이어서 자치경찰위원회의 발전방안을 정리해 보면 다음과 같다. 무엇보다 2021년 7월 7일 출범한 전국자치경찰위원회는 어떤 모델로 전환 및 변경되더라도 아무튼 발전방향 쪽으로 개선되어 나갈 것으로 기대된다.

---

1) 신현기, "초대 시도자치경찰위원회의 문제점과 향후 발전 방향," 「한국자치경찰연구」, 제14권 제2호, 한국자치경찰학회, 2021, p. 9.
2) 신현기, "초대 시도자치경찰위원회의 문제점과 향후 발전 방향," 「한국자치경찰연구」, 제14권 제2호, 한국자치경찰학회, 2021, p. 10.

[그림 9-1] 자치경찰 도입 모델 (이원화 → 일원화)

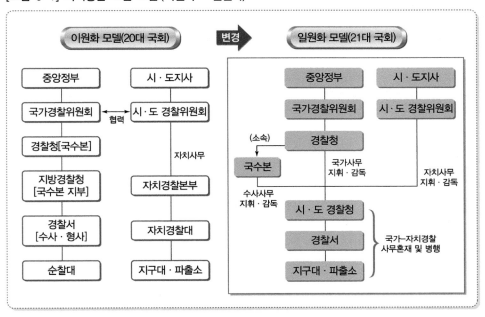

출처: 장일식(2020. 10); 신현기, 『자치경찰─제주자치경찰제도의 체계적 접근─』(파주: 법문사, 2021), p. 352.

　시도자치경찰위원회는 지방자치 치안행정과 경찰사무를 동시에 병행하여 진행해야 하는 기구라는 점에서 현재와 미래에 많은 보완점을 요구받을 것으로 보여진다. 하나 하나씩 차근 차근 풀어나가야 할 과제들이 산적해 있다. 특히 2021년 7월 1일 막 태어난 시도자치경찰제가 해당 시도의회의 통제 이전에 어느 정도의 독립성 및 자율성을 보장 받으면서 정착되게 하는 상호 간의 양보와 보완 노력이 강하게 요구되고 있다. 그 이유는 아직까지 시도자치경찰제도가 시행 전후로 보완되어야 할 영역이 한두 가지가 아니며 그 문제점들은 거미줄처럼 상호 연계되어 있다. 어느 제도이든지 한번에 완벽하게 만들어지는 것은 없다. 본 제도가 완벽하게 자리 잡기까지는 향후에도 많은 시간이 소요될 것으로 보여진다.

　우선 시급한 것은 최소한 각 시도경찰청에 설치된 자치경찰차장 및 자치경찰부장이 지휘하는 생활안전과, 교통과, 여성청소년과 소속의 자치경찰업무를 수행하는 국가경찰 소속의 업무자들은 하루 빨리 자치경찰위원회의 지휘·감독을 받도록 하는 제도적 개선을 신속해 마련해야 할 것으로 본다.

(1) 시도자치경찰위원회 위원 현황

시도자치경찰위원회 위원 126명 중 경찰 출신은 30여명이고 경찰학 관련 학과 교수가 18명이며 변호사는 29명이다. 변호사 중에서 위원장을 맡은 사람은 전체 18명의 위원장들 중에 3명이다. 그리고 로스쿨이나 법대교수 출신은 8명이다. 그 이외에 공무원 출신은 14명이며 대학의 총장이나 인권운동가 출신도 27명에 달했다. 이 중에서 울산, 대전, 강원, 전북 등 8개 지역에서 법조인들은 각 1명씩 차지했다. 특히 여성위원들은 126명의 전체 위원 중 25명에 불과하다.[3]

개정 경찰법 제19조에 보면 특정성이 10분의 6이 넘지 않도록 노력하여야 한다고 규정하고 있다. 하지만 실제로는 이에 달하지 못했다. 아마도 노력하여야 한다고 법조문이 만들어져 있는 관계로 강제성이 적용되지 않아 노력하지 않은 지역이 많았던 것으로 이해된다. 본 주제는 3년 후 제2기 시도자치경찰위원회가 구성될 때 상당히 개선되거나 혹은 관련 법률이 개정되어 의무적 조항이 만들어짐으로써 개선될 가능성이 높다고 본다.[4] 자세한 내용은 뒤에서 후술하기로 한다.

〈표 9-1〉 위원회 위원의 분야별 현황

성별			출신별					
계	남	여	계	교수	경찰	변호사	공무원	시민연대, 상공회의소, YWC, 여성정책연구원 등
126명	101명	25명	126명 (100%)	35명 (28%)	35명 (28%)	28명 (22%)	18명 (14%)	10명(8%)

출처: 대한민국시도지사협의회, 공식자료(2021); 신현기, "초대 시도자치경찰위원회의 문제점과 향후 발전 방향,"「한국자치경찰연구」, 제14권 제2호, 한국자치경찰학회, 2021, p.17.

(2) 시도자치경찰위원회의 구성

이번 초대 시도자치경찰위원회 위원 126명 중 남성 101명(80%), 여성 25명(20%), 인권전문가 27명(21%)으로 확정 및 임명되었다. 특히 18개 자치경찰위원

---

3) 마침내 2021년 12월 20일 대전자치경찰위원회에 보궐위원으로 새롭게 여성위원이 임명되었다. 이로써 대전자치경찰위원회에도 1명의 여성위원이 임명되는 발전이 있었다. 1명의 남성위원이 개인적인 이유로 위원직을 사임하자 허태정 대전시장이 대전지방변호사회 법제이사인 박주영 변호사를 보궐위원으로 임명한 것이다.

4) 신현기, "초대 시도자치경찰위원회의 문제점과 향후 발전 방향,"「한국자치경찰연구」, 제14권 제2호, 한국자치경찰학회, 2021, p. 16.

회 중에서 3개 시도(대전, 충북, 전북)의 경우는 인권전문가가 전혀 임명되지 않았다. 특히 특정 성이 10분의 6을 넘을 수 없다는 규정이 있는데도 불구하고 18개 위원회 중 2개 위원회가 여성이 3명 포함되었다.[5] 이에 반해 여성이 2명 포함된 곳은 7개 위원회이다. 그리고 5개 위원회는 여성이 단지 1명에 머물렀다. 아예 여성이 없는 경우도 전국 18개 시도자치경찰위원회 중 무려 4개 위원회가 존재한다.[6]

대학교수 출신도 위원으로 많이 임명된 편이다. 법학(법전원) 분야가 10명, 경찰행정 13명, 행정학 9명, 기타(영어, 군사, 글로벌인재) 3명 등이다. 이외에 공무원도 자치경찰위원회 위원에 임명되었는데, 교육공무원이 8명이다. 이는 교육감이 1명의 위원을 추천할 수 있는 권한이 부여되어 있기 때문으로 풀이된다. 그리고 부지사 출신이 4명이다. 기획관리실장 출신도 제주도에 1명 있으며 법원의 교육원장 출신도 1명이 있다. 그리고 부군수도 1명, 의회 사무처장 출신도 1명 및 사무관 출신도 2명이 임명되었다. 이 밖에도 시민연대 1명, 언론인 2명, YWCA 2명, 상공회의소 1명, 여성단체 4명 등으로 구성되었다.

(3) 시도자치경찰위원회 위원장

경기도 남·북부에 2명의 위원장이 있고 나머지 16개 광역시도에 각각 위원장들이 임명되었는데 모두 18명이다. 광역시도에도 18개의 시도경찰청이 존재하고 있다. 위원장 중에는 교수 출신이 9명인데 법학 교수가 3명, 행정학 교수가 2명, 경찰행정학 교수가 3명, 영어영문학 교수가 1명 등이다.

또한 위원장 중에서 공무원 출신도 5명이나 된다. 광주, 충남, 전북에서 부지사 출신의 위원장이 나왔다. 제주도에서는 기획실장 출신 1명이 위원장에 임명되었다. 그리고 법원의 교육원장 1명이 역시 위원장에 임명되었다.[7] 경찰 역시 3명의 위원장을 배출하였는데 울산과 대전경찰청장 출신 2명이 위원장(서울, 경기남부)이 되었으며, 경찰서장 출신(부산) 1명도 위원장에 임명되었다.

---

5) 국가경찰과 자치경찰의 조직 및 운영에 관한 법률, 즉 개정 경찰법 제19조 제2항 특정성이 10분의 6을 초과하지 않도록 노력하여야 한다고 명시되어 있다. 그리고 동법 제19조 제3항을 보면 위원 중 1명은 인권전문가가 임명될 수 있도록 노력하여야 한다고 명시되어 있다.
6) 신현기, "초대 시도자치경찰위원회의 문제점과 향후 발전 방향," 「한국자치경찰연구」, 제14권 제2호, 한국자치경찰학회, 2021, p. 17.
7) 신현기, "초대 시도자치경찰위원회의 문제점과 향후 발전 방향," 「한국자치경찰연구」, 제14권 제2호, 한국자치경찰학회, 2021, p. 18.

〈표 9-2〉 위원장 임명자의 현황

총계	교수	공무원	경찰	기타(시민)
18명(100%)	9명(50%)	5명(28%)	3명(17%)	1명(5%)

출처: 대한민국시도지사협의회, 공식자료(2021).

다음 표는 18개 시도자치경찰위원장의 출신별 도표이다. 17개 광역시도에서 위원장은 18명이며 상임위원(사무국장)은 17명이다. 그 이유는 세종특별자치시에서는 국가경찰과 자치경찰의 조직 및 운영에 관한 법률 제36조(세종특별자치시자치경찰위원회에 대한 특례)에 그 근거를 두고 있다. 본 조항 중 1항에 보면 세종특별자치시자치경찰위원회에 대해서는 제19조 제1항 및 제20조 제3항에도 불구하고 위원장 및 상임위원을 비상임으로 할 수 있다고 되어 있으며 2항에서는 제27조에도 불구하고 세종특별자치시자치경찰위원회에서는 사무기구를 두지 아니하며 세종특별자치시자치경찰위원회의 사무는 세종특별자치시경찰청에서 처리한다고 명시되어 있다. 이와 같이 본 법률 제36조에 따라서 세종시에서는 자치경찰위원회 위원장만 임명되었을 뿐 상임위원(사무국장)은 공석으로 남겨두게 되었다. 상임위원(사무국장)이 수행할 사무는 제36조에 따라 사무국을 설치하지 않게 되었으므로 세종특별자치시경찰청에서 대신 처리해 주는 독특성을 보여주고 있다. 왜 이러한 입법이 이루어졌는지는 입법자들만 알 수 있으며, 이는 상당히 특별한 사항으로 우리나라 자치경찰사에 기록되게 되었다.

〈표 9-3〉 시도자치경찰위원회 위원장의 현황

지역	위원장	사무국장(상임위원)	비고
서울	김학배(64세)/ 경찰	김성섭(65세)/ 경찰	
경기북부	신현기(61세)/ 교수(경찰행정학)	정용환(61세)/ 경찰	
경기남부	김덕섭(60세)/ 경찰	김병화(60세)/ 경찰	
부산	정용환(68세)/ 경찰	박노면(59세)/ 경찰	
대구	최철영(59세)/ 법대교수(국제법)	박동균(54세)/ 교수(경찰행정)	21년 7월 이후 설용숙 위원장(경찰/경무관)이 보궐 취임(女)
인천	이병록(65세)/ 공무원	반병욱(64세)/ 경찰	

광주	김태봉(66세)/ 군판사	오윤수(64세)/ 경찰	
경남	김현태(70세)/ 법대 교수(행정법)	황문규(52세)/ 경찰/중부대 교수(경찰행정학)	
경북	이순동(67세)/ 판사	서진교(59세)/ 경찰	
전남	조만형(60세)/ 교수(경찰학)	백혜웅(58세)/ 경찰	
전북	이형규(69세)/ 공무원	방춘원(67세)/ 경찰	
충남	권희태(68세)/ 공무원	이시준(67세)/ 경찰	
충북	남기헌(62세)/ 교수(경찰학)	한흥구(65세)/ 공무원	
강원	송승철(66세)/ 교수(영어영문학)	김종관(69세)/ 경찰	
세종	김상봉(54세)/ 교수(행정학)	세종자치경찰위원회는 경찰법 제36조 폐지에 따라 처음부터 공석에서 2023년 3월 임선호 위원(58년)이 사무국장(상임위원)에 취임. 임선호(65세)/ 경찰	경찰법 제36조 폐지에 따라 2023년 2월 나승권(68년) 위원장(변호사)이 보궐 취임(세종위원장은 21.7.1~23.2.15 까지 비상근직이었음)
대전	강영욱(62세)/ 공무원	김익중(63세)/ 경찰	
울산	김태근(54세)/ 시민단체	유윤근(66세)/ 경찰	
제주	김용구(65세)/ 공무원	강호준(65세)/ 경찰	

출처: 법률신문, 2021. 7. 5, p.3; 한국형사법무정책연구원(박준휘 외 7명). (2021). 「한국형 자치경찰제 시행 및 정착에 관한 연구(Ⅲ)」, 연구총서 21-B-01, p.73을 참고로 재작성.

이번 초대 자치경찰위원장 출신 중에는 변호사 출신이 3명인데[8] 서울, 광주, 경북이 바로 그곳이다. 그리고 2021년 7월 1일 기준 자치경찰위원회 위원 총 126명 중 남성이 101명(80%), 여성 25명(20%)로 남성 위주로 구성되었다. 인권전문가는 27명(21%)이 포함돼 직무를 수행 중이다.

---

8) 2023년 2월에 보궐위원장으로 세종특별자치시 자치경찰위원장으로 취임한 나승권 위원장도 변호사출신이다.

〈표 9-4〉 시도자치경찰위원회 위원 구성

성별			출신별					
계	남	여	계	교수	경찰	변호사	공무원	기타
126명 (100%)	101명 (80%)	25명 (20%)	126명 (100%)	35명 (28%)	35명 (28%)	28명 (22%)	18명 (14%)	10명 (8%)

출처: 한국형사법무정책연구원(박준휘 외 7명). (2021). 『한국형 자치경찰제 시행 및 정착에 관한 연구(Ⅲ)』, 연구총서 21-B-01, p.73.

(4) 시도자치경찰위원회 사무국장(상임위원)

세종특별자치시의 경우도 광역시인데 이곳에서는 위원장을 비상임으로 하기로 함으로써 비상근 위원장만 있으며 더욱이 사무국장제도 역시 만들지 않고 세종자치경찰청에서 자치경찰위원회의 회의 사무를 모두 대신해주는 방식으로 운영되고 있는 특징을 보여준다. 이로써 사무국장은 전국시도자치경찰위원회에 총 17개가 존재한다.[9]

〈표 9-5〉 사무국장(상임위원) 현황

총계	교수	공무원	경찰	기타(시민)
17명(100%)	1명(6%)	1명(6%)	15명(88%)	-

출처: 대한민국시도지사협의회, 공식자료(2021).

전국시도자치경찰위원회 위원은 7명이다. 이 중에서 1명은 시도지사가 위원장으로 임명하는 방식이었다. 위원장이 제1차 위원회 정기회의를 7일 이내에 개최하고 위원장을 제외한 6명의 위원 중에서 1명을 사무국장(상임위원)으로 의견을 모아서 시도지사에게 위원장이 임명을 추천한다. 이러한 방식으로 사무국장이 모두 17명(세종시 제외)이 각각 시도지사들로부터 임명되었다. 이 중에서 경찰과 교수 출신이 많은 편이었다. 이전의 시도경찰청 차장(부장) 출신이 1명, 경찰서장 출신 13명, 경감(현, 교수) 출신 1명이 그리고 교수출신 중에서는 경찰행정학과 출신 1명, 공무원 중 기초자치단체(옥천군) 부군수 출신 1명 등이 임명되어 2021년 7월 1일을 기해 본격적인 실시에 들어갔다.

---

9) 신현기, "초대 시도자치경찰위원회의 문제점과 향후 발전 방향," 『한국자치경찰연구』, 제14권 제2호, 한국자치경찰학회, 2021, p. 20.

(5) 자치경찰위원장의 도의회로부터 인사청문회 당위성과 전망

2021년 발족한 초대 자치경찰위원장들은 과도기에 임명됨으로써 자치경찰을 잘 이해한 전문가들로 100% 이루어졌다고 보기 어렵다. 위원회가 출범한 이후 NGO 등을 중심으로 제2기 자치경찰위원장 등은 시도의회에서 인사청문회를 거쳐야 한다는 지적이 나오기도 했다. 이는 바람직하고 당연한 제안으로 이해된다. 이러한 주장이 이미 나온 만큼 3년 후 제2기 자치경찰위원회의 위원들과 위원장은 합의제 행정기관으로서 막중한 자리인 만큼 시민/도민의 대표인 시도의회에서 인사청문회를 거쳐 임명되는 것도 객관성 유지 차원에서 바람직하다고 본다.[10]

2) 시도자치경찰위원회 위원추천위원회

시도지사 소속으로 시도자치경찰위원회 위원추천위원회를 두도록 되어 있는데, 이 경우 시도지사는 시도자치경찰위원회 위원추천위원회에 각계각층의 관할 주민들의 의견이 수렴될 수 있도록 위원을 구성하여야 한다. 물론 대통령령으로 위원추천위원회 위원의 수, 자격, 구성, 위원회 운영 등에 관하여 필요한 사항은 대통령령으로 정한다. 그리고 시도자치경찰위원회의 위원장은 개정 경찰법 제22조에 따라서 위원회를 대표하고 회의를 주재함은 물론 시도자치경찰위원회의 의결을 거쳐 업무를 수행한다. 위원장이 직무를 수행하기 어려운 경우 상임위원(사무국장)이 그리고 그 다음에 연장자 위원이 대행한다(개정 경찰법 제22조 제2항).

또한 시도자치경찰위원회의 위원장과 위원의 임기는 전임자 임기의 남은 기간으로 한다. 그리고 전임자의 남은 임기가 1년 미만인 경우 그 보궐위원은 한 차례(3년)만 연임이 가능하다. 자치경찰위원회 위원 7명은 중대한 신체상이나 정신상의 장애로 인해 직무를 수행하기 어려운 경우를 제외하고는 그 의사에 반하여 면직되지 않는다고 명시되어 있다(개정 경찰법 제23조 제3항).

3) 시도자치경찰위원회의 권한

광역시도지사와 시도경찰위원회의 주요 권한 현황을 살펴보면 다음과 같다.

---

10) 신현기, "초대 시도자치경찰위원회의 문제점과 향후 발전 방향,"「한국자치경찰연구」, 제14권 제2호, 한국자치경찰학회, 2021, p. 20.

〈표 9-6〉 광역시도지사와 자치경찰위원회의 권한

구 분		주요 권한
시·도 지사	위원회 구성	• 위원 7인 임명권, 7인 중 1인은 단독 지명권 • 위원장 및 상임위원 임명권 - 상임위원은 시·도자치경찰위원회 의결 후 위원장 제청 필요 ※ 위원장 및 상임 위원 1명은 지방자치단체 공무원으로 함 • 자치경찰위원회 위원추천위원회 설치·구성권
	인사	• 대통령령에서 위임받는 경찰공무원 임용권 일부 (미정) - 시·도자치경찰위원회, 시·도경찰청장에게 재위임 가능
	조직	• 시·도자치경찰위원회 사무기구 조직권
	예산	• 자치경찰사무 수행에 필요한 예산 수립권 - 자치경찰위원회가 경찰청장 의견을 들어 심의·의결 필요
	위원회 회의	• 의제 발안권 및 임시회의 개최 요구권 • 자치경찰위원회 의결에 대한 재의 요구권
자치경찰	위원장	• 시·도경찰청장 임용에 대해 경찰청장과 협의권 • 자치경찰위원회 상임위원 제청권 • 의제 발안권 및 임시회의 개최 요구권 • 경찰청장의 부당한 비상사태 지휘·명령에 대한 중단 요청권

	위원회	• 자치경찰사무(수사사무 제외)에 대한 시·도 경찰청장 지휘·감독권
		  - 감사·감사의뢰, 주요 비위사건 감찰·감찰요구, 징계요구, 고충심사, 중요 사건·사고 및 현안 점검
		• 자치경찰사무 담당 공무원 임용권(인사위원회 운용)
		  - 대통령령에 따라 시·도시자로부터 재위임 받아 행사 가능
		• 자치경찰사무 목표수립 및 평가권
		  - 경찰서장의 사무수행 평가결과를 경찰청장에게 정기 통보
		• 자치경찰사무 예산·인력·장비·통신 주요정책 등 심의·의결권
		• 자치경찰사무에 관한 규칙 제정·개정·폐지권
		• 국가·자치경찰사무 및 지방·치안행정에 대한 협의·조정권
		• 국가경찰위원회에 대한 심의·조정 요청권

출처: 신현기, 『자치경찰-제주자치경찰제도의 체계적 접근-』(파주: 법문사, 2021), p. 355.

4) 시도자치경찰위원회의 심의 의결사항

시도자치경찰위원회의 회의는 재적위원 과반수의 출석과 출석위원 과반수의 찬성으로 의결한다(개정 경찰법 제25조 제3항). 특히 시도지사는 시도자치경찰위원회의 의결이 적정하지 않은 경우 재의를 요구할 수 있다. 시도자치경찰위원회는

필요한 경우 정기회의 이외에 다수의 임시회의를 개최할 수 있다.[11]

2. 전국시도자치경찰위원장협의회

전국시도자치경찰위원장협의회가 대전시청사에서 대전자치경찰위원회 주관으로 전격 출범하였다. 18명의 위원장들이 만나 협의회를 구성하고 상호 자치경찰 발전을 위해 협력하기로 의견을 모았다. 수도권, 충청권, 전라권, 경상권으로 나누어 회장과 부회장이 선출되고 상호 밀접한 교류를 가지게 되었다. 본 협의회는 매달 정기회의와 임시회의를 직접 만나거나 영상회의를 통해 사안들을 협의 및 공유해 나가고 있다. 초대협의회 회장은 김현태 경남자치경찰위원장이 맡아서 봉사를 해주었으며, 제2대 협의회 회장은 김학배 서울자치경찰위원장이 맡아 봉사해 주었다.

3. 전국시도자치경찰사무국장협의회

조금 늦기는 했지만 전국시도자치경찰위원장협의회가 출범한 이후 자연스럽게 역시 전국시도자치경찰사무국장협의회도 출범하였다. 그리고 매월 정규적으로 집합회의 혹은 화상회의를 통해 상호 주요 이슈들을 중심으로 해결방안을 논의하고 바람직한 해결 방안들을 내놓고 있다. 초대 회장은 서울자치경찰위원회의 김성섭 사무국장(상임위원)이 맡아 봉사해 주었다.

4. 각 시도자치경찰위원회의 주요 시책 사업

2021년 7월 1일 공식 출범한 17개 시도의 18개 시도자치경찰위원회(경기도 남부/북부 2개)는 각기 제1호 시책 사업을 발굴하여 예산과 함께 각 시도경찰청장을 지휘하여 일선경찰서 생안과, 여청과, 교통과에서 집행하도록 했다. 각 위원회들은 각기 자기 지역실정에 맞는 시책사업들을 지속적으로 발굴하여 시행하고 있다. 예를 들어 어느 위원회는 제1호 시책사업이 1회용으로 완성된 시책도 있고 또다른 위원회의 제1호 시책사업은 다년간 1~3차 까지 지속되는 경우도 있다.

---

11) 신현기, "초대 시도자치경찰위원회의 문제점과 향후 발전 방향," 「한국자치경찰연구」, 제14권 제2호, 한국자치경찰학회, 2021, p. 12.

아무튼 각 위원회들의 시책사업들은 이미 여러개의 분야별 발굴이 이루어졌으며 향후에도 지속적으로 새로운 시책사업들이 발굴될 것이다. 다음의 사례를 참고해 보면 어떤 분야에서 어떤 시책사업들을 발굴해 시행하는지에 대한 자세한 테마들이 나와 있다. 특히 큰 그림에서 보면 아동, 여성, 청소년, 교통 분야에 대부분 몰려 있으며 이 분야가 바로 자치경찰의 사무로 분류되었기 때문으로 이해된다. 그리고 각 지역별 시도민의 생활안전 상황이 모두 다르기 때문에 그 해당 분야를 중심으로 자기 실정에 적합한 각종 시책사업들이 집중 발굴되고 있다.

〈표 9-7〉 전국 시·도자치경찰위원회 우수시책 현황(2021.09.28 기준)

시·도	주요 시책 내용
서울	• '아동학대 판단시스템' 구축(25개구), 전담의료기관 및 보호시설 확충 - 아동학대 대응·예방을 위한 전담의료기관/인력/보호시설 등 인프라 확충 및 전문가 참여한 제도개선·홍보
부산	① 해수욕장 개장 대비 종합 치안대책 수립 지시 - 주취자 응급의료센터 개소, 교통안전대책 등 ② 현장 중심 치안정책 반영 위한 치안리빙랩 플랫폼 마련
대구	① 시민중심 자치경찰 네트워크 협의체 운영 - 시민이 정책결정의 중심, 치안리빙랩 도입(지방비 3천) ② 시민·공공기관이 주도하는 대구형 범죄예방 환경설계 - 매입임대주택 주거환경 개선(지방비 2억)
인천	• 어린이 보호를 위한 10대 과제(29개 세부 과제) 선정·추진] - 관계기관 협력 어린이 안전TF 구성, 어린이가 안전한 인천 허브 구축(향후, 포상·성과 반영)
광주	• 취약계급 공급 매입 임대주택 범죄예방(CPTED) 사업 등 업무협약 - 범죄로부터 안전한 주거환경 조성 위해 광주자경위-광주청-광주도시공사 업무협약, 방범시설물 확충 및 취약1인가구 IOT 돌봄시스템 구축 추진(지방비 10억8천)
대전	• 고위험 정신질환자 「응급입원 지원팀」 운영 - 정신질환 관련 강력범죄 및 무동기 범죄 예방
울산	• 교통안전시설 설치 時 절차 간소화 등 교통안전 환경 조성 추진 - 교통안전시설물 설치시 위원회가 적극 개입해 유관기관 협의유도, 소요기간 단축 기여
세종	• 지역경찰장 보직 인사 時 주민 의견을 반영 추진 - 최일선 범죄예방과 출동에 기여하는 지구대장과 파출소장 임명시 주민 의견 先청취 반영

경기남	• 코로나19 예방·단속 강화
경기북	① 위기아동 원스톱 보호체계 구축 – 주민의견수렴, 아동학대대응위해 위기대응팀 운영(지방비 1억9천) ② 도민과 함께하는 어린이 보호구역 도로시설개선 – 어린이·학부모·전문가 의견 수렴 도로시설 개선

강원	• 강원도형 자치경찰제 '3안 운동*' 추진
	  * 환경은 안심, 교통은 안전, 생활은 안녕
	  – "안전한 강원, 행복한 도민" 비전으로 △주민불안 환경개선, △교통약자보호, △다양한 치안활동 전개로 생활의 안녕 추구(국비 64억6천)

충북	• 지역별·시기별 농산물 도난예방 종합대책 수립·추진 – 도민 설문조사 결과 및 현장자문단 활용 정책 수립, 농산물 수확시기 순찰 및 도난예방 홍보 강화
충남	① 교통사망사고에 따른 도내 주요 관광지 점검·개선 ② 주취자 응급의료센터 운영(2곳, 지방비 6천) ③ 노인 및 장애인보호구역 네비게이션 음성지원 사고예방
전북	• 주민 참여 확대를 통한 뉴거버너스형 실무협의회 운영 – 민간분야별 전문가 및 지역주민 설문조사를 통한 치안정책발굴, 제도정착 노력
전남	• 고령화 비율이 높은 지역 특성 반영, 노인 보호 예방 정책 수립 – 고령 및 1인가구 증가에 따른 어르신 범죄피해 예방 정책 추진, 실종·치매·학대 우려 노인 보호
경북	• 주민의견을 수렴한 경북형 치안시책 발굴 추진 – 설문조사·방문간담회 통해, 아동청소년 대상 성매매 근절 대책 수립(1호 시책) 등 주민생활안전·사회적 약자 보호·교통안전 대책 수립·추진
경남	• 높은 어린이 인구 비율을 고려, 어린이 교통안전 종합대책 추진 – 집에서 학교까지 안전한 어린이 통학로 등 환경조성을 위한 종합대책 수립·추진
제주	① 우리동네 경찰관, 자치경찰 행정복합 치안센터 운영(지방비 1억) – 치안서비스 사각지역 해소를 위해 중산간지역 "민원·재난·복지·축산 행정복합" 치안센터 운영 ② 여성이 안전한 제주 만들기 추진 – 여성 대상 범죄근절 홍보(국비 108만), 비상벨설치(지방비 2억) ③ 제주형 일사천리 교통시설민원 솔루션 체계 구축 – 시설개선 민원에서 설치까지 경찰이 수행 ④ 교통약자 보행환경 개선 특화사업 추진 – 어린이·노인 보행환경개선 전담팀 운영·개선

출처: 경기북부자치경찰위원회 내부자료(2023)

제10장

자치경찰제 운영에 관한
실태 분석과 성과

제1절   법과 제도적 차원

1. 자치경찰제의 취지와 정의

문재인 정부에서 2021년 7월 1일 전국 17개 광역시도지사 산하에 독립된 합의제 행정기관으로 전격 도입된 자치경찰제는 지방행정과 치안행정의 연계성을 통한 각 지역별로 특화된 치안서비스를 제공하겠다는 취지로 만들어졌다. 1945년 10월 21일 미군정하에서 국가경찰이 창설된 이후 꼭 76년 만인 2021년 7월 자치경찰제가 전국적으로 일괄 도입되었다. 물론 그 이전인 2006년 7월 1일 국내에서 유일하게 제주도특별자치도에서만 자치경찰제가 도입 시행되었다. 2023년 7월 1일이면 만 17년이 된다.

한편 그동안 국가경찰은 어떠한 치안계획이든 세워서 전국을 하나의 단일 대열에 놓고 서울이든 제주도이든 그 어디를 막론하고 전국 18개 시도경찰청과 258개 경찰서 및 2,000여개의 지구대/파출소에 일괄적으로 적용하는 치안정책이었다. 이러다 보니 국가경찰의 치안정책은 지역실정에 전혀 맞지 않았다.

2. 문재인 정부 자치경찰제의 추진배경

문재인 정부는 2021년 7월 1일 전국 17개 광역시도에 국가경찰의 지방분권화, 국민의 참여를 통한 민주성의 확보와 정치적 중립성의 확보를 위해 추진하게 되었다. 특히 엄청나고 거대한 국가경찰의 권한을 전국의 지역적으로 적극 분산시키고 기능적으로 잘 배분하여 이른바 민주주의의 기본원리인 견제와 균형을 구현하고자 함에 초점이 맞추어졌다.

3. 자치경찰제 도입의 목적

지방행정의 특성을 적극 반영하여 치안서비스의 다양화, 창의성 향상, 주민생활과 아주 밀접한 분야의 치안 사각지대를 최소화하는 데 자치경찰제 도입의 목적을 두었다. 무엇보다 경찰과 지방자치단체 간 책임의 소재가 불명확한 영역의 업무수행 주체를 명확하게 함으로써 우리나라 국가 전체의 치안역량의 향상, 대국민 치안의 만족도 제고 등이 중요한 자치경찰제 도입의 목적 중 하나다.

4. 자치경찰제의 사무

2021년 12월 9일 국회 본회의를 통해 새로 제정된 경찰법은 경찰의 사무를 국가사무와 자치경찰사무로 크게 구분하였다. [그림 10-1]에서 보는 바와 같이 자치경찰의 사무는 생활안전, 교통, 경비(지역 단위), 일부 수사(학교 폭력, 가정 폭력, 데이트 폭력 등) 분야 등이다.

[그림 10-1] 자치경찰의 사무(경찰법 제4조)의 주요 내용

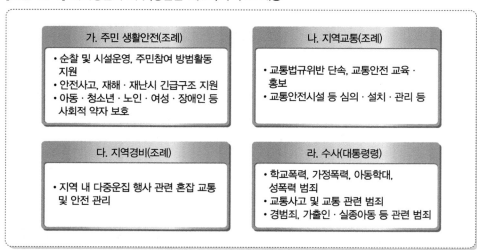

출처: 경기도북부자치경찰위원회(2023).

5. 자치경찰의 조직체계

자치경찰의 조직체계는 일원화 모델과 이원화 모델이다. 일원화 모델은 경찰의 일원적 조직 유지인데, 즉 국가경찰과 자치경찰 간 사무를 구분하는 것을 말한다. 문재인 정부에서 이 일원화 모델이 수용되었다. 이에 반해 이원화 모델은 자치경찰조직과 국가경찰조직을 완전히 구분하여 설치하는 것이다. 문재인 정부에서 추진하다가 폐기해 버리고 결국 일원화 모델을 우선 채택하여 시행하게 되었다. 코로나19 사태라서 국가예산도 부족하고 또한 국가경찰공무원들도 대다수가 반대하는 입장도 반영했다고 분석된다.

제 2 절   문재인 정부에서 자치경찰제의 추진 경과

2021년 1월 본격 시행에 들어간 문재인 정부 자치경찰제 도입논의 및 추진경과를 한눈에 볼 수 있도록 정리하면 다음과 같다. 사실 노무현 정부, 이명박 정부, 박근혜 정부, 문재인 정부로 이어지면서 논문만 무성하고 지리멸렬했던 우리나라 자치경찰제가 우여곡절 끝에 마침내 도입 시행된 것이다. 2021년 1월 본 경찰법이 본격 시행에 들어갔지만 각 시도자치경찰위원회가 빨리 구성되는 위원회부터 시범실시에 들어가도록 했다. 2021년 4월 2일 강원도가 가장 빨리 출범하여 시행에 들어갔고 기타 시도위원회들이 연이어 시범실시를 단행했으나 경기도의 경우는 2021년 3월 경찰법 개정을 통해 경기북부자치경찰위원회가 추가로 설치되는 바람에 2021년 6월 말에야 가장 늦게 출범하였다. 마침내 2021년 7월 1일 대통령 소속 자치분권위원회, 행정안전부, 경찰청 공동 주관 자치경찰제 전면 시행을 위한 창설식이 이른바 일원화 모델로 세종특별자치시에서 개최되었다.

〈표 10-1〉 문재인 정부 자치경찰제 도입논의 및 추진경과

구분	도입논의 및 추진경과
17.07.19	청와대 문재인정부 5대 국정목표(권력기관 민주적 개혁 중 자치경찰제 도입)
17.10.19	경찰청 경찰개혁위원회 광역단위 자치경찰제 권고(안) 발표
18.02.06	서울시 연방제 수준 자치경찰제 모델(한국정책학회 연구용역, 책임: 신현기)

18.02.19	서울경찰청장 서울시 모델 반대 입장 발표
18.11.13	분권위 자치경찰제 도입방안 발표
18.06.21	검경수사권 조정 합의문 서명식 개최
18.12.~19.01	자치경찰제 특별위원회(경찰, 행정법 전문가, 시민단체 관계자 9인) 구성
19.02.14	당정청 협의회 자치경찰 입법화 주요내용과 추진일정 논의
19.02.15	국정원, 검찰, 경찰개혁 전략회의(경찰청 자치경찰제 도입 조속 추진입장)
19.03.11	홍익표 의원 경찰법, 경찰공무원법 전부개정안 대표발의(이원화모델)
19.06.10	사법개혁특별위원회 상정
19.11.11	행정안전위원회 상정 및 소위원회 회부
20.05.29	홍익표 의원안 20대 국회 회기 종료로 폐기
20.08.04	김영배 의원 경찰법, 경찰공무원법 전부개정안 대표 발의(일원화 모델)
20.08~20.09	전국 경찰관서 대대적 의견수렴 실시(경찰청 주관)
20.09.17	서범수 의원실 주관 국회 토론회 개최
20.09.18	행정안전위원회 상정
20.11.03	경찰청, 김영배 의원실, 대한민국시도지사협의회 공동 주관 국회 토론회 개최
20.11.16	경찰법 전부개정법률안 및 경찰공무원법 전부개정법률안 관련 공청회(국회 행정안전위원회 법안심사제2소위원회) 개최
20.11.20	서범수 의원 경찰법, 경찰공무원법 전부개정안 추가 발의
20.12.02	행정안전위원회 병합 심사를 거쳐 대안 의결
20.12.03	국회 행정안전위원회를 통과
20.12.09	경찰청법개정안 국회 본회의 통과, 경찰법 전부개정법률안 가결
20.12.31	자치경찰사무와 시도자치경찰위원회 조직 및 운영 등에 관한 규정(대통령령) 제정
20.12.31	국가경찰과 자치경찰의 조직 및 운영에 관한 법률(대통령령)〈경찰법〉 제정
21.01.01	경찰법 시행
21.1.1~06.30	시도별 가능한 곳의 시범실시
21.07.01	17개 시도에서 18개 시도자치경찰위원회(경기도 2개) 공식 출범

출처: 한국형사법무정책연구원(박준휘 외), 「한국형 자치경찰제 시행 및 정착에 관한 연구〈III〉」, 2021, 연구총서 21-B-01, p.66을 참고로 재작성.

1. 자치경찰제 시범운영 준비와 시행의 추진 현황

문재인 정부에서 2021년 7월 1일 시행에 들어간 전국 시도자치경찰위원회 창설은 자치경찰제 시범운영 준비와 시행의 추진이 순조롭게 진행되었다. 그 추진 현황을 하나의 표로 정리하면 다음과 같다.

〈표 10-2〉 전국 시도자치경찰제 시행의 현황

구분	시범운영준비 및 시행의 추진 현황
21.01.07	자치경찰제 시행 관련 지자체 의견수렴 영상회의
21.02.03	경찰청 자치경찰사무 및 자치경찰위원회 조직 및 운영 등에 관한 표준 조례안 통보
21.02.08	행정안전부 자치경찰 관련 사무기구, 정원 조례 참고자료 및 기준인력 통보
21.03.03	전국 최초 충남 자치경찰제 운영 근거 조례 제정
21.03.24	국회 경찰법 개정안 의결(경기도 남북부 2개 위원회 설치)
21.04.02	전국 최초 강원도 시도자치경찰위원회 설치 및 구성
21.04.14	자치경찰 관련 현안보고(행정안전부 장관 주재)
21.07.01	자치분권위원회, 행정안전부, 경찰청 공동 주관 자치경찰제 전면시행 기념식
21.07.27	전국 최초 전북자치경찰위원회 실무협의회 개최 및 1호 시책발표(아동안전 종합대책)
21.08.25	전국 자치경찰위원장 회의 개최(초대 회장: 김현태 경남자치경찰위원장)
21.10.08	제1회 전국 시도 자치경찰위원장 협의회 정기회의 개최

출처: 한국형사법무정책연구원(박준휘 외), 「한국형 자치경찰제 시행 및 정착에 관한 연구〈III〉」, 2021, 연구 총서 21-B-01, p.68을 참고로 재작성.

2. 자치경찰제를 위한 각 시도의 자치경찰 조례 제정

각 시도의 자치단체에서는 시도의회를 통해 조례를 만들게 되었다. 경찰청은 표준 조례안을 만들어 제시하였다. 여기에는 조례를 만들 때 시도경찰청장의 의견을 들어야 한다는 규정이 있어서 다소 논란도 있었으나 대부분이 의견을 들을 수 있다는 정도를 기준으로 조례가 만들어졌다.

〈표 10–3〉 시도자치경찰 조례 시행일

3월(1)	4월(6)	5월(10)
충남(3.22)	강원(4.2), 부산(4.7), 대전(4.9), 인천(4.9), 제주(4.14), 세종(4.15)	경남(5.3), 경기남북부(5.7), 광주(5.10), 대구(5.10), 울산(5.13), 경북(5.20), 전남(5.20), 서울(5.20), 충북(5.20), 전북(5.28)

출처: 한국형사법무정책연구원(박준휘 외), 『한국형 자치경찰제 시행 및 정착에 관한 연구〈Ⅲ〉』, 2021, 연구 총서 21–B–01, p. 69.

3. 자치경찰제와 위원장 및 위원 구성 현황 분석

전국 17개 광역시도에 18개의 자치경찰위원회가 2021년 4월 2일부터 6월 30 일까지 완료되었다.

〈표 10–4〉 자치경찰위원회 구성일(2021년 3월–6월)

3월(1)	4월(2)	5월(12)	6월(3)
충남(3.31)	강원(4.2), 대전(4.29)	부산(5.6), 제주(5.6), 광주(5.10), 경남(5.10), 인천(5.17), 대구(5.20), 경북(5.20), 전남(5.25), 울산(5.27), 세종(5.28), 충북(5.28), 전북(5.28)	서울(6.25), 경기남북부(6.30)

출처: 한국형사법무정책연구원(박준휘 외), 『한국형 자치경찰제 시행 및 정착에 관한 연구〈Ⅲ〉』, 2021, 연구 총서 21–B–01, p. 69.

4. 시도경찰위원회의 권한

시도자치경찰제는 국가경찰과 자치경찰조직 및 운영에 관한 법률이 2020년 12월 9일 국회 본회의를 통과하여 2021년 1월 본격 시행에 들어간 후 서울과 경 기도를 제외하고 일찌감치 위원회에 관한 조례가 시도의회에서 제정되었으며 대 부분 4~5월경 시범실시에 들어갔다. 다만 서울과 경기도자치경찰은 6월 말에 가 서야 위원회를 출범시켰기 때문에 시범실시 없이 7월 1일 전국 17개 시도에서 18

개(경기도 2개) 시도자치경찰위원회가 법에 따라 동시 출범의 빛을 보았다. 위의 2곳은 시범실시를 경험하지는 못했지만 차근 차근 노하우를 축적해 나가고 있다. 본 제도가 시행되는데 있어서 가장 관심을 가진 곳은 국민뿐 아니라 언론, 방송, 시민단체 등이었다. 이들 언론매체들은 시도자치경찰위원회의 위원 구성에 대해 많은 관심을 나타냈다. 언론에 소개된 기사를 참조해 보면 다음과 같이 자치경찰제 도입에서 상임위원(사무국장) 임명에 대해 각각 의견의 차이를 보였다. 이윤호 교수는 국가경찰에서 자치경찰이 분리된 것은 국가경찰과 차별화 하자고 만든 것인데 시도자치경찰위원회에 국가경찰 출신이 많이 위촉되면 그 의미가 상실될 수 있다고 지적했다. 이에 반해 김병화 경기남부자치경찰위원회 사무국장은 경찰출신이 경찰을 잘 알아서 제도 정착에 기여할 수 있다고 주장했다. 그 내용은 다음과 같다.

> 동국대 경찰행정학과 이윤호 교수는 "국가경찰과 차별화하기 위해 자치경찰을 만들어 놓고 경찰 출신 인물을 주요 인사에 두는 것은 주민 친화·밀착형 자치경찰 구상과 멀어지는 것"이라며 "민간 출신 인사를 다수 둬 국가경찰과 차별화하는 게 바람직하다"고 조언했다.
> 이에 경기남부자치경찰 김병화 신임 사무국장은 "자치경찰이 시작되는 현 단계에서는 경찰 출신이 되레 업무에 안정감을 줄 수 있다"며 "정통한 경찰 경험으로 발휘할 수 있는 강점을 최대한 뽑아 주민과 지역에 최대 밀착한 시책을 발굴, 치안 서비스를 제공하겠다"고 말했다.
>
> 출처: 경인일보, 발행일 2021-07-21

물론 경찰출신 사무국장 등이 많으면 자치경찰제를 정착시키는데 있어서 장단점이 있을 수 있다. 자치경찰제는 국가경찰에서 분리되어 운영되어야 하는 특성이 있는 것인데 만일 국가경찰 출신이 자치경찰위원회에 많으면 자기가 소속되어 있던 국가경찰조직 지향적일 수 있어 자치경찰제 정착이 다소라도 영향을 받을 수도 있다는 시각이 단점으로 작용할지도 모른다는 추측이 하나의 단점이 될 수 있다. 이에 반해 국가경찰 출신이 자치경찰위원으로 활동하게 될 경우 과거 경찰 분야에서 오랜 경험 축적으로 인해 이것이 운영상 장점으로 크게 도움이 될 수 있다는 점도 분명히 존재한다. 하지만 중요한 것은 국가경찰 출신이든 일반인 출신이든 불문하고 어렵게 탄생한 자치경찰위원회 제도가 제대로 정착될 수 있도록 다함께 노력해야 한다는 점이다.

제 3 절 시도자치경찰위원회와 광역시도의 의회 간 갈등 사례

여기서 말하는 갈등사례는 결론부터 말하면 장점으로 승화될 가능성이 매우 크다. 왜냐하면 굳이 조직관리에서 소개되고 있는 갈등이론의 원리를 빌리지 않더라도, 갈등이란 조직의 리더자들이 잘 이해하고 지혜롭게 해결하기만 한다면 오히려 장점으로 작용할 수 있는 것이다. 지난번에 발생한 ○○자치경찰위원회와 ○○도의회 간의 작은 갈등사례는 잘 해결되었으며, 이는 향후에 오히려 자치경찰위원회가 더한층 발전하는 데 있어서 하나의 좋은 계기가 되었다고 본다. 개정 경찰법에서 자치경찰위원회의 사무가 명확하지 못한 데서 나타난 해석상의 이견에서 나타난 현상으로 향후 입법부에서 무엇을 어떻게 개정해야 하는지를 정확히 짚어주는 의미있는 계기로 작용함에 기여했다고 본다.

즉 예를 들어 위의 사례에서 자치경찰위원회 위원장의 경우는 도의회에 대해 예산사업 혹은 자치경찰의 핵심 정책에 따른 경청이나 답변을 할 수는 있지만 사실상 세부적 사항까지 도의회에 보고할 필요가 있는지에 대한 의문을 제기한 것이다. 그러나 사실상 도조례에는 자치경찰위원회가 직접보고를 하도록 만들었다. 이에 대해 그곳 위원장은 조례라고 하는 것은 상위법인 지방자치법에 근거해서 만들어야 하는데 그러한 절차를 밟지 않음으로써 결국 조례가 잘못 만들어진 면이 있다고 정확히 지적했다. 자세히 들여다보면 도의회 조례는 행정안전부와 경찰청이 협의해서 만들었는데, 즉 이는 전국 광역자치단체들 모두의 표준조례로 만들어진 것이라는 점이다. 그래서 도의회는 이른바 도의회가 요구를 하면 자치경찰위원회는 도의회에 출석하여 답변해야 한다고 명시되어 있다.[1] 여기서 우리의 주목을 끌기에 충분한 것은 현행 시도자치경찰위원회와 개정 경찰법은 애초 기획단계에서부터 많은 문제점을 지니고 탄생했다는 지적도 제기되었다.[2] 본 법

---

1) 우리나라 지방자치법 제51조 제2항에 보면 "지방자치단체의 장이나 관계 공무원은 지방의회나 그 위원회가 요구하면 출석·답변하여야 한다. 다만, 특별한 이유가 있으면 지방자치단체의 장은 관계 공무원에게 출석·답변하게 할 수 있다"라고 명시되어 있다. 국가경찰과 자치경찰의 조직 및 운영에 관한 법률 제35조 제3항에 따르면 "시도의회는 관련 예산의 효율적인 관리를 위해 의결로서 시도자치경찰사무에 대해 시도경찰위원장의 출석 및 자료의 제출을 요구할 수 있다"고 하였는데, 이는 핵심이 예산과 간련해서 언급한 것으로 보아 일반적인 사무에 대해서도 같은 해석이 가능한지는 더 깊이 연구해 보아야 할 대목으로 보여진다.

은 생안, 여청, 교통업무만 자치경찰로 분류되었지 이전처럼 국가경찰관이 이전처럼 그대로 맡게 됨으로써 시도민이든 경찰관들이든 다른 특색을 찾기가 녹록지 않다는 시각이 지배적이다. 무늬만 자치경찰이라는 비판이 또다시 제기되고 있으며 최소한 자치경찰위원회에 조직 인사권 및 재정권이 보완되도록 하는 경찰법의 개정 필요성이 다수의 시민이나 입법부에서 뜨거운 이슈로 떠올랐다.

제 4 절   자치경찰위원회 권한의 미약

1. 문제점 제기

자치경찰의 수사 지휘권이 지자체에 있는지 사실상 현재로서는 불명확하다. 이에 대한 명확한 법해석이 중요시 되고 있다. 우리의 치안 현장에서 '손발' 역할을 하는 것이 바로 지구대·파출소(약칭: 지파)이다. 그런데 이 지파를 지휘·통솔할 권한을 시도자치경찰위원회가 가지고 있지 않다. 따라서 시도자치경찰위원회는 권한이 없는데, 이는 태생적 한계가 있다는 지적도 본격적으로 나오기 시작했다.

자치경찰 업무를 총괄하는 17개 광역시도지사 직속으로 창설된 각 18개 자치경찰위원회(경기도 남북부 2개 포함)는 경위 이하 계급의 전보, 경정 이하의 휴직·복직 및 직위해제, 그리고 경감 이하의 파면·해임·강등·정직 임명권을 모든 18개 자치경찰위원회가 자기네 해당 시도경찰청에 8월 30일 혹은 길게는 9월 30일까지 다시 재위임했다. 2021년 7월 1일 전국 17개 광역시도지사 산하에 자치경찰제가 전격 도입되면서 일부 자치경찰의 임명권이 자치경찰위원회로 일괄 이관 되었지만 현실적·시간적·물리적으로 자치경찰의 업무를 수행해 주고 있는 조직과 업무, 그리고 해당 대상자들에 대한 인사기록 자료들을 세세하게 접근할 수 없어 사실상 경찰인사를 단행하지 못하고 시도경찰청으로 재위임하는 어처구니 없는 상황이 발생했다.[3]

더 심각한 문제는 자치경찰위원회의 치안현장과 가장 가까운 지구대·파출소에 대한 권한은 전혀 없다는 점이다. 이미 국가 경찰은 자치경찰제 시행 직전에

---

2) http://www.jjn.co.kr/news/articleView.html?idxno=831109(검색일: 2021. 7. 28).
3) 문화일보, 결국 '인사권 반납'하는 자치경찰제 … 실효성 논란(민정혜 기자 입력 2021. 07. 30).

매우 발빠르게 움직였다. 법적 절차를 밟아 지구대/파출소의 소속을 움직인 것이다. 즉 국가경찰은 2021년 1월에 지구대 파출소를 국가경찰 사무인 112상황실로 소속을 돌려놓았다. 그래서 정작 자치경찰위원회 권한으로 주어져야 할 지구대와 파출소는 더 멀어지게 되었다. 이는 쉽게 이해되지 않는 대목으로 보여진다. 또하나는 자치경찰의 수사 지휘권이 자치경찰위원회에 주어져 있는지에 대한 의구심이 많이 든다는 점이다. 제도상으로는 자치위원회가 각 시·도경찰청장에 대해 지휘·감독권을 가진다고 되어 있다. 개정 경찰법 제28조도 별 의미가 없으며 단지 부임해 오고 싶은 시도경찰청장이 해당 자치경찰위원회에서 의견을 듣는 정도 이외에는 그 이상도 이하도 아닌 것으로 분석된다.

2. 자치경찰위원회의 임용권 추진 방향 분석

1) 일반 현황

전국시도자치경찰위원회에 자치경찰사무를 수행하는 생안과, 여청과, 교통과 분야의 직원들에 대한 임용권은 여러 가지가 주어져 있다. 하지만 자치경찰 업무를 수행하는 생안과, 여청과, 교통과 소속의 경찰공무원들의 신분이 아직은 국가공무원 신분이기 때문에 자치경찰위원회가 인사권을 완벽하게 가지지 못한 관계로 각 시도경찰청의 인사 관련 전산 접근이 아예 불가능한 상태다. 특히 자치경찰위원회는 보통승진위원회를 구성할 권한이 주어져 있지 않으며 다만 시도경찰청의 승진심사위원회에 자치경찰사무 담당공무원 중 2명씩 선발하여 보통승진위원회가 열릴 때마다 참여만 시키고 있다. 자치경찰사무를 담당하는 경찰관들도 일정 퍼센트는 승진을 해야 하기 때문이다.

한편 전국 18개 자치경찰위원회 중에는 인사 관련 시도경찰청에 인사 관련 전산에 접근이 불가능한 관계로 자치경찰 사무 경찰관들의 모든 인사를 다 다룰 수 없어서 대부분 시도경찰청장에게 재위임을 하고 있다. 아주 극히 서너개 자치경찰위원회만 인사문제를 직접 다룬다. 하지만 이마져도 시도경찰청이 인사와 관련해 정리한 안건을 단순 심의 의결만 하는 정도에 그치고 있다. 위와 같은 문제 때문에 대부분의 위원회들이 시도경찰청장에게 재위임하고 아주 중요한 임용권만 자치경찰위원회가 직접 행사하는 추세이다. 사실 실익이 없는 인사권은 행사해 보아야 무의미 하기 때문이다. 예를 들어서 자치경찰 업무를 담당하는 경찰관이

법상 큰 잘못을 했다고 가정했을 때, 자치경찰위원회는 직위해제권을 가졌다고는
하지만 인사 관련 전산에 접근 권한이 없기 때문에 법적 권한을 행사하기가 불가
능하고 사건 처리에 있어서 지체만 될 뿐 아니라 엄청난 사건의 지체를 가져오는
걸림돌이 되며 실익이 없기 때문에 이러한 인사권들을 모두 시도경찰청장에게 재
위임하여 신속하게 처리되도록 하고 있는 것이다. 예를 들어서 경기북부자치경찰
위원회의 사례를 보면 다음 표와 같이 자치경찰위원회가 경장과 경사에 대한 승
진임용권을 가지고 있고, 전보권의 경우는 도경찰청의 계장인 경정과 경찰서의
과장인 경정에 대해서만 행사하고 있으며 나머지는 모두 도경찰청장에게 재위임
하고 있는 실정이다.

〈표 10-5〉 경기북부자치경찰위원회의 임용권 행사 현황

구 분	자치경찰委 행사 임용권	위임 임용권(→道경찰생안과, 여청과, 교통과청장)
승 진	• 경사, 경장으로의 승진임용	-
전 보	• (道경찰청) 계장급 • (경 찰 서) 과장급	• (道경찰청) 실무자 • (경 찰 서) 계장급 이하
휴·복직, 파견, 직위해제, 징계	-	• 수시·시급을 요하는 임용권

출처: 경기도북부자치경찰위원회(2023).

2) 임용권별 위임 사유

(1) 전 보

위에서도 언급했듯이 자치경찰위원회는 모든 자치경찰 사무 담당경찰관들에 대
해 전보를 하는 것은 사무 수행만 지체시키는 등 아무 실익이 없기 때문에 모든
것을 다 맡아서 집행하지 않고 있다. 다만, 도경찰청과 산하 경찰서 기관내 인사
운영의 자율성을 보장해 주고 있다. 이러한 기준에 따라서 도경찰청 실무자와 산
하 경찰서 계장급 이하는 도경찰청장에게 재위임을 해주고 있다. 결국 도경찰청
의 경정계장들과 경찰서의 경정과장들의 전보만 수행하고 있다는 이야기이다.

(2) 휴직·복직·파견

위에서 언급했듯이 자치경찰사무 대상자들이 소수이며 수시 발령사항으로 인

해 사실상 심의 필요성이 극히 미미한 실정이다. 따라서 이 분야도 도경찰청장에게 재위임하여 이루어지고 있는 실정이다.

(3) 직위해제

직위해제 분야 역시 위에서 언급했듯이 즉시성이 요구되어, 위원회 소집·심의 시 발령 지연 우려가 매우 크다. 직위해제의 경우는 매우 시급성을 요하는 대목이다. 예를 들어 성추행이 경찰 내에서 발생할 경우 곧바로 직위해제를 시켜야 하며 수사를 시작해야 하는데, 자치경찰위원회가 인사권이 없다. 특히 전산에 들어가 문제를 발생시킨 해당 경찰관의 인적 사항을 보는 것이 원천봉쇄되어 있기 때문에 사실상 실익이 없다. 이 때문에 직위해제 관련 법적 권한을 도경찰청장에게 재위임하여 이루어지고 있는 실정이다. 즉 자치경찰위원회가 진정한 의미의 인사권을 가지기 전까지는 재위임하는 것이 바람직한 실정이다.

(4) 징 계

징계 분야 역시 보통징계위원회는 도경찰청과 경찰서에만 주어져 있다. 즉 자치경찰위원회는 직접 징계권이 법상 주어지지 않았다. 이 때문에 각 도경찰청 징계위원회에서 의결된 징계양정(정직, 강등, 해임, 파면) 결과에 대한 발령사항임은 물론 더 나아가서 임용권 행사의 실익이 매우 낮기 때문에 자치경찰위원회는 시도자치경찰에 본 관련 업무들을 도경찰청장에게 재위임하여 수행하고 있는 실정이다.

(5) 추진절차

추진절차의 경우는 다음과 같은 프로세스이다. 즉 '인사요인 발생 ⇒ 도경찰청장 추천 ⇒ 위원회 심의 의결 ⇒ 발령'이라고 하는 프로세스를 거쳐서 이루어진다. 그러나 법상 대상자에 대해서는 복수추천을 원칙으로 한다. 그리고 자치경찰 전보인사를 추진하는 등 자치경찰위원회 인사권의 실효적 행사를 위한 절차가 완비되어 있다.

제11장

우리나라 자치경찰제의 개선 방향

1. 왜 자치경찰제를 추진하였나

2021년 7월 1일 문재인 정부에서 전국시도지사 산하에 독립된 합의제 행정기관으로 창설된 18개 전국시도자치경찰위원회는 그 의미가 남다르게 컸던 제도임에 틀림 없다. 왜냐하면 우리나라의 국가경찰이 1945년 10월 21일 미군정하에서 창설된지 76년 만에 17개 전국광역시도 단위에서 자치경찰제를 일괄 도입하였기 때문이다. 특히 문재인 정부에서 전국 단위에 도입된 우리나라 자치경찰제의 추진배경은 국가경찰의 지방분권화, 국민참여로 민주성의 담보, 정치적 중립성의 확보가 핵심이다. 동시에 우리나라 전역의 실정과 특성을 최대한 반영하여 시민에게 치안서비스의 다양성과 창의성의 극대화 및 치안 사각지대의 최소화로 대국민 치안 만족도의 제고에 초점을 두고 시행된 것이다. 우리나라에 자치경찰제가 도입되기 이전에는 국가경찰이 전국을 하나의 선상에 놓고 일사분란하게 치안정책을 수립해 전국 18개 경찰청과 258개 경찰서 및 2,000여개 지구대/파출소에 적용하였다. 이러다보니 전국의 각 실정에 맞는 치안정책이 이루어질 수 없었다.

전국 모든 시도경찰청 산하에는 자치경찰부를 두고 있다. 2021년 7월 1일 17개 광역시도에 창설된 자치경찰위원회는 자치경찰 사무에 대해서만 각 시도경찰청장을 지휘감독할 수 있도록 경찰법에 명시되어 있다. 자치경찰 관련 주요 사항에 대해 시도경찰청장을 지휘하며 청장은 산하 자치경찰부장을 통해 일선 경찰서장에게 전달되어 자치경찰사무가 수행되는 체계로 이루어졌다.

[그림 11-1] 현행 전국시도자치경찰제의 모형

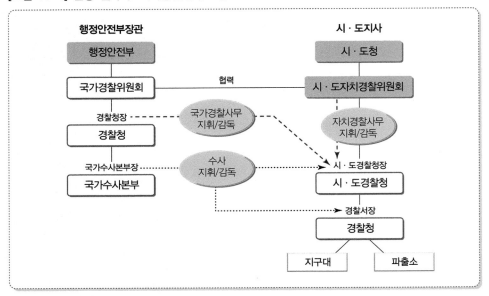

출처: 경기도북부자치경찰위원회(2023).

[그림 11-2] 각 시도경찰청 산하의 자치경찰부와 3개과

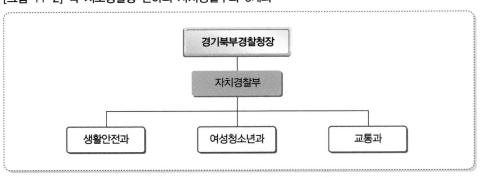

  이러한 문제를 해결하기 위한 일환으로 지역실정에 맞도록 시도자치경찰위원회가 각 지역 실정에 맞는 시책을 개발하여 시도예산과 함께 시도경찰청장을 지휘하여 산하 경찰서 단위별로 집행해 나가게 된 것이다. 그리고 이러한 지역 실정에 맞는 치안 시책을 경찰서 집행부서에서 제대로 적용하여 시민들이 만족할 수 있는 치안제도를 구축하게 된 것이다. 다만 경찰법은 각 시도자치경찰위원회는 모든 사항을 반드시 시도경찰청장만 지휘 감독을 통해 이루어지도록 국한하였다.

2. 자치경찰제 적용상의 문제점 도출과 개선 방향 제고

문재인 정부에서 우리나라 최초로 전국 광역시도에 도입된 자치경찰제는 획기적인 변화로 경찰사에 기록되게 되었다. 2006년 제주특별자치도에서만 자치경찰제가 도입되어 오늘에 이르고 있었고, 마침내 2021년 7월 전국 모든 광역시도에 일괄 자치경찰제를 한번에 도입했다는 점에서 매우 큰 의미를 지니게 된 것이다.

그럼에도 불구하고 새로 제정된 "국가경찰과 자치경찰의 조직 및 운영에 관한 법률"에 적지 않은 문제점들이 노정되어 있음을 발견하게 되었다. 전세계적으로 자치경찰제를 국가가 운영하는 모델은 존재하지 않는다. 사전적 의미로 보아도 그렇고 북미나 유럽의 어느 나라 자치경찰제를 보더라도 지방자치단체가 운영하는 것이 바로 자치경찰제인 것이다. 즉 시장이나 군수가 자체 예산으로 자치경찰을 선발하여 월급을 주면서 치안유지 활동을 펼치는 게 곧 자치경찰제인 것이다. 이런 의미에서 볼 때, 우리나라에서 현재 시행 중인 자치경찰제는 국가경찰이 자치경찰사무를 수행하는 이른바 일원화 자치경찰제를 시행하고 있다. 다시 말해 국가경찰과 자치경찰이 따로 분리되어 각각 국가경찰업무와 자치경찰업무를 수행하는 것이 아니라 국가경찰관이 경찰법에 따라 분리된 자치경찰제가 도입된 이후 경찰 업무(생안, 여청, 교통 분야)를 대행하여 수행해 주는 방식의 일원화 모델로 운영되고 있는 것이다. 따라서 국가경찰 신분을 유지한 채, 분리된 자치경찰 사무를 수행하는 국가경찰도 그리고 국가경찰이 자치경찰 신분이 아닌 채, 국가경찰 유니폼을 입고 국가경찰 순찰차에 승차한 채 자치경찰사무를 수행하는 모양이다 보니 이를 바라보는 도민과 시민은 십분 혼란에 직면하였으며 도대체 자치경찰이 무엇인지 이해하는 것이 거의 불가능한 상태다. 자치경찰제 시행을 위해 자치경찰관과 자치경찰 순찰차 및 자치경찰 유니폼을 입고 근무하는 이른바 자치경찰공무원이 없는 데서 오는 혼란이 도민과 시민을 혼란스럽게 만든 것이다. 더욱이 자치경찰제의 핵심 손발인 지구대/파출소마져 자치경찰 사무가 된 생활안전과에서 이탈하여 그 소속을 112실로 옮겨 가는 뜻하지 않은 상황도 발생하는 등 많은 문제점에 노출되어 있다.

이처럼 전국 단위의 자치경찰제가 도입되어 2021년 7월부터 시행된 이후 다음과 같은 큰 문제점이 도출되어 진정한 의미의 자치경찰제가 도입 및 정착되는 데 있어 걸림돌로 작용하고 있다.

첫째, 원래 자치경찰 사무는 지방직 자치경찰공무원이 맡아야 하지만 현재 국가경찰관이 이전처럼 그대로 수행하고 있다.

둘째, 시도지사는 산하에 독립적 합의제 행정기관으로 자치경찰제가 설치되어 있지만 일체 관여하기 어렵게 경찰법이 명시하고 있다. 시도지사 권한으로는 단지 위원장 1인의 단독 임명권과 시도경찰청 승진심사위원회가 승진예정자로 선발한 경위와 경감에 대해 승진임명장만 발행해 주는 정도에 그치고 있다. 여기에다가 자치경찰제가 운영되는데 있어서 막대한 운영비만 마련해 주어야 하는 큰 의무만 지고 있는 시스템이므로 자치경찰제 운영을 위한 적극 행정에 추진력을 떨어뜨리게 하고 있다. 다시 말해 시도지사의 자치경찰제에 대한 실질적인 지휘 감독에 있어서 큰 한계에 직면해 있다.

셋째, 경찰법상 명시된 자치경찰제에서 전국 17개 광역시도의 자율권이 완전히 제약되어 있는 관계로 다양한 주민수요에 대한 탄력적 대응에 있어서 일정한 한계에 부딪혀 있다는 점도 크게 지적된다.

넷째, 경찰법상 전국 17개 시도는 자치경찰 사무를 수행하는 국가경찰들에 대해 자치경찰 사무를 위한 운영비와 장비에 대한 예산을 떠맡게 됨으로써 재정부담이 가중되었다. 국가경찰은 자치경찰 사무를 담당하는 경찰관들에게 인건비만 부담하기 때문이다. 특히 2023년 1월부터 생안과, 여청과, 교통과의 자치경찰 사무 관련 예산은, 즉 자치경찰 사무 예산 전액은 지방이양사무로 분류된 것에 따라 100% 지자체인 시도가 부담하게 되었다.

3. 경찰법 개정과 제도의 개선 방향 제고

현재 노출된 우리나라 자치경찰제는 많은 문제를 내포하고 출발하였다는 점이 수행 중에 여실히 나타났다. 수많은 문제점들 중에 매우 시급한 몇가지 문제점을 정리해 보면 다음과 같다.[1]

첫째, 국가경찰－자치경찰의 이원화 모델로의 적극적 전환이 요구된다. 자치경찰사무를 수행해 주고 있는 국가경찰관들의 신분을 지방직으로 전환해 주어야 한다고 본다. 그리고 경찰청에서는 고유 국가경찰사무를 담당하도록 하되 그 핵심업무는 정보, 보안, 외사, 경무 등이어야 할 것이다. 또한 국가경찰사무로 수사

---

1) 이 문제점들과 개선 방향은 전국시도지사협의회가 제기한 문제점과 저자의 개인적 소견 등을 복합적으로 정리하여 제시한 것임을 밝혀둔다.

와 형사를 통괄하는 국가수사본부로 이미 국가사무가 분류되어 있다. 최소한 18개 시도경찰청의 자치경찰사무, 조직, 인력, 예산은 시도로 이관시키는 것이 바람직하다고 본다.

둘째, 경찰법상 자치경찰제는 광역시도지사 산하에 만들어진 것인 만큼 지방행정의 총괄 책임자인 전국 시도지사에게 자치경찰 운영을 위한 이른바 자치경찰의 사무권한과 인사권한 및 지휘·감독권이 부여되는 것이 옳다고 본다.

셋째, 생활안전, 여성청소년, 교통 분야는 시민들이 생활하는데 있어서 가장 중요하며 가장 근접거리에서 존재해야 하는 영역이다. 그래서 선진 외국의 모든 국가들이 이 분야를 자치경찰로 분류하고 시장 등 자치단체장에게 맡겨져 운영되고 있는 게 일반적이다. 우리나라 자치경찰제는 시도지사 산하에 창설된 경찰법에 따라 자치경찰 업무를 시도지사 중심의 업무로 귀속시켜 그 지역 특성에 적합한 주민안심 치안서비스가 도민과 시민에게 제공되도록 하는 게 맞다고 본다.

넷째, 시민의 치안안정을 확보하기 위해 기왕에 자치경찰제가 시행되었다면 국가가 예산도 확보해 주어야 한다. 예를 들어 기능이 이동하면 기존의 예산도 함께 이동하는 게 일반적이다. 그 밖에 교통 범칙금이나 과태료를 자치경찰이 사용할 수 있도록 이른바 자치경찰 교부금 제도를 만들 필요도 있다고 본다. 실제로 제주자치경찰의 경우 제주특별법을 개정하여 수십억원의 자치경찰이 발부한 범칙금을 이관받아 예산으로 활용하고 있다. 이는 향후 자치경찰제가 정착되는데 있어서 가장 중요한 재정문제를 해결하는 디딤돌이 될 수도 있을 것이다.

여기서 가장 중요한 것은 부처 간의 이기주의가 아니라 날로 흉악범죄가 늘어가고 있다는 점에 주목하면서 어떻게 하면 국가경찰과 새로 창설된 자치경찰이 상호 협력과 선의의 경쟁을 통해 도민과 시민의 생명과 재산을 지키는 탄탄한 제도로 정착되게 하느냐로 귀결시켜야 할 것이다. 분명한 것은 국가경찰이든 자치경찰이든 그 존재 가치는 오직 국민의 안전을 위해 놓여져 있다는 점에서 벗어날 수 없다는 사실이다.

제**3**편

전국시도자치경찰위원회의 과거와 현재 및 미래 발전 방향의 탐색

제12장

자치경찰위원회의 운영 사례 분석:
경기도북부자치경찰위원회

1. 경기도 자치경찰위원회 구성 · 운영

1) 자치경찰위원회의 성격

우리나라 17개 시도에 설치된 18개 자치경찰위원회(경기도는 2개)는 독립된 합의제 행정기관으로 독립적인 직무를 수행하며 구속력 있는 처분권을 부여받고 있다.

자치경찰위원회의 구성과 임기를 보면 우선 위원회별로 7명(상임위원 1명)으로 구성되어 있다, 도지사가 7명 모두에게 임명장을 수여한다. 7명 모두 3년 임기이며 연임은 불가하다. 자치경찰위원회의 위원 7명은 온전하게 도지사가 임명하는 게 아니고 위원장 1명만 직접 임명하며 나머지 6명은 다른 곳에서 추천해 보내오면 단지 임명장만 주는 방식이다. 즉 도지사가 1명, 시도의회가 2명, 국가경찰위원회가 1명, 도교육감이 1명, 위원추천위원회가 2명을 각각 추천하게 된다. 특히 위원장 포함 5명으로 구성되며, 위원추천위원회가 시·도지사에게 자치경찰위원 2명을 추천한다. 이렇게 각 분야에서 추천된 위 7명 모두에게 시도지사가 일괄 임명장을 수여하게 되는 제도이다. 특히 위원추천위원회 위원은 5명으로 구성된다. 즉 시군구의회의장단협의체가 1명, 시군구청장협의체가 1명, 지방법원장이 1명, 경찰청장이 1명, 도청 균형발전기획실장이 각각 1명씩 추천한다. 이처럼 5명의 위원이 5명을 추천한다. 이들 위원 5명은 각각 자기가 추천한 5명을 놓고 서류심사 방식을 통해 최종 2명을 선발해 도지사에게 위원으로 임명 해달라고 요청을 하게 된다.[1]

---

1) 경기도북부자치경찰위원회 이성욱 총무팀장과의 인터뷰 내용을 참조함.

〈표 12-1〉 자치경찰위원회 위원의 추천기관

자치경찰 위원회	도의회	국가경찰위	도교육감	위원추천 위원회*	도지사
	추천				지명
인원(7)	2명	1명	1명	2명	1명

*위원추천 위원회(5)	시·군·구의회 의장단 협의체	시·군·구청장 협의체	지방법원장	경찰청장	균형발전 기획실장
	1명	1명	1명	1명	1명

출처: 경기도북부자치경찰위원회(2023).

이를 최종 정리해보면 시도지사로부터 최종 7명의 위원들은 임명장을 받게 되는데, 위원장의 경우는 시도지사가 직권으로 임명한 경우이기 때문에 회의를 주재한다. 첫 회의에서 위원장은 6명의 위원들과 함께 토론을 거쳐 1명의 상임이사(사무국장)를 선출하게 된다. 서로 추천하기도 하고 본인이 자기를 추천하는 자천도 가능하고 경우에 따라서는 투표로 가기도 한다. 최종 위원 1명이 선발되면 위원회의 위원장은 시도지사에게 본 자치경찰위원회의 상임위원(사무국장)으로 임명해 달라고 요청하게 된다. 본 공문을 받은 시도지사는 해당 위원에게 상임이사(사무국장) 임명장을 주게되며 그 때부터 상근으로 근무하게 된다. 따라서 자치경찰위원회에 상근하는 상임위원은 시도지사가 법적으로 부여된 임명권에 따라 임명한 위원장 1인과 자치경찰위원회에서 선출된 상임위원(사무국장) 등 2명이다. 나머지 5명의 위원은 비상임 위원으로 매달 정기회의와 수시회의에 참석해 자치경찰위원회의 주요 사항들에 대해 심의 의결하는 임무를 수행한다.

2) 자치경찰위원회의 권한

자치경찰위원회의 권한을 보면 우선 위원회 소관사무에 대한 심의·의결을 한다. 매월 정기회의가 정해져 있으며 안건이 발생할 때마다 수시로 임시회의가 개최되고 있다. 이처럼 위원회의 운영은 시도의회가 만든 시도조례에 따라 정기적으로 개최되는 방식으로 운영되고 있다. 매월 자치경찰위원회의 회의는 다음과 같은 요건하에서 개최되는바 ① 위원장의 필요시, ② 위원 2인 이상 요구시, ③ 도지사가 필요하다고 인정시에 임시회의를 개최할 수 있다.

3) 자치경찰위원회의 운영체계

자치경찰위원회의 운영은 다음과 같은 운영체계에 따라서 기능하고 있다. 독립 합의제행정기관인 자치경찰위원회는 도청 예산실을 통해 예산을 조정 및 편성 받는다. 그런 후 도의회에서는 예산을 심의의결해 준다. 이 때문에 위원회는 도의회 안행위원회로부터 행정감사와 예산 관련 업무보고를 해주고 있다. 역시 예산 사용 후 매년 6월에 전년도 사용한 예산에 대해 도의회 예결위에 결산보고를 한다.

[그림 12-1] 자치경찰위원회의 운영체계도 현황

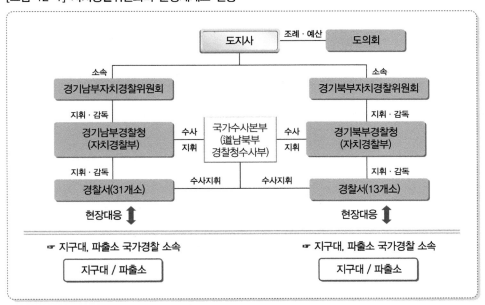

출처: 경기도북부자치경찰위원회(2023).

2. 자치경찰위원회의 사무국 현황

1) 설치 근거

국가경찰과 자치경찰의 조직 및 운영에 관한 법률(경찰법) 제27조에 자치경찰 사무기구 설치가 가능하도록 명시되어 있다. 그리고 자치경찰사무와 시도자치경찰위원회의 조직 및 운영 등에 관한 규정 제18조에 따라서 사무기구를 설치할 수 있다. 또한 지방자치단체의 행정기구와 정원기준 등에 관한 규정 제11조의2에 따라서 시·도자치경찰위원회가 설치될 수 있다. 이에 따라서 전국 18개 자치경찰위원회가 전국 17개 광역시도지사 산하에 독립 합의제 행정기관으로 자치경찰위원회가 창설된 것이다. 또한 각 시·도자치경찰위원회에 두는 경찰공무원의 정원에 관한 규정 제2조에 따라서 각각 자치경찰위원회에 정원이 정해지게 되었다.

2) 사무국 주요 기능

무엇보다 道자치경찰위원회의 소관 사무는 경찰법에 기획, 인사, 평가, 감사 등을 처리하도록 명시되어 있다. 특히 행정－치안 연계를 통한 지역 치안수요에 부응하는 자치경찰에 대해 실질적으로 관리·감독을 수행하도록 되어 있다. 그 구체적인 관리·감독을 살펴보면 다음과 같다.

〈표 12-2〉 자치경찰위원회 주요 권한

○ 자치경찰사무(수사사무 제외)에 대한 시·도경찰청장 지휘·감독권

> 제27조(사무기구) ① 시·도자치경찰위원회의 사무를 처리하기 위하여 위원회에 필요한 사무기구를 둔다.

 - 감사·감사의뢰, 주요 비위사건 감찰요구, 징계요구, 고충심사, 중요사건·사고 및 현안 점검
○ 자치경찰사무 담당 공무원 임용권(인사위원회 운영)
 - 대통령령에 따라 시·도지사로부터 재위임 받아 행사
○ 자치경찰사무 목표수립 및 평가권(경찰서장)
○ 자치경찰사무 예산·인력·장비·통신 주요정책 등 심의·의결권
○ 자치경찰사무에 관한 규칙 제정·개정·폐지권
○ 국가·자치경찰사무 및 지방·치안행정에 대한 협의·조정권
○ 국가경찰위원회에 대한 심의·조정 요청권

3) 조직 구성

전국 18개 자치경찰위원회 중 경기도는 도경찰청이 남부(수원)와 북부(의정부)에 각각 따로 설치되어 있다. 경찰법 제18조에 따라서 남·북부자치경찰위원회에는 2개국 4개과 10팀으로 구성되어 있다. 참고로 경기북부자치경찰위원회의 조직

구조를 소개하면 다음과 같다. 경기도북부자치경찰위원장은 지방정무직 2급으로 그리고 상임위원(사무국장)은 지방정무직 3급으로 임명되어 있다.

위원장과 상임위원(사무국장)은 현재 경찰청 산하 시도경찰청장의 직급에 맞추어져 있다. 예를들어 서울, 경기남부, 인천, 부산 경찰청장의 직급은 치안정감(1급)이기 때문에 위의 4곳의 자치경찰위원장은 역시 지방정무직 1급공무원으로 임명되어 있다. 이곳의 각 사무국장은 모두 지방정무직 2급이 맡는다. 나머지 각 시도경찰청장은 치안감(2급)이 맡고 있기 때문에 자치경찰위원장 역시 지방정무직 2급이 임명되어 있다. 그리고 상임위원(사무국장)은 3급 지방정무직 공무원으로 임명되어 있다. 그 밖에 규모가 작은 세종특별자치시 경우는 시경찰청장의 직급이 경무관(3급)이 맡고 있는데, 이에 맞게 세종특별자치시 자치경찰위원장의 직급은 지방정무직 3급을 받았다. 이곳 상임위원(사무국장)의 직급은 4급 지방정무직이다.

[그림 12-2] 경기도북부자치경찰위원회 조직도

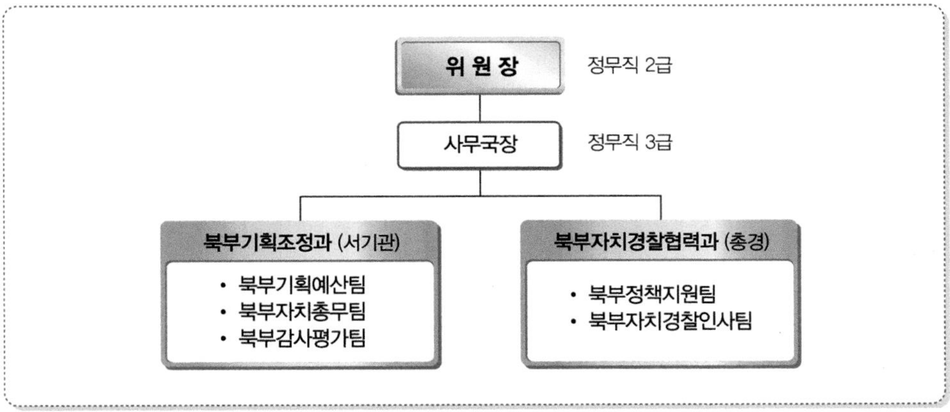

출처: 경기도북부자치경찰위원회(2023).

4) 경찰법의 개정

경찰법이 2021년 1월 시행에 들어간 이후 2회에 걸쳐서 개정 작업이 있었다. 그 첫 번째가 2021년 3월 30일 의정부 더불어민주당 김민철 의원이 대표발의 한 경기북부자치경찰위원회 설치를 위한 개정안이었다. 이 당시 「국가경찰과 자치경찰의 조직 및 운영에 관한 법률(경찰법)」 개정안('21. 3. 30.)의 핵심 내용은 시·도지사 소속으로 2개의 시·도자치경찰위원회 설치가 가능해졌으며 이에 따라 행안부는 북부자치경찰위원회 설치에 따른 기준인력 14명을 추가로 배정해 주었다. 본 개정 법률에 따라 의정부 소재 경기북부자치경찰위원회가 추가로 설치되었으며 2021년 6월 30일 경기남북부에 각각 2개의 자치경찰위원회가 출범할 수 있었다. 이러한 과정을 거치면서 가장 늦게 출범한 경기도남북부자치경찰위원회는 손색없이 정착되어 발전하고 있다.

[그림 12-3] 경기도남·북부자치경찰위원회 조직도

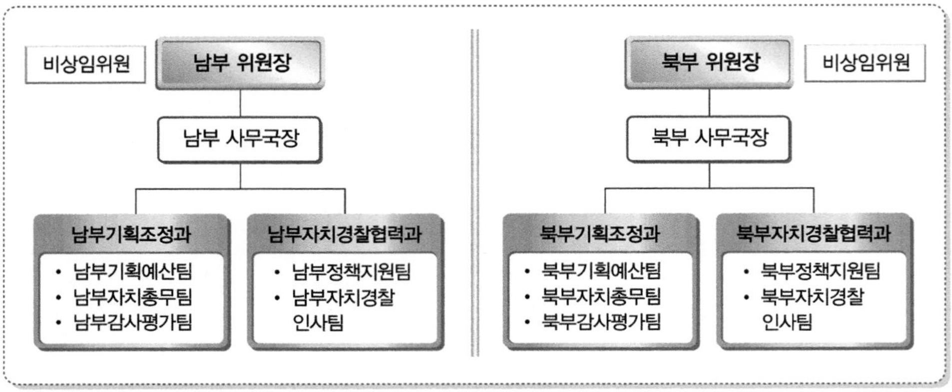

출처: 경기도북부자치경찰위원회(2023).

5) 인력구성

인력구성은 기준인력과 파견 및 공무직으로 이루어져 기능하고 있다.

(1) 경기남부자치경찰위원회 사무국

경기남부자치경찰위원회는 위원장·사무국장, 道 정원 24명, 공무직 1명 그리고 국가경찰 12명(정원 3명 + 현원 9명)이 파견되어 총 39명으로 사무국을 꾸렸다. 세세하게 나누어 보면 1국(사무국장 1), 2과(4급1, 총경1), 5팀(5급4, 경정1), 직원 30명(道19, 警10, 공무1) 등이다. 그리고 국가경찰 정원(총경1, 경정1, 경위1) 外 현원은 9명이다.

(2) 경기북부자치경찰위원회 사무국

2021년 7월 1일 경기북부자치경찰위원회의 경우는 위원장·사무국장 및 道 정원 20명, 공무직 1명 그리고 파견 경찰10명(정원 3명 + 현원 7명) 등 총 33명으로 사무국을 꾸린 후 업무를 시작하였다. 세부적으로 사무국 인력을 보면 1국(사무국장 1), 2과(4급1, 총경1), 5팀(5급4, 경정1), 직원 24명(道15, 警8, 공무1) 등으로 구성되어 있다.

한편 파견 경찰관의 경우 경찰 정원(총경1, 경정1, 경위1) 外 현원(비별도정원) 7명으로 총 10명이었다. 사실 법정 정원 3명의 파견경찰관으로는 자치경찰협력과가 기능하기 어렵기 때문에 7명의 경찰관이 더 파견되었다. 공무원 인력 선발은 행안부 소관이고 공무원 인력관리는 인사혁신처의 소관 사항인데, 인사혁신처의 경우는 법정 수 3명만 남기고 추가 파견된 7명의 경찰관은 복귀하라고 지속적으로 권고하고 있는 실정이다. 이러한 상황은 전국 18개 자치경찰위원회의 공통 사항이다. 서울 같은 대도시는 7명보다 그 이상의 경찰관들이 더 파견되어 있다. 이러한 수치는 전국적으로 상당한 인력인데, 이를 두고 공무원을 관리하는 인사혁신처는 공공기관에서 이렇게 많은 공무원이 파견되는 경우는 그 선례가 없는 만큼 애초 행안부로부터 정식 인력증원을 받아서 임명 및 파견하라는 권고를 계속하고 있는 실정이다. 실제로 전국의 타 시도자치경찰위원회의 사무국 역시 이러한 방식으로 이루어져 기능하고 있다.

한편 경기도북부자치경찰위원회 사무국의 인력은 다음의 표에서 보는 바와 같이 2개 과에 5개 팀으로 이루어져 있다.

〈표 12-3〉 경기도북부자치경찰위원회 사무국 인력 현황

구 분	내 용 (인 원)		
조직	2과 5팀	기획조정과(1/15)	기획예산팀(道 4, 警 1)
			자치총무팀(道 4, 警 1)
			감사평가팀(道 4, 警 1)
		자치경찰협력과(1/13)	정책지원팀(道 3, 警 4)
			인사운영팀(道 4, 警 2)
인원	32명 (道 22명, 경찰 10명)/ ※ 자치총무팀 공무직 1명(정원외)		

출처: 경기도북부자치경찰위원회(2023).

제13장

우리나라 자치경찰제의 미래 과제

2021년 7월 1일 문재인 정부에서 자치경찰제 실시는 역사적 사건이었다. 1945년 10월 미군정 하에서 국가경찰이 창설된 지 꼭 76년 만에 전국 시도지사 산하에 독립된 합의제 행정기관으로 자치경찰제가 전격 도입된 것이다. 자치경찰 제 실시는 민주성을 앞세운 선진국가로 진입하는 대한민국의 이정표였다고 볼 수 있다. 그러나 우리나라 자치경찰제는 급히 시행에 들어가다 보니 많은 문제점도 표면화되었다. 그럼에도 불구하고 일단 2021년 7월 1일 우리나라에 자치경찰제가 도입되었다는 그 자체만으로도 매우 의미가 깊다는 점에 이론이 없다고 본다. 특히 지방분권국가로서의 기본적 요소를 갖추는 역사적 의미가 매우 크다. 지방자치제가 완성되기 위해서는 소방, 교육, 경찰 분야에서 반드시 자치가 이루어져야 한다고 볼 때, 우리나라는 이제 마지막으로 자치경찰제를 도입 함으로써 지방자치의 완성으로 가는 마지막 관문을 통과한 것이다.

비록 국가경찰이 그대로 같은 유니폼으로 그리고 같은 순찰차로 경찰법에서 분리된 자치경찰 사무를 수행해 주는 "일원화 자치경찰제"이기는 하지만 향후 완전한 의미의 자치경찰제인 이원화 모델로 전환하는 개선이 이루어지도록 고군분투 하면 될 것으로 본다. 국가경찰이든 자치경찰이든 모두가 오직 국민의 안전을 위해 존재하는 것이기 때문이 만의 하나 조직이기주의는 배척되어야 한다.

1. 서울특별시 자치경찰 모델

2018년 12월 서울시는 자체적으로 다음과 같은 모델을 개발해 내놓았다. 서울시는 한국정책학회에 연구용역을 의뢰해 다음과 같은 "통합형 자치경찰제" 모델을 개발 발표하였다. 서울특별시의 "통합형 자치경찰제" 모델의 핵심 내용은 별도로 자치경찰제를 운영하면 시민들의 혼란이 우려되는 만큼 연방제 수준에 가까운 모델로써, 서울특별시경찰청장이 서울 소재 31개 경찰서를 이끌고 서울 시장 산하에 소속되는 이른바 전환 방식을 통한 "통합형 자치경찰제"를 시행하자는 방안을 의미한다.

이 서울시 "통합형 자치경찰제 모델"은 현재의 일원화 자치경찰제의 문제 그리고 이원화로 갈 경우 그 이원화 자치경찰제로부터의 번거로운 제반 문제들을 뛰어 넘을 수 있으며 시민들도 혼란에 빠지지 않을 것이라는 주장이다. 즉 시도지사 산하에 자치경찰본부장을 두고 그들로 하여금 산하 경찰서를 운영하는 방식을 의미한다. 국가경찰은 국가 고유의 경찰사무만 담당하는 모델을 의미한다.

한편 서울시 자치경찰제 모델은 거의 연방제 수준의 자치경찰제에 버금갈 정도였다. 즉 현행 국가경찰제를 향후 전국 단위 자치경찰제로 그대로 전환할 경우, 이는 매우 진전된 자치경찰제 모델이라는 학계의 지적과 평가도 나온바 있다.[1] 본 모델은 자치경찰제 일원화 모델과 이원화 모델을 거치지 않고 적용하는 자치

[그림 13-1] 서울시 이원화 모델안 체계도

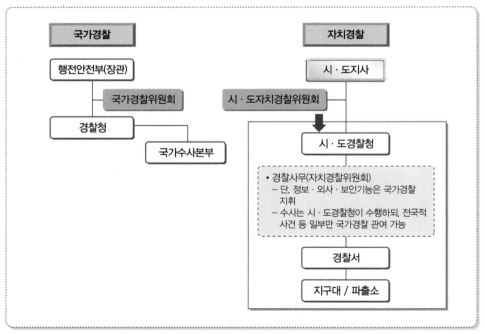

출처: 서울시자치경찰위원회(2023).

---

1) 서울특별시(한국정책학회, 책임연구 신현기, 공동연구 이상열, 남재성, 양재열), 「서울시 특별사법경찰 10년, 자치경찰제로의 전환을 위한 발전방안 연구」, 2017, pp. 1-296.

경찰제 모델로서 시민들이 일원화와 이원화 자치경찰제 모델 단계에서 혼란을 겪지 않을 것이라는 장점을 가지는 것으로 알려져 있다.

서울시자치경찰위원회는 2018년 제1차 자치경찰모델을 기본으로 2023년 4월을 기해 제2차 모델(이원화 모델안 체계도)을 제시하였다. 이는 물론 제1차 모델을 기본으로 하고 있기 때문에 거의 흡사하다고 볼 수 있다.

위에서 제시된 서울특별시 이원화 자치경찰 모델안(2023년)에 대한 내용을 들여다보면 다음과 같다.

서울시자치경찰위원회는 2023년 4월을 기해 다음과 같은 "서울특별시 이원화 자치경찰 모델안(2023년)"을 제시하고 전국 17개 시도자치경찰위원회를 대상으로 보완사항에 대한 의견을 물었다. 본 서울시의 이원화 자치경찰 모델안의 요약 내용을 소개하면 다음과 같다. 이 서울시 이원화 자치경찰제 모델안은 2018년 서울시 자치경찰 모델안과 매우 유사한 특징을 보여 주며 연방제에 버금가는 모델이라는 특징을 강하게 보여주고 있다.[2]

□ 이원화 기본방향: 자치경찰 중심의 전면적인 이원화

○ 시·도경찰청 이하 조직·인력·사무 등 전부 시·도로 이관함이 기본원칙
○ 자경위가 전반 관장 및 별도 자치경찰 조직* 미설치, 중립성·경제성 확보
 * 자치경찰본부, 자치경찰대

□ 이원화 모델안 주요 내용

가. 조직: 시·도 산하로 시·도경찰청 이하 이관, 자경위 운영

○ (시·도경찰청) 시·도 산하로 시·도경찰청 이하 조직 이관

※ 시·도경찰청 산하 경찰서 및 지구대·파출소 일괄 이관 및 자치경찰본부·대 미설치

○ (시·도자치경찰위원회) 자치경찰 전반 관장, 구성관련 사항은 조례로 결정

〈장점〉 ① 별도의 국가/자치경찰 청사를 마련할 필요가 없어 경제적

② 민간 전문가로 구성된 위원회가 자치경찰 관장, 민주성·중립성 확보

③ 시·도 조례로 자치경찰위원회 구성, 시·도의 책임행정 구현

---

2) 이는 2023년 4월을 기해 서울자치경찰위원회가 제시한 〈서울시 이원화 자치경찰 모델안〉으로서 전국 시도자치경찰위원회 중 대표적으로 제시한 모델이라는 점에서 큰 의미를 가진다.

나. 사무: 기본적으로 자치경찰이 전부 수행(단, 정보·외사·보안 제외)

○ (원칙: 자치경찰사무) '자치경찰사무 = 시·도경찰청 사무' 원칙

○ (예외: 국가경찰사무) 정보·외사·보안 등은 국가경찰사무로 구분

○ (사무규정) 자치경찰 중심 사무구분(국가경찰사무 열거주의) 및 포괄적 규정

○ (수사사무) 자치경찰사무로 포함 및 자경위 포괄적 지휘(일부 국가경찰 담당)[3]

〈장점〉 ① 시·도의 책임행정 구현 및 연계 강화를 통한 치안행정 효과 상승

② 각 사무별 구분이 명확해져 시민이 이해하기 쉽고 현장 혼선 해결

③ 범죄예방(사전) - 범죄대응(사후) 양자를 연계하여 치안정책 효과성 향상

④ 자치경찰위원회가 포괄적으로만 지휘하여 수사의 민주성·중립성 확보

다. 지방직 경찰로 신분전환 원칙, 시·도지사가 청장 임명

○ (원칙: 신분전환) 자치경찰사무 수행 경찰관은 모두 지방직으로 전환

○ (예외: 임용권 위임) 신분전환 미동의 경찰관의 임용권은 시·도로 위임

○ (신규채용) 국가직(경찰청) / 지방직(시·도경찰청)을 구분하여 동시 채용

○ (시·도경찰청장) 자치경찰위원회의 동의를 거쳐 시·도지사가 임명

〈장점〉 ① 시·도에 경찰관이 소속됨에 따라 지역을 위해 봉사하는 소속감 확보

② 시·도 후생복지 등 인센티브 제공을 통해 경찰 복리 증진 가능

③ 시·도경찰청장이 시·도지사와 치안철학을 공유, 지방행정과 연계한 효과적인 치안행정 수행 가능

라. 시·도자치경찰위원회 지휘를 통해 서울경찰청장이 집행

○ (지휘주체) 자치경찰위원회(원칙) / 국가경찰 지휘(예외)

○ (지휘대상) 시·도경찰청장(원칙) / 시·도경찰청 이하 조직(예외)

〈장점〉 ① 포괄적 지휘를 통한 자경위의 중립성 및 시·도경찰청장의 책임성 확보

② 국가경찰의 지휘 등 개입은 최소화하여 자율성 강화

③ 예외적인 경우 경찰서장 등 직접 지휘를 통해 신속한 치안행정 추진

마. 재정 '자치경찰교부세' 신설 및 세원 이관, 특별회계 마련

○ (교부세) 확대된 자치경찰사무를 원활히 수행하기 위한 교부세 신설·지원

---

3) 정보·보안·외사 수사, 광역단위 선출직 공선법 위반 및 경찰관 비위사건, 기타 중대사건 등.

○ (세원이관·특별회계) 범칙금·과태료 이관 등 세원발굴 및 특별회계 신설
〈장점〉 안정적인 예산확보로 치안공백 방지 및 소방과 유사하게 편성하여 형평성 확보

바. 재산: 경찰청사·물품 등 일괄 시·도로 이관 및 관리
○ (재산이관) 시·도경찰청 이하 청사, 차량, 수사비품 등 일괄 이관
〈장점〉 시·도의 적극적인 재원 활용으로 일선경찰 근무환경 개선 가능

사. 참여: 그간 배제되었던 시민의 치안정책 참여 등 시민권한 명문화
○ (참여강화) 치안정책 기획·집행·평가 전 과정에 시민참여 법제화
〈장점〉 시민참여 명문화를 통한 실질화 및 민주성·치안정책 효과성 향상

2. 제주특별자치도 이원화 자치경찰제 모델 분석

2023년 제주자치경찰단도 다음과 같이 "제주형 기능별 이원화 자치경찰제 시범운영(안) − 자치경찰사무 인력 전부 이관, 지속가능한 모형 도입 −"이라는 주제로서 이는 한 발짝 더 앞으로 나아간 모델을 내놓았다는 점에서 우리의 관심을 끌기에 충분하다.

Ⅰ. 추진방향
　○ 他 시·도와 달리 제주는 광역단위 이원화 자치경찰제를 시범운영 했던 점을 감안, 중복사무 문제 완전해소 위해 제주경찰청 자치경찰사무·인력 전부 이관 추진
　○ 더 이상 제주는 시범운영에 그치지 않고 이원화 자치경찰제의 완전한 정착을 추진, 실현·지속가능한 모형 도입
Ⅱ. 시범운영(案) : 기능별 사무·인력 전부 이관 추진
　【기본원칙】
　○ 현행 경찰법에서 규정하고 있는 자치경찰사무 중 수사사무를 제외 전부 이관
　○ 국가경찰의 정원이체를 통해 "제주형 기능별 이원화 자치경찰제" 시범운영 종료 후에도 제주에서는 이원화 자치경찰제 지속 추진
　■ 조 직 (붙임 1 : 제주형 자치경찰제 조직 운영 모형)
　○ 자치경찰단으로 제주경찰청 자치경찰사무(교통·생활안전·여성청소년) 통합

- 제주도에 자치경찰본부와 제주시·서귀포시를 관할하는 각 자치경찰대 신설
  * 자치경찰본부는 제주도지사의 보조기관, 자치경찰대는 자치경찰본부 직속 기관으로 설치
- 주민밀착 치안활동을 위해 112종합상황실 및 지구대·파출소를 제주도로 이관
  * 국가경찰 기능 공동 출동이 필요한 경우를 대비, 112종합상황실에 국가경찰 합동근무
  * 112종합상황실 이관 시, 道 CCTV통합관제센터 통합 운영으로 시너지 효과 기대
  ○ 제주경찰청은 현행 '제주경찰청-경찰서' 체계를 유지, 경무기획과·정보화장비과·공공안전정보과·수사과·형사과·안보수사과 등의 기능을 운영
- 사 무
- 자치경찰사무와 국가경찰사무의 명확한 구분
  ○ (자치경찰사무) 생활안전·여성청소년·교통·지역경비 등 주민밀착 민생 치안활동(지역경찰 사무 포함)은 제주특별자치도 자치경찰단에서 전담 수행
  * 비상사태 등 전국적 치안유지를 위한 경우 경찰청장은 사무의 구분없이 제주특별자치도 자치경찰 조직에 대한 직접 지휘·감독 가능
  ○ (국가경찰사무) 국가 존립안위에 필요한 정보·보안·외사 등 사무 및 수사
  ○ (수사사무) 현장혼선·국민불편 없도록 수사사무는 국가경찰에서 전담
  ▶ 수사과정에서 죄명이 수시로 변경되는 범죄사건을 현장 경찰관이 명확하게 구분하는 것은 불가능하며, 이로 인한 이중 조사 등의 국민 불편 초래 우려
  * 수사과정에서 일반 폭행사건·특수폭행, 협박죄·공갈죄로 변경되는 경우 종종 발생, 죄명으로 자치·국가경찰 수사사무를 구분하는 것은 곤란
- 자치경찰 현장조치권 부여 (붙임2 : 현장조치권 강화에 필요한 법률 개정 사항)
  ○ 치안공백 발생하지 않도록 자치경찰에게 국가경찰 수준의 현장조치권 부여
  ○ 다만, 범인을 체포하거나 압수·수색 등을 통해 증거물을 확보한 경우 즉시 국가경찰에 인도·인계하도록 법률로 규정, 실질적인 수사는 국가경찰이 전담
- 인력 및 인사운영 (붙임3 : 기능별 이관 인력 세부 사항)
  ○ (인력이관) 제주경찰청 총 2,158명 중 986명 이관(45.69%)
- 제주자치경찰위원회에서 임용권을 행사하는 자치경찰사무 수행인력 299명 및 112종합상황실 근무자 37명, 지역경찰(지구대·파출소) 인력 650명

- ○ (신분전환) 이직 희망경찰관은 즉시 자치경찰공무원으로 신분전환, 그 외 인원은 국가직 신분 유지한 채 제주도 정원으로 전출하되, 매년 이직 희망자 조사하여 신분전환 추진
  - * 例) 「시·도자치경찰위원회에 두는 경찰공무원의 정원에 관한 규정」
- ○ (전출 경찰관의 신분·처우 등 보장) 자치경찰공무원과 동일한 후생복지 지원 및 시범 종료 전까지 희망하는 경우 국가경찰로 복귀 가능토록 제도적 보장
- ▪ 재원
- ○ (인건비 및 운영비) 이직 경찰관 인건비와 운영비 일부는 균특법에 따라 국비 지원, 전출 경찰관은 원소속 기관인 경찰청에서 인건비 및 운영비 지급
- ○ (사업비) 지방행정과의 연계를 통한 신규 사업의 비용은 제주도에서 부담
  - * 교통위반 과태료 수입 재원 100여억원 활용(제주청 기능 이관 시, 250여억원 예상)
- ▪ 제주자치경찰위원회 (붙임 4 : 자치경찰위원회 역할 변경 및 권한 강화 세부 사항)
- ○ (위원회 성격) 합의제 행정기관으로서, 자치경찰사무에 대한 심의·의결권 행사
- ○ (위원회 역할) 제주경찰청과는 지휘·감독에서 협력 관계로 전환
- - 자치경찰사무에 대한 구체적 지휘가 아닌 일반적·사후적 관리에 집중, 자치경찰본부는 같은 제주도 소속임을 감안, 위원회 관리하에 두는 것으로 명시,
- ○ (위원회 권한 강화) 現 제도하에서의 형식적 권한이 아닌 실질적 권한 부여
- - 자치경찰본부장·대장 추천권 및 상급승진심사위원회(가칭)·징계위원회 운영 등

이어서 제주자치경찰단은 다음과 같이 4개의 붙임 자료를 제시하고 있는데, 이는 전체 제주자치경찰단의 자치경찰제 이원화 모델을 이해하는 데 크게 도움이 된다. 이어서 붙임 1과 붙임 2의 제주형 자치경찰제 조직 운영 모형을 소개하면 다음과 같다.

첫째, 제주형 자치경찰제 조직 운영 모형이다.

[그림 13-2] 현행 제주자치경찰제 조직 운영 모형

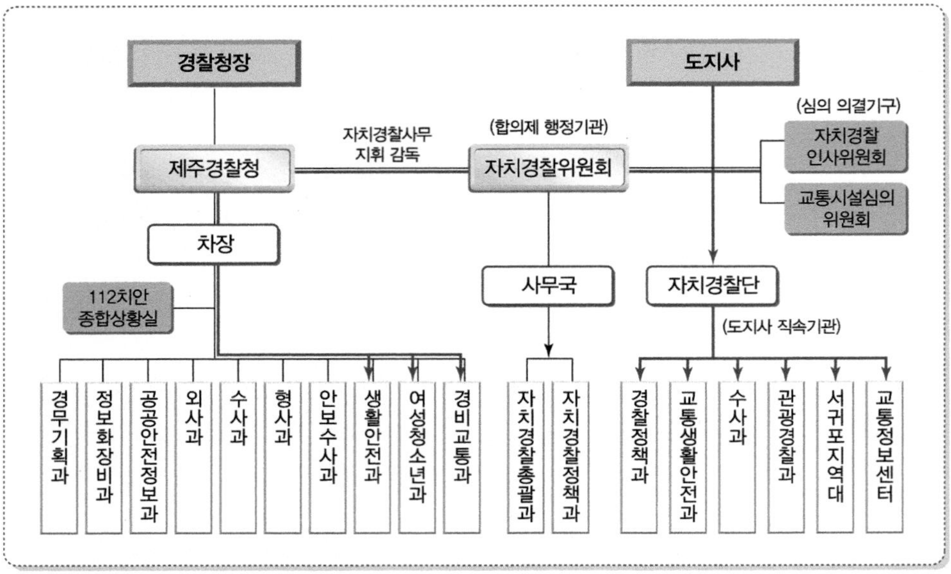

출처: 제주자치경찰단(2023).

이어서 이원화 자치경찰제 시범운영 시 조직 운영 모형을 살펴보면 [그림 13-3]과 같다.

둘째, 현장조치권 강화에 필요한 법률 개정 사항이다.

□ **자치경찰공무원에게 국가경찰 수준의 현장조치권 부여 필요성**

○ 현행 제주특별법에서는 자치경찰공무원이 소관 사무 외의 범죄를 발견한 경우 일반 사인(私人)도 가능한 현행범 체포권한만을 부여

 – 수배자체포권, 긴급체포권 등이 없어 수배자 또는 긴급체포 대상자를 확인하여도 국가경찰이 현장에 출동할 때까지 기다려야 하는 상황이 발생

 – 또한, 현행범이 타인 주거로 도주하여도 수색을 할 수도 없고 체포 과정에서 증거물을 훼손하려 하여도 압수를 하지 못해 범죄 현장에서 적극적인 대응 불가

○ 자치경찰공무원의 부족한 현장조치권은 사건 대응력 약화를 초래

 – 실제로 지난 문재인 정부에서 광역단위 이원화 자치경찰제 시범운영을 위해 시행했던 '제주자치경찰 확대 시범운영'의 문제점으로 지적되고 있는 지역경찰 중복출동도 자치경찰공무원의 부족한 현장조치권에서 발생

[그림 13-3] 제주의 이원화 자치경찰제 시범운영 시 조직 운영 모형

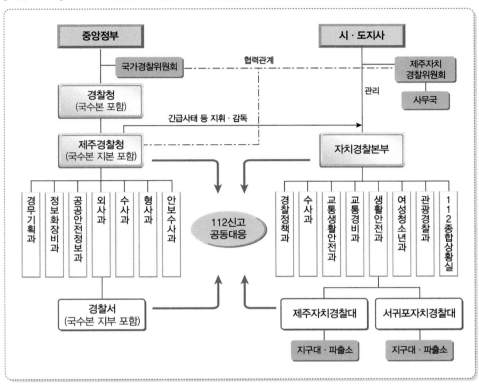

출처: 제주자치경찰단(2023).

○ 따라서, 지역경찰(지구대·파출소)사무를 포함한 '제주형 기능별 이원화 자치경찰제 시범운영'을 문제 없이 시행하기 위해서는 자치경찰에게도 국가경찰 수준의 현장조치권을 부여할 필요 有
  − 다만, 범인 또는 용의자를 체포하거나 압수·수색 등을 통해 증거물을 확보한 경우 즉시 국가경찰에 신병 인도 및 증거물을 인계하도록 법률에 명시하여 직권남용을 방지하고 직접수사는 국가경찰에서 수행하도록 조치 등이다.

자치경찰공무원에게 현장조치권을 부여하면 현장혼선 문제가 해결되는지?
❍ 현재 국가경찰 지역경찰(지구대·파출소)에서도 현행범 등을 체포하는 경우,
  △ 현행범체포서 △ 권리고지확인서 등을 첨부하여 신병을 수사부서로 인도하

고, 체포의 필요성이 없는 사건의 경우에는 △사건발생보고서 △목격자 진술서 △현장사진 등의 자료를 수사부서로 인계하는 등 실질적인 초동조치만을 이행하고 직접수사는 형사과·수사과·여성청소년과 등 수사부서에서 수행

○ 따라서, 자치경찰공무원에게 국가경찰과 동일한 현장조치권을 부여하면, 자치경찰에서 지역경찰 사무를 전담 수행하여도 현행과 같이 국가·자치경찰 사무 구분 없이 자치경찰에서 현장조치 후 국가경찰로 사건을 인계하는 방법으로 112신고 사건 종료 가능

○ 결국 국가경찰의 수사권을 떼어내어 자치경찰에 새롭게 부여하는 것이 아니라, 국가경찰의 현장조치 권한을 자치경찰에게도 공동으로 행사하게 함으로써 치안공백 발생 및 현장혼선 없이 자치경찰이 지역경찰 사무를 수행할 수 있는 방안

□ 현장조치권 강화에 필요한 법률 개정 사항

○ 제주특별법을 개정, 국가경찰과 동일한 수준의 현장조치권 명시
  – ▲현행범인 ▲수배자 ▲긴급체포 대상자에 대한 체포(구속)권한 부여
  – 더불어, ▲피의자 체포를 위한 타인 주거 등 수색 ▲체포현장에서의 압수·수색 ▲범행 중 또는 범행직후의 장소에서 긴급을 요하는 경우 압수·수색 ▲임의제출물에 대한 영장 없는 압수 등의 권한 부여

○ 제주특별법 개정 시에 다른 법률의 개정을 통한 사법경찰직무법 개정
  – 현행 사법경찰직무법 제10조 자치경찰공무원의 직무범위에 제주특별법에서 규정하고 있는 범죄발견시 현장조치 사무를 포함하여,
  – 자치경찰공무원이 현장조치권을 행사함에 있어 사법경찰로서의 역할을 수행하고, 사건을 국가경찰에 즉시 인계하는 시스템을 구축
  – 경찰이 검찰의 수사지휘를 받지 않는 상황에서 자치경찰공무원의 초동조치 사무에 대해 검찰의 지휘를 받는 것이 적절한가 의문을 제기할 수 있으나, 초동조치 후 즉시 국가경찰에 사건을 인계하도록 법률에 규정함으로써 국가경찰의 수사에는 영향을 미치지 않을 것으로 판단 등이다.

〈표 13-1〉 자치경찰공무원 현장조치권 강화를 위한 제주특별법 개정 사항

현행 제주특별법	개 정 안
제98조(범죄의 발견 시 조치) ① 자치경찰공무원이 직무수행 중에 범죄를 발견한 경우에는 범죄의 내용 또는 증거물 등을 소속 자치경찰단장을 거쳐 즉시 제주자치도경찰청장 또는 경찰서장(해양경찰서장을 포함한다)에게 통보하고 그 사무를 인계하여야 한다. 다만, 제90조제4호의 직무에 속하는 범죄와「경범죄 처벌법」제7조 및「도로교통법」제163조에 따른 통고처분의 대상이 되는 범칙행위의 경우에는 그러하지 아니하다.	제98조(범죄의 발견 시 조치) ① (현행과 같음)
② 자치경찰공무원이 현행범인을 발견하여 현장에서 체포한 경우에는 즉시 경찰공무원에게 인도하여야 한다. 다만, 제90조제4호의 직무를 수행하는 중에 현장에서 체포한 현행범인의 경우에는 그러하지 아니하다.	② ─ ─ ─ ─ ─ ─ ─ ─ ─ ─ 다음 각 호에 해당하는 사람─ ─. ─ ─ ─ ─제90조제4호의 직무에 속하는 범죄와 연관되는 사람의─ ─.
〈 신 설 〉	1. 현행범인
〈 신 설 〉	2. 체포 또는 구속영장이 발부된 사람
〈 신 설 〉	3.「형사소송법」제200조의3 긴급체포 대상자
③ 제2항에 따라 자치경찰공무원이 현행범인을 체포하는 경우에는 범죄사실의 요지, 체포의 이유와 변호인을 선임할 수 있음을 알려주고 변명할 기회를 주어야 한다.	③ 자치경찰공무원이 제2항에 해당하는 사람을 체포하는 과정에서 긴급을 요할 때에는「형사소송법」제216조 제1항 및 제3항, 제218조에 따른 처분을 할 수 있다. 이 경우 확보한 증거물을 즉시 국가경찰공무원에게 인계하여야 한다.

형사소송법

제216조(영장에 의하지 아니한 강제처분) ① 검사 또는 사법경찰관은 제200조의2·제200조의3·제201조 또는 제212조의 규정에 의하여 피의자를 체포 또는 구속

하는 경우에 필요한 때에는 영장없이 다음 처분을 할 수 있다.

1. 타인의 주거나 타인이 간수하는 가옥, 건조물, 항공기, 선차 내에서의 피의자 수색. 다만, 제200조의2 또는 제201조에 따라 피의자를 체포 또는 구속하는 경우의 피의자 수색은 미리 수색영장을 발부받기 어려운 긴급한 사정이 있는 때에 한정한다.
2. 체포현장에서의 압수, 수색, 검증

③ 범행 중 또는 범행직후의 범죄 장소에서 긴급을 요하여 법원판사의 영장을 받을 수 없는 때에는 영장없이 압수, 수색 또는 검증을 할 수 있다. 이 경우에는 사후에 지체없이 영장을 받아야 한다.

제218조(영장에 의하지 아니한 압수) 검사, 사법경찰관은 피의자 기타인의 유류한 물건이나 소유자, 소지자 또는 보관자가 임의로 제출한 물건을 영장없이 압수할 수 있다.

〈표 13-2〉 자치경찰공무원 현장조치권 강화를 위한 사법경찰직무법 개정 사항

현행 사법경찰직무법	개 정 안
제10조(자치경찰공무원) 「제주특별자치도 설치 및 국제자유도시 조성을 위한 특별법」에 따른 자치경찰공무원 중 자치경무관·자치총경·자치경정·자치경감·자치경위는 제주특별자치도의 관할 구역에서 발생하는 범죄 가운데 이 법 제6조제5호(제5조제6호 및 제7호에 해당하는 자의 소관만 해당한다)·제6호·제7호·제11호·제13호·제15호·제18호·제19호·제21호·제22호·제24호·제25호·제26호·제28호·제29호·제31호·제32호 및 제41호부터 제46호까지의 범죄와 「제주특별자치도 설치 및 국제자유도시 조성을 위한 특별법」 제471조·제473조 및 이와 관련되는 같은 법 제477조·제478조에 규정된 범죄에 관하여 사법경찰관의 직무를, 자치경사·자치경장·자치순경은 그 범죄에 관하여 사법경찰리의 직무를 수행한다.	제10조(자치경찰공무원) － 「제주특별자치도 설치 및 국제자유도시 조성을 위한 특별법」 제98조제1항부터 제3항까지의 사무와 제

> 471조·제473조 및 이와 관련되는 같은 법 제477조·제478조에 규정된 범죄에 관하여 사법경찰관의 직무를, 자치경사·자치경 장·자치순경은 그 범죄에 관하여 사법경찰 리의 직무를 수행한다.

셋째, 기능별 이관 인력 세부 사항이다.

□ 위원회 임용권 적용 대상: 경정 이하 총 299명(11.23 기준)

제주경찰청의 자치경찰사무 담당 경찰관의 분류를 살펴보면 다음과 같다. 제 주경찰청 산하의 전체 경찰관 수를 살펴보면 다음과 같이 2,158명이다.

〈표 13-3〉 제주경찰청의 자치경찰사무 담당 경찰관 분류

구 분	제주경찰청 전체 경찰관	자치사무업무 (생안,여청,교통)	국가사무	자치사무	전체 경찰관/ 자치사무담당 경찰관 비율	자치부서 경찰관/ 자치사무담당 경찰관 비율
제주	2,158명	345명	46명	299명	2,158/299 (13.8%)	345/299 (86.6%)

출처: 제주자치경찰단(2023).

그리고 계급별 현황을 살펴보면 다음과 같다.

〈표 13-4〉 계급별 현황

계	경 정	경 감	경 위	경 사	경 장	순 경
299명	18명	46명	116명	44명	47명	28명

출처: 제주자치경찰단(2023).

한편 제주경찰의 기관·부서별 현황을 살펴보면 다음과 같이 299명이다. 교통 이 126명으로 가장 많고 여성청소년이 115명으로 두 번째를 차지하고 있다.

〈표 13-5〉 기관·부서별 현황

구 분	합 계	사무국	생활안전	여성청소년	교 통
합 계	299명	5명	53명	115명	126명
위 원 회	5명	5명			
제주경찰청	59명		18명	21명	20명
제주동부경찰서	87명		12명	35명	40명
제주서부경찰서	77명		11명	30명	36명
서귀포경찰서	71명		12명	29명	30명

출처: 제주자치경찰단(2023).

□ 112종합상황실 및 지역경찰(지구대·파출소) 근무 인력

   ㅇ 112종합상황실 근무자 총 37명

    – 상황관리 9명, 신고접수처리 28명

   ㅇ 지역경찰(지구대·파출소) 근무자 총 650명

    – 지구대 7개소 근무자 318명, 파출소 19개소 근무자 332명

넷째, 제주자치경찰위원회 역할 변경 및 권한 강화 세부 사항이다.

□ 제주자치경찰위원회의 성격

   ㅇ 제주자치경찰위원회는 경찰법 제24조에서 규정하고 있는 소관사무를 통하여 자치경찰에 대한 견제·감시와 지방행정과의 연계·조정의 역할을 수행, 자치경찰사무를 직접 수행하지 않는* 심의·의결기관**

   * 경찰법전부개정법률안 국회 논의 시, 자치경찰위원회는 자치경찰사무를 직접 수행하는 자치경찰 조직과는 별개의 조직으로 구분

> **경찰법전부개정법률안 국회행정안전위원회 전문위원실 검토보고서 中**
>
> 다만, 개정안은 시·도자치경찰위원회 설치에 관한 규정인 안 18조의 제목을 '자치경찰의 조직'으로 하고 있으나, 시·도자치경찰위원회는 자치경찰사무를 수행하는 시·도경찰청의 상급기관으로 일선 현장에서 경찰사무를 직접수행하는 것은 아니며, 따라서 위원회 설치에 관한 유사입법례를 고려하여 이를 '시·도자치경찰위원회의 설치'로 수정하는 방안을 검토할 필요가 있음.

** 합의제행정기관에는 행정사무에 대하여 의사와 판단을 결정하여 외부에 표시하는 권한을 가지는 합의제행정관청뿐만 아니라 행정주체 내부에서 행정에 관한 의사 또는 판단을 결정할 수 있는 권한만을 가진 의결기관도 포함이다.

> **대법원 2000. 11. 10. 선고 2000추36 판결 中**
>
> 합의제 행정기관에는 그 의사와 판단을 결정하여 외부에 표시하는 권한을 가지는 합의제 행정관청뿐만 아니라 행정주체 내부에서 행정에 관한 의사 또는 판단을 결정할 수 있는 권한만을 가지는 의결기관도 포함되는 것이므로 …

□ 제주자치경찰위원회의 역할 변경
○ 제주경찰청과는 지휘·감독 관계에서 협력 관계로 변경
  – 기능별 이원화를 통한 이원화 자치경찰제를 운영하는 경우 제주경찰청에서는 더 이상 자치경찰사무를 수행하지 않고 국가경찰사무 및 수사사무를 전담
  – 따라서, 자치경찰사무에 대해 제주경찰청장을 지휘하는 법률 조항 적용 불가
○ 자치경찰본부는 도지사의 보조기관으로 설치하고 자치경찰위원회의 관리 하에 두되, 위원회는 자치경찰사무에 대한 구체적·직접적 지휘가 아닌 일반적·사후적 관리 역할로 변경 필요
  – 2020. 12. 경찰법 개정 시, 충분한 논의 없이 개정된 제주특별법에서는 자치경찰단을 제주자치경찰위원회 소속으로 규정
  – 하지만 제주특별법 상 자치경찰사무를 집행기관인 자치경찰본부에서 직접 수행하는 점을 감안, 자치경찰위원회가 아닌 도지사 소속으로 두는 것이 적절

□ 제주자치경찰위원회 위원 구성 시, 투명성·공정성 제고
○ 시·도지사로부터의 정치적 중립성 확보를 위해 자치경찰위원장에 대해서는 임명 前 지방의회의 인사청문회를 거치도록 관련 법규 개정

☐ 제주자치경찰위원회 권한 강화

　ㅇ 시·도지사로부터의 정치적 중립성 확보를 위해 자치경찰위원회가 설치되고, 자치경찰사무를 관장(管掌)한다는 점에서 실질적 인사권 및 감찰·징계권을 부여하는 것이 타당하다

　ㅇ 또한, 제주자치경찰위원회는 자문위원회 성격에 그치는 국가경찰위원회와 달리 합의제행정기관으로 심의·의결 결정이 자치경찰본부를 기속하지만, 그 결정의 이행을 강제하기 위한 방안으로 실질적 권한이 필요하다.

〈표 13-6〉 현행 법령 상 위원회 권한과 이원화 자치경찰제 시범 운영 시 권한 비교

현행 법령 상 권한	구 분	이원화 자치경찰 시범운영 시 권한
• 시·도경찰청장 임용 시 경찰청장과 협의 • 자치경찰사무 담당 경찰관 중 경정이하의 전보·파견·휴직·직위해제·복직 • 자치경찰사무 담당 경찰관 중 경사, 경장으로의 승진임용	인사권	• 자치경찰본부장·대장 추천권 • 자치총경 이상의 자치경찰공무원 임용 제청권 (가칭 상급승진심사위원회 운영) • 자치경정 이하의 자치경찰공무원 임용권(신규채용, 승진임용 및 면직은 제청권) * 자치경찰본부에서는 자치경정 이하를 대상으로 하는 보통승진심사위원회 운영
자치경찰사무 담당 공무원의 주요 비위사건에 대한 감찰요구	감찰권	자치경찰의 고충심사, 주요 비위사건에 대한 감찰
자치경찰사무 담당 공무원에 대한 징계요구	징계권	자치경찰의 고충심사, 주요 비위사건에 대한 징계요구 및 징계위원회 운영에 관한 사항

출처: 제주자치경찰단(2023).

☐ 제주자치경찰위원회의 소관사무 변경

　ㅇ 현행 자치경찰위원회의 소관사무 중 국가기관인 시·도경찰청과 연계된 사무는 폐지, 제주도 소속의 자치경찰본부와 연관된 사무로 변경

　ㅇ 자치경찰위원회 보조기관인 사무국 유지, 자치경찰위원회 소관사무 처리

　　－ 이원화 자치경찰제를 시범운영하는 경우 자치경찰위원회 주요 사무인 자치경찰사무 정책 심의·의결, 실질적 인사·감찰 사무 등 업무 수행

〈표 13-7〉 현행 법령상 위원회 소관사무와 이원화 자치경찰제 시범운영 시 소관사무 비교

현행 자치경찰위원회 소관사무 (국가경찰과 자치경찰의 조직 및 운영에 관한 법률)	이원화 자치경찰 시범운영 시 소관사무 (제주특별자치도 설치 및 국제자유도시 조성을 위한 특별법)
제24조(시 · 도자치경찰위원회의 소관 사무) ① 시 · 도자치경찰위원회의 소관 사무는 다음 각 호로 한다. 1. 자치경찰사무에 관한 목표의 수립 및 평가 2. 자치경찰사무에 관한 인사, 예산, 장비, 통신 등에 관한 주요정책 및 그 운영지원 3. 자치경찰사무 담당 공무원의 임용, 평가 및 인사위원회 운영 4. 자치경찰사무 담당 공무원의 부패 방지와 청렴도 향상에 관한 주요 정책 및 인권침해 또는 권한남용 소지가 있는 규칙, 제도, 정책, 관행 등의 개선 5. 제2조에 따른 시책 수립 6. 제28조 제2항에 따른 시 · 도경찰청장의 임용과 관련한 경찰청장과의 협의, 제30조제4항에 따른 평가 및 결과 통보 7. 자치경찰사무 감사 및 감사의뢰 8. 자치경찰사무 담당 공무원의 주요 비위사건에 대한 감찰요구 9. 자치경찰사무 담당 공무원에 대한 징계요구 10. 자치경찰사무 담당 공무원의 고충심사 및 사기진작 11. 자치경찰사무와 관련된 중요사건 · 사고 및 현안의 점검 12. 자치경찰사무에 관한 규칙의 제정 · 개정 또는 폐지 13. 지방행정과 치안행정의 업무조정과 그 밖에 필요한 협의 · 조정 14. 제32조에 따른 비상사태 등 전국적 치안유지를 위한 경찰청장의 지휘 · 명령에 관한 사무 15. 국가경찰사무 · 자치경찰사무의 협력 · 조정과 관련하여 경찰청장과 협의 16. 국가경찰위원회에 대한 심의 · 조정 요	제○○조(자치경찰위원회의 소관 사무) 자치경찰위원회의 소관 사무는 다음 각 호로 한다. 1. 자치경찰과 관련하여 다음 각 목에 대한 결정 　가. 자치경찰 활동에 관한 목표의 수립 및 평가에 관한 사항 　나. 자치경찰의 조직, 인사, 예산, 사무, 장비, 통신 등 운영지원에 관한 주요 정책 및 자치경찰 업무 발전에 관한 사항 　다. 자치경찰본부장, 자치경찰대장 후보자 추천 등 자치경찰공무원의 임용 및 인사위원회 운영에 관한 사항 　라. 자치경찰의 부패 방지와 청렴도 향상에 관한 주요 정책에 관한 사항 　마. 자치경찰의 인권침해 또는 권한남용 소지가 있는 규칙, 제도, 정책, 관행 등의 개선 또는 시정요구에 관한 사항 　바. 자치경찰에 대한 민원처리요구에 관한 사항 　사. 자치경찰에 대한 감사요구에 관한 사항 　아. 자치경찰의 고충심사, 주요 비위사건에 대한 감찰과 징계요구 및 징계위원회 운영에 관한 사항 　자. 부당한 수사지휘에 대한 이의신청의 처리요구에 관한 사항 　차. 자치경찰 임무 외에 다른 기관으로부터의 업무협조 요청에 관한 사항 　카. 그 밖에 도지사, 자치경찰본부장이 중요하다고 인정하여 자치경찰위원회의 회의에 부친 사항 2. 제주자치도경찰청장에 대하여 다음 각 목의 사항에 대한 의견 제시 　가. 자치경찰 직무수행과 관련하여 자치경찰본부장과　제주자치도경찰청장의

청 17. 그 밖에 시·도지사, 시·도경찰청장이 중요하다고 인정하여 시·도자치경찰위원회의 회의에 부친 사항에 대한 심의·의결	업무협약의 체결 및 변경과 관련한 사항 나. 국가·자치경찰의 공동사무 수행 및 분쟁조정과 관련한 사항 3. 제주자치도경찰청장과 협력·조정이 어려운 경우 국가경찰위원회에 대한 심의·조정 요청 4. 자치경찰규칙의 제정·개정 또는 폐지에 관한 사항

출처: 제주자치경찰단, 내부자료(2023).

3. 전라북도특별자치도 이원화 자치경찰제 모델

전라북도는 2023년 4월 12일 완전한 이원화 자치경찰제를 전제로 한 이른바 '전북형 자치경찰제 이원화 모델'을 전격 제시하였다. 물론 국무총리 소속 경찰제도발전위원회의 추가 논의를 거쳐 최종 전북형 자치경찰제 권고안을 포함하겠다고 밝혔다.[4]

무엇보다 2021년 7월 1일부터 시행된 우리나라 17개 시도의 자치경찰제 모델은 자치경찰(인원)을 분리하지 않은채 기존의 국가경찰이 그대로 경찰법에 따라 만들어진 자치경찰사무를 수행하는 소위 '일원화 모델'로 운영 중이다. 하지만 이는 법적·제도적 문제가 상당히 노출됨으로써 지역현장에서 주민맞춤형 자치경찰제 실현에 있어서 커다란 한계에 직면했다.

이 때문에 2022년 5월 10일 출범한 윤석열 정부는 '자치경찰권 강화'를 국정과제로 선정하였으며, 제주·강원·세종 3개 특별자치시·도를 대상으로 2024년부터 자치경찰제 이원화 시범사업을 실시할 계획에 있다. 여기에 전라북도가 위의 3개시도에 이어 뒤늦게 시범실시 특자도로 참여하기로 했다. 김관영 전북도지사는 2022년 12월 28일 '전북특별자치도법'이 국회에서 통과 즉시 그야말로 진정한 주민 맞춤형 치안행정을 실현하고자 발빠르게 전북의 자치경찰 이원화 시범실시 참여를 결정했으며 동시에 행정안전부에 이른바 이원화 자치경찰 모델 참여의향을 선언했다.[5]

그리고 2023년 4월 12일 전라북도형 자치경찰 모델을 신속히 만들어 발표하

---

4) 투데이안(https://www.todayan.com/ 검색일: 2023. 4. 15).
5) 투데이안(https://www.todayan.com/ 검색일: 2023. 4. 15).

[그림 13-4] 전북형 자치경찰제 이원화 모델(시범조직 모형)

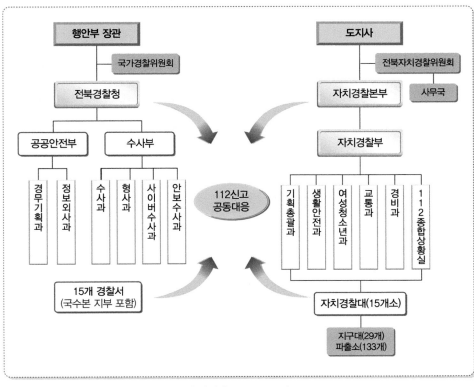

출처: 투데이안(https://www.todayan.com/ 검색일: 2023. 4. 15).

게 되었다.

전라북도는 현재의 일원화 자치경찰제의 문제점을 근본적으로 개선하고자 노력했다. 즉 다음과 같이 완전한 이원화를 전제조건으로 한 '전북형 자치경찰제 이원화 모델'의 기본 내용은 다음과 같다.

즉 ▲ 자치경찰사무와 국가경찰사무를 명확히 구분·수행, ▲ 경찰청 자치경찰사무 인력 이관 및 도지사 인사권 행사, ▲ 인건비·운영비는 전액 국비 지원, 사업비는 국비보조 운영하되 과태료·범칙금을 자치경찰 재원으로 활용, ▲ 도지사 소속으로 도에 자치경찰본부, 시군에 자치경찰대 설치 등이 바로 그것이다.[6]

전라북도는 이번에 매우 독특한 제안을 내놓았는데, 바로 시도차원 산하에 있는 기초자치단체까지 참여할 수 있는 자치경찰제 방안을 마련할 계획을 제시했다

---

6) 투데이안(https://www.todayan.com/ 검색일: 2023. 4. 15).

는 점이다. 무엇보다 전라북도의 지역특색과 실정이 적극 반영된 시장·군수가 주관하는 '(가칭)자치경찰협의회' 등을 운영하는 것도 함께 제시하였다는 점에서 큰 의미를 지닌다.

전북형 모델은 주민참여 없이는 진정한 자치경찰제를 이룰 수 없다는 판단하에 시군이 참여하는 모델안을 제시했다고 분석된다.[7]

[그림 13-5] 전북형 자치경찰제 협력화 모델

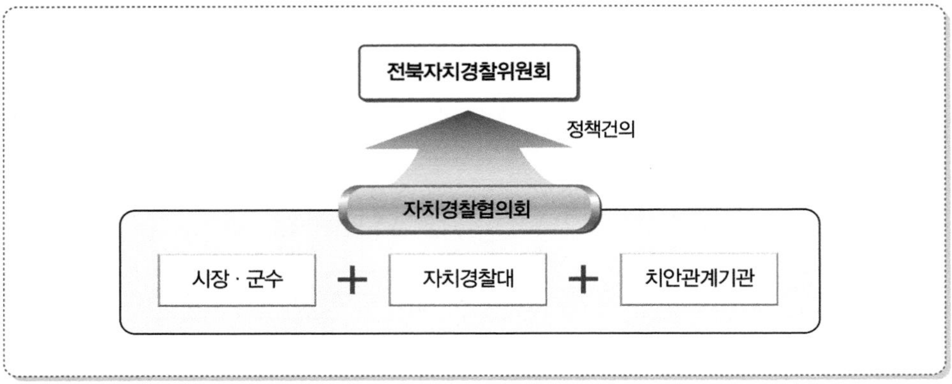

출처: 투데이안(https://www.todayan.com/ 검색일: 2023. 4. 15).

4. 세종특별자치시의 자치경찰제 모델

위키백과에 따르면 세종특별자치시는 우리나라의 유일한 특별자치시이다. 우리나라 중앙 정부부처 대부분이 입주해 있다. 즉 정부세종청사를 보유한 행정도시로서 특징을 지닌다. 세종특별자치시 설치 등에 관한 특별법에 따라 노무현정부(2003.2~2008.2)에서 시작되어 이명박 정부(2008.2~2013.2)인 2012년 7월 1일에 설치됐다.[8] 무엇보다 행정중심복합도시는 2006년 개청한 이른바 국토교통부 소속 행정중심복합도시건설청에 의해 건설된 지금의 세종시 지역을 말한다. 특히 행정중심복합도시 지역의 건설은 행정중심복합도시건설청에 의해 수행되었다. 그리고 편입 읍면 지역 건설은 지방자치단체인 세종시에 의해 진행되었다는 특징을 가지고 있다. 이것은 특별히 이분화된 지역 발전 구조로 이해된다. 이 세종특별자치시의 행정중심복합도시 영역은 서울보다는 오히려 미국 워싱턴 DC와 공통점이 많

---

7) 투데이안(https://www.todayan.com/ 검색일: 2023. 4. 15).
8) https://namu.wiki/w/%EC%84%B8%EC%A2%85%(검색일: 2023. 4. 30).

다는 평가가 나와 있다.[9]

　이곳 세종특별자치시의 경우도 제주도와 강원도 및 전북과 함께 우리나라 "이원화 자치경찰제" 시범지역으로 결정되었다. 세종특별자치시가 제시한 이원화 자치경찰제 모델은 다음과 같다.

[그림 13-6] 세종특별자치시의 이원화 자치경찰제 모델

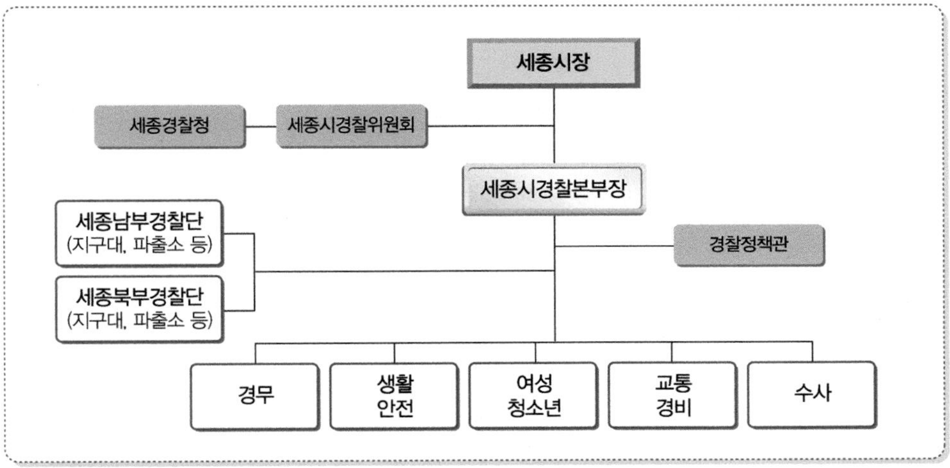

출처: 세종시자치경찰위원회(2023).

5. 강원특별자치도 자치경찰제 모델

　2022년 5월 16일, 결국 이광재 당시 국회의원의 요청으로 제21대 국회 행정안전위원회에서 강원특별자치도법이 의결되었다. 강원도 탄생 627년 만에 '특별자치도'가 되었다. 2022년 5월 26일에는 제21대 국회 법제사법위원회에서 강원특별자치도법이 통과되었다. 같은해인 2022년 5월 29일 국회 본회의에서도 통과되었다. 이에 따라 2023년 6월 11일부터 강원특별자치도로 바뀌게 되었다. 이에 따라 강원도에도 자치경찰제 시범실시 지역으로 선정되었다.

　강원특별자치도가 제시한 이원화 자치경찰제 모델(안)은 [그림 13-7]과 같다.

---

9) https://namu.wiki/w/%EC%84%B8%EC%A2%85%EC%A2%85%EC%9E%85%(검색일: 2023. 4. 30).

[그림 13-7] 강원특별자치도의 이원화 자치경찰제 모델

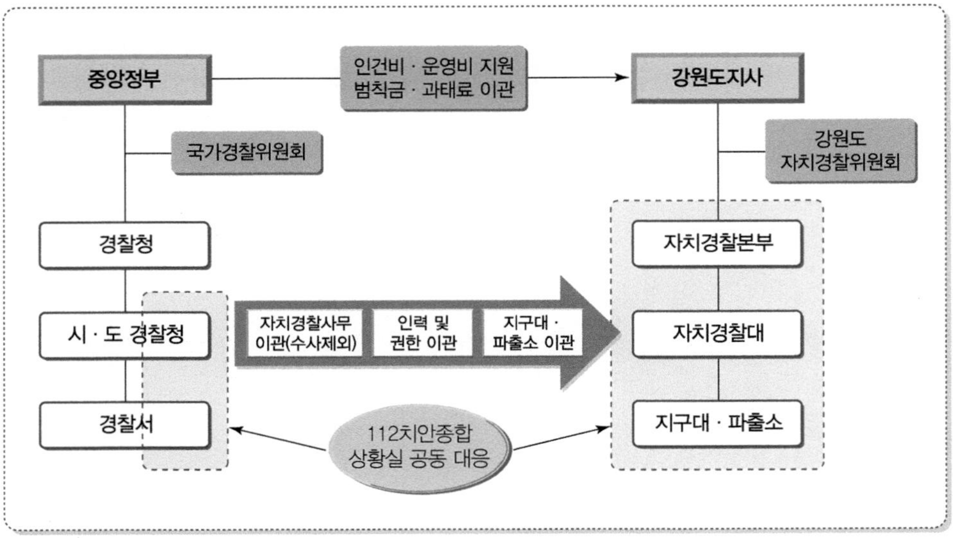

출처: 강원특별자치도(2023).

위와 같이 강원도와 전북의 경우는 시장 군수 산하의 기초자치단체에서도 자치경찰대를 설치해 시범실시를 진행하는 것을 제시하였다.

6. 윤석열 정부(2022.5.10~2027.5.9)의 자치경찰제 모델 방향

2021년 7월 1일 문재인 정부(더불어 민주당)에서 일원화 방식의 자치경찰제를 전격 시행하였다. 17개 각 시도지사 산하에 자치경찰위원회를 7명의 위원으로 독립된 합의제 행정기관 방식으로 출범했다. 다음해인 2022년 5월 10일 국민의 힘 출신의 윤석열 정부가 공식 출범하였다.

문재인 정부에서 시행한 일원화 방식의 자치경찰제는 법적으로 많은 미비점이 발견되었다. 예를 들어서 국가경찰위원회처럼 경찰청의 치안정책에 관해 심의 의결만 해주는 방식이 아니라 자치경찰위원회는 자치경찰사무로 분류된 생안, 여청, 교통 영역과 관련하여 주민의 치안 안정을 위한 시책사업을 발굴해 해당 시도경찰청장 만을 지휘 감독하는 방식을 통해 운영해야 한다. 오직 시도경찰청장만을 통해 지휘를 해야 하므로 일선 경찰서장에게는 반드시 시도경찰청장이 재지휘를 하는 방식을 통해 비로소 일선 경찰서에서 시도자치경찰위원회가 지휘한 시책이 집행에 들어가게 되는 루트이다.

현행 자치경찰제모델은 일원화 방안으로 기존의 국가경찰들이 그대로 자치경찰 사무로 분류된 과제를 수행하는 방식이다. 각 시도자치경찰청 마다 새롭게 자치경찰부장(경무관)의 직위가 생겼다. 결국 18개 위원회에 17명의 경무관 자리가 새로 증원된 셈이다. 세종특별자치시는 총경급으로 이해된다(세종시는 시경찰청장이 경무관 임).

한편 자치경찰제 운영상 많은 문제점들이 나타나다 보니 최소한 시도경찰청의 자치경찰부(부장, 경무관)만이라도 완전히 시도자치경찰위원회로 이관될 필요가 있다는 주장들도 나타났다. 모든 경찰관들이 그대로 국가경찰관들이다 보니 이것이 자치경찰제인지 무엇인지 불분명한 실정이라는 지적이 팽배해 있다.

따라서 많은 전문가와 자치경찰위원회 위원장협의회 등은 현재의 일원화 모델을 하루속히 이원화 모델로 전환해야 한다고 권고 및 주장하고 있다.

이원화 자치경찰제로 간다면 어떤 방식으로 갈 수 있는지 아니면 서울시 자치경찰제 모델처럼 직접 일원화와 이원화 모델을 모두 건너뛴 "통합형자치경찰제모델"로 갈 것인지 어느 것 하나도 간단하지만은 않은 실정이다.

윤석열 정부는 2022년 5월 10일 취임 이후 2022년 7월 22일을 기해 120대 국정과제를 발표했다.

윤석열 대통령직 인수위(위원장 안철수)는 지역균형발전특위와 함께 국정과제 및 실천과제(2022. 4. 27.)를 전격 발표하였는데, 3대 약속, 15대 국정과제가 그것들이다. 특히 국정과제 중 지방분권 강화 부분에서 "자치경찰권강화"도 선언했다. 즉 국가경찰로부터 이원화된 자치경찰제 실시를 통해 시·도지사 소속 자치경찰이 자치경찰사무 집행, 시·도지사가 지휘권 및 인사권을 행사, 기초단위(시·군·구)자치경찰제시범사업 실시 검토 등이다. 그리고 윤석열 정부 120대 국정과제 중에서 111번째에서 지방시대 실현을 위한 지방분권 강화, 즉 자치경찰권 강화와 함께 범정부 추진체계를 구성하여 모름지기 "이원화 자치경찰제 모델"을 마련 및 시범 실시하겠다고 발표했다.

윤석열 정부는 자치경찰제 이원화 추진 방안을 위해 우선 제주특별자치도, 세종특별자치시, 강원특별자치도, 전북특별자치도에서 시범실시를 예고했다. 위 시도에서 시범을 거친 후 그것을 성과 분석한 다음 곧바로 전국 시·도에 전면 시행할 예정임도 발표했다.

〈표 13-8〉 윤석열 정부의 이원화 자치경찰제 시행을 위한 미래 과제

시기	내용
2022 하반기	이원화 자치경찰제 발전 범정부 체계구성, 제주/세종/강원 시범실시 방안 마련
2023	3개 시도 (제주/세종/강원) 특별법 동시 개정
2024	제주/세종/강원 이원화 자치경찰제 시범 운영, 시범 후 성과 분석
2025	자치경찰 이원화를 위한 경찰법 및 지방자치법 개정
2026	이원화 자치경찰제 전국 시행

2022년 윤석열 정부 출범 후 행정안전부는 산하에 경찰국을 신설해 자치경찰 지원과에서 자치경찰제의 실질화 방안을 전담(2022. 8. 2.)하기로 했다. 본 경찰국에서는 총경 이상 인사를 심의하는 역할을 하며 더 나아가서 이론상으로 자치경찰제를 지원하는 역할도 함께 수행하고 있다. 윤석열 정부 국무총리 산하에는 우리나라 경찰제도발전위원회도 출범(2022. 9. 6.)시켜 2023년 6월까지 9개월간 활동하게 되었다. 본 위원회가 다루는 주요안건은 자치경찰제 발전방안, 경찰대학 개선방안, 경찰처우 개선 방안 등을 논의(6개월 후 필요시 6월 연장, 최대 1년까지)하는 게 큰 목적이다. 그러나 본 위원회는 다루는 안건들이 미해결되어 그 임기를 2023년 하반기까지 추가 연장하였다.

또한 윤석열 정부는 기존에 있던 대통령 소속 자치분권위와 균형발전위원회를 통합하여 대통령 소속 자문위원회로 이른바 "지방시대위원회"를 발족시킬 예정이다. 본 위원회가 탄생하여 윤석열 정부의 균형발전 컨트롤 타워의 역할을 수행할 예정으로 보여진다. 하지만 본 위원회는 기존의 관련법률들을 개정해야 하는 관계로 국회 입법부의 절차가 남아 있는 과제이기도 하다.

1) 인적 · 조직적 측면

경찰국의 조직은 경찰국장을 현직 치안감급으로 산하에 총괄지원과, 인사지원과 및 자치경찰지원과이며 각각 3급이나 4급 공무원 혹은 총경급이 맡도록 했다. 본 경찰국의 인력은 각 3개 과들이 각각 5명씩 15명 정도로 구성되었다.

[그림 13-8] 윤석열 정부 행정안전부 산하 경찰국의 조직도

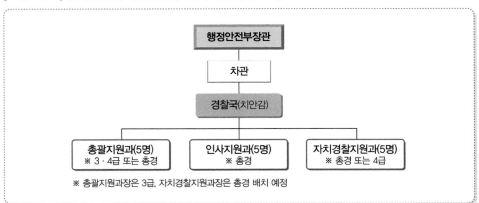

본 경찰국의 주요업무 중 하나는 국가경찰들을 대상으로 총경 승진인사 대상자를 선별해 인사권자인 청와대 대통령에게 추천하는 역할을 담당한다. 본 경찰의 예산은 소속 공무원의 인건비 및 운영비가 전부인데 약 5억원 정도다.

2) 법적 측면

기존의 경찰법을 개정하던가 아니면 단일 자치경찰법을 제정해야 한다. 기존의 경찰법에는 국가경찰과 자치경찰을 함께 법률에 담고 있다. 국가경찰이 분류된 자치경찰의 사무를 기존처럼 수행하는 일원화 자치경찰제로 출범하였기 때문이다.

3) 정치적 측면

윤석열 정부는 2022년 5월 10일 출범한 이후 다음과 같이 자치경찰권강화를 선언하였다.

❍ 대통령직 인수위지역균형특위, 국정과제 및 실천과제(2022. 4. 27)
   3대 약속 15대 국정과제: 국정과제 ① 지방분권 강화와 6. 자치경찰권강화 선언 등

특히 윤석열 정부는 국가경찰로부터 이원화된 자치경찰제 실시를 통해 시도지

사 소속의 자치경찰이 자치경찰사무를 집행하도록 하겠다고 밝혔다. 말하자면 시
도지사가 자치경찰에 대해 지휘권 및 인사권을 행사하도록 하겠다는 복안이다.

여기에 추가하여 기초단위(시/군/구) 자치경찰제 시범사업도 실시하는 방안을
적극 검토하기로 했는데, 이전 문재인 정부에 비해 보다 적극적인 자치경찰제 확
대를 위한 의지를 보여준 것으로 평가된다.

한편 윤석열 정부는 다음과 같이 국정과제를 제시하였다.

○ 윤석열 정부, 120대 국정과제 발표(2022. 7. 22)
  ☞ 윤석열 정부 120대 국정과제: 111 지방시대실현을 위한 지방분권 강화, 즉
    자치경찰권강화
  ☞ 범정부 추진체계 구성, 이원화 자치경찰제모델마련및 시범실시(제주특별자
    치도, 세종특별자치시, 강원특별자치도), 성과 분석 후 전국 시도에 전면
    시행 예정

한편 윤석열 정부의 이원화 자치경찰제 추진 일정을 정리해 보면 다음과 같
다. 대통령 선거공약 사업에서 이원화 자치경찰제를 도입하겠다는 입장표명이 대
통령 인수위원회 보고에 일부 나타나 있다. 문제는 입법 사항으로서 국회에서 여
야 간 협의와 합의가 이루어져야 하는 과제에 직면해 있다는 점이다.

○ 2022. 8. 2: 행정안전부 경찰국 신설, 경찰국 내 자치경찰지원과에서 자치경찰
  제 실질화 방안 전담
○ 2022. 9. 6: 국무총리 소속 위원회: 경찰제도발전위원회 출범
○ 주요안건: 자치경찰제 발전 방안, 경찰대학 개선방안, 경찰처우 개선 방안 논
  의(6개월 후 필요시 6개월 연장, 최대 1년)
○ 대통령 소속 자문위원회: 지방시대위원회 발족(기존 대통령 소속 자치분권위원
  회+균형발전위원회 통합 예정)
○ 현 정부 균형발전 컨트롤 타워 수행 예정. 단, 국정과제(자치경찰권 강화) 전
  담여부 미정

그리고 윤석열 정부의 이원화 자치경찰제 추진 일정을 정리해 보면 다음과 같
다. 무엇보다 2023년까지 이미 시범실시를 시행하기로 정한 제주, 세종, 강원특별

자치도에서 자치경찰제 시행을 위한 관련 특별법을 개정하는 노력을 기울이겠다는 것이다. 비록 시범 실시라고 하더라도 관련 법적 토대가 없이는 한 발자국도 앞으로 나아갈 수 없는 만큼 그 관련법의 토대를 갖추는 것이 급선무이다. 다가오는 2024년에 위의 3곳(제주, 세종, 강원)에서 시범실시를 시행하기 위해서는 2023년 12월 안에 법적 토대를 완전하게 갖추어야만 하는 과제에 직면해 있는 것이다.

7. 윤석열 정부의 이원화 자치경찰제 시범실시를 대비한 예측 모델

위에서 살펴본 바와 같이 2022년 5월 10일 출범한 윤석열 정부의 경우 국무총리 산하에 경찰제도발전위원회를 출범(2022. 9. 6.)시켜 2023년 6월까지 9개월간 활동하면서(최대 2023년 말까지 연장 예정) 향후 제주, 세종, 강원에서 시범 실시하게 될 이른바 "시범 실시 자치경찰제 모델"도 제시하게 되었다. 문제는 위 3곳의 지역 실정이 각각 다르다는 데에 고민이 있다. 이렇게 각기 다른 지역 실정에 맞는 하나의 공통된 시범 자치경찰 모델을 만들어 낸다는 것이 그렇게 간단하지 만은 않을 것으로 보인다. 또 하나는 이 3곳의 시범자치경찰제를 위해서 관련 법률을 국회에서 제정하는데, 이것을 고민하지 않을 수 없는 것이다. 2021년 7월 1일 우리나라 17개 광역시도에 자치경찰제가 시행될 때는 문재인 정부로 더불어 민주당이 여당이었다. 그러나 현재는 국민의 힘 출신의 윤석열 정부로 바뀌어 있는 상태이며 야당이 더불어 민주당 국회의원 수가 다수라서 이른바 시범 자치경찰제 모델 도입 관련 법률이 순조롭게 제정되느냐도 명확해 보이지 않는 실정이다. 결국 시범실시모델은 제주, 세종, 강원, 전북이 각각 자기모델을 만들어 적용하기로 했다.

한편 제주, 세종, 강원 지역이 모두 시범 실시 지역으로서 그 특색이 각기 다르기는 하지만, 그럼에도 불구하고 국무총리 산하의 경찰제도발전위원회 자치경찰소위원회가 1차적으로 세미나 발표를 통해 제시한 개략적인 향후 모델 방향을 정리해서 소개한 것으로 이해된다.[10) 무엇보다 2023년 6월 이후에는 각 이원화 자치경찰제 모델의 시범실시를 위한 광역시도가 확정되어 그 윤곽이 선명하게 드러날 것이다.

---

10) 본 자료는 국무총리 산하에 경찰제도발전위원회 자치경찰소위원회 위원인 이상훈 교수의 세미나 발표자료를 참고한 것임을 밝혀 둔다.

국무총리 산하 경찰제도발전위원회 산하 소위원회의 자치경찰제 정책세미나(23.3.3) 관련 쟁점 논의사항(발표자: 이상훈 교수)

① 이원화 자치경찰제 시범실시를 위한 제도설계 방안

■ 자치경찰 조직

  ○ (분석) 기존 시도경찰청-자치경찰본부, 기존 경찰서-자치경찰대 병설은 재 정확장이 불가피하여 국민 앞에 설득력이 낮고, 국회 통과가 어려움

  ○ (개선안) ① 자치경찰본부 자치경찰부장은 당연직 지방공무원으로 전환 또 는 신규채용(자치경찰본부는 시·도청 공간 활용)

  - 자치경찰부장(경무관) 정원은 우리가 가지고 오는 것이 좋겠음.

  ② 자치경찰대는 현재 기준 인근 경찰서 관할 구역 2~4개 묶어서 광역화, 관 할 재조정(자치경찰대는 기존 경찰서 공간 개선, 재배치)

  ③ 지구대·파출소는 소속에 따른 인적·관할상 구분이나 분할 없이 운용

  - 반드시 자치경찰이 가지고 와야 한다, 국가경찰이 해야 한다기보다는 오 히려 구분한다는 것만 피하면 좀 더 수비를 할 수 있을 것임.

  지구대와 파출소를 나눈다고 하는 것은 정말 우려됨.

■ 112 치안종합상황실 운영

  ○ (분석) 112치안종합상황실이 갖는 경찰의 핵심적 기능에 비추어 독점적 운 영은 불가함. '모두의 것은 누구의 것도 아닌 것'이어서 상황실 운영책임기 관 지정은 필수임.

  - 어느 기관이 먼저 주가되고 다른 기관이 부가되거나 파견이 되는 형태가 되어야지 공동근무, 합동이라는 것은 굉장히 위험한 행정이 될 수 있음.

  ○ (개선안) 어느 일방이 상황실 운영의 주체가 되는 경우, 일방에게는 상황 운 영 일일 정보 및 데이터 공유 등 산출물 공유의무 부여, 타방에게는 '정보 및 데이터 등 요구권' 부여

■ 자치경찰 인사: 시도지사의 본부장 임명권 및 일반적 지휘권 부여

  ○ (분석) 시·도지사에게 자치경찰제 운영에 따른 권한과 책임 일치의 의미가 있음. 이는 경찰행정이 행정경찰 외에 사법경찰권을 포함하므로 불공정한 법집행에 대한 우려가 있음.

  - 시·도지사가 본부장도 임명하고 자치경찰위원회 위원장까지 임명하게 되면 행정권력에 대한 감시·감독 기능이 없어지게 될 가능성이 많음.

  ○ (개선안) ① 본부장은 시·도 자경위가 복수 추천하여 시·도지사가 임명하 고, 위원장 지명권을 위원회 호선 또는 시·도의회 지명으로 변경

② 정책·심의 의결권(자경위), 일반적 지휘권(시·도지사), 집행지휘권(본부장)

　　※ 일반적 지휘권은 자치경찰본부장을 통한 지휘권으로 해석

■ 자치경찰의 초동조치권

　○ (분석) 경찰대응의 신속성은 범죄피해자 만족도 결정 1순위이므로 현장경찰관에게 포괄적인 권한을 부여해야 함. 그럼에도 현 형사소송법상 '초동조치권'에 관한 직접적인 정의 규정은 불비됨.

　○ (개선안) ① 형사소송법이나 경찰관직무집행법 등에서 근거규정 신설, ② 경찰법 또는 자치경찰법(가칭) 제정 시 근거규정 신설

　　※ 초동조치권: 피해자 보호, 피해품 회수, 범인 체포, 목격자 확보, 증거보전, (신속한 현장 도착 등 효과적 대응을 위한) 자치경찰제 시행의 보완적 권한

■ 자치경찰관의 지방공무원 신분전환

　○ ① 시범실시 대상 지역 중에서 선제적 신분전환 후 시범실시, ② 자의에 의한 신분전환자 및 비지원자에 대한 파견 등 인사지원 방안 검토, ③ 시범실시 이후 최종 신분전환은 당사자의 선택권 존중 및 선택시한제 운영

　○ 일반행정과 경찰행정의 직급 조정으로 신분전환 동기 제공

　　- 계급 통합하면서 파출소장을 5급으로 만들어주면 많이 지원해서 올 것이고, 경찰관의 지방공무원 복지직렬로 인사교류도 검토 필요 등이다.[11]

위에서 이상훈 교수가 발표한 세미나 자료를 참고로 이른바 "이원화 자치경찰제 시범 실시를 위한 제도설계 방안"을 세부적으로 살펴보면 다음과 같다. 여기에는 대략 우리나라의 자치경찰제가 처한 여러 가지 어려움과 고민들이 충분히 드러나 있음을 알 수 있다. 이처럼 이원화 자치경찰제를 만들기 위해서는 그 어느 것 하나 간단한 것은 없어 보이기 때문에 당정청 및 입법부인 국회가 머리를 맞대고 많은 고민을 해야 할 과제들로 보여진다.

위의 내용과 관련하여 하나씩 분석해 보면 다음과 같다.

첫째, 자치경찰의 조직문제이다.

이상훈 교수는 기존의 시도경찰청과 자치경찰본부의 설치는 재정문제 때문에 국회 통과가 어렵다는 분석을 내놓고 있다. 하지만 이는 경찰 관련 각 기능이 이

---

11) 이상훈. (2023). 자치경찰제 정책세미나(2023. 3. 3.) 관련 쟁점 논의, 발표자료 참조.

동할 때, 그에 따라 당연히 기존의 예산도 더불어 뒤따라 가도록 되어 있다. 물론 원칙은 그렇지만 문제는 국회가 과연 이러한 모델에 적극 동의 하느냐가 관건으로 남는다. 특히 자치경찰제를 하려면 제대로 해야지 지금처럼 명확하지 않은 일원화 자치경찰 모델에서 시행하는 것은 그 보완을 위한 재고가 필요하다고 본다.

국민의 안전을 담보해야 한다는 국가적 차원에서 볼 때, 최소한 자치경찰부 산하 생안안전과, 여성청소년과, 교통과 라도 온전하게 자치경찰위원회로 이관되는게 필요하다고 본다. 지금의 자치경찰제 일원화 운영 상황하에서는 뒤죽박죽 모델, 엉망진창 모델, 잃어버린 신혼부부 결혼반지 같은 모델이라는 비판에서 벗어나기 어려울 것으로 본다.[12]

둘째, 자치경찰의 인사이다.

국가경찰과 자치경찰제로 완전하게 이원화가 필요하다는 지적이 적지 않다. 이는 일원화로 운영하다 보니 많은 우여곡절이 많다는 문제점이 나타났음을 의미한다. 이원화 자치경찰제로 전환한다면 지금 시도지사에게 아무 권한이 주어져 있지 않은바, 자치경찰 본부체제로 전환할 시 시도지사에게 본부장 임명권과 일반적 지휘권을 주자는 논의도 나오고 있는 실정이다.

물론 시도지사의 월권행위를 예방하기 위해 자치경찰위원회가 복수 추천하여 시도지사가 임명하도록 함이 바람직 할 것으로 본다. 자치경찰위원회 위원장은 위원회 위원의 7명 중에서 호선하고 추후 위원장은 시도의회에서 청렴성과 전문성을 위해 도의회의 청문회를 거치는 방법도 고려해 볼 필요가 있다.

셋째, 자치경찰의 초동조치권이다.

현행 경찰법이나 가칭 자치경찰법을 통해 자치경찰의 초동조치권을 추가할 필요가 있다. 초동조치권이 반드시 필요한데 현재는 입법상 그 법적 근거가 매우 미비한 상태로 남아 있다. 그 입법이 불충분한 상태라는 이야기이다.

넷째, 자치경찰의 지방공무원 신분 전환이다.

향후 자치경찰제의 시범실시를 위해 가칭 자치경찰법을 제정해야 할 것으로 본

---

12) 본 연구자가 이렇게 표현하는 이유는 1945년 10월 미군정하에서 국가경찰이 창설된 이후 지구대/파출소는 생활안전과에 소속되어 2020년 말까지 유지되어 왔다. 그러나 2021년 1월 개정 경찰법의 시행을 앞두고 2020년 12월 말에 갑자기 국가경찰 사무인 112상황실로 지구대/파출소가 관련법 시행령을 통해 소속 변경이 단행된 것이다. 이는 대부분의 국민, 시민, 주민들이 모르고 있었으며 2021년 7월 1일 전국시도자치경찰위원회도 자치경찰제가 시행된 이후에야 비로서 알게 되었다. 지구대/파출소는 자치경찰제 시행에 있어서 손과 발의 역할을 해주는 조직인데 갑자기 국가경찰사무인 112상황실로 소속이 급속히 변경되는 바람에 많은 사람들이 크게 놀라지 않을 수 없었다.

다. 단 현재의 일원화 자치경찰제가 아니라 자치경찰이 국가경찰로부터 완전 분리될 가능성을 상정하면 말이다. 이를 위해서는 현재 국가경찰관들이 국가직을 떠나서 지방직으로 이관되어야 하는 과제가 있다. 이들이 이관되어 지방직 자치경찰로 특별임용될 때, 분명 계급상 인센티브를 제공하는 방안이 검토되어야 할 것으로 본다. 2006년 7월 1일 제주특별자치도에서 자치경찰제를 처음으로 창설할 때, 지원자가 없는 경우 1계급 상향 특별임용이라는 제안을 내놓은 바 있었다.

이상과 같이 향후 제주특별자치도, 세종특별자치시, 강원특별자치도에서 이원화 자치경찰제를 시범 실시할 경우를 대비해 크게 이슈가 되는 대목을 간단하게 살펴보았다. 윤석열 정부에서 향후 계획한 제주, 세종, 강원도에서 실시하게 될 자치경찰제의 시범 실시는 분명 현재의 일원화 자치경찰제가 아니라 자치경찰공무원을 선발해 운영하는 이원화 자치경찰제여야 함을 전제조건으로 하는 만큼 물론 그렇게 간단해 보이지 만은 않는다.

특히 국회에서 경찰법을 개정하거나 (가칭)자치경찰법을 제정해야만 하는 입법 문제가 또하나의 큰 넘어야 할 산이기 때문이다. 또한 2024년 4월에는 총선이 기다리고 있다. 총선을 통해 어느 정당이 많은 국회의석을 차지하느냐가 매우 중요한 변수가 될 것으로 본다. 즉 그 의석수 확보 결과에 따라 많은 변화도 예상될 것으로 예측되는데 주목할 점은 민주당의 문재인 정부에서 2021년 7월 1일 자치경찰제 시행시에 분류된 자치경찰사무를 그대로 국가경찰공무원이 담당해 주는 "일원화 자치경찰제 모델"로 도입되었다. 그 후 2022년 5월 10일 국민의 힘당 윤석열 정부가 출범해서는 국가경찰과 자치경찰을 완전 분리해 운영하는 "이원화 자치경찰제 모델"을 정부안으로 정했다.

하지만 중요한 것은 경찰제도가 각 당의 당론으로 정해져서는 안된다고 본다. 왜냐하면 우리의 경찰제도는 모름지기 경찰을 위해 존재하는 것이 아니라 오직 국민을 위해 존재한다는 사실에 주목할 필요가 있으며 여기서 바람직한 자치경찰제 방안을 위한 정답을 찾아 나가야 할 것으로 본다.

위에서 살펴보았듯이 지난 2021년 7월 출범한 전국시도자치경찰제는 많은 문제점을 내포하고 있음을 익히 언론지상에 수없이 발표된 바 있다. 법적, 제도적으로 많은 문제점을 보완해야 한다는 지적이 많았다. 이러한 현행 일원화 자치경찰제의 문제점을 개선하고자 서울특별시자치경찰위원회는 전국 광역시도자치경찰위원회 중에서 가장 적극적으로 이른바 〈서울시 이원화 자치경찰 모델안〉을 제시하

[그림 13-9] 자치경찰제 이원화 시범 실시 모델 도출을 위한 로드맵

출처: 경기도북부자치경찰위원회(2023).

였다는 점에서 전문가들로부터 많은 관심을 받고 있다.[13]

윤석열 정부의 자치경찰제 도입의 방향은 무엇이 국민의 안정을 위한 바람직한 자치경찰제 모델(안)인지에 대해 심층 고민과 함께 연구를 통해 좋은 방안이 나오길 기대해 본다.

무엇보다 강원, 전북, 세종, 제주에서도 이원화 자치경찰제 시범 실시 모델을 만들어 내고 동시에 경찰제도발전위원회에서도 협의해 최종 모델을 구축한 후 이를 5월에 공동안을 마련할 것으로 본다. 그 로드맵은 [그림 13-9]와 같다. 만일 본 로드맵 대로 순조롭게 진행이 된다면 2023년 말까지 관련 시범실시 법이 국회를 통과하여 2024년에는 강원, 전북, 세종, 제주에서 이원화 자치경찰제가 시행될 것으로 본다.

8. 윤석열 정부의 국무총리 소속 경찰제도발전위원회(경발위)와 시범실시 모델

국무총리 소속 경찰제도발전위원회(경발위)는 2023년 5월 2일 제11차 회의를 열고 5월 23일 최종 권고안 발표를 앞두고 ▲현장경찰 역량강화 방안 ▲자치경찰 이원화 방안 ▲국가경찰위원회 개편방안 ▲행안부장관의 경찰청 지휘 감독체계 보완 방안 ▲경찰대학 개혁방안에 대한 의견을 종합적으로 정리했다.[14]

본 경찰제도발전위원회는 이제 2023년 5월 23일(제12차 회의)를 마지막으로 해산한다. 따라서 이 회의를 마지막으로 그동안 주요 안건으로 다루어 왔던 자치경찰 이원화 방안도 내놓는다. 즉 강원, 전북, 세종, 제주에서 향후 시범실시해 보

---

13) 서울시자치경찰위원회는 2023년 4월 현행 일원화 자치경찰제의 문제점을 극복하고자 자체적으로 〈서울시 이원화 자치경찰 모델안〉을 제시하였다

14) https://www.newspim.com/news/view/20230502001046(검색일: 2023. 5. 2).

고 전국으로 확대 적용하게 될 이른바 "이원화 자치경찰 모델"도 내놓게 되었다. 하지만 본 모델은 결정되었다고 그대로 적용되는 것이 아니고 사전에 국회에서 이원화 자치경찰제 시행을 위한 법률이 만들어져야 한다. 아무리 좋은 자치경찰제 이원화 모델과 제도가 만들어진다 할지라도 법률이 만들어지지 않으면 아무것도 이루어질 수 없는 것이다. 그러나 경찰제도발전위원회는 안건합의에 이르지 못해 그 활동기간을 또다시 2023년 하반기까지 연장하게 되었다.

이제 경찰제도발전위원회와 머리를 맞댄 강원, 전북, 제주, 세종시가 만들어내는 합의된 이원화 자치경찰제 모델이 최종적으로 만들어지는 것과 이를 위한 법적 토대인 법률이 나와서 향후 우리나라의 바람직한 이원화 자치경찰제가 자리잡게 되기를 기대한다.

참고문헌

1. 저서 및 보고서

경찰청. (2016). 「2015 경찰통계연보」.

경찰청. (2022). 「경찰백서」. 서울: 경찰청.

경찰청. (2021). 「경찰백서」. 서울: 경찰청.

경찰청. (2020). 「경찰백서」. 서울: 경찰청.

경기개발연구원. (2013). 「광역자치단체 특별사법경찰의 운영 개선 방안」, 정책연구 보고서 2013-13호.

권용수. (2012). 「특허청 공무원의 업무전문성 강화를 위한 조직 및 인적자원관리 개선방안」, 한국행정학회.

고인종・강영훈. (2018). 자치경찰제의 효율적인 운영방안에 대한 연구 – 제주특별자치도 자치경찰공무원의 인식을 중심으로 –, 「한국위기관리논집」, 11(1).

고문현. (2009). 「환경특별사법경찰제도 개선방안에 관한 연구」, 환경부.

국토해양부 철도특별사법경찰대. (2011). 「2009 철도경찰통계연보」, 대전: 철도특별사법경찰대.

국토교통부 철도특별사법경찰대. (2014). 「2014 철도경찰통계연보」, 대전: 철도특별사법경찰대.

국토해양부(한국형사정책연구원). (2011). 「철도치안 효율화 방안 연구」, 국토해양부 발주 2011 연구용역보고서.

금창호・권오철・하동현. (2012). 제주자치경찰제도의 정책평가와 개선과제, 「한국지방행정연구원 보고서」.

김충남. (2008). 「경찰학개론」. 서울: 박영사.

김찬동・이세구. (2009). 「특별사법경찰제도의 장기발전방안」, 서울시정개발연구원 보고서, 2009-PR-51.

농촌진흥청. (2001). 「특별사법경찰관리 직무교육교재」.

대검찰청. (2010). 「2010년 특별사법경찰 업무처리 현황 및 성과지표 분석 보고서」.

대검찰청. (2014). 특사경회의자료.

법무부. (1990). 「각국의 사법경찰제도 II」, 과천: 법무부.

법무연수원. (2010). 「범죄백서」, 법무연수원.

법무연수원. (2011). 「범죄백서」. 용인: 법무연수원.

법무연수원. (2012). 「특별사법경찰 수사실무과정(기초)」, 용인: 법무연수원.

법무연수원. (2015). 「특별사법경찰 수사실무과정(II)」, 용인: 법무연수원.

박노섭. (2006). "독일의 수사경찰", 「비교경찰론」, 서울: 수사연구서.

백창현. (2007). "특별사법경찰의 현황 및 개선방향", 한국형사정책연구원, 「형사정책연구」, 제8권 제4호.

법무부. (1990). 「각국의 사법경찰제도 II」, 과천: 법무부.

법무부. (2003). 「특별사법경찰관리 지명절차 등에 관한 지침」.

손기웅. (2009). 사회통합 긍정적 측면 – 독일통일 20년.

승재현・전현욱(대검찰청). (2015). 「특별사법경찰 역량강화 및 지휘체계 개선 방안」, 대검연구용역보고서.

서울특별시(한국정책학회, 책임연구 신현기, 공동연구 이상열, 남재성, 양재열). (2017). 「서울시 특별사법경찰 10년, 자치경찰제로의 전환을 위한 발전방안 연구」, 연구용역 최종보고서, 2017, pp. 1–296.

서울시정개발연구원. (2009). 「특별사법경찰제도의 장기발전방안」.

서울특별시. (2011). 「서울시민의 건강・안전・행복 지킴이 서울시 특별사법경찰」.

서울시. (2016). 시정현황 자료(2016. 10월 현재).

서울시 행정국. (2009). 행정사무감사 자료.

신윤창・안치순. (2017). "남북한 치안체제 비교 및 통일대비 통합방안", 「한국비교정부학보」, 21(1).

신현기. (2021). 『자치경찰 – 제주자치경찰제도의 체계적 접근 –』, 파주: 법문사.

신현기. (2021). 『자치경찰론(제6판)』, 부평: 진영사.

신현기. (2017). 『자치경찰론(제5판)』, 부평: 진영사.

신현기. (2010). 『자치경찰론(제4판)』, 부평: 진영사.

신현기・남재성・곽태석・박동균・김미호. (2021). 『새경찰학개론(제7판)』, 서울: 우공출판사.

신현기・이상열・남재성・양재열. (2018). 「서울시 특별사법경찰 10년, 자치경찰제도의 전환을 위한 발전방안 연구」, 서울시 연구보고서.

신현기・박경래・승재현・김도우(한국형사정책연구원). (2012). 「특사경 전담조직 활성화 방안에 관한 연구」, 연구총서 12–AB–05.

신현기 외. (2021). 『새경찰학개론(제7판)』, 서울: 우공출판사.

신현기 외. (2017). 『새경찰학개론(제5판)』, 서울: 우공출판사.

신현기 외 29인. (2015). 『새경찰학개론』, 서울: 우공출판사.

신현기・김학경・김형만 외. (2021). 『비교경찰제도론(제6판)』, 파주: 법문사.

신현기. (2015). 『경찰학개론(제2판)』, 파주: 법문사.

신현기. (2022). 「경찰학개론(개정3판)」, 파주: 법문사.

신현기. (2018). 『경찰조직관리론(제6판)』, 파주: 법문사.

신현기. (2018). 『경찰인사관리론(제6판)』, 파주: 법문사.

신현기·박억종·안성률·이상열·남재성. (2012). 『경찰학사전』, 파주: 법문사.

신현기. (2017). 『특별사법경찰론』, 파주: 법문사.

신현기. (2022). 『특별사법경찰론(제2판)』, 파주: 법문사.

신현기. (2014). 「비교경찰제도론」, 서울: 우공출판사.

신현기. (2019). 「선거범죄수사론」, 서울: 우공출판사.

신현기·황정용. (2021). 「성폭력사건수사론」, 서울: 우공출판사.

신현기·김창준·진병동. (2020). 「경찰수사지휘론」, 서울: 우공출판사.

신현기·류은희. (2020). 「자금추적수사론」, 서울: 우공출판사.

신현기·강문봉. (2021). 「성폭력관련법률 및 판례」, 서울: 우공출판사.

신동운. (2008). 『형사소송법』, 파주: 법문사.

양영철. (2008). 「자치경찰론」, 서울: 대영문화사.

양문승. (2001). 『지역사회경찰활동론』, 서울: 대영문화사.

안영훈. (2005). 「우리나라 특별사법경찰제도의 개선방안 연구」, 과천: 법무부.

안영훈. (2005). 「유럽의 자치경찰제 모형에 관한 연구」, 치안정책연구소.

안용식·강동식·원구환. (2000). 『지방행정론』, 서울: 대영문화사.

임창호. (2013). 『지역사회경찰활동』, 서울: 청목출판사.

이성용 외. (2015). 『비교경찰론』, 서울: 박영사.

이시원. (2014). 「자치조직권 확대 방안 연구」, 지방자차학회.

이영돈·박창호. (2005). 『비교수사제도론』, 서울: 박영사.

이황우·김진혁·임창호. (2003). 『경찰인사행정론』, 서울: 법문사.

조철옥. (2008). 『경찰학개론』, 서울: 대영문화사.

정병하·임정호. (2009). 특별사법경찰조직의 전문화 방안에 관한 연구, 한국형사정책연구원, 2009년도 대검찰청 연구용역보고서.

정균환. (1996). 『자치경찰』, 서울: 신유출판사.

지방분권촉진위원회. (2013). 「지방분권백서」, 서울: 대통령소속 지방분권촉진위원회.

지방행정체제개편추진위원회. (2012). 「한국적 자치경찰제 실시방안 연구보고서」.

지방행정체제개편추진위원회. (2012). 「새로운 행정수요에 따른 한국적 자치경찰제 실시방안 연구」.

지방분권촉진위원회. (2013). 『지방분권백서』, 서울: 대통령소속 지방분권촉진위원회.

홍의표. (2012). 「한국적 자치경찰제 실시방안 연구」, 한국법제연구원 수행 제3차 중간보고서.

한국형사정책연구원(박경래, 승재현, 신현기, 김도우). (2012). 특사경 전담조직 활성화 방안에 관한 연구, 연구총서 21-B-01.

한국형사정책연구원(박경래 외). (2021). 한국형 자치경찰제 시행 및 정착에 관한 연구
(III), 연구총서 12-AB-05.

한국형사정책연구원(승재현). (2015). 특별사법경찰 역량강화 및 지휘체계 개선 방안,
연구총서.

한국형사법무정책연구원(박준휘 외 7명). (2021). 「한국형 자치경찰제 시행 및 정착에
관한 연구(III)」, 연구총서 21-B-01.

한국자치경찰연구원(신현기·안영훈). (2015). 「자치경찰의 특별사법경찰 사무수행 범위
에 관한 연구」, 최종보고서.

한국지방행정연구원(안영훈·한부영). (2013). 지방자치단체 특별사법경찰 운영실태 및
발전지원방안 연구, 2013-12, 연구보고서, 2013 〈대통령 소속 지방자치발전위
원회 연구영역 발주〉.

환경부·대검찰청. (2005). 「환경사법경찰 특별교육 교재」.

환경부. (2009). 「환경특별사법경찰제도 개선방안에 관한 연구」, 최종보고서.

한겨레신문사. (1989). 「독일통일백서」.

2. 논 문

강선주. (2012). 지방분권 강화를 위한 자치경찰제에 관한 연구, 박사학위논문. 경상대
학교 대학원.

강세웅. (2012). 자치경찰제 성공적 정착을 위한 발전방안에 관한 연구, 제주대학교 행
정대학원 석사학위논문.

권용수. (2012). 특허청 공무원의 업무전문성 강화를 위한 조직 및 인적자원관리 개선
방안, 한국행정학회.

곽영길. (2012). 지방정부의 특별사법경찰제도에 관한 연구. 「한국자치행정학보」, 26(1).

곽영길·이승철. (2019). 자치경찰위원회의 구성 및 운영에 관한 소고. 치안정책연구소,
「치안정책연구」.

고창경. (2020). 제주자치경찰의 존치 필요성과 지속적인 발전 방안, 2020년 10월 세미
나 발표자료.

고인종·강영훈. (2015). 자치경찰제의 효율적인 운영방안에 대한 연구 – 제주특별자치
도 자치경찰공무원의 인식을 중심으로 –, 「한국위기관리논집」, 11(1).

김원중. (2018). 제주자치경찰의 운영상 문제점과 개선방안, 「법과정책」, 24(2).

김성호·안영훈. (1998). 「자치경찰제의 준거틀과 모형 설계」, 한국지방행정연구원.

김성호. (2012). 국가경찰제 구조화에 관한 연구 – 자치경찰제 도입을 중심으로 –, 경
기개발연구원, 「GRI 연구논총」, 14(2).

김성훈, "자치경찰제에 근거한 남북한 경찰통합에 대한 연구", 서울대학교 통일평화연구원, 「통일과 평화」, 11(2).

김상호. (2019). 자치경찰제도 도입에 대한 시민태도 영향요인 분석. 치안정책연구소, 「치안정책연구」.

김길덕. (2016). 지역사회 안전확보를 위한 자치경찰제도 활성화 방안에 관한 연구, 영산대학교 법무·경영대학원 석사학위논문.

김도훈. (2016). 제주자치경찰제의 발전방안에 관한 연구, 부산대학교 행정대학원 석사학위논문.

김동규. (2017). 제주자치경찰 운영 현황 및 제도상 한계, 「시민과 함께하는 바람직한 자치경찰제 방향 모색 포럼」, 서울특별시 세미나자료(2017. 7. 21).

김민규. (2009). 특별사법경찰제도의 공법적 고찰: 일반행정기관에의 사법경찰권 부여에 관한 법치국가적 타당성 검토, 고려대학교 대학원 석사학위논문.

김봉구. (2014). 제주특별자치도 자치경찰의 효율화 방안, 「법정리뷰」, 31(1).

김병준. (1996), 자치경찰제도 도입의 의의와 도입모델, 「경실련 월간정책자료」.

김선아. (2013). 학교보안관의 업무에 관한 문화기술적 연구, 한국치안행정학회, 「한국치안행정논집」, 9(4).

김성은. (2009). 환경특별사법경찰제도의 현황과 개선방안 검토: 환경감사관 제도의 도입을 계기로, 한국형사정책연구원, 「형사정책연구」, 80.

김성호. (2012). 국가경찰제 구조화에 관한 실증연구 − 자치경찰제 도입을 중심으로 −, 경기개발연구원, GRI 연구논총, 14(2).

김수민. (2017). 서울시 여성안심 프로그램의 효과성 분석, 동국대학교 대학원 석사학위논문.

김영택. (2003). 자치경찰제도의 도입방안에 관한 연구, 동국대학교 행정대학원 석사학위논문.

김종수. (2009). 한국 자치경찰의 수사기능에 관한 고찰 − 특사경 사무를 중심으로 −, 「한국정부학회 동계학술논문발표회」.

김종오·김태진. (2011). 특별사법경찰의 교육훈련 효율성 제고 방안에 관한 연구, 한국공안행정학회, 「한국공안행정학회보」, 20(3).

김종오. (2011). 소방특별사법경찰의 역할 제고 방안, 한국공안행정학회, 「한국공안행정학회보」, 20(4).

김찬동·이세구. (2010). 특별사법경찰제도의 장기발전 방안, 서울시정개발연구원 연구보고서.

김찬선. (2014). 사회안전망과 지역사회주민의 안전생활만족의 관계, 한국콘텐츠학회, 「한국콘텐츠학회논문지」, 14(6).

김칠성. (2009). MB정부의 지방자치(행정)체제의 광역화 개편 정책과 최적합 자치 경찰모형의 탐색, 한국치안행정학회, 「한국치안행정논집」, 6(2).

김창윤. (2020). "북한의 치안정책에 관한 연구", 한국경찰학회보, 제22권 제4호(통권83호).

김해모. (2013). 우리나라 자치경찰 도입 방향에 관한 연구, 전남대학교 행정대학원 석사학위논문.

김해룡 외. (2008). 지방분권제도의 실질적 구현을 위한 법제정비에 관한 연구, 서울: 공법학회.

남재성. (2010). 자치경찰제에 대한 일선 국가경찰관들의 인식, 「경찰학논총」, 5(2).

노성훈・김학경. (2012). 지하철범죄 예방 전략: 서울 지하철의 성범죄를 중심으로, 「한국콘텐츠학회 논문지」, 12(3).

노호래. (2004). 지방분권 시대의 경찰사무 배분 방안, 한국경찰학회, 「한국경찰학회보」, 8.

대통령 소속 자치분권위원회. (2018). 자치경찰제 특별위원회안 발표 및 정책토론회 발표자료, 2018. 11. 13.

문성호. (2018). "경찰민주화와 자치경찰 전환", 대통령 소속 자치분권위원회, 자치경찰제 도입원칙과 바람직한 정책방향, 2018.5.3. 세미나 자료집.

문재우. (2003). 한국의 자치경찰제 모형 설정에 관한 연구, 한국공안행정학회, 「한국공안행정학회보」, 15.

문성호. (2017). 뉴시스와의 인터뷰.

민형동. (2007). 특별사법경찰의 현황 및 개선방안, 한국민간경비학회, 「한국민간경비학회보」, (10).

명도현. (2013). 경찰의 치안서비스 품질 측정지표 개발과 적용에 관한 연구, 원광대학교 대학원 박사학위논문.

백윤지. (2017). 여성안전정책이 지역범죄예방에 미치는 효과 분석, 서울대학교 대학원 석사학위논문.

백창현. (2007). 특별사법경찰의 현황 및 개선방안 - 환경부와 국가보훈처를 중심으로 -, 한국형사정책연구원, 한국형사정책연구원, 「형사정책연구」, 18(4).

박성수. (2017). 자치경찰제의 의미와 중요성, 「지방행정」, 10월호.

박성수. (2002). 자치경찰제 도입에 따른 경찰예산확보에 관한 연구, 4.

박억종. (2006). 한국형 자치경찰제도의 도입 방안에 관한 연구, 세종대학교 일반대학원 행정학 박사학위논문.

박억종. (2006). 자치경찰제 도입에 따른 정부법안과 시도지사협의회법안의 비교연구, 한국경찰발전연구학회, 「한국경찰연구」, 5(1).

박억종. (2008). 바람직한 한국형 자치경찰제도의 방향, 한국자치경찰학회, 「자치경찰연구」, 1(1).

박억종. (2008). 경찰과 지역사회의 활성화 방안, 한국자치경찰학회, 「자치경찰연구」, 1(2).

박진현. (2000). 우리나라 자치경찰 도입방안에 관한 실증적 연구, 한국공안행정학회, 「한국공안행정학회보」, 9.

박종승・배정환. (2013). 자치경찰관의 업무특성 요인이 조직성과 인식에 미치는 영향, 치안정책연구, 27(2).

박경래・승재현. (2012). 특별사법경찰의 운영실태와 현황 및 문제점, 한국특별사법경찰학회, 제1회 춘계학술세미나 발표자료.

박경래・이원상. (2009). 「특별사법경찰의 효율적 직무수행 방안에 관한 연구: 수사장구 사용 및 불심검문을 중심으로」, 2009년도 대검찰청 연구용역보고서.

박영순. (1993). 우리나라 철도공안행정체제의 제도화를 위한 연구, 대전대학교 경영행정대학원, 석사학위논문.

심익섭. (2017). 왜 자치경찰제인가?, 「지방행정」, 10월호.

심기환. (2007). 지방자치경찰제 실시에 따른 치안서비스 결정요인에 관한 연구 - 주민과 공무원 인식을 중심으로 -, 건국대학교 대학원 박사학위논문.

손영택. (1998). 사법경찰관리의 직무를 행할 자와 그 직무범위에 관한 법률: 비공무원에 대한 사법경찰권의 부여에 관하여, 「법제」, (483).

성수영. (2018). 한국형 자치경찰제 모델에 관한 연구, 석사학위논문, 경북대학교 대학원.

서범규. (2005). 참여정부 자치경찰 도입안의 주요 쟁점에 관한 분석, 한양대학교 지방자치대학원 석사학위논문.

서울시민생사법경찰단. (2017). 내부자료.

서울특별시. (2019). 「자치경찰제의 성공적 안착을 위한 도입방안」.

서울연구원. (2017). 시민이 원하는 바람직한 자치경찰제도의 원칙과 방향, 세미나 자료.

송하칠. (2013). 제주지역 자치경찰관과 국가경찰관의 직무만족에 관한 비교연구. 박사학위논문. 가천대학교 대학원.

석기호. (2009). 우리나라 자치경찰의 효율적 운영 방안: 제주자치경찰을 중심으로, 원광대학교 행정대학원 석사학위논문.

송병일. (2015). 합리적인 자치경찰제 도입 방안에 관한 연구, 한국자치경찰학회, 「자치경찰연구」, 8(1).

송영지. (2015). 자치경찰의 문제점, 「강원법학」, 43.

사법경찰관리의 직무를 행할 자와 그 직무범위에 관한 개정법률(법률 제11459호)

신승균·김종수. (2008). 한국 자치경찰의 특별사법경찰사무 수행에 관한 연구, 한국자치경찰학회, 「자치경찰연구」, 1(1).

신인봉. (2008). 제주자치경찰의 실시현황 및 개선방안, 한국자치경찰학회, 「자치경찰연구」, 1(2).

신상영. (2011). 생활안전 관점에서 본 서울의 도시환경적 특성 연구. 서울시정개발연구원.

신상영·조권중·장현석. (2013). 서울의 범죄위험지역 분석 및 안전증진 방안 연구. 서울연구원.

신상태. (2014). 사회안전망 구축과 시민문화 및 지역사회 결속의 관계, 석사학위논문. 서울벤처대학원대학교.

신현기. (2019). 문재인 정부의 자치경찰제 도입 방향과 시범실시, 12(2).

신현기. (2013). 관광경찰제 도입에 관한 실태분석, 「자치경찰연구」, 제6권 제2호(통권 14호, 2013년 여름).

신현기. (2014). 우리나라 관광경찰제의 현황과 미래지향적 제언, 「치안정책연구」, 치안정책연구소, 28(1).

신현기. (2007). 제주자치경찰제의 실태분석과 개선방안에 관한 연구. 「한국경찰연구」, 6(2).

신현기. (2010). 프랑스 리용(Lyon)시의 자치경찰제에 관한 연구. 「자치경찰연구」, 3(1).

신현기. (2010). 자치경찰제 모형의 다양성과 제주자치경찰제의 특성에 관한 연구. 「자치경찰연구」, 9(3): 1-29.

신현기·임종헌. (2011). 자치경찰제의 전국 확대 실시 가능성에 대한 연구, 「자치경찰연구」, 4(1).

신현기·김학배. (2011). 호주경찰제도의 구조와 특징에 관한 연구, 「자치경찰연구」, 4(2).

신현기·이상열. (2011). 오스트리아 경찰제도에 대한 역사적 고찰, 「자치경찰연구」, 4(3).

신현기. (2011). 제주자치경찰공무원의 승진현황과 개선방안에 관한 연구, 「한국치안행정논집」, 8(3): 1-24.

신현기. (2012). 지방행정체제개편추진위원회를 통해서 본 자치경찰제의 과제와 모델 고찰, 「자치경찰연구」, 5(1).

신현기·이임걸. (2012). 프랑스 군인경찰제도에 관한 연구, 「자치경찰연구」, 5(3).

신현기. (2012). 제주자치경찰단 특별사법경찰제의 실태분석과 개선방안에 관한 연구,

「한국경찰연구」, 11(3): 143-170.

신현기·홍의표. (2011). 자치경찰제의 전국 확대 실시 가능성에 대한 연구, 「자치경찰연구」, 4(1).

신현기. (2013). 캐나다 자치경찰제도에 관한 연구, 「자치경찰연구」, 6(3).

신현기. (2013). 노무현·이명박·박근혜 정부의 자치경찰제에 대한 실태 분석, 「치경찰연구」, 6(4).

신현기. (2014). 제주자치경찰제에 대한 역사적 고찰, 「자치경찰연구」, 7(1).

신현기. (2015). 제주자치경찰제의 변화와 박근혜 정부 자치경찰제의 전망, 「자치경찰연구」, 8(1).

신현기. (2015). 제주자치경찰제의 실태분석과 박근혜 정부의 자치경찰제 도입 방향, 「한국경찰연구」, 14(2).

신현기. (2016). 자치경찰제 시행을 대비한 서울시 특별사법경찰단의 운영실태와 발전 방안에 관한 연구, 「자치경찰연구」, 9(1).

신현기·이진경·김재주. (2016). 박근혜 정부의 자치경찰제 도입에 대한 실태 분석, 「자치경찰연구」, 9(2).

신현기·김재주. (2016). 제주특별자치도 자치경찰 활동의 목표 설정과 평가 분석, 「자치경찰연구」, 9(3).

신현기. (2013). 캐나다 자치경찰제도에 관한 연구, 한국자치경찰학회, 「자치경찰연구」, 제6권 제3호.

신현기. (2015). 제주자치경찰제의 실태분석과 박근혜 정부의 자치경찰제 도입 방향, 한국경찰연구학회, 한국경찰연구, 14(2).

신현기. (2016). 자치경찰제 시행을 대비한 서울시 특별사법경찰단의 운영실태와 발전 방안에 관한 연구, 한국자치경찰학회, 「자치경찰연구」, 9(1).

신현기. (2001). 지방자치경찰제도 도입의 당위성 분석(한독사회과학논총).

신현기. (2001). 우리나라 자치경찰제 도입에 관한 연구(한세대 교수논총).

신현기. (2002). 프랑스 경찰제도의 구조와 특징에 관한 역사적 고찰(한세대 교수논총).

신현기. (2003). 절충형 자치경찰제 도입에 관한 연구(한독사회과학논총).

신현기. (2004). 이탈리아 경찰제도의 구조와 특징에 관한 연구(한국경찰연구).

신현기. (2004). 스페인 경찰제도의 구조와 특징에 관한 연구(한세대 교수논총).

신현기. (2004). 프랑스 자치경찰의 특징에 관한 연구(한국경찰연구).

신현기. (2005). 스위스 경찰제도의 구조와 특징에 관한 연구(한세대 교수논총).

신현기. (2006). 미국의 경찰조직체계와 특징에 관한 연구, 한국유럽행정학회, 「한국유럽행정학회보」, 3(1).

신현기. (2006). 제주특별자치도 자치경찰공무원의 선발절차에 관한 연구, 한국유럽행정학회, 「한국유럽행정학회보」, 3(2).

신현기. (2006). 자치경찰과 국가경찰간의 업무협약에 관한 연구, 한세대학교, 「교수논총」, Vol. 22.

신현기. (2007). 벨기에 자치경찰의 구조와 특징에 관한 연구, 한국유럽행정학회, 「한국유럽행정학회보」, 4(1).

신현기. (2007). 제주자치경찰제의 실태분석과 개선방안에 관한 연구, 한국경찰발전연구학회, 「한국경찰연구」, 6(2).

신현기. (2008). 제주자치경찰의 인력확보 대책에 관한 고찰, 한국경찰발전연구학회, 「한국경찰연구」, 7(1).

신현기. (2008). 도농복합형 기초자치단체의 자치경찰 운영모형에 관한 연구, 한국경찰발전연구학회, 『한국경찰연구』, 7(2).

신현기. (2008). 참여정부의 자치경찰법안에 관한 역사적 고찰, 한국자치경찰학회, 「자치경찰연구」, 1(1).

신현기. (2008). 제주자치경찰의 기구개편과 성과에 관한 고찰, 한국자치경찰학회, 「자치경찰연구」, 1(2).

신현기. (2009). 제주자치경찰의 입직・승진제도 현황과 활성화 방안에 관한 고찰, 한국치안행정학회, 「한국치안행정논집」, 6(2).

신현기 외. (2009). 멕시코 자치경찰제도에 관한 연구, 한국자치경찰학회, 「자치경찰연구」, 2(1).

신현기. (2010). 프랑스 리용(Lyon)시 자치경찰에 관한 연구, 한국자치경찰학회, 「자치경찰연구」, 3(1).

신현기. (2010). 자치경찰제 모형의 다양성과 제주자치경찰제의 특성에 관한 연구, 한국자치경찰학회, 「자치경찰연구」, 3(2).

신현기. (2010). 영국경찰제도의 구조와 특징에 관한 연구, 한국유럽행정학회, 「한국유럽행정학회보」, 7(1).

신현기. (2002). "북한 경찰(인민보안성)에 관한 연구," 한독사회과학회, 『한독사회과학논총』, 제12권 제2호.

신현기. (2011). 제주자치경찰공무원의 승진현황과 개선방안에 관한 연구, 한국치안행정학회, 「한국치안행정논집」, 8(4).

신현기. (2011). 자치경찰제의 전국확대실시 가능성에 대한 연구, 한국자치경찰학회, 「자치경찰연구」, 4(1).

신현기. (2011). 호주경찰제도의 구조와 특징에 관한 연구, 한국자치경찰학회, 「자치경찰연구」, 4(2).

신현기. (2011). 오스트리아 경찰제도에 대한 역사적 고찰, 한국자치경찰학회, 「자치경찰연구」, 4(3).

신현기. (2012). 지방행정체제개편추진위원회를 통해서 본 자치경찰제의 과제와 모델 고찰, 한국자치경찰학회, 「자치경찰연구」, 5(1).

신현기 외. (2012). 프랑스 군인경찰제도에 관한 연구, 한국자치경찰학회, 「자치경찰연구」, 5(3).

신현기. (2012). 제주자치경찰단 특별사법경찰제의 실태분석과 개선방안에 관한 연구, 한국경찰연구학회, 「자치경찰연구」, 11(3).

신현기. (2013). 독일자치경찰제도에 관한 연구, 한국자치경찰학회, 「자치경찰연구」, 6(1).

신현기. (2013). 관광경찰제 도입논쟁에 관한 실태분석, 한국자치경찰학회, 「자치경찰연구」, (6)2.

신현기. (2013). 캐나다 자치경찰제도에 관한 연구, 한국자치경찰학회, 「자치경찰연구」, 6(3호).

신현기. (2013). 노무현·이명박·박근혜 정부의 자치경찰제에 관한 실태분석, 한국자치경찰학회, 「자치경찰연구」, 6(4).

신현기. (2014). 제주자치경찰제에 대한 역사적 고찰, 한국자치경찰학회, 「자치경찰연구」, 7(1).

신현기. (2014). 우리나라 관광경찰제의 현황과 미래지향적 제언, 치안정책연구소, 「치안정책연구」, 28(1).

신현기. (2015). 독일 주경찰단위의 범죄예방 프로그램에 관한 연구 - 바이에른주 안전 감시제도와 바덴-뷔르템베르크주 자원경찰관제도를 중심으로 -, 한국민간경비학회, 「자치경찰연구」, 14(1).

신현기. (2015). 제주자치경찰제의 변화와 박근혜 정부 자치경찰제의 전망, 한국자치경찰학회, 「자치경찰연구」, 8(1).

신현기. (2015). 제주자치경찰제의 실태분석과 박근혜정부의 자치경찰제 도입 방향 -, 한국경찰연구학회, 「자치경찰연구」, 14(2).

신현기. (2016). 자치경찰제 시행을 대비한 서울시 특별사법경찰단의 운영실태와 발전 방안에 관한 연구, 한국자치경찰학회, 「자치경찰연구」, 9(1).

신현기. (2016). 독일 바이에른주와 바덴-뷔르템베르크주 경찰개혁의 현황과 실태분석, 한국경찰연구학회, 「자치경찰연구」, 15(2).

신현기. (2016). 박근혜 정부의 자치경찰제 도입에 대한 실태분석, 한국자치경찰학회, 「자치경찰연구」, 9(2).

신현기. (2016). 제주특별자치도 자치경찰 활동의 목표설정과 평가 분석, 한국자치경찰학회, 「자치경찰연구」, 9(3).

신현기. (2017). 일본 광역단위 자치경찰제도에 관한 연구, 한국자치경찰학회, 「자치경찰연구」, 10(1).

신현기. (2017). 자치경찰제도의 도입방향과 모델. 서울시 주최 시민과 함께하는 바람직한 자치경찰제 방향 모색 포럼.

신현기. (2017). 서울시 자치경찰제도 도입을 위한 원칙과 방향, 서울연구원 2017 분권포럼, 자치경찰 추진을 위한 쟁점과 과제(2017. 11. 21).

신현기. (2019). 문재인 정부의 자치경찰제 도입 방향과 시범실시, 한국자치경찰학회, 「자치경찰연구」, 12(2).

신현기. (2017). "프랑크푸르트시 도시경찰제와 서울시 자치경찰제 도입에 관한 실태분석", 한국치안행정학회, 「한국치안행정논집」, 13(4).

신현기. (2022). 문재인 정부의 자치경찰제 도입에서 나타난 문제점과 향후 발전 방향, 한국자치경찰연구학회, 「한국자치경찰논총」, 제1권 제1호.

신현기. (2022). 병무청 특별사법경찰의 직무범위와 조직운영을 위한 개선 방안, 한국자치경찰연구학회, 「한국자치경찰논총」, 제1권 제2호.

신현기. (2023). 윤석열 정부 자치경찰제의 발전 방향 탐색, 한국자치경찰연구학회, 「한국자치경찰논총」, 제2권 제1호, 2023(6월 31일).

윤상흠. (2013). 자치경찰법안의 개선방안에 관한 연구, 제주대학교 행정대학원 석사학위논문.

양영철. (2017). 제주특별자치도 자치경찰제의 운영과 함의, 「지방행정」, 10월호.

양영철. (2016). 역대 정부의 자치경찰 도입 정책 추진과 정책적 함의에 관한 연구, 「한국경찰연구」, 14(1).

양재열·양현호. (2016). 제주자치경찰의 성과 검토와 자치경찰제의 정책방안 연구, 「자치경찰연구」, 9(2).

양재열. (2015). 제주자치경찰의 특별사법경찰 수사권 효율화 방안, 한세대학교 일반대학원 박사학위 논문.

양재열. (2015). 환경오염 예방 및 방지를 위한 환경특별사법경찰제도의 합리적 운영방안 고창 − 환경부와 광역지방자치단체 환경특별사법경찰을 중심으로 −, 한국자치경찰학회, 「자치경찰연구」, 8(3).

양재열. (2015). 특별사법경찰조직의 효율적인 운영방안: 서울시 특별사법경찰 전담부서 민생사법경찰과를 중심으로, 한국자치경찰학회, 「자치경찰연구」, 8(2).

안재경. (2015). 한국자치경찰제 도입방안에 관한 연구, 조선대학교 대학원 석사학위논문.

안정진. (2012). 특별사법경찰제도의 효율적인 운영방안에 관한 연구, 연세대법무대학원, 석사학위논문.

안영훈. (2009). 관광자치경찰제 도입방안에 관한 소고. 한국자치경찰학회, 제4회 정기 학술세미나 자료집.

오세연・곽영길. (2015). 우리나라 관광경찰의 운영실태와 개선방안에 관한 연구.「한국 자치행정학보」, 29(3).

오용래. (1999). 지방자치단체와 지방자치경찰간의 관계정립에 관한 연구, 서울대학교 환경대학원 석사학위논문.

원소연・홍의표. (2012). 자치경찰제 도입을 위한 주요 쟁점과 시사점,「인문사회과학연구」, 36.

원소연. (2017). 역대 정부의 자치경찰제도 도입방안 비교,「지방행정」, 10월호.

이훈재. (2010). 캐나다 경찰제도에 관한 연구, 원광대학교 경찰학연구소,「경찰학논총」, 5(2).

이관희. (2010). "자치경찰제 도입 시 예상되는 쟁점 및 고려사항",「수사연구」, 5.

이기우. (1999). 지방경찰제와 자치교육제의 개선방안 연구,「연구보고서」, 19.

이기우. (1998). 지방자치경찰제도 개선방안, 한국지방자치학회,「한국지방자치학회보」, 22.

이대성・김종오. (2010). 지방자치단체 특별사법경찰의 역할 제고 방안에 관한 연구, 사회과학연구, 1(1).

이상수. (2009). 지방행정체제 개편에 따른 자치경찰제 도입방안 연구,「책임연구 보고서」.

이상열. (2015). 서울시민 안전확보를 위한 광역 자치경찰제 도입 방안, 서울시의회 연구용역 보고서.

이상열. (2013). 자치경찰제 도입 방안 - 제주자치경찰제 사례 및 발전방안을 중심으로, 입법&정책, 4.

이상열. (2012). 제주자치경찰제의 실태분석 및 발전방안에 관한 연구, 한국경찰연구학회,「한국경찰연구」, 11(1).

이상열・오종식. (2008). 제주특별자치도 자치경찰제의 발전방안에 관한 연구, 한국자치경찰학회,「자치경찰연구」, 1(1).

이상열. (2006). 자치경찰제 도입에 따른 기대 효과, 한국경찰연구학회,「한국경찰연구」, 5(1).

이상열 외. (2015). 서울시민 안전 확보를 위한 광역자치경찰제 도입 방안, 서울시의회,「연구용역 최종보고서」, 6.

이승철・곽영길. (2010). 자치경찰의 도입 및 운영방안에 관한 연구, 한국자치행정학회,「한국자치행정학보」, 24(2).

이승준. (2015). 박근혜 정부의 자치경찰 도입방안 검토,「강원법학」, 44.

이영남. (2017). 자치경찰제도의 도입방향과 모델. 서울시 주최 시민과 함께하는 바람직한 자치경찰제 방향 모색 포럼.

이영남. (2017). 통합형 자치경찰제도 도입에 관한 연구, 한국경찰연구학회, 「한국경찰연구」, 15(4).

이영남. (2008). 제주자치경찰제도의 정착화 방안, 한국경찰연구학회, 「한국경찰연구」, 7(4).

이영남. (2011). 통일경찰을 위한 단계적 조직설계와 추진체계에 관한 연구, 한국경찰연구학회, 「한국경찰연구」, 10(4).

이영남. (2017). "자치경찰제도의 도입방향과 모델", 서울특별시, 시민과 함께하는 바람직한 자치경찰제 방향 모색 포럼.

이영남. (2010). 관광경찰의 역할과 기능. 「경찰학논총」, 4(2).

이영남. (2013). 한국의 관광경찰제도의 발전방향. 「한국경찰연구」, 12(4).

이영남. (2014). 한국의 관광경찰 활성화에 관한 연구. 「경찰학논총」, 9(3).

이영남. (2004). 자치경찰제 도입방안의 분석과 방향, 「한국경찰연구」, 3(2).

이영남. (2005). 바람직한 한국적 자치경찰제도의 방향, 「한국경찰연구」, 4(2).

이영남. (2007). 제주자치경찰제도의 정착화 방안, 「한국경찰연구」, 7(4).

이영남. (2012). 한국의 자치경찰제도의 정립방향, 「한국경찰연구」, 11(4).

이윤호·남재성·차훈진. (2006). 독일의 경찰통합 사례에 따른 남북한 경찰조직의 통합방안, 「한독사회과학논총」, 16(2).

이종철. (2005). 우리나라 자치경찰제도의 모형정립과 발전방향에 관한 연구, 박사학위논문. 경남대학교 대학원.

이윤호·남재성·차훈진. (2006). 독일의 경찰통합 사례에 따른 남북한 경찰조직의 통합방안, 「한독사회과학논총」, 16(2).

이주호. (2013). 여성친화적 안전도시 조성을 위한 생활안전 정책과제, 「한국행정학회 하계학술대회」.

이현우·이미애. (2010). 자치경찰제 도입에 관한 비교연구, 「한국정책연구」, 10(2).

이민재. (2012). 경기도 특별사법경찰제도의 효율적 운영방안에 관한 연구, 단국대학교 행정법무대학원 석사학위논문.

이정열. (2009). 자치경찰제 도입의 실천적 문제점 분석, 영남대학교 행정대학원 석사학위논문.

이환범·이지영. (2015). 우리나라 자치경찰 사무배분 및 경찰청 조직개편 방안에 관한 연구, 한국조직학회, 「한국조직학회보」, 12(1).

이황우. (1999). 지방화시대에 따른 자치경찰제 도입모형에 관한 연구, 한국공안행정학회, 「한국공안행정학회보」, 4.

이황우. (1995). 지방자치시대 자치경찰제 도입모형에 관한 연구, 「한국공안행정학보」, 4호.

이현우・이미애. (2010). 자치경찰제 도입에 관한 비교 연구, 「한국정책연구」, 10(2).

이훈재. (2010). 제주자치경찰의 위상제고를 위한 수사기능 강화에 관한 연구, 한국경찰연구학회, 「한국경찰연구」, 16(1).

임준태. (2005). 캐나다 경찰에 관한 연구 - 조직과 신규교육과정을 중심으로 -, 치안정책연구소, 「치안정책연구」, 제17호.

제주특별자치도 설치 및 국제자유도시 조성을 위한 특별법(법률 제10700호, 2011. 5 23 개정).

제주지방경찰청. (2019). 「제주자치경찰 확대시행 추진 과정」.

자치경찰제 실무추진단. (2008). 「자치경찰제 추진 중간보고서」, 61.

장석헌. (2007). 자치경찰제 도입 논의, 국회 행정자치위원회 공청회 자료, 39.

지방행정체제개편추진위원회. (2012). 새로운 행정수요에 따른 한국적 자치경찰제 실시방안 연구, 연구보고서.

지방행정체제개편추진위원회. (2012). 제주자치경찰제도의 평가와 자치경찰 모델개발방안, 연구보고서.

전희재. (2006). 자치경찰제 도입방안과 법안에 대한 연구, 한국경찰연구학회, 「한국경찰연구」, 5(1).

정균환. (1996). 「지방자치의 완성을 위한 자치경찰」, 도서출판 신유영사.

조규향. (2009). "자치경찰제도 운영방안에 관한 연구", 조선대학교 대학원 석사학위논문.

조성택. (2005). 한국의 자치경찰제 모형에 관한 이론적 탐색, 한국경찰학회, 「한국경찰학회보」, 9.

조성제・한동효. (2017). 여성친화적 안전도시 조성을 위한 자치입법의 과제, 「법학연구」, 25(2).

조성호 외. (2018). 자치경찰제 시행 대비 경기도 도입 방안 연구, 「정책보고서」, 경기연구원.

조준택・박지선. (2016). 범죄율과 범죄두려움이 서울시민의 행복에 미치는 영향, 「서울도시연구」, 17(4).

자치경찰제실무추진단. (2006). 외국의 경찰제도 비교.

최 관. (2012). 영국자치경찰과 제주자치경찰의 비교분석을 통한 한국자치경찰제도 발전방안, 「지방행정연구」, 26(1).

최기문. (2000). 한국적 자치경찰제 확립방안에 관한 연구, 동국대학교 행정학 박사학위논문.

최병일. (2010). 자치경찰제 정착을 위한 경찰체제 유형별 비교연구, 한국자치행정학회, 「한국자치행정학회보」, 24(1).

최용환. (2010). 자치경찰제 도입 및 제도정착에 관한 연구, 「충북개발연구원」, 34.

최은하. (2016). 제주자치경찰과 치안서비스의 기능, 「한국경찰학회보」, 18(5).

최응렬. (2017). 바람직한 자치경찰제도 도입방안, 「지방행정」, 10월호.

최종술. (2008). 역대정부의 경찰정책과 이명박 정부의 경찰정책과제, 「한국자치행정학보」, 22(2).

최종술. (2017). 지방자치와 자치경찰의 의의. 시민과 함께하는 바람직한 자치경찰제 방향 모색 포럼.

최종술. (2014). 특별사법경찰의 자치경찰화 방안 연구, 한국경찰학회, 「한국경찰학회보」, 16(6).

최종술. (2015). 우리나라 자치경찰제 도입 방안들의 프레임 분석, 「한국경찰연구학회 발표 논문집」, 4.

최천근. (2014). 국가경찰과 자치경찰간의 합리적 사무배분에 관한 연구, 「한국지방자치학회보」, 26(2).

최진용. (2016). 지방자치 활성화를 위한 자치경찰제 도입에 관한 연구, 연세대학교 행정대학원 석사학위논문.

치안정책연구소(안영훈). (2005). 「유럽형 자치경찰제도 모델분석」.

황문규. (2017). 새정부 자치경찰제 도입의 방향과 과제, 2017년 6개 학회 및 경찰교육원 공동학술대회 자료집(2017. 10. 26).

황문규. (2017). 이른바 촛불혁명으로 탄생한 문재인 정부의 광역단위 자치경찰제, 2017 분권포럼: 자치경찰 추진을 위한 쟁점과 과제, 시민이 원하는 바람직한 자치경찰제도의 원칙과 방향(2017. 11. 21).

황문규·최천근. (2013). 자치경찰제 추진에 있어 검경수사권 조정에 대한 고찰, 한국형사정책연구원, 「형사정책연구」, 24(1).

황문규. (2017). 경찰개혁: 경찰을 경찰답게 만들기 위한 경찰조직 재설계, 「법학논총」, 제39집, 숭실대학교 법학연구소.

황문규. (2017). "문재인 정부의 광역단위 자치경찰제에 관한 고찰", 「한국지방자치학회보」, 29(4).

황문규. (2017). "경찰개혁 '경찰을 경찰 답게' 만들기 위한 경찰조직 재설계", 「법학논총」, 39.

황문규. (2018). "현 시점에서 도입 가능한 자치경찰제 모델 구상과 과제", 「한국경찰연구」, 17(3).

황정익. (2007). 제주자치경찰 현황과 치안업무의 범위, 한국형사정책연구소, 「형사정책연구」, 19(1).

홍의표 · 원소연. (2014). 주민밀착형 자치경찰제 실시 방안 연구, 한국자치경찰학회, 「자치경찰연구」, 7(1).

표창원. (1999). 영국경찰의 사례를 통해서 본 우리 실정에 맞는 자치경찰제 정립을 위한 전제조건, 「시민을 위한 경찰발전연구회 학술세미나 자료집」, 80.

표창원. (2002). 영국경찰의 위상과 운영체계에 관한 고찰, 한국경찰연구학회, 「한국경찰연구」, 1(1).

행정자치위원회 전문위원실. (2005). 자치경찰.

행안부 자치경찰제실무추진단. (2009). 「선진외국 경찰제도 비교」.

허경미. (2003). 경찰청 자치경찰제안의 문제점 및 대안, 한국공안행정학회, 「한국공안행정학회보」, 16.

허경미. (2003). 지방자치경찰제의 도입 모형에 관한 연구, 「한국지방정부학회 춘계학술대회 발표 논문집」.

한국자치경찰연구원. (2015). 「자치경찰의 특별사법경찰 사무수행 범위에 관한 연구」.

한견우. (1999). 지방자치경찰의 실시에 따른 법적 문제점, 「치안논총」, 69.

한국자치경찰연구원. (2015). "자치경찰의 특별사법경찰 사무수행 범위에 관한 연구", 연구보고서.

한국관광공사. (2013). 관광경찰 도입방안에 관한 연구, 연구용역보고서.

한국법제연구원(원소연, 홍의표, 권영호, 이성용). (2011). 광역자치경찰과 기초자치경찰제에 대한 입법평가 - 제주자치경찰제의 사례와 독일경찰법제의 연구를 중심으로 - .

한동효. (2012). 역대 정부의 자치경찰제 도입 실패요인에 관한 연구, 「지방정부연구」, 16(2).

3. 외국자료

Breul, Jonathan D. & Kamensky, John M. (2008). Federal Government Reform: Lessonsfrom Clintons 'Reinvenment' and Bushs 'Management Agenda' Initiative, Public Administration Review, 68(6): 1009.

Fixler, Jr. & Pool, Jr. Robert W. (1998). Can Police Service Be Privatized?, ANNALS, AAPSS, 498, July: 108-118.

Götz, Volkmar. (1995). Allgemeines Polizei- und Ordnungsrecht, 12. Auflag, München.

Götz, Volkmar. (2012). Allgemeines Polizei- und Ordnungsrecht, 16. Aufl., München.

Home Office. (2011). The National Crime Agency, A Plan for the Creation of a National Crime -Fighting Capablilty, Home Office: 9-11.

Kearns, A., & Forrest, R. (2000). Social Cohesion and Multilevel Urban Government, Urban Studies, 37(5-6): 995-1017.

Kilpatrick, F. P., et al., (1964). The Image of the Federal Service, Washington D. C.: The Brooklngs: 254.

Lev-Wiesel, R. (2003). Indicators Constituting the Construct of Perceive Community Cohesion, Community Development Journal, 38(4): 332-343.

Lutz Meyer-Gossner. (2005). Strafprozessordnung, 51. Aufl., 20.

Osterburg, James W. & Ward, Richard H. (2007). Criminal Investigation: A Method for Reconstructing the Past, Anderson Publishing Co: 5.

Walker, Samuel E. & Katz, Charles M. (2007). The Police in America: An Introdution, McGraw-Hill: 1-2.

Wallace, P. Harvey., Roberson, Cliff. & Steckler, Craig. (1995). Fundamentals of Police Administration, Prentice-Hall: 4.

4. 인터넷 자료

https://go.seoul.co.kr/news/newsView.php?id=20210316011017&wlog_tag3=daum (검색일: 2021. 3. 18).

http://www.jeju.go.kr/jmp/index.htm(제주자치경찰단/ 검색일: 2020. 2. 28).

http://www.lrti.go.kr(법무연수원 사이버교육센터/검색일: 2020. 1. 30).

http://www.fihi.go.kr(수산인력개발원/검색일: 2020. 1. 5).

http://www.seoul.go.kr/main/index.html(검색일: 2020. 1. 10).

http://tip.daum.net/question/66000031/82966798?(검색일: 2020. 1. 24).

http://kin.naver.com/qna/detail.nhn?d1id/검색일: 2020. 02. 5).

http://mail2.daum.net/hanmaillex/ViewMail.daum(검색: 2020. 2. 2).

http://www.healthmedia.co.kr/news/articleView.html?idxno=18160(검색일: 2020. 01. 01).

http://www.mediajeju.com/news/articleView.html?idxno=318289(검색일: 2020. 01. 01).

http://www.jnuri.net/news/articleView.html?idxno=41492(검색일: 2020. 01. 28).

http://www.jejusori.net(제주의 소리, 검색: 2020. 10. 25).

https://www.jeju.go.kr/jmp/index.htm(제주자치경찰단 홈페이지: 2020. 10. 20).

https://www.news1.kr/articles/?4067948(전국 유일 제주자치경찰단, 권총·수갑 등 무

기·탄약 관리 '구멍', 검색일: 2020. 10. 20).

http://news.khan.co.kr/kh_news/khan_art_view.html?artid=201908192218005&code
=940100경향신문, 원문보기(2019. 8. 25 검색).

http://cafe.daum.net/soulsta/MIpW/17?(검색일: 2015. 12. 20)

https://www.asiae.co.kr/article/2020101409514513516(아시아경제, 검색: 2020.10.16).

https://news.v.daum.net/v/20201202221626970?f[KBS 제주] 보도(문준영 기자. 검색일: 2020. 12. 2).

http://www.jeju.go.kr/jejuedu/제주인재개발원/ 검색일: 2020. 10. 20).

찾아보기

저자의 주요 저서 및 논문

저 서

- 『독일통일백서(공역)』, 서울: 한겨레신문사, 1999.
- 『Korea zur Wiedervereinigung』, 독일 Herbert Utz 출판사, 1999.
- 『Korea zur Wiedervereinigung(제2판)』, 독일 Herbert Utz 출판사, 2018.
- 『남북한 통일정책비교(공저)』, 서울: 숭실대학교출판부, 2000.
- 『남북한 통일정책과 교류협력(공저)』, 서울: 백산자료원, 2001.
- 『베를린 시대의 독일공화국(공저)』, 서울: 엠 애드, 2001.
- 『독일연방정부론(공저)』, 서울: 백산자료원, 2001.
- 『현대행정의 이해(공저)』, 서울: 대영문화사, 2002.
- 『독일행정론(공저)』, 서울: 백산자료원, 2002.
- 『북한정부론(공저)』, 서울: 백산자료원, 2002.
- 『지방행정론(공저)』, 일산: 한국학술정보(주), 2002.
- 『유럽연합정부론(공저)』, 서울: 엠 애드, 2002.
- 『한국행정의 윤리와 부패(공저)』, 일산: 한국학술정보(주), 2003.
- 『독일지방행정론(공저)』, 서울: 엠 애드, 2003.
- 『정책학개론(공저)』, 서울: 웅보출판사, 2003.
- 『경찰학개론(공저)』, 서울: 법문사, 2004.
- 『자치경찰론(초판)』, 서울: 법문사, 2004.
- 『경찰행정학(공저)』, 서울: 법문사, 2005.
- 『비교경찰제도의 이해』, 서울: 웅보출판사, 2006.
- 『경찰조직론』, 파주: 법문사, 2007.
- 『새행정학개론』, 파주: 21세기사, 2008.
- 『현대행정의 이해(제3판, 공저)』, 서울: 대영문화사, 2015.
- 『경찰학개론』, 파주: 21세기사, 2010.
- 『자치경찰론(4판)』, 부평: 진영사, 2010.
- 『경찰학사전』, 파주: 법문사, 2012.
- 『새경찰학개론(제3판)』, 서울: 우공출판사, 2013.
- 『경찰인사관리론(제4판)』, 파주: 법문사, 2014.
- 『경찰조직관리론(제4판)』, 파주: 법문사, 2014.
- 『비교경찰제도론(제2판)』, 서울: 우공출판사, 2014.

- 『새경찰학개론(제4판)』, 서울: 우공출판사, 2015.
- 『비교경찰제도론(제4판)』, 파주: 법문사, 2015.
- 『경찰인사관리론(제5판)』, 파주: 법문사, 2016.
- 『경찰조직관리론(제5판)』, 파주: 법문사, 2016.
- 『특별사법경찰론』, 파주: 법문사, 2017.
- 『경찰인사관리론(제6판)』, 파주: 법문사, 2018.
- 『경찰조직관리론(제6판)』, 파주: 법문사, 2018.
- 『비교경찰제도론(제5판)』, 파주: 법문사, 2018.
- 『행정학개론』, 부평: 진영사, 2019.
- 『선거범죄수사론』, 서울: 우공출판사, 2019.
- 『자금추적수사론』, 서울: 우공출판사, 2020.
- 『성폭력사건수사론』, 서울: 우공출판사, 2020.
- 『경찰수사지휘론』, 서울: 우공출판사, 2020.
- 『비교경찰제도론(제6판)』, 파주: 법문사, 2021.
- 『자치경찰론(제6판)』, 부평: 진영사, 2021.
- 『성폭력관련법률 및 판례』, 서울: 우공출판사, 2021.
- 『자치경찰 - 제주자치경찰제도의 체계적 접근-』, 파주: 법문사, 2021.
- 『새경찰학개론(제7판)』, 서울: 우공출판사, 2022.
- 『경찰학(제3판)』, 파주: 법문사, 2022.
- 『특별사법경찰론(제2판)』, 파주: 법문사, 2022.
- 『자치경찰론』, 파주: 법문사, 2023.

논 문

- 독일 공공행정과 사기업에서 인력수급계획의 방법에 관한 연구(한독사회과학논총, 1999).
- 정책집행의 전개과정에 관한 연구(한·독사회과학논총, 1999).
- 유엔헌장에 나타난 목적, 기본토대 및 특성의 변화과정 연구(한독사회과학논총, 2000).
- 국제연합 사무국과 사무총장의 기능에 대한 역사적 고찰(한독사회과학논총, 2000).
- Die Sicherheitspolitik der USA in der asiatisch-pazipischen Region(한양대, 2000).
- 지방자치경찰제도 도입의 당위성 분석(한독사회과학논총, 2001).
- 우리나라 자치경찰제 도입에 관한 연구(한세대 교수논총, 2001).
- 사회적 시장경제질서와 독일통일(한국정책학회보, 2001).
- 한국 민간경비와 경찰의 협력방안에 관한 연구(한독사회과학논총, 2001).

- 북한경찰(인민보안성)에 관한 연구(한독사회과학논총, 2002).
- 프랑스 경찰제도의 구조와 특징에 관한 역사적 고찰(한세대 교수논총, 2002).
- 절충형 자치경찰제 도입에 관한 연구(한독사회과학논총, 2003).
- 순찰지구대 운용상의 문제점에 관한 고찰(한독사회과학논총, 2003).
- 한국 기초방범교육의 발전방안에 관한 연구(경찰공제회, 2003).
- 독일 주정부의 경찰제도에 관한 연구(한세대 교수논총, 2003).
- 경찰계급단계의 개선방안에 관한 연구(한독사회과학논총, 2004).
- 이탈리아 경찰제도의 구조와 특징에 관한 연구(한국경찰연구, 2004).
- 유럽연합에서 경찰공조의 현황과 과제(한국경찰연구, 2004).
- 스페인 경찰제도의 구조와 특징에 관한 연구(한세대 교수논총, 2004).
- 경찰공무원 성과상여금제도의 개선방안에 관한 연구(한독사회과학논총, 2004).
- 프랑스 자치경찰의 특징에 관한 연구(한국경찰연구, 2004).
- 국가경찰공무원의 부패원인과 방지에 관한 연구(한국유럽행정학회보, 2004).
- 우리나라 여성경찰제도에 관한 역사적 고찰(한국경찰연구, 2005).
- 지역경찰제의 조기정착화 방안에 관한 연구(한국유럽행정학회보, 2005).
- 스위스 경찰제도의 구조와 특징에 관한 연구(한세대 교수논총, 2005).
- 우리나라 수사경과제의 개선방안에 대한 연구(한독사회과학논총, 2005).
- 학교경찰(School Police) 제도에 관한 연구(한국경찰연구, 2005).
- 미국의 경찰조직체계와 특징에 관한 연구", 한국유럽행정학회, 『한국유럽행정학회보』, 제3권 제1호, 2006.
- 우리나라 경찰근속승진제도의 개선방안에 관한 연구, 한국경찰발전연구학회, 『한국경찰연구』, 제5권 제1호, 2006.
- 우리나라 성폭력범죄의 실태분석에 관한 연구, 한·독사회과학회, 『한독사회과학논총』, 제16권 제1호, 2006.
- 제주특별자치도 자치경찰공무원의 선발절차에 관한 연구, 한국유럽행정학회, 『한국유럽행정학회보』, 제3권 제2호, 2006.
- 조직폭력범죄의 실태분석과 수사상 개선방안에 관한 연구, 한독사회과학회, 『한·독사회과학논총』, 제16권 제2호, 2006.
- 행정부공무원 노동조합 경찰청지부에 관한 연구, 한국경찰발전연구학회, 『한국경찰연구』, 제5권 제2호, 2006.
- 자치경찰과 국가경찰간의 업무협약에 관한 연구, 한세대학교, 『교수논총』, Vol. 22, 2006.
- 벨기에 자치경찰의 구조와 특징에 관한 연구, 한국유럽행정학회, 『한국유럽행정학회보』, 제4권 제1호, 2007.
- 공상경찰관 손해전보체계의 개선방안에 관한 연구, 한국경찰발전연구학회, 『한국경찰

연구』, 제6권 제1호, 2007.
- 제주자치경찰제의 실태분석과 개선방안에 관한 연구, 한국경찰발전연구학회, 『한국경찰연구』, 제6권 제2호, 2007.
- 제주자치경찰의 인력확보 대책에 관한 고찰, 한국경찰발전연구학회, 『한국경찰연구』, 제7권 제1호, 2008.
- 도농복합형 기초자치단체의 자치경찰 운영모형에 관한 연구, 한국경찰발전연구학회, 『한국경찰연구』, 제7권 제2호, 2008.
- 경찰청렴도 제고를 위한 정책제언, 한·독사회과학회, 『한독사회과학논총』, 제18권 제2호, 2008.
- 순직·공상경찰관의 보상제도에 관한 연구, 한국경찰발전연구학회, 『한국경찰연구』, 제7권 제4호, 2008.
- 참여정부의 자치경찰법안에 관한 역사적 고찰, 한국자치경찰학회, 『자치경찰연구』, 제1권 제1호, 2008.
- 제주자치경찰의 기구개편과 성과에 관한 고찰, 한국자치경찰학회, 『자치경찰연구』, 제1권 제2호, 2008.
- 경찰관범죄의 위기대책에 관한 연구, 인천대학교 위기관리연구센터, 『위기관리와 안전문화』, 제2권 제3호, 2008.
- 선진국 대도시 지방정부의 지방행정체제 특성에 관한 연구, 한독사회과학회, 『한·독사회과학논총』, 제19권 제1호, 2009.
- 광역경제권 구상과 정부간 관계모델에 관한 연구 - 독일광역권 운영기구를 중심으로 -, 한·독사회과학회, 『한·독사회과학논총』, 제19권 제3호, 2009.
- 국제반부패논의와 유럽연합과 독일의 대응, 한·독사회과학회, 『한독사회과학논총』, 제19권 제4호, 2009.
- 여자경찰관의 위상과 역할제고에 관한 연구, 한국치안행정학회, 『한국치안행정논집』, 제6권 제1호, 2009.
- 제주자치경찰의 입직·승진제도 현황과 활성화 방안에 관한 고찰, 한국치안행정학회, 『한국치안행정논집』, 제6권 제2호, 2009.
- 멕시코 자치경찰제도에 관한 연구, 한국자치경찰학회, 『자치경찰연구』, 제2권 제1호, 2009.
- UN경찰의 조직과 임무에 관한 연구, 한국자치경찰학회, 『자치경찰연구』, 제2권 제2호, 2009.
- 한국과 독일의 경찰간부후보생 교육훈련제도에 관한 비교 연구, 한국경찰연구학회, 『한국경찰연구』, 제9권 제2호, 2010.
- 프랑스 리용(Lyon)시 자치경찰에 관한 연구, 한국자치경찰학회, 『자치경찰연구』, 제3권 제1호, 2010.

- 자치경찰제 모형의 다양성과 제주자치경찰제의 특성에 관한 연구, 한국자치경찰학회, 『자치경찰연구』, 제3권 제2호, 2010.
- 영국경찰제도의 구조와 특징에 관한 연구, 한국유럽행정학회, 『한국유럽행정학회보』, 제7권 제1호, 2010.
- 경찰시험제도의 개편에 대한 고찰 – 일반 순경과 경찰간부후보 채용을 중심으로 –, 한국치안행정학회, 『한국치안행정논집』, 제8권 제2호, 2011.
- 제주자치경찰공무원의 승진현황과 개선방안에 관한 연구, 한국치안행정학회, 『한국치안행정논집』, 제8권 제4호, 2011.
- 자치경찰제의 전국확대실시 가능성에 대한 연구, 한국자치경찰학회, 『자치경찰연구』, 제4권 제1호, 2011.
- 호주경찰제도의 구조와 특징에 관한 연구, 한국자치경찰학회, 『자치경찰연구』, 제4권 제2호, 2011.
- 오스트리아 경찰제도에 대한 역사적 고찰, 한국자치경찰학회, 『자치경찰연구』, 제4권 제3호, 2011.
- 지방행정체제개편추진위원회를 통해서 본 자치경찰제의 과제와 모델 고찰, 한국자치경찰학회, 『자치경찰연구』, 제5권 제1호, 2012.
- 특별사법경찰제의 발전과정과 성과에 대한 고찰, 한국자치경찰학회, 『자치경찰연구』, 제5권 제2호, 2012.
- 프랑스 군인경찰제도에 관한 연구, 한국자치경찰학회, 『자치경찰연구』, 제5권 제3호, 2012.
- 철도특별사법경찰제의 실태분석과 개선방안에 관한 연구, 한국민간경비학회, 『한국민간경비학회보』, 제19호, 2012.
- 제주자치경찰단 특별사법경찰제의 실태분석과 개선방안에 관한 연구, 한국경찰연구학회, 『한국경찰연구』, 제11권 제3호(2012 가을).
- 독일경찰대학원의 교육과 연구기능 – 독일연방공화국의 경찰행정에 관한 교육, 재교육, 연구의 중심지 –, 한국경찰연구학회, 『한국치안행정논집』, 제9권 제1호(2012. 5).
- 서울특별시 특별사법경찰제의 실태분석과 개선방안에 관한 연구, 한국민간경비학회, 『한국민간경비학회보』, 제11권 제3호, 2012.
- 북한이탈주민의 사회일탈 예방을 위한 보안경찰의 역량강화 방안, 한국치안행정학회, 『한국치안행정논집』, 제9권 제4호(2013 2월).
- 특별사법경찰 교육훈련제도의 개선방안에 관한 연구, 한국경찰연구학회, 『한국경찰연구』, 제12권 제1호(2013 봄).
- 서울시 지하철보안관제도의 개선방안에 관한 연구, 한국민간경비학회, 『한국민간경비학회보』, 제12권 제2호, 2013.
- 독일자치경찰제도에 관한 연구, 한국자치경찰학회, 『자치경찰연구』, 제6권 제1호(통

권 13호/ 2013 봄), 2013.

- 관광경찰제 도입논쟁에 관한 실태분석, 한국자치경찰학회, 『자치경찰연구』, 제6권 제2호, 2013.
- 캐나다 자치경찰제도에 관한 연구, 한국자치경찰학회, 『자치경찰연구』, 제6권 제3호, 2013.
- 노무현·이명박·박근혜 정부의 자치경찰제에 관한 실태분석, 한국자치경찰학회, 『자치경찰연구』, 제6권 제4호(통권 제16호), 2013.
- 경찰공무원 보건안전 및 복지기본법 시행에 대한 실태분석, 한국경찰복지연구학회, 『경찰복지연구』, 제1권 제1호(창간호), 2013.
- 순직·공상경찰관 후원제도의 실태분석과 개선방안, 한국민간경비학회, 『한국민간경비학회보』, 제13권 제1호(2014년 2월).
- 제주자치경찰제에 대한 역사적 고찰, 한국자치경찰학회, 『자치경찰연구』, 제7권 제1호(통권 제17호), 2014.
- 우리나라 관광경찰제의 현황과 미래지향적 제언, 치안정책연구소, 『치안정책연구』, 제28권 제1호(2014년 6월).
- 경찰공무원 보건안전 및 복지증진 제1차 기본계획안의 현황 분석, 한국경찰복지연구학회, 『경찰복지연구』, 제2권 제2호, 2014.
- 독일 주경찰단위의 범죄예방 프로그램에 관한 연구 – 바이어른주 안전감시제도와 바덴–뷔르템베르크주 자원경찰관제도를 중심으로 –, 한국민간경비학회, 『한국민간경비학회보』, 제14권 제1호, 2015(2월 28일).
- 제주자치경찰제의 변화와 박근혜정부 자치경찰제의 전망, 한국자치경찰학회, 『자치경찰연구』, 제8권 제1호(통권 21호), 2015(3월 31일).
- 제주자치경찰제의 실태분석과 박근혜정부의 자치경찰제 도입 방향 –, 한국경찰연구학회, 『한국경찰연구』, 제14권 제2호, 2015(6월 30일).
- 경찰인사구조의 개선을 위한 바람직한 방향, 한국자치경찰학회, 『자치경찰연구』, 제8권 제3호(통권 23호), 2015(9월 30일).
- 경찰교육원의 교육과 재교육기능에 대한 연구, 한국치안행정학회, 『한국치안행정논집』, 제12권 제3호, 2015(11월 30일).
- 공익희생자를 위한 선양사업의 현황과 미래지향적 제언 – 국가경찰, 국민안전처 소속 중앙소방본부와 해양경비안전본부 해양경찰을 중심으로 –, 한국경찰연구학회, 『한국경찰연구』, 제14권 제4호, 2015 (12월 30일).
- 미국과 일본의 순직·공상경찰공무원 보상제도에 관한 연구 –, 한국민간경비학회, 『한국민간경비학회보』, 제14권 제5호, 2015(12월 30일).
- 자치경찰제 시행을 대비한 서울시 특별사법경찰단의 운영실태와 발전방안에 관한 연구, 한국자치경찰학회, 『자치경찰연구』, 제9권 제1호(통권 25호), 2016(6월 30일).

- 독일 바이에른주와 바덴-뷔르템베르크주 경찰개혁의 현황과 실태분석, 한국경찰연구학회, 『한국경찰연구』, 제15권 제2호, 2016(6월 30일).
- 식품의약품안전처 특별사법경찰운영에 관한 실태분석, 한국민간경비학회, 『한국민간경비학회보』, 제15권 제3호, 2016(6월 30일).
- 북한이탈주민에 대한 신변보호 관리실태의 문제점과 효율적 개선방안에 관한 연구, 한국치안행정학회, 『한국치안행정논집』, 제13권 제2호, 2016(8월 30일) 〈장승수/신현기 공저〉.
- 박근혜 정부의 자치경찰제 도입에 대한 실태분석, 한국자치경찰학회, 『자치경찰연구』, 제9권 제2호(통권 26호), 2016(9월 30일) 〈신현기/이진경/김재주 공저〉.
- 2016년 경찰맞춤형복지제도의 시행계획, 한국경찰복지연구학회, 『경찰복지연구』, 제4권 제2호, 2016(신현기/양재열 공저).
- 제주특별자치도 자치경찰 활동의 목표설정과 평가 분석, 한국자치경찰학회, 『자치경찰연구』, 제9권 제3호, 2016(신현기/김재주 공저).
- 프랑크푸르트시 도시경찰제와 서울시 자치경찰제 도입에 관한 실태분석, 한국치안행정학회, 『한국치안행정논집』, 제13권 제4호, 2017(2월 30일).
- 국가경찰의 2017년 맞춤형복지제도 시행 계획에 관한 고찰, 한국경찰복지연구학회, 『경찰복지연구』, 제5권 제1호.
- 일본 광역단위 자치경찰제도에 관한 연구, 한국자치경찰학회, 『자치경찰연구』, 제10권 제1호, 2017(6월 30일).
- 제주자치경찰단 관광경찰제의 현황과 미래지향적 제언, 한국치안행정학회, 『한국치안행정논집』, 제13권 제4호, 2017(11월 23일).
- 순직·공상경찰공무원의 복지향상을 위한 공무원 재해보상법, 한국경찰복지연구학회, 『경찰복지연구』, 제6권 제1호, 2018(신현기/김정일).
- 특허, 디자인 및 영업비밀 특사경 운영방안, 특허청 연구용역보고서, 2018.
- 금융감독원 특별사법경찰(특사경)제도 운용 방안, 금융감독원, 「금융감독연구」, 제6권 제1호(2019. 4).
- 오스트리아와 독일 바이에른주 경찰개혁이 한국경찰개혁에 주는 시사점 분석, 한국치안행정학회, 『한국치안행정논집』, 제16권 제2호, 2019(8월 12일).
- 서울시 민생사법경찰조직 운영상의 문제점과 개선방안, 한국경찰학회, 『한국경찰학회보』, 제21권 제5호, 2019(10월 31일).
- 문재인 정부의 자치경찰제 도입 방향과 시범실시, 한국자치경찰학회, 「자치경찰연구」, 제12권 제2호, 2019(12월 30일).
- 자치경찰제를 대비한 경기도특별사법경찰단의 조직과 성과에 대한 고찰, 「자치경찰연구」, 제13권 제1호, 2020(6월 30일).
- 독일 바이에른 주경찰과 안전감시원 간의 치안협력에 관한 실태 분석, 한국경찰연구

학회, 「한국경찰연구」, 제19권 제3호(2020 가을).

- 식품의약품안전처 특별사법경찰운영에 관한 실태분석, 한국민간경비학회, 『한국민간경비학회보』, 제15권 제3호, 2016(6월 30일).
- 북한이탈주민에 대한 신변보호 관리실태의 문제점과 효율적 개선방안에 관한 연구, 한국치안행정학회, 『한국치안행정논집』, 제13권 제2호, 2016(8월 30일) 〈장승수/신현기 공저〉.
- 박근혜 정부의 자치경찰제 도입에 대한 실태분석, 한국자치경찰학회, 『자치경찰연구』, 제9권 제2호(통권 26호), 2016(9월 30일) 〈신현기/이진경/김재주 공저〉.
- 2016년 경찰맞춤형복지제도의 시행계획, 한국경찰복지연구학회, 『경찰복지연구』, 제4권 제2호, 2016(신현기/양재열 공저).
- 제주특별자치도 자치경찰 활동의 목표설정과 평가 분석, 한국자치경찰학회, 『자치경찰연구』, 제9권 제3호, 2016(신현기/김재주 공저).
- 프랑크푸르트시 도시경찰제와 서울시 자치경찰제 도입에 관한 실태분석, 한국치안행정학회, 『한국치안행정논집』, 제13권 제4호, 2017(2월 30일).
- 국가경찰의 2017년 맞춤형복지제도 시행 계획에 관한 고찰, 한국경찰복지연구학회, 『경찰복지연구』, 제5권 제1호.
- 일본 광역단위 자치경찰제도에 관한 연구, 한국자치경찰학회, 『자치경찰연구』, 제10권 제1호, 2017(6월 30일).
- 제주자치경찰단 관광경찰제의 현황과 미래지향적 제언, 한국치안행정학회, 『한국치안행정논집』, 제13권 제4호, 2017(11월 23일).
- 서울시 특별사법경찰 10년, 자치경찰제로의 전환을 위한 발전방안 연구, 2017.
- 순직·공상경찰공무원의 복지향상을 위한 공무원 재해보상법, 한국경찰복지연구학회, 『경찰복지연구』, 제6권 제1호, 2018(신현기/김정일).
- 특허, 디자인 및 영업비밀 특사경 운영방안, 특허청 연구용역보고서, 2018.
- 금융감독원 특별사법경찰(특사경)제도 운용 방안, 금융감독원, 「금융감독연구」, 제6권 제1호(2019. 4).
- 오스트리아와 독일 바이에른주 경찰개혁이 한국경찰개혁에 주는 시사점 분석, 한국치안행정학회, 『한국치안행정논집』, 제16권 제2호, 2019(8월 12일).
- 서울시 민생사법경찰조직 운영상의 문제점과 개선방안, 한국경찰학회, 『한국경찰학회보』, 제21권 제5호, 2019(10월 31일).
- 문재인 정부의 자치경찰제 도입 방향과 시범실시, 한국자치경찰학회, 「자치경찰연구」, 제12권 제2호, 2019(12월 30일).
- 자치경찰제를 대비한 경기도특별사법경찰단의 조직과 성과에 대한 고찰, 「자치경찰연구」, 제13권 제1호, 2020(6월 30일).
- 독일 바이에른 주경찰과 안전감시원 간의 치안협력에 관한 실태 분석, 한국경찰연구

학회, 「한국경찰연구」, 제19권 제3호(2020 가을).

- 경찰공무원 보건안전 및 복지증진 기본계획에 관한 고찰, 한국경찰복지연구학회, 『경찰복지연구』, 제8권 제2호, 2020.
- 경찰공무원 보건안전 및 복지증진 기본계획에 관한 실태 분석, 한국경찰복지연구학회, 『경찰복지연구』, 제9권 제1호, 2021.
- 초대 시도자치경찰위원회의 문제점과 향후 발전 방향, 한국자치경찰학회, 「자치경찰연구」, 제14권 제2호, 2021(12월 31일).
- 문재인 정부의 자치경찰제 도입에서 나타난 문제점과 향후 발전 방향, 한국자치경찰연구학회, 「한국자치경찰논총」, 제1권 제1호(창간호), 2022(3월 31일).
- 병무청 특별사법경찰의 직무범위와 조직운영을 위한 개선 방안, 한국자치경찰연구학회, 「한국자치경찰논총」, 제1권 제2호(통권2호), 2022(12월 31일).
- 윤석열 정부 자치경찰제의 발전 방향 탐색, 한국자치경찰연구학회, 「한국자치경찰논총」, 제2권 제1호, 2023(6월 31일).

저자약력

■ 신현기

가평 설악 중·고등학교
국민대학교 법정대학 행정학과 및 동 행정대학원
  (행정학 석사)
독일 바이에른주립 뮌헨(München)대학교 철학
  박사(Dr. phil. / 정책학 전공 / 사회학 및 일본
  학 부전공)

(전) 한세대학교 경찰행정학과장, 경찰복지학부
    장, 인문사회학부장, 학생처장(2006), 교무
    처장(2007), 기획처장(2008~2009), 학생처
    장(2010), 일반대학원장 겸 경찰법무대학원
    장(2011), 중앙도서관장(2012~2013), 일반대학원장 겸 경찰법무대학원장
    (2014), 미래지식교육원장 겸 평생교육원장(2015.2~2018.12), 기획처장(2018.
    7~2020.3), 기획처장(2021.1~2), 경찰청 경찰혁신위원회 위원, 경기지방경찰
    청 경학교류자문위원회 위원, 치안정책연구소 연구위원, 경찰청 특별승진위원,
    행정안전부 행정고시출제위원, 경찰간부후보생 시험출제위원, 제주자치경찰채
    용시험 출제위원, 신임순경채용시험 면접위원(서울, 경기), 한국경찰연구학회
    장(2004~2008), 한국치안행정학회장(2015~2016), 한국유럽경찰학회장, 한
    국자치경찰학회장(2019~2021), 한국특별사법경찰학회 회장, 한국경찰복지연
    구학회장(2013~2019), 한국경찰학회 부회장(2020~2021), 한국민간경비학회
    부회장, 한국테러학회 부회장, 대통령 소속 지방자치발전위원회 자치경찰 TFT
    위원, 경찰청 치안정책고객평가단 평가위원, 경찰청 성과평가위원, 군포시 및
    의왕시 정보공개심의위원회 위원, 노무현정부 자치경찰제실무추진단 위원
    (2003~2007), 이명박정부지방행정체제개편추진위원회 자치경찰소위원회 위
    원(2008~2012), 박근혜정부 대통령 소속 지방자치발전위원회 자치경찰소위
    원회 TFT 위원(2013~2016), 경찰청 경찰공무원보건안전 및 복지증진정책심
    의위원회 자문위원(2015~2020), 경기남부경찰청 인권위원회 위원 및 위원장
    (2017~2021), 제34대 전국대학교기획처장협의회 회장(2019) 역임.
(현) 한세대학교 경찰행정학과 정교수 겸 특별사법경찰연구소장, 경기도북부자치경
    찰위원회 위원장(지방정무직 2급공무원), 경찰청 외사자문협의회 회원, 한국자
    치경찰연구학회장

자치경찰론

2023년 7월 5일 초판 인쇄
2023년 7월 10일 초판 1쇄 발행

저 자 신 현 기

발행인 배 효 선

발행처 도서
출판 法 文 社

주 소 10881 경기도 파주시 회동길 37-29
등 록 1957년 12월 12일/제2-76호(윤)
전 화 (031)955-6500~6 FAX (031)955-6525
E-mail (영업) bms@bobmunsa.co.kr
(편집) edit66@bobmunsa.co.kr
홈페이지 http://www.bobmunsa.co.kr
조 판 법 문 사 전 산 실

정가 28,000원 ISBN 978-89-18-91412-1